Descubre
la Biblia
por Ti Mismo

KAY ARTHUR

Ministerios
Precepto
Internacional

El texto Bíblico y las referencias cruzadas usadas en este volumen, son de la Nueva Biblia Latinoamericana de Hoy. NBLH.org Copyright © 2005 por la Fundación Lockman, sociedad no comercial, La Habra, California. Derechos Reservados. Usados con permiso. Texto basado en LA BIBLIA DE LAS AMÉRICAS, copyright © 1986, 1995, 1997 por La Fundación Lockman.
Quedan reservados en todos los países los derechos de reproducción y adaptación.

DESCUBRE LA BIBLIA POR TI MISMO
Copyright © 2013 por Ministerios Precepto Internacional
Publicado en Inglés por Harvest House Publishers
Eugene, Oregon 97402

Catalogo Informativo de Publicación de la
Biblioteca del Congreso de EE.UU.
Arthur Kay, 1933
Descubre la Biblia por ti mismo
p.cm.
ISBN 978-1-62119-046-2

Todos los derechos reservados. Ninguna parte de esta publicación puede reproducirse, traducirse, ni transmitirse por ningún medio electrónico o mecánico que incluya fotocopias, grabaciones o cualquier tipo de recuperación y almacenamiento de información sin permiso escrito del Publicador, así como las ayudas de estudio, introducciones, ilustraciones, mapas, cuadros y otros materiales de estudio, o de La Fundación Lockman en lo que se refiere al texto Bíblico y referencias cruzadas de la NUEVA BIBLIA LATINOAMERICANA DE HOY.

Precepto, Ministerios Precepto Internacional, Ministerios Precepto Internacional Especialistas en el Método de Estudio Inductivo, la Plomada, Precepto Sobre Precepto, Dentro y Fuera, ¡Más Dulce que el Chocolate! Galletas en el Estante de Abajo, Preceptos para la Vida, Preceptos de la Palabra de Dios y Ministerio Juvenil Transform son marcas registradas de Ministerios Precepto Internacional

2013 - Edición Estados Unidos

CONTENIDO

Bienvenido a la aventura del Estudio Bíblico Inductivo	5
Cómo Estudiar la Biblia Inductivamente	7
Observación	9
Interpretación	21
Aplicación	23
Bien, ¡Manos a la Obra!	25
Cuadros: "La Historia de Israel"	26

Libros del Antiguo Testamento

Génesis	33	Lamentaciones	167
Éxodo	40	Ezequiel	170
Levítico	46	Daniel	179
Números	54	Oseas	187
Deuteronomio	61	Joel	192
Josué	66	Amós	196
Jueces	71	Abdías	201
Rut	75	Jonás	204
1 Samuel	78	Miqueas	206
2 Samuel	83	Nahúm	209
1 Reyes	88	Habacuc	212
2 Reyes	93	Sofonías	216
1 Crónicas	102	Hageo	219
2 Crónicas	108	Zacarías	223
Esdras	112	Malaquías	229
Nehemías	116		
Ester	121		
Job	125		
Salmos	130		
Proverbios	139		
Eclesiastés	143		
Cantares	147		
Isaías	150		
Jeremías	160		

Libros del Nuevo Testamento

Mateo	233
Marcos	237
Lucas	242
Juan	245
Hechos	256
Romanos	261
1 Corintios	267
2 Corintios	273

Gálatas	278	Hebreos	321
Efesios	282	Santiago	326
Filipenses	287	1 Pedro	330
Colosenses	292	2 Pedro	334
1 Tesalonicenses	297	1 Juan	338
2 Tesalonicenses	302	2 Juan	342
1 Timoteo	306	3 Juan	344
2 Timoteo	310	Judas	346
Tito	314	Apocalipsis	350
Filemón	318		

Apéndice 1: Entendiendo el valor de la Palabra de Dios	358
Apéndice 2: Eventos Principales en la Historia de Israel	363
Apéndice 3: Ayudas Históricas y Gramaticales	379
El Arca del Pacto	379
Introducción al Gnosticismo	380
Pautas para la Interpretación de la Profecía Predictiva	382
Figuras Retóricas	384
Normas de Composición	389
Tiempo, Voz y Modo de los Verbos Griegos	390
Apéndice 4: Lee la Biblia de Principio a Fin en Un Año	396
Apéndice 5: Plan de Estudio Bíblico de Tres Años	397
Apéndice 6: Armonía de los Evangelios	400
Apéndice 7: Palabras Clave en la Nueva Versión Internacional y Reina Valera 1960	409

Bienvenido Al Estudio Bíblico Inductivo

¿Anhelas conocer a Dios? ¿Deseas fervientemente una relación estrecha y constante con ÉL? ¿Quieres ser fiel a Cristo y conocer lo que ÉL espera de ti? De ser así, el Estudio Bíblico Inductivo está diseñado para ti.

Dios se revela mediante Su Palabra; por medio de ella, Él nos muestra cómo vivir. Jesús dijo claramente: "No sólo de pan vivirá el hombre, sino de toda palabra que sale de la boca de Dios" (Mateo 4:4). ¿Y dónde encontramos ese pan divino? Precisamente en las Escrituras.

Al estudiar la Biblia con la ayuda del Espíritu Santo, y vivir las verdades que Dios te revele, descubrirás una nueva estabilidad, fuerza y confianza. Podrás decir junto con el profeta Jeremías: "Cuando se presentaban tus palabras, yo las comía; tus palabras eran para mí el gozo y la alegría de mi corazón" (Jeremías 15:16).

En la actualidad, muchas personas están plenamente convencidas de no poder conocer la verdad por ellas mismas. Vivimos rodeados de voces contradictorias que pretenden conocer e interpretar la verdad de Dios para nosotros. ¿Cuáles de esas voces tienen razón? ¿Cuáles están equivocadas? ¿Cómo poder distinguir entre lo verdadero y lo falso, a menos que pasemos tiempo con Dios y Su Palabra?

A la gran mayoría de creyentes en Cristo se les ha animado a estudiar la Palabra de Dios; y sin embargo, a muchos nunca se les ha enseñado la manera de hacerlo. Otros han llegado al extremo de sentirse no aptos para estudiar la Biblia; debido a no ser ministros, seminaristas o eruditos. Nada pudiera estar más lejos de la verdad.

En realidad, si uno quiere satisfacer su hambre y sed de conocer a Dios y su Palabra, de una manera más profunda, debe hacer algo más que simplemente leer la Biblia y estudiar lo que otros hayan dicho al respecto de ella. Así como eres el único que puede comer y digerir lo que necesitas para alimentarte, así también eres el único que puede recibir y asimilar el alimento que contiene para ti la Palabra de Dios. Tú mismo debes trabajar con el texto y asimilar sus verdades, de manera que te queden grabadas en el corazón, en la mente y en la vida.

Esta es la esencia del estudio inductivo: ver la verdad por ti mismo, discernir su significado y aplicar esa verdad a tu vida. En Su Palabra inspirada, Dios nos ha dado todo lo que necesitamos saber acerca de la vida y la piedad. Pero Él no se limitó a eso, sino que ha dado a cada creyente un maestro: el Espíritu Santo, quien nos guía a Su verdad.

La Biblia no se compara con ningún otro libro, pues es sobrenatural y está plenamente completa en sí misma. La Biblia no necesita de otros libros u otras verdades para complementarla. Y en el estudio inductivo, la Biblia se interpreta a sí misma, y puede ser entendida por cualquier creyente.

Todo aquel que dedique el tiempo necesario, podrá ver y entender lo que Dios nos ha dado en Su Palabra y la aplicación que puede tener para nosotros hoy en día.

Al usar este libro necesitarás de una Biblia, te recomendamos una que tenga suficiente espacio de márgenes para escribir, también necesitas una libreta de apuntes para anotar todas tus observaciones, así como una buena colección de mapas. ¡Goza de tu aventura por entender la Palabra de Dios!

CÓMO *ESTUDIAR LA BIBLIA* INDUCTIVAMENTE

Si crees que la Palabra de Dios contiene más de lo que has descubierto hasta el momento...

- Si sientes que debe haber respuestas concretas a las circunstancias complejas de la vida...
- Si deseas una fe inamovible, que evite que seas arrastrado por filosofías contradictorias presentes en el mundo y en la iglesia...
- Si quieres afrontar sin temor la incertidumbre del futuro...

... entonces la Biblia de Estudio Inductivo está diseñada para ti.

La eterna e infalible Palabra de Dios es tu guía para toda la vida, y el estudio inductivo te brinda la clave para entender esa guía.

El estudio inductivo es un método que te lleva directamente a la Palabra de Dios, prescindiendo de otra comprensión o interpretación del texto. Este tipo de estudio comprende tres componentes: ***observación, interpretación y aplicación.***

OBSERVACIÓN *Descubre Qué Dice el Texto* **La observación** enseña a ver exactamente lo que dice el pasaje; es el fundamento para la interpretación fiel y la aplicación correcta. La observación contesta la pregunta: ¿Qué dice el pasaje?

INTERPRETACIÓN *Descubre Qué Significa el Texto* **La interpretación** contesta la pregunta: ¿Cuál es el significado del pasaje?

APLICACIÓN *Descubre Cómo Ponerlo en Práctica* **La aplicación** contesta las preguntas: ¿Qué implica esto para mí? ¿Qué verdades debo creer y poner en práctica? ¿Qué cambios debo hacer en mi vida?

Cuando conozcas lo que Dios dice, su significado y cómo poner en práctica Sus verdades, estarás preparado para todas las circunstancias de la vida. La meta del estudio personal de la Biblia es una vida transformada y una relación estrecha y constante con Jesucristo.

Los siguientes diez pasos son la base del estudio inductivo. Con frecuencia, mientras sigues estos puntos, la observación, la interpretación y la aplicación sucederán simultáneamente. Dios puede darte nuevas perspectivas en cualquier momento de tu estudio, así que sé sensible a Su dirección. Cuando te llamen la atención palabras o pasajes, detente un momento y medita en lo que Dios te haya mostrado. Anota tus observaciones en el margen a fin de recordar lo que hayas aprendido.

Al estudiar la Biblia, capítulo por capítulo y libro por libro, verás aumentada tu capacidad de comprender todo el consejo de Dios. Tiempo después, podrás recurrir a tus notas una y otra vez estudiando porciones de las Escrituras y creciendo en tu conocimiento de Dios.

PASO UNO

COMIENZA CON ORACIÓN

La oración es a menudo el elemento ausente en el estudio Bíblico. Estás a punto de aprender el método más eficaz de estudio Bíblico que existe, pero sin la obra del Espíritu Santo no será más que eso, un método. Es el Espíritu Santo, que habita en nosotros, quien nos guía a toda verdad, quien toma las cosas de Dios y nos las revela. Siempre que abras la Biblia, pídele a Dios que te enseñe Su verdad.

PASO DOS

BUSCA CONTESTAR LAS SEIS PREGUNTAS BÁSICAS

Al estudiar cualquier pasaje o libro de la Biblia, cultiva el hábito de preguntar constantemente: ¿Quién? ¿Qué? ¿Cómo? ¿Cuándo? ¿Dónde? ¿Por qué? Estas preguntas son los elementos básicos de la observación precisa, que es esencial para la interpretación fiel. Muchas veces se interpretan mal las Escrituras porque no se observa con cuidado el contexto. Hacer estas preguntas te ayudará a no salirte del contexto del pasaje.

Es imprescindible sentar las bases de la observación antes de buscar la interpretación. De lo contrario, lo que pensamos, lo que sentimos o lo que han dicho otras personas influirá en nuestra comprensión del texto. Estas presuposiciones nos pueden llevar a una interpretación demasiado particular de un pasaje. Debemos tener cuidado de no torcer las Escrituras para nuestra propia perdición (2 Pedro 3:16).

El buscar respuestas precisas a las siguientes preguntas, te ayudará a asegurar la interpretación correcta.

¿Quién habla? ¿De quién se trata? ¿Quiénes son los personajes principales? Busca el EJEMPLO A de 1 Pedro 5 más adelante. En este capítulo el sujeto es "yo". El versículo 1 nos dice que "yo" es anciano, testigo de los padecimientos de Cristo, y también participante de la gloria que ha de ser revelada. De la lectura de este versículo y de los capítulos anteriores (el contexto), puede observarse que ese "yo" es Pedro, el autor de esta epístola. Sería de mucha utilidad para tu estudio, que marques al autor con un color específico (azul, por ejemplo).

¿A quién habla? El versículo 1 se refiere a "los ancianos", el versículo 5 a "ustedes, los más jóvenes", y el versículo 6, implícitamente, a los destinatarios de la epístola, "humíllense".

¿Qué tema o acontecimiento se trata en el capítulo? ¿Qué aprendes acerca de las personas, eventos o enseñanzas del texto? ¿Qué instrucciones se dan? En 1 Pedro 5:2, Pedro exhorta a los ancianos a que pastoreen el rebaño de Dios y velen por él.

¿Cómo sucederá? ¿Cómo se ha de hacer? ¿Cómo se ilustra? En 1 Pedro 5:2, toma nota de cómo los ancianos deben cuidar el rebaño: "voluntariamente" y "con sincero deseo", como quiere Dios.

¿Cuándo tuvieron o tendrán lugar los acontecimientos? ¿Cuándo le sucedió o le sucederá algo a una persona, nación o pueblo en particular? Para determinar la progresión de los acontecimientos, la pregunta clave es cuándo. En 1 Pedro 5:4, aprendemos que "cuando aparezca el Príncipe de los pastores...", los ancianos recibirán "la corona inmarcesible (que jamás se marchitará) de gloria". Marca las referencias de tiempo (los "cuando") con un círculo y subrayando con una línea ondulada bajo la frase.

¿Dónde sucedió o sucederá esto? ¿Dónde se dijo? En 1 Pedro 5, el único versículo que se refiere a un lugar es el 13, que contiene un saludo de parte de "la (iglesia) que está en Babilonia". Marca los lugares geográficos subrayándolos con doble línea verde.

¿Por qué se dice o se menciona algo? ¿Por qué sucedería o sucederá esto? ¿Por qué en ese momento preciso? ¿Por qué lo dice esa persona específica? 1 Pedro 5:12 explica porqué y cómo Pedro escribió esta epístola, con lo cual establece el propósito del libro: exhortarlos y testificar que ésta es la verdadera gracia de Dios, para que ellos estén firmes en ella.

Cada vez que estudies un pasaje de la Biblia, debes tener presente "las seis preguntas básicas". No te preocupes si no puedes encontrar la respuesta a todas las preguntas en cada pasaje. Recuerda que en la Biblia hay muchos géneros literarios y no todas las preguntas serán aplicables. Cuando preguntes quién, qué, cómo, cuándo, dónde y por qué, haz anotaciones en el margen de tu Biblia. Medita en las verdades que Dios te revele. Piensa en cómo se aplican a tu vida y así evitarás que tu estudio se vuelva simplemente una búsqueda intelectual de conocimientos.

PASO TRES
MARCA PALABRAS Y FRASES CLAVE

Una palabra clave es una palabra esencial para la comprensión del texto. Pudiera ser un sustantivo, un adjetivo o un verbo que ayuda a comunicar el mensaje del autor. Si se elimina una palabra o frase clave, el pasaje queda sin sentido. A menudo se repiten las palabras y frases clave a fin de comunicar el punto de vista o el propósito del autor al escribir. Pudieran repetirse a lo largo de un capítulo, de una sección de un libro, o de todo el libro. Por ejemplo, nota que en 1 Pedro 5 se emplea tres veces alguna forma de la palabra padecimiento (sufrimiento).

Las palabras claves que usamos son tomadas de la Nueva Biblia Latinoamericana de Hoy, texto basado en la Biblia de las Américas, si estás usando la Nueva Versión Internacional o la Reina Valera 1960, te pedimos que busques en el Apéndice-Sección Siete para encontrar la palabra clave apropiada de dicha versión bíblica.

Al ir marcando las palabras clave, haz las mismas preguntas básicas (**quién, qué, cuándo, cómo, dónde y por qué**) que hiciste al pasaje donde se encuentran. Por ejemplo: ¿quién padece?, ¿qué causó el sufrimiento?, etc.

Las palabras clave se pueden marcar de varias maneras:

Por medio de símbolos:

Por medio de colores. Es preferible usar lápices de colores y bolígrafos con punta fina y tinta de varios colores.

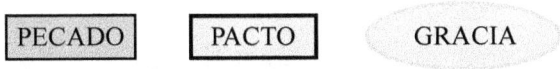

Por medio de una combinación de colores y símbolos.

Sea cual sea el sistema que escojas, marca cada palabra clave de la misma manera cada vez que la encuentres. De esta forma, en estudios posteriores, la apreciación visual de tus marcas te ayudará a seguir temas clave e identificar rápidamente verdades significativas a lo largo de las Escrituras. Para mantener coherencia, haz una lista de palabras clave, símbolos y colores, en una tarjeta y úsala como separador de páginas en tu Biblia.

Marca siempre los pronombres (yo, tú, él, ella, nosotros, ustedes, ellos, ellas), formas posesivas (mis, tus, sus, nuestras) y sinónimos (palabras con un mismo significado en el contexto) de la misma manera que marcas las palabras a las que hacen referencia. Por ejemplo, en 1 Pedro 5:8, la palabra adversario es un sinónimo de diablo. El verbo "resístanlo" en el versículo 9, también hace referencia al diablo. Nota que marcar adversario como sinónimo de diablo, nos muestra otro aspecto de su naturaleza.

Cómo Marcar el Texto
1 PEDRO ~ EJEMPLO A

EN LAS EPÍSTOLAS, MARCA TODA REFERENCIA AL AUTOR DE UN COLOR, Y TODA REFERENCIA A LOS DESTINATARIOS DE OTRO

IDENTIFICA LISTAS SENCILLAS

Tema del Capítulo 5

5 Por tanto, a los ancianos entre ustedes[a], exhorto, yo, anciano como ellos[b] y testigo de los padecimientos de Cristo[c], y también participante de la gloria que ha de ser revelada[d].

2 pastoreen el rebaño de Dios entre ustedes[a], velando por él, no por obligación[b], sino voluntariamente, como *quiere* Dios; no por la avaricia del dinero (no por ganancias deshonestas)[c], sino con sincero deseo;

3 tampoco como teniendo señorío[a] sobre los que les han sido confiados[1], sino demostrando ser (convirtiéndose en) ejemplos del rebaño[b].

MARCA PALABRAS CLAVE Y SUS SINÓNIMOS, ASÍ COMO DIOS, CRISTO, DIABLO, SUFRIMIENTO

4 Y cuando aparezca el Príncipe de los pastores (el Pastor Supremo)[a], ustedes recibirán la corona inmarcesible (que jamás se marchitará)[b] de gloria[c].

5 Asimismo *ustedes*, los más jóvenes, estén sujetos a los mayores (los ancianos)[a]. Y todos, revístanse de humildad en su trato mutuo[b], porque Dios RESISTE A LOS SOBERBIOS, PERO DA GRACIA A LOS HUMILDES[c].

6 Humíllense[a], pues, bajo la poderosa mano de Dios, para que Él los exalte a su debido tiempo,

MARCA PRONOMBRES

7 echando toda su ansiedad sobre Él, porque Él tiene cuidado de ustedes[a].

8 Sean *de espíritu sobrio*[a], estén alerta[b]. Su adversario, el diablo[c], anda *al acecho* como león rugiente[d], buscando a quien devorar.

9 Pero resístanlo[a] firmes en la fe[b], sabiendo que las mismas experiencias de sufrimiento[c] se van cumpliendo en sus hermanos[2] en *todo* el mundo.

10 Y después de que hayan sufrido un poco de tiempo[a], el Dios de toda gracia[b], que los llamó[c] a Su gloria eterna en Cristo[d], Él mismo *los* perfeccionará, afirmará[f], fortalecerá, y establecerá.

11 A Él *sea* el dominio por los siglos de los siglos[a]. Amén.

12 Por conducto[a] de Silvano, *nuestro* fiel hermano, porque así[1] *lo* considero, les he escrito brevemente[b], exhortando y testificando que ésta es la verdadera gracia de Dios[c]. Estén firmes en ella[d].

SUBRAYA CON DOBLE LÍNEA VERDE LOS LUGARES GEOGRÁFICOS

13 La[1] que está en Babilonia, elegida juntamente con ustedes, los saluda, y *también* mi hijo Marcos[a].

14 Salúdense unos a otros con un beso de amor fraternal[a]. Paz sea a todos ustedes que están en Cristo[b].

Sufrimiento (Padecimiento):
1. Pedro presenció los padecimientos de Cristo. Vs. 1
2. Hermanos están sufriendo. Vs. 9
3. Nosotros sufriremos. Vs. 10
4. Pero Dios perfecciona, afirma, fortalece, y establece a aquellos que sufren. Vs. 10

HAZ LISTAS TEMÁTICAS DE LAS PALABRAS CLAVE ANÓTALAS EN EL MARGEN

PASO CUATRO

ELABORA LISTAS

La elaboración de listas es una de las herramientas más útiles que hay para la interpretación de un pasaje. Las listas revelan verdades y resaltan los conceptos importantes. La mejor manera de descubrir listas en el texto, con el fin de elaborarlas aparte, es observar cómo se describe una palabra clave, notar lo que se dice acerca de alguien o de algo, o agrupar pensamientos o instrucciones relacionados entre sí. (Elabora listas en una hoja de papel aparte o en una libreta).

1 Pedro 5:2-3, por ejemplo, contiene una lista sencilla para instruir a los ancianos en cuanto a cómo pastorear el rebaño. Se pueden enumerar listas sencillas dentro del texto para facilitar cualquier referencia posterior a ellas.

Las listas temáticas encierran una verdad, cualidad o característica de un tema específico, a lo largo de un pasaje. Una manera de crear una lista temática es seguir una palabra clave a través de un capítulo y anotar lo que dice el texto respecto a esa palabra cada vez que se emplea. En el EJEMPLO A, observa cómo se elabora una lista temática de la palabra clave ***sufrimiento*** y su sinónimo ***padecimiento***.

Cuando escribas tus observaciones acerca del sufrimiento (padecimiento), comenzarás a tener una mejor y más amplia comprensión de lo que piensa Dios sobre el tema. Aprenderás que:

- Cristo padeció
- los hermanos en todo el mundo están sufriendo
- los destinatarios de la carta también pueden sufrir

También descubrirás que Dios:

- afirma
- perfecciona
- fortalece
  establece a quienes padecen

Es incalculable el valor que tienen estas listas para la aplicación. La próxima vez que sufras (padezcas), podrás recordar con mayor rapidez que:

- Cristo padeció
- otros están sufriendo
- Dios permitirá que tú sufras para fortalecer así tu vida

Descubrir verdades que se aplican a la vida diaria es lo que hace que la elaboración de listas sea una parte muy importante del método inductivo.

PASO CINCO

BUSCA CONTRASTES Y COMPARACIONES

En los contrastes y comparaciones se emplea lenguaje sumamente descriptivo para subrayar verdades significativas y lecciones de vital importancia. Las imágenes que éstas describen con palabras, facilitan la tarea de recordar lo que hemos aprendido.

Un contraste es una comparación de cosas diferentes u opuestas; cosas tales como luz/

tinieblas u orgulloso/humilde. La palabra pero a menudo señala que se está haciendo un contraste. Marca los contrastes en el texto y/o anótalos en el margen.

Una comparación señala semejanzas, por lo general indicadas por palabras tales como *semejante a*, *parecido a*, *como* y *tal como*. Por ejemplo, Pedro dice en 1 Pedro 5:8, "... Su adversario, el diablo, anda al acecho como león rugiente, buscando a quien devorar".

Marca de manera distintiva las comparaciones que encuentres en el texto para que las identifiques de inmediato cuando regreses a ese pasaje en otra oportunidad.

PASO SEIS
NOTA REFERENCIAS DE TIEMPO

El tiempo en que ocurren los hechos, a menudo revela el verdadero sentido del texto.

El momento de un acontecimiento se puede observar en declaraciones puntuales como: "el décimo día de este mes séptimo" o "Durante siete días celebrarás la Fiesta de los Tabernáculos". Estas frases se pueden señalar en el texto con un círculo y una línea ondulada bajo la frase.

También indican tiempo palabras tales como **hasta**, **entonces**, **luego**, **cuando** y **después**. Estas palabras muestran la relación que tiene una declaración o suceso con otro. El marcarlas te ayudará a ver la secuencia de los acontecimientos y te llevarán a una interpretación fiel de las Escrituras.

PASO SIETE
IDENTIFICA TÉRMINOS DE CONCLUSIÓN

Los términos de conclusión por lo general siguen a un importante argumento; e incluyen palabras tales como *por cuanto*, *por lo tanto*, *por eso*, *pues* y *finalmente*. Cuando observes uno de estos términos de conclusión, pregúntate porqué está ahí. Repasa los versículos anteriores y trata de resumir el mensaje presentado. Por ejemplo, 1 Pedro 5:6 dice: "Humíllense, pues...". Si revisas, verás que debes humillarte bajo la mano de Dios porque Dios "resiste a los soberbios, pero da gracia a los humildes".

Cómo Marcar el Texto
1 PEDRO ∾ EJEMPLO B

IDENTIFICA TÉRMINOS DE CONCLUSIÓN

RESUME LOS TEMAS DEL CAPÍTULO

Tema del Capítulo 5 **Humildes y Sobrios, Resistir y Permanecer**

5 Por tanto, a los ancianos entre ustedes[a], exhorto yo, anciano como ellos[b] y testigo de los padecimientos de Cristo[c], y también participante de la gloria que ha de ser revelada[d]:

2 pastoreen el rebaño de Dios entre ustedes[a], velando por él, no por obligación[b], sino voluntariamente, como *quiere* Dios; no por la avaricia del dinero (no por ganancias deshonestas)[c], sino con sincero deseo;

3 tampoco como teniendo señorío[a] sobre los que les han sido confiados[1], sino demostrando ser (convirtiéndose en) ejemplos del rebaño[b].

MARCA CONTRASTES

4 Y cuando aparezca el Príncipe de los pastores (el Pastor Supremo)[a], ustedes recibirán la corona inmarcesible (que jamás se marchitará)[b] de gloria[c].

5 Asimismo *ustedes*, los más jóvenes, estén sujetos a los mayores (los ancianos)[a]. Y todos, revístanse de humildad en su trato mutuo[b], porque Dios RESISTE A LOS SOBERBIOS, PERO DA GRACIA A LOS HUMILDES[c].

6 Humíllense[a], pues, bajo la poderosa mano de Dios, para que El los exalte a su debido tiempo,

7 echando toda su ansiedad sobre El, porque El tiene cuidado de ustedes[a].

8 Sean *de espíritu* sobrio[a], estén alerta[b]. Su adversario, el diablo[c], anda *al acecho* como león rugiente[d], buscando a quien devorar.

9 Pero resístanlo[1a] firmes en la fe[b], sabiendo que las mismas experiencias de sufrimiento[c] se van cumpliendo en sus hermanos[2] en *todo* el mundo.

10 Y después de que hayan sufrido un poco de tiempo[a], el Dios de toda gracia[b], que los llamó[c] a Su gloria eterna en Cristo[d], El mismo *los* perfeccionará[e], afirmará[f], fortalecerá, y establecerá.

11 A El *sea* el dominio por los siglos de los siglos[a]. Amén.

12 Por conducto[a] de Silvano, *nuestro* fiel hermano, porque así[1] *lo* considero, les he escrito brevemente[b], exhortando y testificando que ésta es la verdadera gracia de Dios[c]. Estén firmes en ella[d].

13 La[1] que está en Babilonia, elegida juntamente con ustedes, los saluda, y *también* mi hijo Marcos[a].

14 Salúdense unos a otros con un beso de amor fraternal[a]. Paz sea a todos ustedes que están en Cristo[b].

MARCA COMPARACIONES

MARCA EXPRESIONES DE TIEMPO IMPORTANTES CON UN CÍRCULO

soberbios / humildes
son resistidos / reciben gracia

LPV

Satanás puede causar sufrimiento pero éste llegará a su fin. Dios lo usará para mi bien.

DESCUBRE LECCIONES PARA LA VIDA

15

PASO OCHO
RESUME EL TEMA DEL CAPÍTULO

Los temas de los capítulos estarán centrados en el personaje, el suceso, la enseñanza o el asunto principal tratado en esa sección de las Escrituras. El repaso de las palabras clave y de las listas que has elaborado te ayudará a descubrir esos temas. Trata de escribirlos de la manera más breve posible, empleando palabras que aparezcan en el texto.

Por ejemplo, en 1 Pedro 5, algunos temas posibles pudieran ser ***Exhortaciones a los ancianos, a los jóvenes y a los que padecen,*** o ***Dios da gracia a los humildes.*** La meta de la observación es contestar la pregunta: ¿Qué dice el pasaje? Y el tema resume la respuesta a esta pregunta. Te sugerimos que los escribas con lápiz, para que los puedas corregir o ampliar conforme profundices en tu estudio.

PASO NUEVE
DESCUBRE LECCIONES PARA LA VIDA

En el proceso de observar el texto, a fin de conocer cómo Dios le enseñó al pueblo y trató con diversas personas, el Espíritu Santo te mostrará verdades que Dios quiere que tengas presentes y que tomes como guía para tu vida. Puedes anotar en el margen de tu Biblia o en una libreta de apuntes estas "Lecciones para la Vida" bajo la abreviatura "LPV", o tal vez quieras diseñar un símbolo distintivo para marcar esas "Lecciones Para la Vida" a lo largo de tu Biblia.

El anotarlas le dará un elemento "devocional" a tu Biblia y servirá como un recordatorio (o legado) de lo que Dios ha hablado a tu corazón para ti o para quienes la lean.

PASO DIEZ
COMPLETA EL CUADRO DEL PANORAMA

El cuadro del PANORAMA, proporciona un resumen visual de cada libro para que puedas consultarlo cada vez que lo consideres conveniente. Revisa el ejemplo a continuación.

- **Anota el autor del libro.** Si el autor no es mencionado, lee la introducción del libro. Si allí tampoco se menciona, deja ese espacio en blanco.
- **Anota la fecha en que se escribió el libro.** Si se conoce la fecha en que se escribió el libro, ésta aparecerá en la introducción del mismo.
- **Anota las palabras clave.** Si en el PANORAMA no hay una lista de las palabras clave, las encontrarás en la sección TRABAJO POR HACER.

Como se ha mencionado anteriormente las palabras clave que utilizamos son tomadas de la Biblia de las Américas, si estás utilizando la Nueva Versión Internacional o la Reina Valera 1960, encontrarás en el Apéndice una Sección con las palabras usadas por esas versiones.

Márcalas de la misma forma como lo harás en el resto del texto.

A fin de resaltar los temas que se encuentran a lo largo de toda la Biblia, hay algunas palabras o frases clave que querrás marcar de forma distintiva. Escríbelas en una tarjeta, asignando a cada una el color con el que quieras marcarlas a lo largo de toda tu Biblia, y usa la tarjeta como separador de páginas.

Un ejemplo de palabras clave se dan en la página 20.

≫ **Copia los temas de los capítulos** que anotaste al principio de cada uno de ellos. Ya que la Biblia fue dividida en capítulos mucho después de haber sido escrita, y estos no siempre dividen de forma natural el texto, ocasionalmente encontrarás más de un tema en un mismo capítulo. Si es así, anota cada tema.

≫ **Busca y anota las divisiones por secciones.** Trata de agrupar algunos de los capítulos bajo un tema o acontecimiento común. A esta división se le llama *división por secciones*, la cual te ayudará a entender el bosquejo de un libro.

Hay diversas maneras de dividir un libro. Puedes hacerlo de acuerdo a fechas, lugares geográficos, reinados, personajes o sucesos principales, temas o doctrinas.

Después de obtener una perspectiva general del libro, mediante su división por secciones, se hace más fácil entender su contenido y propósito. El cuadro del PANORAMA para el Evangelio de Juan presenta varias maneras en que se pudiera dividir este libro. Por ejemplo, en la última columna de la "División por Secciones" aparece "Estructura del Libro"; esto muestra la manera como Juan organiza sus ideas para alcanzar su objetivo al escribir este evangelio.

≫ **Anota el propósito del libro.** Discernir el propósito del autor al escribir, y tener presente ese propósito mientras estudias el texto, te ayudará a usar la Palabra de Dios de manera precisa. A menos que el autor declare específicamente su propósito al escribir, como se hace en 1 Pedro 5:12 y Juan 20:31, deberás descubrirlo por otros medios:
1. Busca los temas principales que abarca el libro. A menudo los podrás reconocer mientras estudias las palabras clave repetidas.
2. Observa los problemas que se tratan. Tal vez el propósito del autor al escribir era tratar esos problemas.
3. Toma nota de las exhortaciones y advertencias que se dan. Éstas pudieran ser la razón del libro.
4. Observa lo que el autor *no* trata en el libro. Cuando sepas lo que el autor trató y lo que omitió, podrás discernir mejor el verdadero propósito del libro.

≫ **Anota el tema principal del libro.** Una vez que hayas hecho una lista con el tema (los temas) de cada capítulo, hayas evaluado el propósito del autor al escribir y hayas observado el contenido del libro capítulo por capítulo y sección por sección, estarás preparado para determinar el tema del libro. ¿Cuál es la declaración que describe lo mejor posible al libro?

Después de completar los diez pasos de la observación, estás listo para pasar a la interpretación y a la aplicación.

Los Cuadros Panorama De
1 PEDRO ❧ EJEMPLO C

Panorama de 1 Pedro

Tema de 1 Pedro: Sufrimiento y Gloria

Autor: Pedro

Fecha: 63 o 64 d.C.

Propósito: (5:12) Exhortar a permanecer firmes en la verdadera gracia

Palabras Clave:
- sufrir, padecer, pruebas y sinónimos
- gracia
- gloria
- salvación
- toda referencia a la futura revelación de Jesucristo
- amor, amar y sus variaciones
- Espíritu Santo
- llamó, llamados
- elegidos, escogidos
- santo(s)
- preciosa(o)
- perecer, corruptible (incorruptible)

División por Secciones

	Temas de los Capítulos
1	La Fe es Probada — Ser Santos
2	Fui Escogido: Seguir el Ejemplo de Cristo—Sumisión
3	
4	
5	

> Completa los cuadros PANORAMA DE a lo largo de toda la Biblia a medida que descubres los temas de libros y capítulos

Los Cuadros Panorama De
EVANGELIO DE JUAN ~ EJEMPLO

PANORAMA DE JUAN

Tema de Juan: Vida eterna por medio de Jesucristo, Hijo de Dios

Autor: Juan

Fecha: alrededor del 85 d.C.

Propósito: que los lectores crean que Jesús es el Cristo, el Hijo de Dios, y así tengan vida eterna

Palabras Clave: (incluir sinónimos)
- señales
- milagros
- creer
- juzgar
- juicio
- testificar
- pecado
- verdad
- verdadero
- verdaderamente
- rey
- reino
- amor
- obras
- mandamientos
- fruto
- permanecer
- pedir
- diablo (Satanás, príncipe de este mundo)

DIVISIÓN POR SECCIONES:

Estructura del Libro	Escrito	Señales y Milagros	Ministerio	#	TEMAS DE LOS CAPÍTULOS
Introduce a Jesús como el Hijo de Dios	Presenta las señales que demuestran que Jesús es el Cristo, el Hijo de Dios	Agua en vino	A ISRAEL	1	Prólogo — El Verbo / Juan el Bautista/llamamiento de los discípulos
				2	Boda de Caná / Purificación del Templo
				3	nacer de nuevo
		Sana al hijo del oficial		4	mujer en el pozo / oficial del rey
		Sana al paralítico sobre el agua		5	padre / hijo
		Alimenta 5,000/camina sobre el agua		6	pan / alimentación de los 5,000
				7	fiesta de los tabernáculos/sed—beber
	Para que crean que Jesús es el Cristo, el Hijo de Dios	Sana al ciego		8	mujer adúltera / la verdad liberta
				9	el ciego
				10	oveja / pastor
		Resucita a Lázaro		11	resurrección de Lázaro
Momento de decisión	La hora ha llegado			12	cena en Betania / rey en un pollino
			A LOS DISCÍPULOS	13	última cena / lavamiento—discípulos
La vida que pertenece a los que creen en Dios	Para que tengan vida			14	casa del Padre / no se turbe su corazón
				15	permanecer / vid y sarmientos
				16	Espíritu Santo/otro Consolador
				17	oración sacerdotal del Señor
Obtener esa vida por muerte y resurrección	resurrección apariciones		A LA HUMANIDAD	18	arresto y juicio
				19	crucifixión
				20	resurrección
Propósito de vida, amar y seguir a Cristo			A LOS DISCÍPULOS	21	¿me amas?

Un Sistema Para Marcar Las Palabras Clave Incluyendo Sinónimos Y Pronombres En Toda Tu Biblia

🍃 Asignar colores a las palabras clave puede ser muy útil, ya que a veces usar demasiados símbolos puede saturar el texto.

🍃 En una epístola (carta) colorea el autor de un color, por ejemplo: azul; y a el(los) destinatario(s) de otro. Por ejemplo: naranja.

🍃 Cuando marques, elige colores para representar varias cosas. Por ejemplo, el azul puede ser tu color para Israel, así que todo lo relacionado con Israel puede tener algo de azul; el amarillo puede usarse para Dios; cualquier cosa relacionada con la redención puede ser rojo, y así sucesivamente.

🍃 Cuando marques palabras como circuncisión, marca también su forma contraria, incircuncisión, tachando un símbolo con una línea como ésta:

🍃 Marca las referencias de tiempo con un círculo y una línea ondulada bajo la frase:

🍃 Subraya con doble línea verde todos los lugares geográficos:

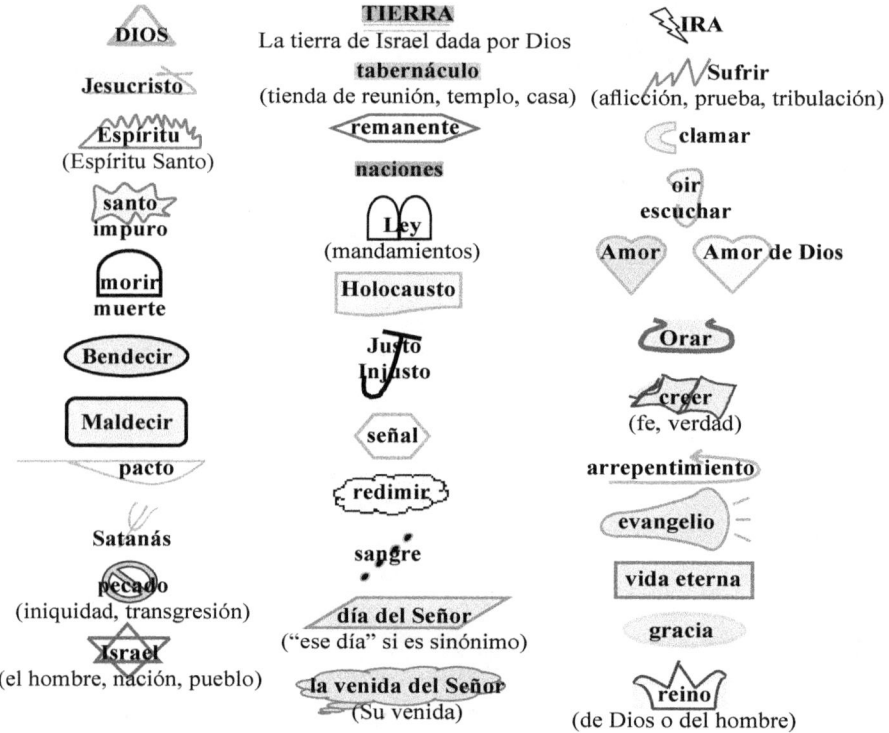

No siempre se marca Dios o Jesucristo, ya que a veces se satura demasiado el texto.

INTERPRETACIÓN

Descubre Qué Significa el Texto

Mientras que la observación lleva a una comprensión precisa de lo que dice la Palabra de Dios, la interpretación, por su parte, da un paso más allá y te ayuda a comprender lo que significa. Cuando interpretes con precisión la Palabra de Dios, con toda confianza podrás llevar a la práctica sus verdades en tu vida diaria.

Es probable que, al igual que muchas otras personas, hayas aprendido un sistema de creencias previo al estudio de la Palabra de Dios por ti mismo. Tal vez te hayas formado opiniones sobre lo que la Biblia enseña, antes de examinar las Escrituras con cuidado. Al aprender a usar la Palabra de Dios con precisión, podrás discernir si lo que crees está de acuerdo con la Biblia. Si ése es tu deseo y te acercas a la Palabra de Dios con un espíritu dispuesto a aprender, Dios te guiará a toda verdad.

Al procurar interpretar la Biblia con exactitud, encontrarás que las pautas siguientes te serán de mucha utilidad.

1. Recuerda que el contexto rige.

La palabra *contexto* quiere decir "lo que va con el texto". Para comprender el contexto, debes estar familiarizado con la Palabra de Dios. Una vez que hayas sentado las bases sólidas de la observación, estarás preparado para considerar cada versículo a la luz de:

- los versículos circundantes
- el libro donde se encuentre
- toda la Palabra de Dios

Al estudiar, pregúntate: ¿es mi interpretación de una determinada sección de la Biblia congruente con el tema, propósito y estructura del libro en que se encuentra? ¿Concuerda con lo que dicen otros pasajes Bíblicos sobre el mismo tema, o hay una diferencia evidente? ¿Estoy tomando en cuenta el contexto histórico y cultural de lo que se dice? Nunca saques un pasaje de su contexto para forzarlo a que diga lo que quieres que diga. Descubre lo que dice el autor; no agregues nada a lo que éste quiere decir.

2. Siempre busca todo el consejo de la Palabra de Dios.

Cuando conozcas a fondo la Palabra de Dios, no aceptarás una enseñanza sólo porque alguien haya usado uno o dos versículos aislados para respaldarla. Es posible que esos versículos se hayan sacado fuera de su contexto, o que se hayan pasado por alto otros pasajes importantes que habrían llevado a una comprensión diferente. A medida que leas la Biblia, con regularidad y en su totalidad, y profundices en el conocimiento de todo el consejo de la Palabra de Dios, podrás discernir si una enseñanza es Bíblica o no.

Tu mejor defensa contra la falsa doctrina es que la Palabra de Dios abunde en ti.

3. Recuerda que la Biblia no se contradice.

El mejor intérprete de la Biblia es la Biblia misma. Recuerda que toda la Escritura es inspirada por Dios (el soplo de Dios); por lo tanto, las Escrituras nunca se contradicen.

La Biblia contiene toda la verdad que pudieras necesitar para cualquier circunstancia de la vida. A veces, sin embargo, pudiera resultarte difícil conciliar dos verdades aparentemente contradictorias que aparecen en las Escrituras. Un ejemplo de esto sería el de las enseñanzas sobre la soberanía de Dios y la responsabilidad del hombre. Cuando en la Palabra se enseñan dos o más verdades que parecen estar en conflicto, debes recordar que los seres humanos tenemos una mente finita, así que, somete tu corazón en fe y cree lo que Dios dice, aún cuando de momento no puedas comprenderlo o conciliarlo perfectamente.

4. No bases tus convicciones en un pasaje oscuro de las Escrituras.

Un pasaje oscuro es uno cuyo significado no se puede entender con facilidad. Como estos pasajes son difíciles de entender aún cuando se empleen los correctos principios de interpretación, no se deben usar como base para establecer alguna doctrina.

5. Interpreta las Escrituras literalmente.

La Biblia no es un libro místico. Dios nos habló para que conociéramos la verdad. Por tanto, toma la Palabra de Dios en sentido literal, es decir, en su sentido natural y normal. Primeramente busca la enseñanza clara del pasaje, y no un significado oculto. Comprende y reconoce las figuras retóricas e interprétalas como tales.

Considera lo que dice cada autor a la luz del estilo literario que emplea. Por ejemplo, se encontrarán más símiles y metáforas en la literatura poética y profética que en los libros históricos o biográficos. Interpreta los pasajes de las Escrituras conforme a su estilo literario.

Algunos de los estilos literarios que se emplean en la Biblia son:

- Histórico—Hechos
- Profético—Apocalipsis
- Biográfico—Lucas
- Didáctico (enseñanza)—Romanos
- Poético—Salmos
- Epistolar (carta)—2 Timoteo
- Sapiencial—Proverbios

6. Busca el significado único del pasaje.

Al interpretar un pasaje de la Biblia, siempre procura entender lo que el autor tenía en mente. No tergiverses ningún versículo para respaldar una idea que no se enseña con claridad en el texto. A no ser que el autor de un libro indique que hay otro significado en lo que dice, deja que el pasaje hable por sí mismo.

Aplicación

Descubre Cómo Ponerlo en Práctica

No importa cuánto sepas acerca de la Palabra de Dios, si no aplicas lo que aprendes, las Escrituras nunca serán de provecho para tu vida. Ser oidor de la Palabra y no hacedor de ella es engañarse a sí mismo (Santiago 1:22-25). Por eso resulta esencial la aplicación. La observación y la interpretación son "el oír" la Palabra de Dios. Pero mediante la aplicación, serás transformado a la imagen de Cristo. La aplicación es aceptar la Palabra de Dios; es el proceso que permite a Dios obrar en tu vida.

2 Timoteo 3:16-17 dice: "Toda Escritura es inspirada por Dios y útil para enseñar, para reprender, para corregir, para instruir en justicia, a fin de que el hombre de Dios sea perfecto (apto), equipado para toda buena obra." Aquí está la clave de la aplicación: aplicar las Escrituras a la luz de su enseñanza, su represión, su corrección y su instrucción para la vida.

Enseñanza (doctrina) es lo que la Palabra de Dios dice sobre determinado asunto, y ésta es siempre verdadera. Por lo tanto, todo lo que Dios dice en la Biblia respecto a algún tema, es la verdad absoluta.

El primer paso en la aplicación es descubrir lo que la Palabra de Dios dice sobre un asunto en particular, mediante la observación precisa y la interpretación correcta del texto. Una vez que entiendas lo que enseña la Palabra de Dios, estás obligado ante Él a aceptar esa verdad y vivir de acuerdo con ella. Cuando hayas aceptado de corazón la verdad revelada en la Palabra de Dios, y hayas corregido cualquier concepto o enseñanza falsa que hayas creído, entonces habrás aplicado lo que aprendiste.

Represión, saca a relucir las esferas de tu pensamiento y conducta que no están de acuerdo con la Palabra de Dios. Mediante la represión descubres los aspectos en que has pensado erróneamente o no has estado haciendo lo que Dios dice que es correcto. Aplicar la represión es aceptarla y ponerte de acuerdo con Dios, reconociendo los aspectos de tu pensamiento y conducta en que has estado equivocado. Así te librarás de la incredulidad y del pecado.

Corrección es el siguiente paso en la aplicación, y suele ser el más difícil. Muchas veces podemos ver en qué estamos equivocados, pero no queremos dar los pasos necesarios para rectificar el error. Dios no te ha dejado sin ayuda o sin respuestas en este paso de enmendar lo que está equivocado. A veces resulta difícil encontrar respuestas, pero siempre las hay; y a cualquier hijo de Dios que quiera agradar a su Padre, el Espíritu de Dios le enseñará la manera de hacerlo.

Muchas veces, la corrección se logra con sólo confesar y abandonar el error. En otras ocasiones, Dios nos muestra pasos bien definidos que debemos dar. En Mateo 18:15-17 Dios nos dice cómo debemos tratar a un hermano que ha pecado. Cuando apliques la corrección a tus acciones y actitudes, Dios obrará en ti para llevar a cabo Su buena voluntad (Filipenses 2:13). Esta obediencia producirá gozo en ti.

Instrucción en justicia: aunque la Palabra de Dios es útil para la reprensión y corrección, también es un manual para la vida. Cuando dedicamos tiempo al estudio de Su Palabra, Dios nos capacita para la vida, dándonos:

- enseñanzas
- mandatos
- promesas
- exhortaciones
- advertencias
- y ejemplos tomados de la vida de personajes Bíblicos, por medio de los cuales vemos el trato de Dios con el ser humano.

La Biblia tiene todo lo que necesitas para hacer frente a las circunstancias de la vida, de manera que "seas perfecto (apto), equipado para toda buena obra". La aplicación más eficaz se produce cuando entras en la presencia del Señor y hablas con Él acerca de las cosas que has leído, estudiado, visto y oído.

OBSERVACIONES SOBRE LA APLICACIÓN DE LAS ESCRITURAS

Al aplicar las Escrituras a tu vida, pudieran resultarte útiles las siguientes preguntas:

1. **¿Qué enseña el pasaje?** ¿Es general o específico? ¿Se aplica sólo a algunas personas en particular? ¿A un problema cultural de la época? ¿A cierto período de la historia? ¿Alguna enseñanza posterior se sobrepone a ella? Por ejemplo, en el Antiguo Testamento, a los judíos no se les permitía comer ciertos alimentos ni ponerse cierta combinación de telas. ¿Se aplican esas prohibiciones a los creyentes en la actualidad?

2. **¿Esta sección de las Escrituras expone algún error en mis creencias o conducta?** ¿Hay algunos mandamientos que no he obedecido? ¿Hay actitudes o motivos erróneos en mi vida que las Escrituras sacan a la luz?

3. **¿Cuál es la instrucción de Dios para mí como Su hijo?** ¿Hay nuevas verdades que debo creer? ¿Hay nuevos mandamientos que debo obedecer? ¿Hay nuevos puntos de vista que me pueden enseñar algo? ¿Hay promesas a las que me debo aferrar?

4. **Al aplicar las Escrituras, cuídate de no caer en lo siguiente:**
    - Aplicar normas culturales en vez de normas Bíblicas
    - Tratar de apoyar una verdad legítima con el uso incorrecto de un versículo o pasaje
    - Aplicar un versículo o pasaje desde la perspectiva de un prejuicio adquirido a raíz de enseñanzas recibidas en el pasado

Una de las cosas que más deseaba el apóstol Pablo para Timoteo, su hijo en la fe, era que Timoteo aprendiera a usar la Palabra de Dios de una manera que agradara al Señor (2 Timoteo 2:15). Y nosotros también vamos a querer rendir, algún día, buenas cuentas del uso que le hayamos dado a la Palabra de Dios. ¿La usamos bien? ¿Fuimos mansos y entendidos en cuanto a nuestra fe, dando honor a los que Dios ha llamado a dirigirnos, sin dejar de escudriñar las Escrituras nosotros mismos para comprender Sus verdades? ¿Permitimos que la Palabra de Dios, que es viva y eficaz, cambiara nuestra vida?

La observación, la interpretación y la aplicación dan como resultado la ***transformación***. Esa es nuestra meta al estudiar la Palabra de Dios. Así somos transformados de gloria en gloria a la imagen de Cristo.

BIEN, ¡MANOS A LA OBRA!

Con esta explicación del proceso inductivo, estás preparado para comenzar a estudiar de forma personal y de por vida la Palabra de Dios. Pero, antes de escoger y estudiar alguno de los 66 libros de la Biblia, toma un tiempo en oración.

Primero lee rápidamente la sección TRABAJO POR HACER para obtener una visión panorámica del libro que has escogido, pero no te desanimes al ver tantas instrucciones. Si las lees una por una, capítulo por capítulo y libro por libro, te resultará fácil seguirlas.

La sección PARA REFLEXIONAR te animará a pasar un tiempo a solas con Dios para considerar cómo se aplican a ti las verdades del libro.

Los libros históricos y proféticos del Antiguo Testamento tienen un DIAGRAMA HISTÓRICO que por lo general aparece antes del primer capítulo, para ayudarte a ubicarlo histórica y cronológicamente. Muchos de los libros del Nuevo Testamento contienen CUADROS DE OBSERVACIONES en los que puedes anotar la información que la sección TRABAJO POR HACER te pide que busques.

Por último, como ya se mencionó, cada libro de la Biblia termina con un cuadro llamado PANORAMA.

Si deseas aprender más sobre temas específicos pertinentes a tu estudio Bíblico personal, encontrarás ayuda en el Apéndice de este libro.

Cuando comiences a estudiar los profetas, verás varias referencias al día del Señor, el día de la ira, el día de Dios, y frases similares. Procura hacer un cuadro en tu libreta de apuntes titulado EL DÍA DEL SEÑOR con cuatro encabezados, la referencia bíblica, cómo se describe el día, qué sucede en la naturaleza, y señales del comienzo o fin del día.

A medida que estudias la Biblia con el método inductivo, profundizarás en tu conocimiento de Dios como nunca antes y llevarás ese conocimiento a la práctica, porque "el pueblo que conoce a su Dios se mostrará fuerte y actuará" (Daniel 11:32b).

La Historia de Israel—De Adán a Salomón

| 5000 | 4000 | 3000 | 2000 | 1800 | 1600 | 1400 | 1200 | 1150 | 1100 | 1050 | 1000 | 950 |

> *Para poder apreciar y entender plenamente la totalidad de la revelación de Dios para el hombre, en Su Palabra, se necesita una clara comprensión de todo el consejo de Dios. Es esencial mantener en correcta perspectiva los acontecimientos, las revelaciones, las verdades y los personajes Bíblicos. Este práctico diagrama sobre la historia de Israel, desde su inicio hasta los tiempos modernos, está diseñado para ayudarte a ubicar los acontecimientos Bíblicos en su debido contexto histórico y cronológico. Es una guía que hará aún más provechoso y esclarecedor tu estudio inductivo.*
>
> Para la lectura de un artículo sobre la historia de la nación de Israel, Véase la página 363

FARAONES DE EGIPTO

- Tutmosis III — Faraón durante la opresión — 1483-1450
- Amenhotep II — Faraón del Éxodo — 1450-1423

LIBROS HISTÓRICOS DE LA BIBLIA (con números de capítulo)

Génesis (1, 12, 37, 50) | Éxodo | Jueces y Rut | 1 Samuel | 2 Samuel | 1 Crónicas (10) | 2 Crónicas (29)
Levítico, Números, Deuteronomio | Josué | 1 Reyes

- Adán
- Padre Abraham
- José 1914-1804
- Israel en Egipto 1875
- intervalo de 276 años 1804
- Moisés 1525, Aarón
- Éxodo 1445
- Josué y los ancianos 1405-1381
- Jueces 1373 – 1020
- Saúl 1051-1011
- David 1011-971
- Salomón 971

- Israel
- Reino del Norte (Israel)
- Profetas: Reino del Norte
- Reino del Sur (Judá)
- Profetas: Reino del Sur
- Egipto
- Aram/Damasco/Siria
- Asiria
- Babilonia
- Medos y Persas
- Grecia
- Roma
- Libros de la Biblia

| 5000 | 4000 | 3000 | 2000 | 1800 | 1600 | 1400 | 1200 | 1150 | 1100 | 1050 | 1000 | 950 |

Los eruditos varían en los sistemas de datación que usan. Por lo general, la BEI sigue el sistema de John Whitcomb buscando la congruencia.

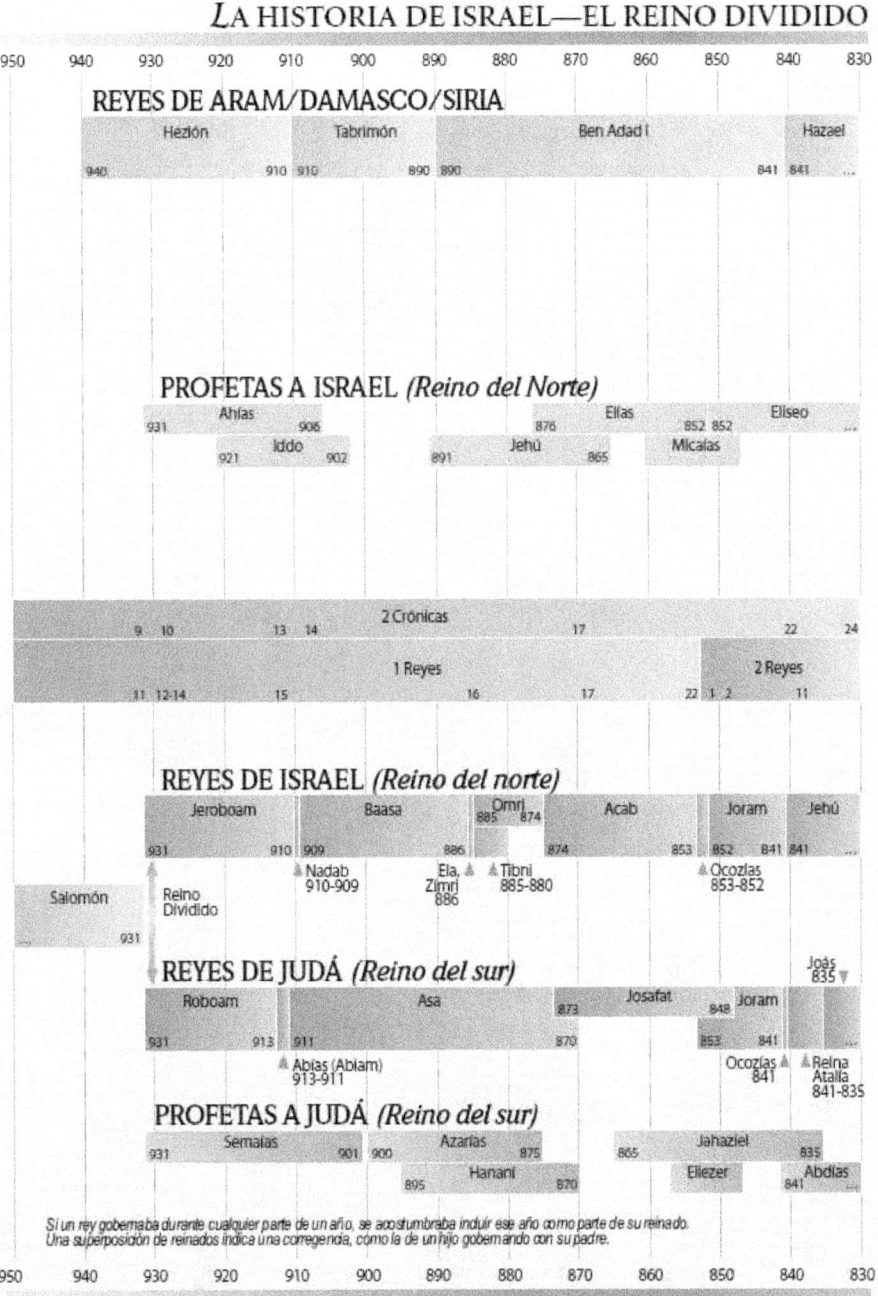

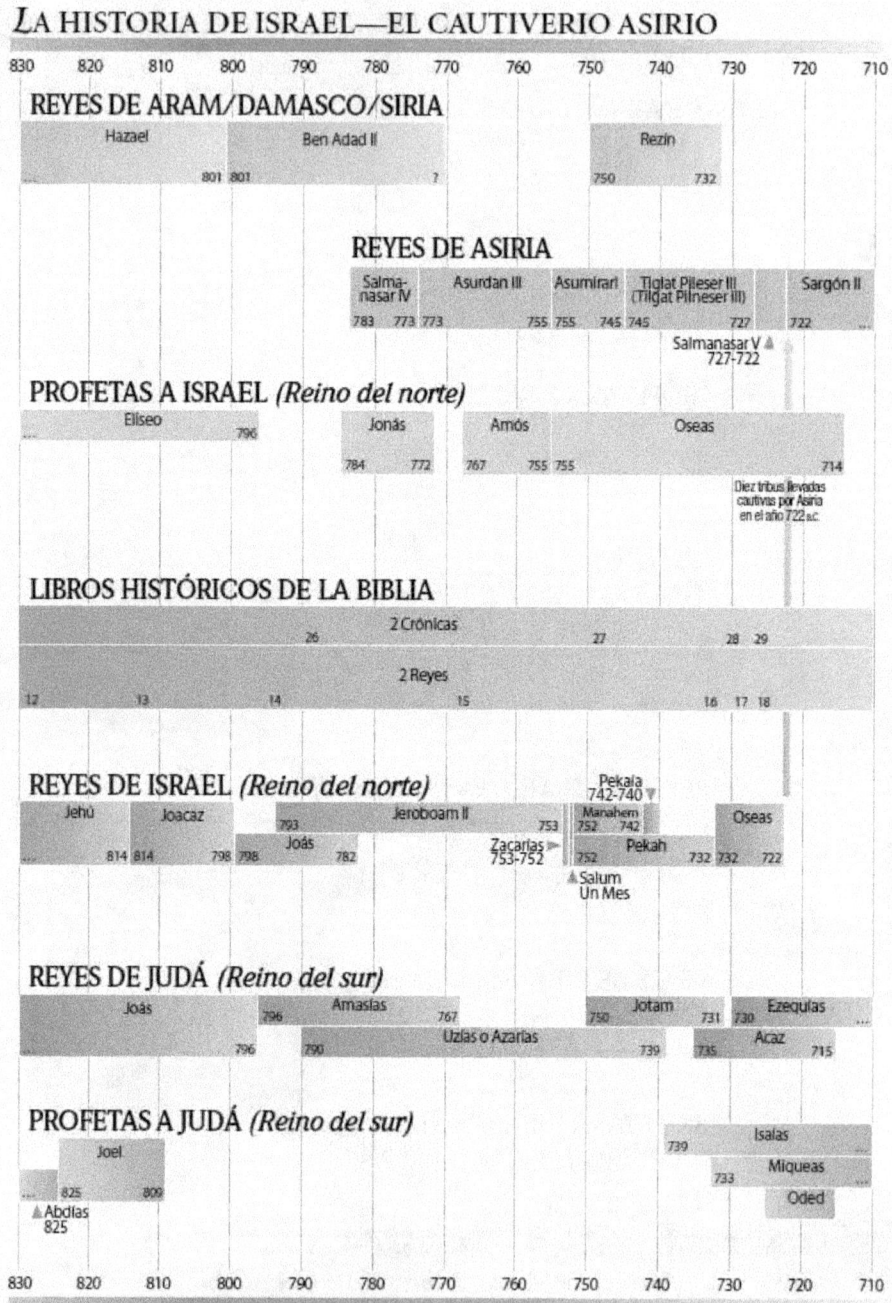

LA HISTORIA DE ISRAEL—EL CAUTIVERIO BABILÓNICO

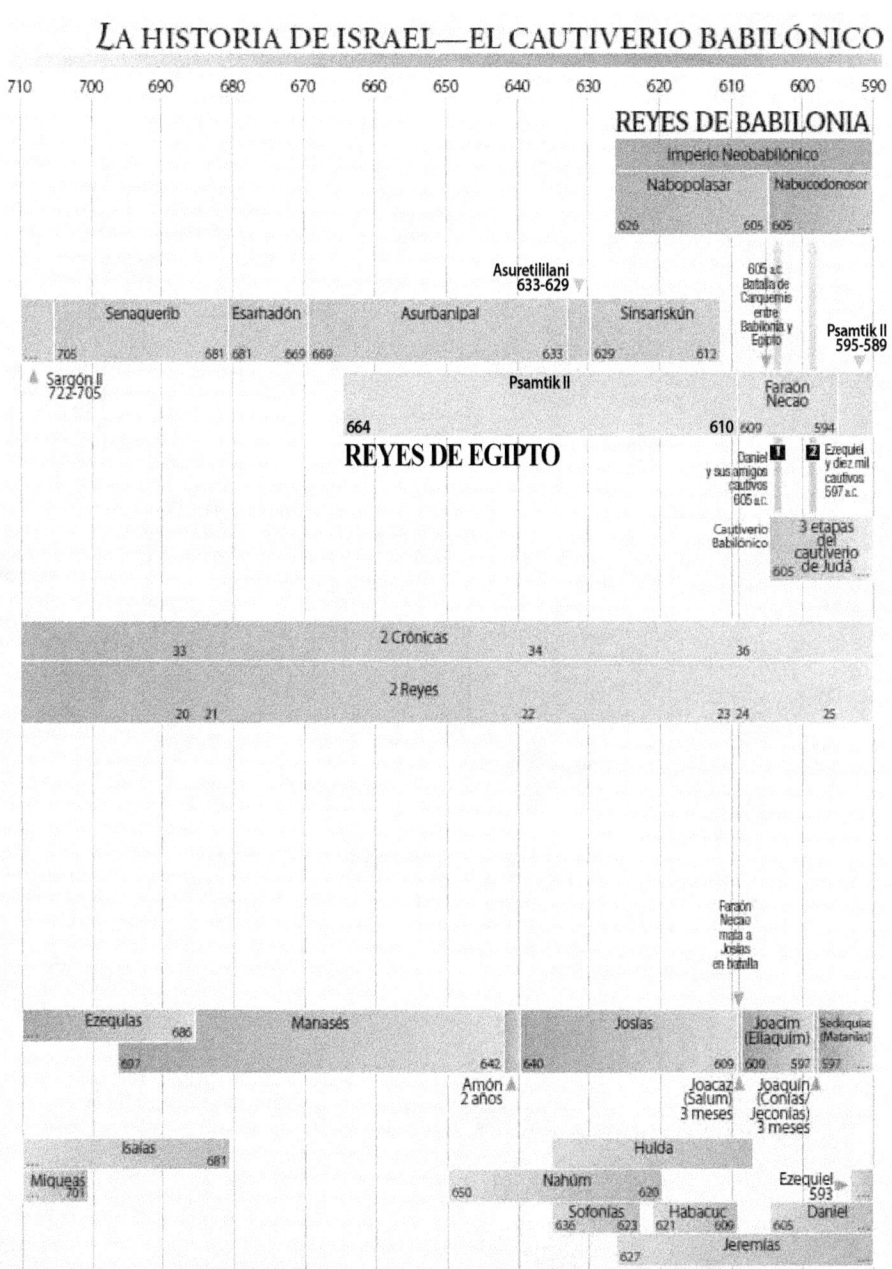

LA HISTORIA DE ISRAEL—LA REEDIFICACIÓN DEL TEMPLO

REYES DE BABILONIA

Imperio Neobabilónico

- Nabucodonosor — 562
- Evil Merodac 562-560
- Neriglisar 560-556
- Labasi Marduk 556
- Nabónido 556 / 539
- Belsasar 553 / 539
- Darío de Media 539 / 525

Destrucción de Jerusalén 586

REYES DE MEDIA-PERSIA

- Ciro 539 / 530
- Cambises 530 / 521
- Esmerdis 521
- Psamtik III 526 - 525*
- Darío I Histaspes — 486
- Asuero (Jerjes) 486

Caída de Babilonia 539

Fiesta de Jerjes — Reina Vasti destituida 483
Fiesta de Purim 473
Ester coronada reina 478

Apries (Hopra) 589 / 570
Amasis 570 / 526

Decreto de Ciro para volver y reedificar el Templo 538

Zorobabel regresa comienza la reedificación del TEMPLO 536
Se detiene el trabajo del Templo 534
Se reinicia el trabajo del TEMPLO 520
TEMPLO terminado 516

3
Judá es llevada cautiva por el rey Nabucodonosor de Babilonia en 586 a.c. Jerusalén y el Templo destruidos.

3 etapas del cautiverio de Judá
70-años del cautiverio Judío 536
Retorno del remanente a Israel 536

LIBROS HISTÓRICOS DE LA BIBLIA

- Esdras 1-6 — 536 / 516
- Ester — 483 / 473

Sedequías (Matanías) 586

PROFETAS A JUDÁ *(Reino del sur)*

- Ezequiel 559
- Daniel 536
- Jeremías 574
- Hageo 520 / 505
- Zacarías 520 / 489

LA HISTORIA DE ISRAEL—LOS PERÍODOS GRIEGO Y ROMANO

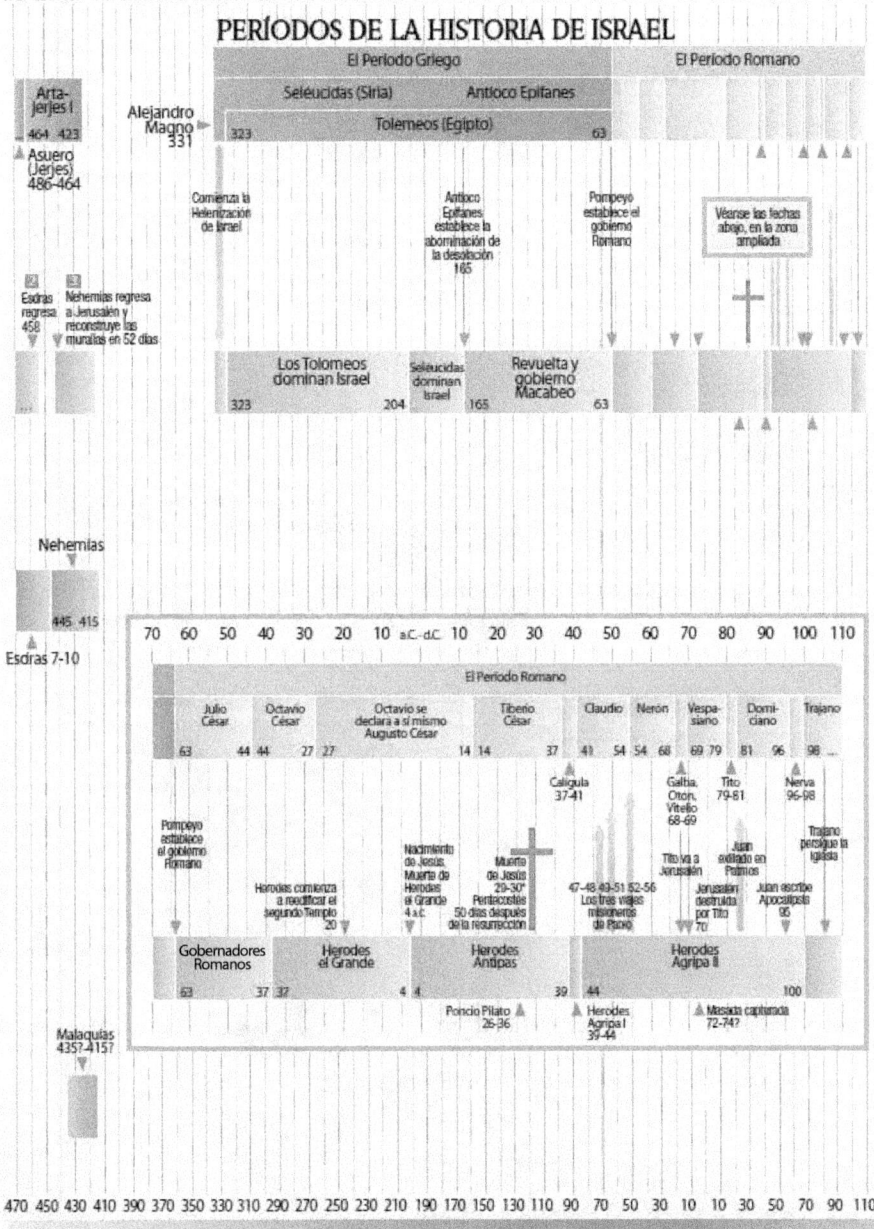

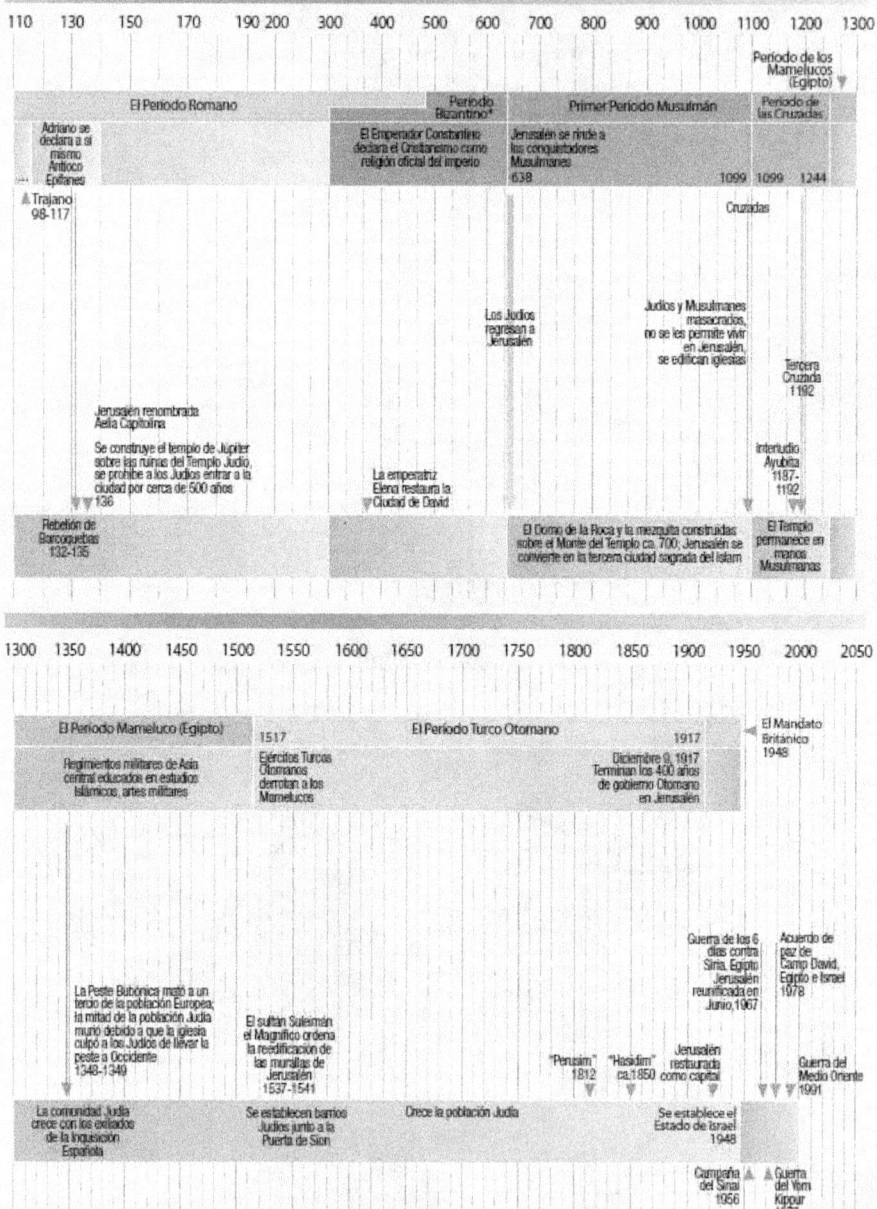

GÉNESIS בְּרֵאשִׁית B'RESHIT

Cuando aún no había nada, Dios ya existía. Entonces, ¡Dios habló!

TRABAJO POR HACER

Instrucciones Generales

Génesis se divide en dos secciones. La primera, capítulos 1 al 11, abarca cuatro acontecimientos principales. La segunda, capítulos 12 al 50, trata sobre la vida de cuatro personajes importantes. Las instrucciones para el estudio de este libro han sido divididas de acuerdo a estas dos secciones.

1. Mientras lees este libro, capítulo por capítulo, debes buscar contestar las siguientes seis preguntas básicas: ¿Quién?, ¿Qué?, ¿Cómo?, ¿Cuándo?, ¿Dónde? y ¿Por qué? Haz preguntas como: ¿Quién está hablando? ¿Qué está sucediendo? ¿Cuándo sucede? ¿Dónde ocurrió? ¿Por qué se dijo o hizo esto y cuáles fueron las consecuencias? ¿Cómo sucedió? ¿Cómo había de hacerse? etc.

2. Usa colores y/o símbolos para señalar las distintas palabras o frases repetidas que sean clave para comprender mejor el contenido del capítulo. En el libro de Génesis hay varias palabras clave que debes buscar y señalar. Tales palabras aparecen en el PANORAMA DE GÉNESIS. Anótalas en una tarjeta que utilices como separador de páginas durante el estudio de Génesis.

3. El tiempo y el lugar de los acontecimientos puede ser muy importante. Marca las frases de tiempo con un círculo ◯, y subraya con doble línea de color verde las referencias a lugares geográficos.

4. En el margen de tu Biblia, haz un resumen de los acontecimientos más importantes del capítulo. Lístalos en orden cronológico. Puede que te sea muy útil numerarlos. Por ejemplo, en Génesis 1 puedes resumir lo sucedido en cada uno de los seis días de la creación.

5. Si aprendes algo significativo acerca de Dios o Sus caminos, puedes poner un triángulo morado como éste △ en el margen y si quieres, coloréalo de amarillo. Esto te servirá como un indicador de una verdad importante que hayas aprendido acerca de Dios.

6. Determina el tema principal de cada capítulo. Anótalo en el PANORAMA DE GÉNESIS y al inicio de cada capítulo en tu Biblia.

7. Al libro de Génesis se le conoce generalmente como el libro de los orígenes; es la cuna de la verdad. Esto se debe a que la Palabra de Dios es una ***revelación progresiva***.

Revelación progresiva significa que la verdad es revelada poco a poco y a través de varios libros de la Biblia. Dios no dice todo lo que tiene que decir sobre un tema en particular en un solo momento o en un solo lugar. Más bien, Él presentará una verdad y luego revelará más y más acerca de ella.

Ya que Génesis es el libro de los orígenes, cuando encuentres el primer "algo/alguien", anótalo en el margen del capítulo correspondiente, con algún símbolo o color particular que te ayude a identificarlo fácilmente. Por ejemplo, en el margen de Génesis 1:26-27 puedes anotar: "Primer hombre y primera mujer".

8. Presta atención a los orígenes de los diferentes grupos étnicos.

Capítulos 1-11

1. Génesis 1-2
   a. Anota en el margen lo que fue creado cada día. Observa cuándo comienza el día y cuándo termina.
   b. Hay algunas frases clave que se repiten en Génesis 1. Marca cada una de ellas con un color diferente.
   c. El capítulo 2 da una explicación detallada de la creación del ser humano. Nota el orden de los distintos acontecimientos, y la relación y responsabilidades que el hombre tiene para con Dios y con la mujer.

2. Génesis 3-5
   a. Anota en el margen del capítulo 3 todo lo que aprendas acerca de la serpiente y sus tácticas: cómo tienta a Eva y qué le dice. Anota luego lo que le sucedió a Satanás por haber engañado a Eva.
   b. Nota cómo Eva va cayendo progresivamente en el pecado. Haz una lista de lo que sucede antes y después de su pecado.
   c. Observa lo sucedido a la relación entre Adán y Eva con Dios. Nota las consecuencias de la desobediencia de Adán.
   d. Al estudiar los capítulos 3 al 5, presta atención a las consecuencias de la entrada del pecado en el mundo. En Génesis 3:15 tenemos la primera promesa de un Redentor. En el capítulo 4 observa las ocupaciones y habilidades de la gente.
   e. Cuando leas el capítulo 5, encontrarás que el cuadro "La Interrelación en la Vida de los Patriarcas" es de mucha ayuda.

3. Génesis 6-9
   a. Conforme estudies estos capítulos, observa las razones por las que ocurrió el diluvio, cómo y cuándo tuvo lugar, quiénes fueron afectados y cómo.
   b. Observa cuándo suceden los eventos. Marca las frases de tiempo con un reloj o anótalas en el margen; por ejemplo: "Llovió cuarenta días y cuarenta noches".
   c. Marca la palabra pacto en el texto y haz una lista en el margen de todo lo que aprendas.

4. Génesis 10-11
   a. Observa quién o quiénes fueron separados y por qué; cómo fueron separados, cuándo y dónde ocurrió, y qué consecuencias sobrevinieron.
   b. Babilonia juega un papel significativo en toda la Biblia, y por supuesto, sus raíces se encuentran en Génesis. Por lo tanto, cada vez que encuentres Babel o Babilonia, anota lo que aprendas.

5. Cuando termines de leer Génesis 11, observa el PANORAMA DE GÉNESIS. Junto a los "Temas de los Capítulos" encontrarás la "División por Secciones". Escribe en los espacios correspondientes los cuatro acontecimientos principales registrados en Génesis 1 al 11.

Capítulos 12-50

1. Los capítulos 12 al 50 corresponden a la sección biográfica de Génesis, la cual gira en torno a la vida de cuatro personajes principales: Abraham, Isaac, Jacob (también llamado Israel) y José. Al leer estos capítulos:
   a. Sigue las "Instrucciones Generales" para el estudio de cada capítulo.
   b. Busca y marca en estos capítulos todas las referencias de tiempo que estén relacionadas con la vida de alguno de los personajes principales (incluyendo a sus esposas e hijos). Con frecuencia, Dios indica la edad que tenía el personaje cuando ocurrieron ciertos sucesos en su vida.
   c. La palabra **pacto** cobra gran importancia en esta última sección. Marca cada mención de esta palabra y haz una lista de todo lo que aprendas. Lee también la NOTA acerca del pacto al final de esta sección.
   d. Escribe cualquier reflexión o lección que obtengas de la forma en que estas personas vivieron. Nota cómo y por qué Dios trató con estos hombres, con sus familias y personas a su alrededor, y qué sucede como consecuencia.

2. Observa cuando el enfoque o énfasis de un capítulo cambie de Abraham a Isaac, de Isaac a Jacob, y de Jacob a José. Luego, en el PANORAMA DE GÉNESIS, usa la columna donde anotaste los cuatro acontecimientos principales de Génesis 1 al 11 para dividir en secciones los capítulos que cubren las vidas de Abraham, Isaac, Jacob y José. No olvides observar los temas de los capítulos para apreciar en qué momento cambia el énfasis dado a uno u otro personaje.

3. Al terminar de leer Génesis 50, anota el tema del libro en el PANORAMA DE GÉNESIS. Luego, en la columna titulada "Los Primeros" de la división por secciones, registra lo que hayas marcado a lo largo de Génesis en referencia al "primer algo/ alguien".

Para Reflexionar

1. ¿Qué has aprendido acerca de Dios, de Su carácter, atributos y de Su manera de actuar en la vida de hombres y naciones? Puesto que Dios nunca cambia, ¿puedes

tú confiar en Él? ¿Puedes depender de la Palabra de Dios y de lo que ella nos revela acerca de Dios, aunque no comprendas plenamente Sus caminos?

2. ¿Qué has aprendido de la vida de los personajes mencionados en Génesis?
Recuerda que las cosas que se escribieron en el Antiguo Testamento se escribieron para enseñarnos, para que mediante la paciencia y la consolación de las Escrituras tengamos esperanza (Rom. 15:4). ¿Cuáles son las bendiciones de la obediencia y cuáles son las consecuencias de la desobediencia?

3. Jesús reconoció y aceptó el significado literal del libro de Génesis así como la autoría de Moisés. Al estudiar los evangelios verás que Jesús habló de la creación de Adán y Eva, del diluvio y de la destrucción de Sodoma y Gomorra. Incluso se refirió a Satanás como un homicida desde el principio. Jesús nunca contradijo las enseñanzas de Génesis; más bien, las afirmó. ¿Aceptarás el significado literal de la Palabra de Dios y creerás en ella tal como creyó Jesús, o creerás filosofías humanas? ¿Seguirás hombres de mente finita que critican a Dios y Su Palabra, o aceptarás que la Biblia es la Palabra de Dios y por lo tanto decidirás vivir de acuerdo a ella?

Berít, la palabra Hebrea para pacto, es un solemne acuerdo que se hace al pasar entre pedazos de carne. La palabra Griega para pacto, ***diadsékh***, significa testamento o acuerdo. La Biblia se divide en Antiguo y Nuevo Testamento (Antiguo y Nuevo pacto). Todo lo que Dios hace está basado en pactos. Por ejemplo, véase Éxodo 3:23-24, 32:9-14, Jeremías 34: 12-21.

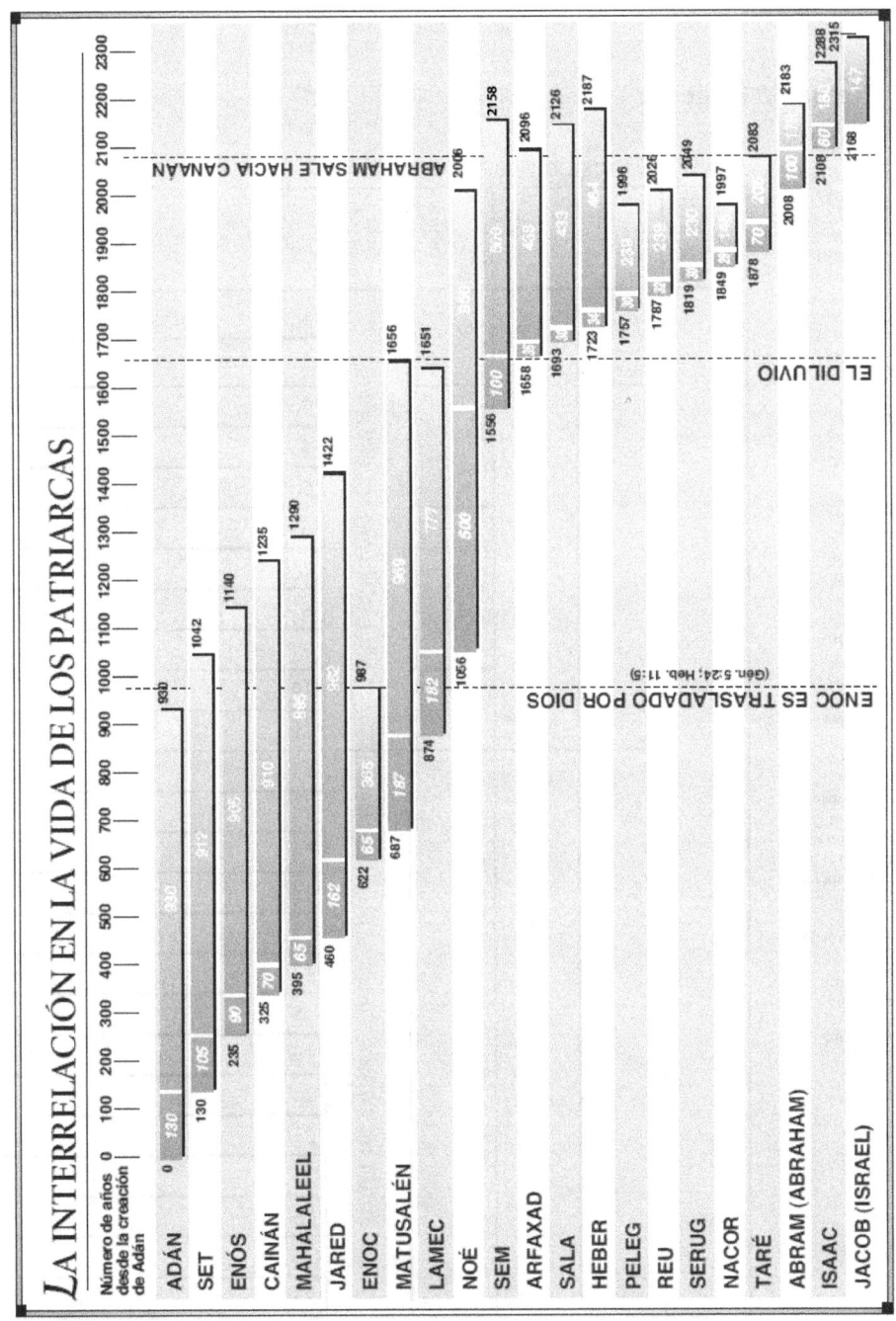

CLAVE: El primer número fuera de cada bloque corresponde a los años desde la creación. El siguiente número dentro de la casilla del bloque corresponde a la edad del hombre cuando nació su hijo (cuyo nombre está en la línea siguiente). El tercer número dentro de la segunda casilla del bloque indica los años que vivió. El último número fuera del bloque nos da también los años desde la creación. (Note también: el nacimiento de Sem en 1558 refleja la nota de Génesis 11:10 de que él tenía 100 años dos años después del diluvio, y el nacimiento de Abram en el 2008 está basado en su viaje a Canaán [Génesis 11:32; 12:1] a los 75 años [12:4]).

Panorama de Génesis

Tema de Génesis:

Autor:
Moisés
(Lucas 24:27)

Fecha:

Propósito:

Palabras Clave:
(incluir sinónimos)

Dios dijo
(ordenó)

libro de las
generaciones
de

pacto
(juramento)

altar

tierra (cuando
se refiere
a la tierra
prometida a
Abraham, Isaac
y Jacob)

circuncidado

Abram (o
Abraham)

bendeciré
(bendice,
bendijo,
bendición)

pecado
(maldad,
iniquidad)

sueño

murió

División por Secciones

	El Primer		4 Eventos	Tiempo Aproximado	Temas De Los Capítulos
	Hombre y Mujer	Orígenes del Hombre		Aproximadamente 2080 Años	1
	Matri-monio				2
					3
					4
					5
					6
					7
					8
					9
					10
					11
		Orígen de Israel *(continúa en la siguiente página)*	*(continúa en la siguiente página)*	Aproximadamente 300 Años *(continúa en la siguiente página)*	12
					13
					14
					15
					16
					17
					18
					19
					20
					21
					22
					23
					24
					25

Ver el Apéndice 7 para ver las palabras clave en la Versión Reina Valera y Nueva Versión Internacional

Panorama de Génesis
División por Secciones

	Los Primeros		4 Personajes	Tiempo Aproximado	Temas De Los Capítulos
					26
					27
					28
					29
					30
					31
					32
					33
					34
		Orígen de Israel		Aproximadamente 300 Años	35
					36
					37
					38
					39
					40
					41
					42
					43
					44
					45
					46
					47
					48
					49
					50

Ver el Apéndice 7 para ver las palabras clave en la Versión Reina Valera y Nueva Versión Internacional

ÉXODO ש מ ו ת
SHMOT

Cuando Jacob y su familia llegaron a Egipto, eran un grupo relativamente pequeño. Fueron muy bien recibidos y honrados por ser parientes de José. Eventualmente los hijos de Israel fueron hechos esclavos en Egipto, y cuatrocientos treinta años después, eran un pueblo tan numeroso que atemorizaban a los Egipcios.

Israel es el pueblo con el cual Dios hizo un pacto. Es el pueblo escogido por Dios y diferente de las demás naciones. Y como Dios es un Dios que cumple Su pacto, no podía abandonar en Egipto a los descendientes de Jacob, sino que debía de redimirles por medio de la sangre de un cordero, del cordero de la Pascua.

Trabajo Por Hacer

Instrucciones Generales

1. Al final de Génesis encontramos a los hijos de Israel viviendo en Egipto y no en Canaán, que era la tierra prometida. El libro que comenzó con la creación del hombre en el Edén, termina con los hijos de Israel contemplando un ataúd en Egipto; pero teniendo la promesa de que algún día saldrían de Egipto. Lee Génesis 50:22-26 y Éxodo 1:1-7, y nota cómo se relaciona cronológicamente el libro de Éxodo con el libro de Génesis.

2. Basándote en la ubicación de los hijos de Israel, podrías dividir Éxodo en tres secciones. En los capítulos 1 al 12 se encuentran en Egipto; en los capítulos 13 al 18 van camino al Sinaí, y en los capítulos 19 al 40 llegan y acampan en el Sinaí. Anota esta información en la primera columna de la división por secciones del PANORAMA DE ÉXODO. Esta división será la base para algunas de tus instrucciones.

3. Lee el libro de Éxodo, un capítulo a la vez. Durante tu lectura haz lo siguiente:
   a. Recuerda que estás leyendo un relato histórico. Mientras lees el texto, busca contestar las seis preguntas básicas: ¿Quién?, ¿Qué?, ¿Cómo?, ¿Cuándo?, ¿Dónde? y ¿Por qué? Por ejemplo: ¿Quiénes son los personajes principales en este capítulo? ¿Qué está sucediendo? ¿Cuándo y dónde está sucediendo? ¿Cuáles fueron las consecuencias de sus acciones? ¿Cómo y por qué sucedió eso?
   b. Marca las palabras clave que se repitan. Aunque en el PANORAMA DE ÉXODO hay una lista de palabras clave, ten en cuenta que también habrá otras palabras importantes en capítulos específicos. No las pases por alto. Anota esas palabras clave en una tarjeta y úsala como separador de páginas mientras estudias Éxodo.
   c. Haz una lista de las observaciones que obtengas de la recurrencia de cualquier palabra clave.

d. Marca todas las referencias de tiempo con un círculo. Los lugares geográficos son muy importantes en el Antiguo Testamento. No olvides marcarlos con doble línea de color verde.
e. Haz una lista de los puntos principales o acontecimientos registrados en un capítulo o grupo de capítulos. Esto te brindará un análisis conciso de su contenido.
Por ejemplo: Éxodo 2 nos habla de Moisés; desde su nacimiento hasta el nacimiento de su primer hijo. En el margen puedes hacer una lista de los principales acontecimientos en este capítulo: El nacimiento de Moisés, la adopción de Moisés por parte de la hija de Faraón, Moisés mata a un egipcio, Moisés huye a Madián, etc.

4. Al terminar de leer un capítulo, anota el tema principal del capítulo en la columna "Temas de los Capítulos" del PANORAMA DE ÉXODO y al inicio de cada capítulo en tu Biblia.

Capítulos 1–12

1. Mientras estudias estos capítulos, agrega **Faraón, corazón, vara** y **señal** (**milagros**) a tu lista de palabras clave. Marca estas palabras y sus sinónimos con algún símbolo o color distintivo.

2. En estos capítulos aprenderás mucho acerca del carácter de Dios, de su poder, y de la manera en que Él se relaciona con la humanidad. Al leer cada capítulo, escribe en el margen lo que aprendas acerca de Dios. Si quieres, pon un triángulo como éste △ en el margen y si deseas coloréalo de amarillo para que la puedas ubicar fácilmente.

3. En estos capítulos hay muchas lecciones que aprender acerca de la vida de Moisés. Anota esas lecciones en los márgenes.

4. Cuando leas los capítulos 7 al 12, anota en el margen de tu Biblia una lista de las plagas según vayan apareciendo en el texto; no olvides numerarlas siguiendo el orden en que se presentan.

5. En el capítulo 12, marca todo lo referente al **cordero de la Pascua**. Haz una lista de todo lo que aprendas acerca de esa celebración, buscando contestar las seis preguntas básicas: ¿Quién?, ¿Qué?, ¿Cómo?, ¿Cuándo?, ¿Dónde? y ¿Por qué?

Capítulos 13-18

1. Al realizar tu lectura:
a. Busca las palabras clave, incluso las que hayas marcado en la primera sección. Agrega a tu lista: **Primogénito, probar** y **murmurar**, junto con sus sinónimos. Anota en el margen en qué consistieron las pruebas y por qué murmuró el pueblo. Continúa realizando la lista de lo que aprendes acerca de Faraón y de la vara de Moisés.

b. Señala con un reloj las referencias de tiempo, y toma nota del lugar de los acontecimientos. Luego, localiza esos lugares en un mapa.

2. Observa cómo se le llama a Dios en los versículos 15:26 y 17:15, y anota las circunstancias particulares en que fueron revelados esos nombres.

3. En el capítulo 16, marca **pan y maná**. Haz una lista de todo lo que aprendas acerca del maná, y del motivo por el que Dios lo dio a los israelitas. Al terminar, compara esto con Deuteronomio 8:1-3. No olvides agregar en tu lista de palabras clave: **séptimo día** y **día de reposo**.

4. Observa en el capítulo 17 las circunstancias en que Moisés golpeó la peña. Compara esto con 1 Corintios 10:1-4 y Juan 7:37-39.

Capítulos 19-40

1. En los capítulos 19 al 24, Dios le da la ley a Moisés. Busca y marca las palabras clave.
   a. El capítulo 20 nos presenta los Diez Mandamientos. Escribe en el texto el número correspondiente al orden de cada uno de ellos.
   b. En los capítulos 21 al 23 enumera en el margen las diferentes leyes; observa también lo que debe de hacerse si estas leyes son violadas.
   c. El capítulo 24 es de suma importancia porque nos habla del establecimiento de la ley, del antiguo pacto. Escribe en el margen las circunstancias y procedimientos relacionados con su establecimiento, y cómo reaccionó el pueblo.

2. En los capítulos 25 al 31, Dios da instrucciones precisas en cuanto al diseño del tabernáculo y a todo lo necesario para los sacerdotes.
   a. Escribe en el margen los puntos principales de estos capítulos.
   b. Busca y marca otras palabras clave que se destaquen en estos capítulos.
   c. Al llegar al capítulo 31, haz en el margen una lista de todo lo que aprendas con relación al día de reposo. Compara Éxodo 35:1-3 con Números 15:32-36.

3. Los capítulos 32 al 34 cobran importancia a la luz de los acontecimientos allí descritos. Marca toda referencia al **becerro (dios)**.
   a. Observa cómo maneja Moisés la situación.
   b. Lee 2 Corintios 3:12-18 para una mayor información en cuanto al velo que cubría el rostro de Moisés.

4. En los capítulos 35 al 40 hay una descripción de la construcción del tabernáculo y de la elaboración de las vestiduras sacerdotales. Conforme vayas leyendo, resalta o marca de forma distintiva la primera referencia a cada pieza del mobiliario.

5. Después de anotar los temas de los capítulos, en el PANORAMA DE ÉXODO, mira si es posible agrupar algunos capítulos según sus acontecimientos principales.

Anótalos en las columnas que están junto a los temas de los capítulos, en la división por secciones. Luego, escribe el tema del libro.

PARA REFLEXIONAR

1. En Daniel 11:32b se nos dice: "Mas el pueblo que conoce a su Dios se mostrará fuerte y actuará". ¿Qué has aprendido acerca de Dios, de Su carácter y de Sus caminos? ¿Qué has visto de Su poder y de Su soberanía? Cuando decimos que Dios es soberano, queremos decir que Él reina sobre todo. ¿Cómo se manifiesta la soberanía y el poder de Dios en Éxodo? Medita en lo que has aprendido, y hazlo motivo de oración, para luego aplicarlo a tu vida.

2. Puesto que la Biblia es una revelación progresiva de la verdad, ten presente lo que hayas observado acerca de la redención y la Pascua. Estas son figuras Antiguo Testamentarias de la salvación ofrecida por el Señor Jesucristo; por lo tanto, son ilustraciones de verdades que deben ser aplicadas a tu vida (1Co. 5:6-8). ¿Eres esclavo del pecado? Jesucristo te ofrece redención del pecado mediante Su sangre. ¿Ya has sido redimido?

3. ¿Qué has aprendido de la vida de Moisés y de su ejemplo como líder? ¿Cómo trató con el pueblo y las situaciones difíciles que enfrentó? ¿Cuál fue la pasión de su vida? ¿Qué has aprendido de la relación de Moisés con Dios, que puedas aplicar hoy a tu propia vida?

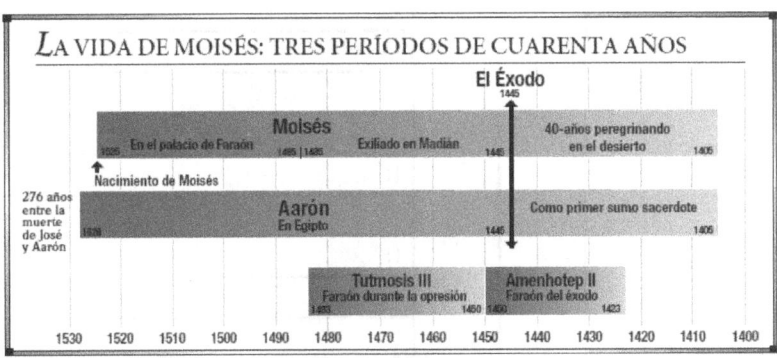

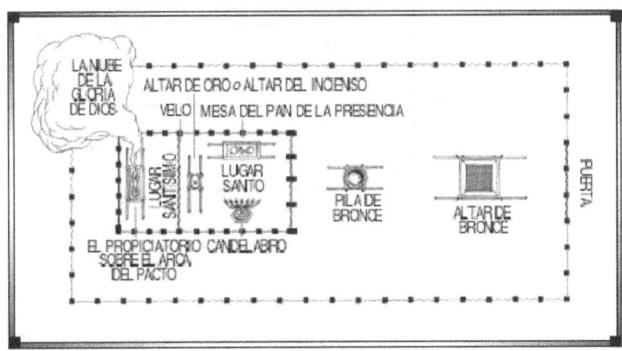

Panorama de Éxodo

Tema de Éxodo:

División por Secciones

Autor:
  Moisés

Fecha:

Propósito:

Palabras Clave:
(incluir sinónimos)
  siervo(a,s)

  claman, clamor,
  gritos, lamentos

  librar, entregar

  monte Sinaí, Horeb,
  el monte de Dios

  morir, perecer,
  muerte, matar

  santo, santísimo,
  consagrado,
  consagrar, santificar,
  sagrado, santidad,
  santificado

  el Señor(Yo)
  mandó(é), ordenó,
  te he mandado

  pacto

  nube

  prueba, tentar

  ley

  tabernáculo,
  tienda de reunión,
  tienda(cuando
  se refiera al
  tabernáculo)

			Temas De Los Capítulos
		1	
		2	
		3	
		4	
		5	
		6	
		7	
		8	
		9	
		10	
		11	
		12	
		13	
		14	
		15	
		16	
		17	
		18	
		19	
		20	
		21	
		22	
		23	
		24	
		25	

Ver el Apéndice 7 para ver las palabras clave en la Versión Reina Valera y Nueva Versión Internacional

Panorama de Éxodo

División por Secciones

			Temas De Los Capítulos
		26	
		27	
		28	
		29	
		30	
		31	
		32	
		33	
		34	
		35	
		36	
		37	
		38	
		39	
		40	

Ver el Apéndice 7 para ver las palabras clave en la Versión Reina Valera y Nueva Versión Internacional

LEVÍTICO ויקרא
VAYIKRA

En Génesis pudimos presenciar la caída del hombre; cuando él prefirió escuchar a la serpiente y no a Dios. Por este suceso, el género humano ha quedado condenado a pagar el terrible precio del pecado: la muerte. Sin embargo, por la gracia y misericordia de Dios tenemos una promesa de redención; redención asegurada a través de la simiente de la mujer y de la simiente de Abraham, en las que Dios llamaría a un pueblo para Sí. Dios hizo un pacto con Abraham; pacto que luego fue confirmado a Isaac y a Jacob (cuyo nombre luego sería cambiado a Israel).

El libro de Génesis comienza con la creación del hombre en el Edén y termina con los hijos de Israel en Egipto contemplando un ataúd, pero albergando en su corazón la promesa de que algún día saldrían de esa nación. Al final del libro de Génesis, los hijos de Israel se encuentran viviendo en Egipto y no en Canaán (la tierra a ellos prometida).

Éxodo nos presenta el drama de la redención del pueblo de Israel de la esclavitud egipcia. Redención que fue efectuada mediante la sangre del Cordero de la Pascua. Y es así como los descendientes de Abraham salieron de Egipto con muchas riquezas y con Dios delante de ellos en su nube de gloria; lo que sucedió luego de haber sido esclavizados y oprimidos durante cuatrocientos años, tal y como Él se los había prometido.

Pero, ¿qué hay después de la redención del hombre que había caído? De eso trata el libro de Levítico. Estúdialo con diligencia, porque Dios nos muestra en este libro, mediante ejemplos de carne y hueso, lo que Él espera de quienes han sido redimidos.

Trabajo Por Hacer

Instrucciones Generales

1. Al leer Levítico, busca los versículos que atribuyen a Moisés la autoría de este libro. Cuando halles esas referencias, anótalas en el PANORAMA DE LEVÍTICO bajo la palabra "autor".

2. Lee Éxodo 40:17, 32-38 y Levítico 1:1-2. Observa la transición ininterrumpida de un libro a otro. Luego, compara esto con Números 1:1. Al hacerlo te darás cuenta de que el libro de Levítico abarca los sucesos transcurridos durante un mes.

3. Lee el libro de Levítico, capítulo por capítulo, teniendo en cuenta que durante tu lectura debes:
   a. Busca contestar las seis preguntas básicas: ¿Quién?, ¿Qué?, ¿Cómo?, ¿Cuándo?, ¿Dónde? y ¿Por qué? Por ejemplo: ¿Quiénes tenían que hacer qué cosa? ¿Cuándo lo tenían que hacer? ¿Cómo lo tenían que hacer? ¿Por qué? ¿Qué si ellos no sabían el porqué? Las preguntas que interrogan el texto te ayudarán a comprender lo que se está diciendo en él.

b. Marcar las palabras clave repetidas que aparecen en la lista del PANORAMA DE LEVÍTICO. Anota esas palabras clave en una tarjeta y úsala como separador de páginas mientras estudias Levítico. Fíjate también si en algún capítulo aparecen otras palabras clave, y anota en el margen cualquier observación respecto al uso de esas palabras.
c. Escribir el tema principal del capítulo leído, al principio del capítulo en tu Biblia. Anótalo también en el PANORAMA DE LEVÍTICO.
d. Tal vez quieras resumir los puntos principales o el orden de los acontecimientos, según se van presentando en el capítulo. Esto también puedes anotarlo en el margen.
e. Si aprendes algo significativo acerca de Dios o Sus caminos, puedes poner un triángulo morado como éste △ en el margen y si quieres, coloréalo de amarillo. Esto te ayudará a localizarlo con facilidad.

Capítulos 1-7

1. Al leer los capítulos 1 al 7, que dan instrucciones respecto a los sacrificios y ofrendas, marca el texto tal y como se te indica en las "Instrucciones Generales"; después, anota todo lo aprendido, en la hoja de trabajo LAS OFRENDAS Y SUS PROPÓSITOS.

2. Presta atención a lo que dice la Palabra de Dios en cuanto al pecado involuntario, la culpa y la restitución. Toma nota de lo que hay que hacer cuando un líder religioso peca o cuando la congregación es la que peca; márcalo en el texto.

Capítulos 8-10

Esta porción bíblica abarca la consagración de Aarón y de sus hijos. Añade **consagración, comer** (en sus diferentes formas verbales), **limpio** e **inmundo** a tu lista de palabras clave. Luego, nota lo que sucede en el capítulo 10, por qué sucede, y quién estaba involucrado. En dicho capítulo se encuentra la primera referencia a la santidad de Dios en la Biblia.

Capítulos 11-15

Esta sección contiene las leyes de purificación. En el margen anota el aspecto cubierto por cada ley. Por ejemplo: comida, mujeres, infecciones, etc. También marca las palabras clave **lepra** y *flujo*.

Capítulos 16, 17

Estos capítulos tienen que ver con el día de la expiación y con los reglamentos en cuanto a la sangre de los sacrificios.

1. En el margen del capítulo 16, o en tu libreta de apuntes haz un bosquejo detallado de lo que debían de hacer el día de la expiación. Y no olvides hacer una lista de todo lo que aprendas acerca del macho cabrío expiatorio.

2. En el capítulo 17, presta atención a los reglamentos en cuanto a los sacrificios y a la sangre.

Capítulos 18-27

Esta sección expone los estatutos relacionados con las leyes morales, los sacerdotes, la celebración de las fiestas anuales, la tierra, etc.

1. Cuando leas cada uno de estos capítulos, haz en el margen una lista de los asuntos o circunstancias de mayor importancia.

2. Si es que se trata de leyes morales, observa las consecuencias de infringir tales leyes y el porqué de esas consecuencias.

3. En el capítulo 23, toma nota de cuándo y cómo debían celebrarse las fiestas. Una vez que hayas terminado de estudiar este capítulo, consulta el cuadro LAS FIESTAS DE ISRAEL.

4. Presta especial atención a toda mención de la tierra: su año de reposo, los principios de redención, etc. Marca la palabra **redimir** o **redención** y cualquier otro sinónimo. Anota tus observaciones en el margen del texto.

5. Al terminar de leer todo este libro, completa el PANORAMA DE LEVÍTICO.
   a. Observa si algunos capítulos se pueden agrupar por categorías. Si puede hacerse, anota esas categorías en el PANORAMA—en las columnas correspondientes a "División por Secciones". Escribe también cualquier otra posible sección que consideres pertinente. Puedes incluir, por ejemplo, una sección titulada: "Leyes acerca de…"
   b. Anota el tema de Levítico.

Para Reflexionar

1. ¿Qué has aprendido acerca de Dios y de Su actitud hacia el pecado? ¿Qué ocurre cuando el pecado queda impune?

2. ¿Qué has aprendido en cuanto al ocultismo y a los diferentes pecados sexuales? ¿Con qué severidad se debían tratar esos pecados? ¿Qué te dice eso en cuanto a la actitud de Dios respecto a esos pecados y sus consecuencias? ¿Qué crees que pasaría en tu país si se castigaran esos pecados conforme a la ley de Dios? (Lee 1 Timoteo 1:8-11).

3. Jesús les dijo a los judíos que las Escrituras—es decir, el Antiguo Testamento— daban testimonio de Él. Piensa cómo son prefigurados Jesucristo y Su obra en el libro de Levítico.

4. ¿Qué has aprendido en Levítico acerca de la santidad? Si quieres ser santo, ¿cómo debes vivir? ¿Debes hacer algunos cambios en tu modo de vivir? ¿Estás dispuesto a cambiar? De no ser así, ¿por qué no quieres hacerlo?

El Calendario Judío

En la actualidad todavía se emplean los nombres babilónicos (B) para los meses en el calendario judío. Se emplearon los nombres cananeos (C) antes del cautiverio babilónico en 586 a.C.
Se mencionan cuatro de ellos en el Antiguo Testamento.
Adar-seni es un mes intercalado cada dos o tres años, o siete veces en diecinueve años.

Mes 1	Mes 2	Mes 3	Mes 4
Nisán (B) Abib (C) Marzo-Abril	Ijar (B) Ziv (C) Abril-Mayo	Sivan (B) Mayo-Junio	Tammuz (B) Junio-Julio
Mes 7	Mes 8	Mes 9	Mes 10

Mes 5	Mes 6	Mes 7	Mes 8
Ab (B) Julio-Agosto	Elul (B) Agosto-Septiembre	Tishri (B) Etanim (C) Septiembre-Octubre	Maresván (B) Bul (C) Octubre-Noviembre
Mes 11	Mes 12	Mes 1	Mes 2

Mes 9	Mes 10	Mes 11	Mes 12
Quisleu (B) Noviembre-Diciembre	Tebeth (B) Diciembre-Enero	Shebat (B) Enero-Febrero	Adar (B) Febrero-Marzo
Mes 3	Mes 4	Mes 5	Mes 6

El calendario sagrado aparece en negro • El calendario civil aparece en gris

Las Ofrendas y Sus Propósitos

La Ofrenda	Capítulo / Versículo	Voluntaria / Involuntaria	Razón / Propósito

Panorama de Levítico

Tema de Levítico:

Autor:
  Moisés

Fecha:

Propósito:

Palabras Clave:
(incluir sinónimos)
  siervo(a,s)

  claman, clamor,
  gritos, lamentos

  librar, entregar

  monte Sinaí, Horeb,
  el monte de Dios

  morir, perecer,
  muerte, matar

  santo, santísimo,
  consagrado,
  consagrar, santificar,
  sagrado, santidad,
  santificado

  el Señor(Yo)
  mandó(é), ordenó,
  te he mandado

  pacto

  nube

  prueba, tentar

  ley

  tabernáculo,
  tienda de reunión,
  tienda(cuando
  se refiera al
  tabernáculo)

División por Secciones

Leyes Respecto A	Divisiones Principales	Temas De Los Capítulos
	Adorando a un Dios Santo	1
		2
		3
		4
		5
		6
		7
		8
		9
		10
		11
		12
		13
		14
		15
		16
		17
	Viviendo una Vida Santa	18
		19
		20
		21
		22
		23
		24
		25
		26
		27

Ver el Apéndice 7 para ver las palabras clave en la Versión Reina Valera y Nueva Versión Internacional

LAS FIESTAS DE ISRAEL

	Mes 1 (Nisán) Fiesta de la Pascua				Mes 3 (Siván) Fiesta de Pentecostés
Esclavos en Egipto	Pascua	Pan sin Levadura	Las Primicias		Pentecostés o Fiesta de las Semanas
	Se mata el cordero y se pone su sangre en el dintel Éxodo 12:6, 7	*Limpieza de todo lo leudado* (símbolo del pecado)	*Ofrenda de la gavilla mecida* (promesa de la cosecha futura)		*Ofrenda mecida de dos panes con levadura*
	Mes 1, día 14 Levítico 23:5	Mes 1, día 15 durante 7 días Levítico 23:6-8	Día después del día de reposo Levítico 23:9-14		50 días después de las primicias Levítico 23:15-21
Todo el que comete pecado es esclavo del pecado	Cristo, nuestra Pascua, ha sido sacrificado	Limpien... la levadura vieja... así como lo son, sin levadura	Cristo ha resucitado... las primicias	Se va para que venga el Consolador	Promesa del Espíritu, misterio de la iglesia: Judíos y Gentiles en un solo cuerpo
				Monte de los Olivos	
Juan 8:34	1 Corintios 5:7	1 Corintios 5:7, 8	1 Corintios 15:20-23	Juan 16:7 Hechos 1:9-12	Hechos 2:1-47 1 Corintios 12:13 Efesios 2:11-22

Meses: Nisán — *Marzo, Abril* • **Siván** — *Mayo, Junio* • **Tisri** — *Septiembre, Octubre*

	Mes 7 (Tisri) Fiesta de los Tabernáculos			
	Fiesta de las Trompetas *(shofar)*	Día de la expiación	Fiesta de los Tabernáculos	
Intervalo entre las fiestas	*Al son de trompetas (shofar) — una santa convocación*	*Se debe hacer expiación para ser limpios* Levítico 16:30	*La celebración de la cosecha conmemora los tabernáculos en el desierto*	
	Mes 7, día 1 Levítico 23:23-25	Mes 7, día 10 Levítico 23:26-32	Mes 7, día 15, durante 7 días, día 8, santa convocación Levítico 23:33-44	
	Retorno de Judíos a Israel en preparación para el último día de expiación Jeremías 32:37-41	Israel se arrepentirá y mirará al Mesías en un solo día Zacarías 3:9, 10; 12:10; 13:1; 14:9	Las familias de la tierra irán a Jerusalén a celebrar la fiesta de los Tabernáculos Zacarías 14:16-19	Cielo nuevo y tierra nueva El Tabernáculo de Dios con los hombres Apocalipsis 21:1-3
	Ezequiel 36:24	Ezequiel 36:25-27 Hebreos 9, 10 Romanos 11:25-29	Ezequiel 36:28	

La Venida de Cristo

Israel tenía dos cosechas cada año — primavera y otoño

NÚMEROS בְּמִדְבַּר
BAMIDBAR

Los israelitas clamaron a Dios, y Él los escuchó y preparó a Moisés para que él los liberara de la esclavitud en Egipto. Los hijos de Israel habían vivido allí cuatrocientos treinta años; cuatrocientos de los cuales los vivieron en esclavitud. Después de acampar en el Sinaí, estaban camino a Canaán—la tierra prometida por Dios a Abraham, Isaac y Jacob. Por fin podrían ver esa tierra con sus propios ojos. Dios los acompañaría durante su jornada, en una nube durante el día, y en una columna de fuego por la noche.

El viaje estaba por comenzar. Pero antes, debía de contarse a todos los hombres israelitas de veinte años para arriba.

TRABAJO POR HACER

Instrucciones Generales

De acuerdo a los viajes y lugares donde acamparon los israelitas, el libro de Números puede dividirse en tres secciones. Del capítulo 1 al 10:10, acamparon en el Sinaí. En el 10:11, la nube se levanta y comienza el peregrinaje, mismo que se prolonga por unos treinta y nueve años. En el capítulo 22, Israel acampa en las llanuras de Moab, frente a Jericó, y se prepara para entrar a la tierra prometida.

Capítulos 1-10:10

1. Los primeros cinco libros de la Biblia—Génesis a Deuteronomio—están estrechamente relacionados. Estos libros están ordenados por su orden cronológico. A fin de situar al libro de Números en contexto, haz lo siguiente:
    a. Lee Éxodo 40:1-2, 17, 33-38, textos que ofrecen una descripción de la construcción del tabernáculo en el monte Sinaí.
    b. Lee Levítico 1:1 y luego el 27:34. Todo el libro de Levítico se desarrolla en el monte Sinaí.
    c. Compara dónde termina Levítico y dónde comienza Números. Lee Números 1:1-2.
    d. Busca otra vez Éxodo 40:17 y Números 1:1, y podrás darte cuenta que entre el final de Éxodo y el comienzo de Números ha transcurrido un mes. Así que Levítico abarca un período de un mes.

2. Lee esta primera sección capítulo por capítulo, y no te desanimes ni abandones su lectura. El libro de Números se vuelve más interesante y práctico después de esta sección. Mientras realices tu lectura:
    a. Marca de manera distintiva la lista de palabras clave que encontrarás en el PANORAMA DE NÚMEROS. También marca **número** o **censo** y **de los hijos de** (subrayando hijos de quién eran). Anota esas palabras clave en una tarjeta y úsala

como separador de páginas mientras estudias Números.
  b. Marca cada referencia de tiempo con un círculo ◯, y subraya con doble línea verde todo lugar geográfico.
  c. Al margen de cada capítulo, haz listas de las verdades más sobresalientes que posteriormente quieras encontrar con facilidad. Por ejemplo, al lado de 9:15 puedes escribir: "Instrucciones acerca de la Nube", o simplemente "La Nube".
  d. Escribe los temas de los capítulos en el PANORAMA DE NÚMEROS, y al principio de cada capítulo en tu Biblia.

Capítulos 10:11-21:35

1. Esta sección abarca casi treinta y nueve años. Conforme avances en tu estudio, descubrirás porqué fue necesario que pasara tanto tiempo para recorrer una distancia tan corta. Al leer cada capítulo haz lo siguiente:
  a. Puesto que mucho de lo que leerás en esta sección es material histórico, puedes aprender muchísimo con sólo formular las seis preguntas que ya conoces: ¿Quiénes son los personajes principales en este capítulo? ¿Qué ocurre? ¿Por qué ocurre? ¿Dónde y cuándo está ocurriendo? ¿Por qué se les ordena hacer algo? ¿Cuáles fueron las consecuencias de tales acciones? ¿Cómo y por qué ocurrió eso?
  1) Tal vez quieras anotar en el margen cuándo y dónde tienen lugar los sucesos.
  2) En el mapa del capítulo 11, sigue la ruta de los Israelitas.
  b. Marca las palabras clave repetidas recurriendo a la lista que usaste en la primera sección; a esta lista añade las variantes **murmurar** (***murmurar por la adversidad***) e ***ira***. Busca palabras clave que no estén en la lista pero que sean importantes para ese capítulo en particular.
  c. Anota en una hoja de papel o en el margen lo que aprendas acerca de la tierra que los Israelitas están por poseer, y lo que aprendas acerca de Coré y Balaam (quien aparece en Núm. 22). Estos dos personajes volverán a ser mencionados, incluso en el Nuevo Testamento, así que conviene marcarlos de un color que resalte y hacer un resumen de todo lo que aprendas acerca de ellos. Anota también tus observaciones en el CUADRO DE OBSERVACIONES DE NÚMEROS.
  d. De la vida de Moisés se pueden aprender lecciones en cuanto al liderazgo y en cuanto a nuestra relación con Dios. Tal vez quieras anotar esas lecciones en tu libreta de apuntes, bajo el encabezado LECCIONES DE LA VIDA DE MOISÉS, esto te será muy provechoso. Al anotar tus observaciones es importante apuntar el libro, el capítulo y el versículo correspondiente.

2. Tal como has hecho en casos anteriores, anota los temas de los capítulos en el PANORAMA DE NÚMEROS, y al principio de cada capítulo en tu Biblia.

Capítulos 22-36

1. Esta última sección de Números es toda una combinación de sucesos históricos, instrucciones y censos. Al leer cada capítulo, no olvides que debes hacerte las seis preguntas básicas que ya conoces, y anotar en el margen tus observaciones pertinentes.

2. A la lista de palabras clave, añade las siguientes: **Moab** (Moab se menciona por primera vez en Nm. 21, así que hay que volver a ese capítulo y marcar **Moab**), **Madián (madianitas)**, **holocausto** y **ofrenda por el pecado**.

3. Balaam juega un papel importante en esta última sección. Anota en el CUADRO DE OBSERVACIONES DE NÚMEROS todo lo que aprendas acerca de él. Casi al final de Números volverás a leer acerca de Balaam, así que anota en el margen cuáles son esos versículos.

4. Anota en el margen los puntos principales o sucesos de estos capítulos. En Números 35 marca cada referencia a **asesino** y **vengador de sangre**. Presta especial atención a lo que puedas aprender al respecto.

5. Anota lo que aprendas acerca de Moisés. Observa con mucha atención Números 27:12-23 tomando en cuenta lo que dice Números 20. Junto a Números 20:1-13 puedes anotar Números 27:12-23 como referencia cruzada.

6. Anota los temas de los capítulos, tal como lo has hecho anteriormente.

7. Anota en el PANORAMA DE NÚMEROS el tema o acontecimiento principal de cada una de las tres secciones de este libro. Mira si es posible agrupar algunos de los capítulos, según la clase de mandatos, ordenanzas y/o acontecimientos que traten. En otras palabras, ¿hay capítulos que tratan temas o sucesos semejantes? Por ejemplo, los capítulos 1 y 2 hablan acerca del censo del ejército de Israel. Anota esas agrupaciones en la primera columna de la División por Secciones, y completa el resto del PANORAMA.

Para Reflexionar

1. Repasa todo lo que has aprendido de la vida de Moisés, y luego ora para ver cómo puedes aplicar esa enseñanza a tu propia vida.

2. Recuerda que Dios es el mismo ayer, hoy y siempre. Su carácter no cambió en el periodo entre el Antiguo y el Nuevo Testamento. Reflexiona en lo que has aprendido acerca de Dios en el libro de Números. ¿Estás viviendo de acuerdo a Sus normas de justicia?

3. ¿Sientes envidia del hecho de que Dios mismo haya guiado a los hijos de Israel por medio de una nube? ¿Eres consciente de que el Espíritu de Dios mora en ti con el propósito de guiarte? ¿Has buscado y pedido que el Espíritu de Dios te lleve de la mano y te guíe tal como guió a los israelitas? ¿Qué puedes aprender de los israelitas a fin de no cometer los mismos errores?

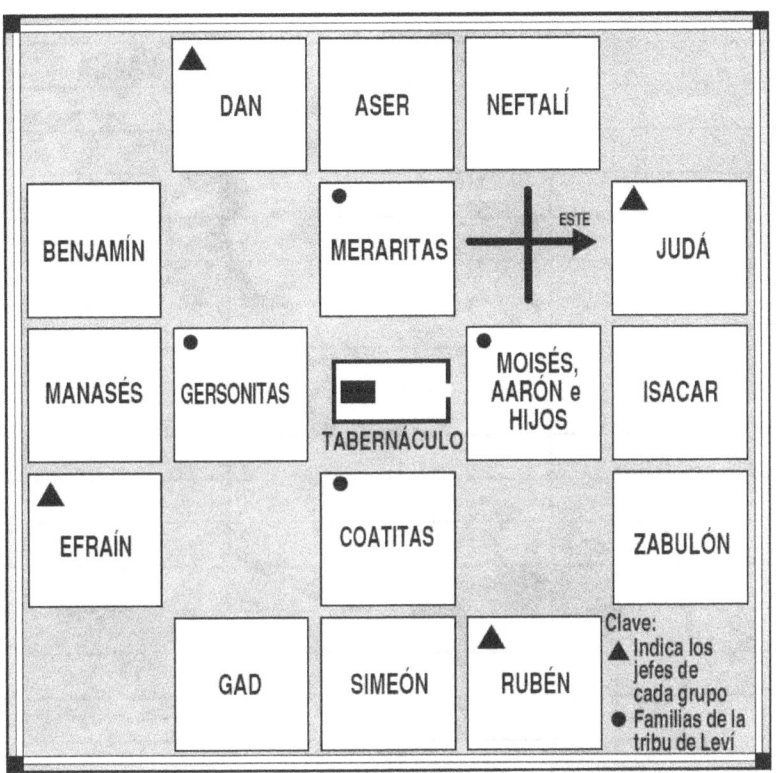

**Distribución de los Campamentos
de las Tribus de Israel**

Cuadro De Observaciones De Números

Tierra de Canaan	Balaam	Coré

Panorama de Números

Tema de Números:

División por Secciones

Autor:				Temas De Los Capítulos
				1
				2
Fecha:				3
				4
Propósito:				5
				6
Palabras Clave: *(incluir sinónimos)*				7
el Señor habló (dijo) a				8
				9
servicio, ministerio, servir				10
				11
				12
nube				13
desierto				14
tienda (de reunión, del testimonio)				15
				16
ofrenda(s), holocausto, libación				17
				18
				19
expiación				20
pascua				21
pecado(s), iniquidad				22
				23
maldición, maldecir				24
pacto				25
				26

Ver el Apéndice 7 para ver las palabras clave en la Versión Reina Valera y Nueva Versión Internacional

Panorama de Números

Tema de Números:

División por Secciones

			Temas De Los Capítulos
			27
			28
			29
			30
			31
			32
			33
			34
			35
			36

Ver el Apéndice 7 para ver las palabras clave en la Versión Reina Valera y Nueva Versión Internacional

DEUTERONOMIO   דברים
DVARIM

Deuteronomio es considerado la joya del Pentateuco. Muestra con toda claridad lo que Dios espera de quienes han sido redimidos: una vida de plena obediencia. Dios preparó a Moisés para liberar a Su pueblo de la tierra de Egipto, de la tierra de esclavitud. Y aquello se cumplió, así que ahora encontramos a Moisés en la cumbre del monte Pisga, frente a la tierra prometida. Por aquel entonces, Moisés tenía aproximadamente unos ciento veinte años de edad.

Cuando Moisés golpeó la roca por segunda vez, él no consideró la santidad de Dios; lo cual le costó el no entrar en la tierra prometida. Pero el pueblo que sobrevivió, al que fielmente había guiado durante los últimos cuarenta años, sí entraría en la tierra y tomaría posesión de ella.

Moisés debía de hacer una cosa más antes de que Dios lo llevara consigo. Él debía decirles a los hijos de Israel cómo debían de vivir en la tierra que el Dios de sus padres estaba a punto de entregarles.

TRABAJO POR HACER

Instrucciones Generales

1. Lee Números 21:21-22:1; 36:13; y Deuteronomio 1:1-5 con la intención de encontrar el contexto histórico del libro.
    a. En el PANORAMA DE DEUTERONOMIO, anota el nombre del autor, la fecha y la ubicación geográfica del libro.
    b. Al estudiar Deuteronomio, presta atención a todo versículo que confirme la autoría literaria de Moisés. El hecho de que el último capítulo narre la muerte de Moisés no niega que él haya escrito el resto del libro. Ese último capítulo sería una adecuada posdata añadida luego de su muerte.

2. Lee Romanos 15:4 y 1 Corintios 10:1-14, y ten presente estos versículos mientras estudias Deuteronomio. Cuando estudies cada capítulo de este valioso libro, no olvides:
    a. Dibujar en el margen un símbolo como éste △ y escribir allí tus observaciones en cuanto al carácter de Dios y a Su modo de relacionarse con Sus hijos y con los incrédulos.
    b. Anota también en el margen toda instrucción o amonestación específica a seguir, con relación a Dios. Por ejemplo: "que temas al Señor tu Dios".
    c. Anota en el margen todas las "Lecciones para la Vida" que aprendas del texto. Puedes ponerles el encabezado "LPV".

3. La vida de Moisés nos puede enseñar mucho en cuanto al liderazgo y a nuestra relación con Dios. Al estudiar Deuteronomio, escribe esas enseñanzas en tu libreta de apuntes. Cuando resumas lo aprendido, no olvides anotar el libro, el capítulo y el versículo donde aprendiste esa lección.

4. Subraya con doble línea verde toda referencia geográfica, y busca en un mapa los lugares donde sucedieron los eventos.

Capítulos 1-3

Moisés relata lo sucedido desde que salieron de Horeb (monte Sinaí) hasta que acamparon en el valle, frente a Bet Peor, en las faldas del monte Nebo (Pisga).

1. Al leer estos tres capítulos:
   a. Retoma las seis preguntas básicas: ¿Quién?, ¿Qué?, ¿Cómo?, ¿Cuándo?, ¿Dónde? y ¿Por qué? Presta atención a lo que sucede en cada capítulo, dónde sucede, a quién le sucede, por qué le sucede y cuáles son las consecuencias o los resultados. Observa también el modo en que ocurren los eventos.
   b. Marca con un reloj toda referencia de tiempo y cualquier uso de **entonces**, **y en** o **después** que te ayude a notar la secuencia de los eventos.

2. Marca de forma distintiva las siguientes palabras clave y sus sinónimos correspondientes: **pacto, temor, corazón, mandato,** y **escuchar**. Anota estas palabras clave en una tarjeta y úsala como separador de páginas mientras estudias Deuteronomio.

3. Determina el tema de cada capítulo y anótalo en la línea ubicada al inicio de cada capítulo. Luego anótalos también en el PANORAMA DE DEUTERONOMIO.

Capítulos 4-11

Moisés instruye a los israelitas con respecto a lo que deben hacer una vez que hayan entrado en la tierra prometida.

1. Lee esta sección capítulo por capítulo, sin olvidar las seis preguntas básicas. Te darás cuenta que salen a relucir palabras y frases tales como: **cuando, entonces, ten cuidado, cuídate, escuchar** (y sus variaciones), y (amarás, guarden, graben). Cuando veas la palabra "cuando" busca si hay un "entonces" que le prosiga. De haberlo, entonces encierra estas palabras con un círculo y conéctalas con una línea.

2. Marca las siguientes palabras clave según las encuentres en el texto: toda acción a "**guardar**" los mandamientos de Dios, **amar** (y sus variaciones), toda referencia a **recordar, mandamientos (estatutos), naciones, bendición** y **maldición**.

3. Anota en el margen los puntos principales de cada capítulo o subráyalos en el texto y numéralos ordenadamente (1, 2, 3, etc.).

4. Anota los temas de los capítulos, tal como ya lo has hecho anteriormente.

Capítulos 12-26

Moisés presenta al pueblo los estatutos y decretos que deben observar.

1. Añade a la lista de palabras clave la frase **quitarás el mal**, asegurándote de marcarla cada vez que aparezca en estos capítulos. También marca las palabras **vida, muerte**, y las referencias a las *fiestas*.

2. Al leer estos capítulos, anota en el margen del texto lo que el pueblo tiene que hacer, y por qué tiene que hacerlo.

3. Anota los temas de los capítulos en el PANORAMA DE DEUTERONOMIO, al igual que en la línea ubicada al principio de cada capítulo.

Capítulos 27-30

Moisés hace ver al pueblo la necesidad de que obedezcan; ya que si obedecen serán bendecidos, pero si desobedecen serán maldecidos.

1. Marca las palabras clave registradas en tu lista y subraya cada referencia a la frase el **Señor** _____ (toda acción que Dios hará). Medita en lo que has observado al marcar el texto.

2. Al leer estos capítulos, no dejes de interrogar el texto con las seis preguntas básicas. ¿A quién le habla Moisés? ¿Con quién hace Pacto? Presta atención quién o qué resultará afectado por obedecer o desobedecer, y anota también qué ocurrirá por actuar de una u otra manera.

3. No olvides anotar lo que aprendas acerca de Dios en estos capítulos. Escribe también los respectivos temas en la línea ubicada al inicio de cada capítulo.

Capítulos 31-34

Esta sección recoge las palabras finales de Moisés, su cántico, sus bendiciones de despedida, y el relato de su muerte.

1. Marca en el texto las palabras clave repetidas que tienes anotadas en tu tarjeta.

2. Al entonar Moisés su cántico, en el capítulo 32, él hace un recuento de la relación de Dios con Israel y de cómo Dios ha tratado con ellos. En el capítulo 32:15, *Jesurún* es otra palabra que se usa para referirse a Israel.
    a. Presta atención a lo que aprendas acerca de Israel; especialmente registra lo que provocó su caída y las consecuencias de la misma.
    b. Recuerda que Dios no le permitió a Moisés entrar a la tierra prometida, aún cuando Moisés le rogó a Dios que cambiara de parecer. Ten presente esto al leer estos capítulos y escuchar las palabras de Moisés respecto a Dios. Anota todo lo que aprendas acerca de Dios en estos importantes capítulos. Haz una lista de lo que aprendas acerca de "la Roca" en tu libreta de apuntes.

3. Observa lo que Moisés anuncia que ocurrirá después de su muerte, y anótalo en el margen.

4. Al estudiar el capítulo 33, marca el nombre de todas las tribus de Israel y lee con atención sus descripciones y lo que se dice de cada una de ellas. Subraya **enseñarán** y **pondrán** en el 33:10.

5. Completa luego el PANORAMA DE DEUTERONOMIO.

Para Reflexionar

1. Ya que estamos bajo el nuevo pacto de la gracia, ¿cuál es nuestra relación con las bendiciones y maldiciones que se mencionan en Deuteronomio? Lee Hebreos 8-10.

2. ¿Qué clase de fidelidad exige Dios de Israel? ¿Crees que Él espera menos de la Iglesia, que es el cuerpo del Señor Jesucristo? ¿Crees que la gracia nos permite continuar en pecado y desobediencia, sin ninguna consecuencia o castigo de parte del Padre?

3. ¿Qué has aprendido de la paciencia de Dios y de Su benevolencia para con el pueblo con quien estableció Su pacto?

4. ¿Cómo pueden los hijos de Dios demostrar su amor por el Señor?

Panorama de Deuteronomio

Tema de Deuteronomio:

División por Secciones

			Temas De Los Capítulos
		1	
		2	
		3	
		4	
		5	
		6	
		7	
		8	
		9	
		10	
		11	
		12	
		13	
		14	
		15	
		16	
		17	
		18	
		19	
		20	
		21	
		22	
		23	
		24	
		25	
		26	
		27	
		28	
		29	
		30	
		31	
		32	
		33	
		34	

Autor:

Fecha:

Ubicación Geográfica:

Propósito:

Palabras Clave:
(incluir sinónimos)
pacto, alianza

temer, temor, miedo, terror

corazón

mandado, ordenar, mandato, mandamiento(s), estatutos
escuchar, oír (y sus variaciones)

observar, guardar, cumplir, obedecer

amor, amar (y sus variaciones)

recordar, (y sus variaciones)

naciones

bendición

maldición

quitarás el mal

vida

muerte, morir
toda acción futura del Señor, (entregará, hará, etc.)

Ver el Apéndice 7 para ver las palabras clave en la Versión Reina Valera y Nueva Versión Internacional

JOSUÉ יהושע
YEHOSHUA

Durante muchos años Josué había servido fielmente a Dios y a Moisés. Con cuánta claridad había entendido Josué el significado de su nombre: "¡El Señor es salvación!" Con la excepción de Caleb, todos sus contemporáneos habían muerto en el desierto debido a no haber creído en Dios. Pero, a Josué y a Caleb Dios los había dejado con vida porque siempre Le habían sido fieles.

Cuando murió Moisés, Dios designó a Josué para que condujera a los israelitas a la tierra prometida y los librara de sus enemigos. ¡La salvación de los israelitas no vendría del oriente ni del occidente sino de Aquel que hizo los cielos y la tierra!

La palabra de Dios resonó entonces en el corazón de Josué: "Sé fuerte y valiente".

TRABAJO POR HACER

(Si no lo has hecho, lee la sección titulada Observación, ubicada en la introducción de este libro).

Instrucciones Generales

1. Si no estás familiarizado con la vida de Josué, conviene que antes de iniciar el estudio de este libro leas Números 13, 14, 27:18-23 y Deuteronomio 34:9.

2. Mientras estudias el libro de Josué, capítulo por capítulo, ten en mente que este libro se divide en cuatro secciones, esto te ayudará a mantener todo en su contexto. En los capítulos 1 al 5 se ve a los israelitas preparándose para entrar en la tierra prometida. Los capítulos 6 al 12 narran la conquista de la tierra. Los capítulos 13 al 21 presentan la distribución de la tierra. En los capítulos 22 al 24 Josué exhorta a los israelitas a servir al Señor que les dio la tierra.

3. Según leas cada capítulo, conviene que te formules las seis preguntas básicas: ¿Quién?, ¿Qué?, ¿Cómo?, ¿Cuándo?, ¿Dónde? y ¿Por qué? Por ejemplo, en un libro histórico como Josué, hay que preguntarse: ¿Sobre qué trata este capítulo? ¿Quiénes son los personajes principales? ¿Qué está ocurriendo? ¿Cuándo está ocurriendo? ¿Dónde está ocurriendo? ¿Quién tiene que ver con lo ocurrido? ¿Por qué está ocurriendo? ¿Por qué se está diciendo o se deberá hacer tal cosa? ¿Cuáles son las consecuencias? ¿Cómo va a suceder? ¿Cómo debiera hacerse? Anota en el margen los principales puntos o acontecimientos de cada capítulo. Marca con doble línea verde toda referencia geográfica.

4. Busca las ciudades y localidades mencionadas en este libro. Procura ubicarlas en el mapa que aparece en la página 250, donde aparecen algunas, para que no pierdas de vista el contexto geográfico.

5. Marca toda referencia de tiempo con un círculo ⬯. Esto te ayudará a ver cuándo ocurren los hechos, al igual que la relación cronológica que guardan entre sí.

6. Una vez estudiado cada capítulo, escribe en la línea ubicada al inicio de cada capítulo el tema o evento del que trata. Luego, anótalo también en el PANORAMA DE JOSUÉ.

Capítulos 1-5

1. Conforme vayas leyendo estos capítulos, marca las siguientes palabras clave y sus sinónimos, pronombres e inferencias verbales: *Josué, tierra, ser fuerte, valiente, estuvieron en tierra seca, están firmes, mandato (ordenado, el Señor ha mandado, de acuerdo con el mandato del Señor), posesión (posean, poseerán), pacto, el arca del pacto* (del Señor) e *Israel*. Anota esas palabras clave en una tarjeta y úsala como separador de páginas mientras estudias esta sección.

2. Presta atención cómo los distintos acontecimientos e instrucciones prepararon a los israelitas para tomar posesión de la tierra. Toma nota, asimismo, de los pasos que debieron seguir para lograrlo, y de las demandas que les fueron impuestas una vez que tomaron posesión de la tierra. Haz una lista con toda esta información; puedes titular la lista: "Posesión de la Tierra".

3. Si al leer el capítulo 5 necesitas repasar lo relacionado con la circuncisión, lee Génesis 17 y Éxodo 4:24-26.

4. No olvides anotar los temas de los capítulos en tu Biblia, al inicio de cada capítulo, así como en el PANORAMA DE JOSUÉ.

Capítulos 6-12

1. Al estudiar esta sección hay que tener presente las instrucciones generales que ya te han sido dadas.

2. Aunque sin duda marcarás en el texto muchas de las palabras clave ya conocidas, haz ahora un separador de páginas con una nueva tarjeta que contenga las siguientes palabras: *Dios, Señor, Josué, pacto, ser fuerte, valiente, tierra, temor, mandato (ordenado)*, toda referencia a *pelear (luchan, peleó, pelearon, atacó, lucharon, combatía, capturado, capturó, capturaron, tomado, tomó, conquistó, conquistaron, apoderó), arca del pacto* (del Señor) e *Israel*.

3. Presta mucha atención a las instrucciones que Dios le da al pueblo cada vez que se conquista una ciudad. Lee Génesis 15:7-21, y considera el hecho de que Dios prometió a Abraham que daría a su descendencia la tierra de Canaán cuando llegara "a su colmo la iniquidad de los Amorreos". También recuerda el pacto que en aquel día hizo Dios con Abraham. Anota en el margen Génesis 15:7-21, a manera de referencia cruzada.

4. Al leer, toma nota de lo que pasa cuando el pueblo deja de consultar a Dios y desobedece con relación a los habitantes de la tierra. Anota eso en el margen.

5. Al llegar al capítulo 8, localiza los montes Ebal y Gerizim en el mapa que aparece en la página 250, y presta atención a lo que allí sucedió. Lee nuevamente Deuteronomio 11:29 y 27:11-14. Y señala con un reloj cada referencia de tiempo.

6. Anota los temas de los capítulos en los lugares respectivos.

Capítulos 13-21

1. Con una nueva tarjeta haz otro separador de páginas que incluya las siguientes palabras clave (aunque algunas sean las mismas de antes): *Israel, tierra, Josué, Caleb, ser fuerte, temor, mandato (ordenado, mandamientos),* toda referencia a *pelear (luchan, peleó, pelearon, atacó, lucharon, combatía, capturado, capturó, capturaron, tomado, tomó, conquistó, conquistaron, apoderó), heredad (herencia), posesión, propiedad, por conquistar, poseyeron,* (marca *posesión* en el capítulo 12) y *prometido.*

2. Subraya en el texto, con doble línea verde, cada referencia geográfica. Luego, localiza estas referencias en un mapa. También marca el nombre de cada tribu, según se les vaya asignando su porción de tierra.

3. En el curso de tu lectura, presta atención a toda mención de Caleb; teniendo presente lo leído en Números 13-14 acerca de él y de Josué. Hay muchas lecciones importantes que pueden aprenderse del ejemplo de ellos.

4. Lee el capítulo 20 prestando mucha atención a lo que dice en cuanto a las ciudades de refugio.

5. En el capítulo 21, toma nota de la herencia que les fue otorgada a los levitas.

6. No olvides anotar los temas de los capítulos, en sus lugares respectivos.

Capítulos 22-24

1. Haz un último separador de páginas que incluya las palabras clave escritas a continuación, y márcalas en el texto junto con sus respectivos sinónimos y tiempos verbales: *tierra, poseer (posesión), pacto, ser fuerte, esfuércense, temor, mandato (ordenar, mandamiento), servir, sirvió, Israel, Josué, prometido, pelear* (y todos sus sinónimos), *heredad (herencia).*

2. Haz una lista de las instrucciones dadas por Dios al pueblo, y de lo que ellos deben hacer para cumplirlas. Anota allí mismo las consecuencias de no obedecer a Dios.

3. Al leer Josué 23, en los versículos 8 y 12 marca las palabras unidos y unen; seguidamente lee Jeremías 13:1-11.

4. Completa el PANORAMA DE JOSUÉ, llenando las cuatro secciones principales de la "División por Secciones" y cualquier otra que hayas observado.

5. Compara las palabras dadas por Josué a los israelitas en el capítulo 23 con las palabras dadas por Dios a Josué en el capítulo 1. Tal vez quieras escribir Josué 1:7-9 en una tarjeta o en el margen de Josué 23.

PARA REFLEXIONAR

1. ¿Tienes por costumbre consultar al Señor y Su Palabra, para después actuar en obediencia a lo que ella te dice?

2. Josué recibió la exhortación de esforzarse y ser valiente. ¿Cuál crees que es el significado de esa exhortación? Lee Apocalipsis 21:8 y toma nota de lo que allí se dice en cuanto a los cobardes.

3. ¿Has decidido a quién seguir? ¿Has considerado lo que te puede costar? ¿Qué te llevaría a comprometerte con el mundo? ¿Sería posible hacerlo y no sufrir las consecuencias? ¿Qué te costará? ¿Valdrá la pena pagar ese precio?

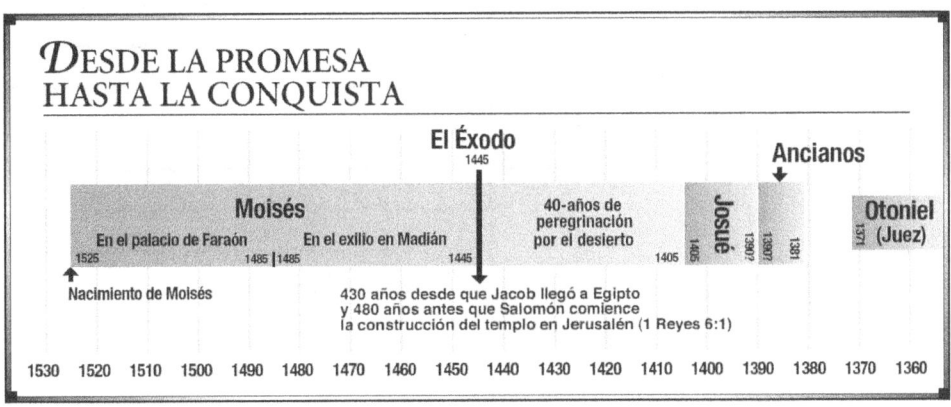

Panorama de Josué

Tema de Josué:

Autor:

Fecha:

Propósito:

Palabras Clave:
(incluir sinónimos)

División por Secciones

	Leyes Respecto A	Divisiones Principales	Temas De Los Capítulos
			1
			2
			3
			4
			5
			6
			7
			8
			9
			10
			11
			12
			13
			14
			15
			16
			17
			18
			19
			20
			21
			22
			23
			24

Ver el Apéndice 7 para ver las palabras clave en la Versión Reina Valera y Nueva Versión Internacional

JUECES שׁוֹפְטִים SHOFTIM

Bajo la dirección de Josué los Israelitas entraron finalmente en la tierra que Dios le había prometido a Abraham. Aunque en aquella tierra había gigantes, ninguno de ellos era más grande que el Dios de Israel. El Capitán de las huestes celestiales sometió a todos sus enemigos; incluso el sol y la luna fueron detenidos hasta que el pueblo de Israel se vengó de sus enemigos en una importante batalla.

Tiempo después surgió una nueva generación que no conocía la guerra, ni conocía al Señor, ni siquiera sabía lo que Él había hecho por Israel; esto causó que los israelitas pasaran de victoria a derrota, y que se hundieran en más de trescientos años de oscuridad espiritual. Ésta fue la época de los jueces de Israel, de la cual podemos aprender lecciones muy valiosas.

TRABAJO POR HACER

(Si no lo has hecho, lee la sección titulada Observación, ubicada en la introducción de este libro).

Instrucciones Generales

Capítulos 1-2

1. El libro de Jueces no guarda un orden cronológico. Conviene, por lo tanto, comprender su contexto. Para esto, debes leer primero los capítulos 1 y 2, y luego dirigirte hasta la parte final del libro para leer los versículos 17:6, 18:1, 19:1, y 21:25. Ahora, busca la frase clave que más se repite. Marca esa frase de manera distintiva y anótala en el PANORAMA DE JUECES bajo el título "Palabras Clave".

2. Lee una vez más los capítulos 1 y 2, y haz lo siguiente:
    a. Marca en el texto las palabras y frases clave, junto con sus sinónimos, pronombres o inferencias verbales, registradas en la lista del PANORAMA DE JUECES. No olvides anotar también estas palabras en una tarjeta y úsala como separador de páginas mientras estudias Jueces.
    b. En el capítulo 1:21-33 se repite una frase muy importante, que no está incluida en la lista del PANORAMA; porque desde el capítulo 2 en adelante no vuelve a mencionarse. Localiza esa frase y márcala de manera resaltada todas las veces que la encuentres. Luego, consulta Éxodo 23:20-33, Deuteronomio 7:1-11,16 y Josué 23:5-13. Escribe en el margen del capítulo 1 todas estas referencias, para que te sirvan luego como referencias cruzadas.
    c. Al leer estos capítulos, busca contestar las seis preguntas básicas que ya conoces: ¿Quién?, ¿Qué?, ¿Cómo?, ¿Cuándo?, ¿Dónde? y ¿Por qué? No siempre podrás encontrar respuestas para todas ellas, pero al leer asegúrate de encontrar y anotar quién hace qué, y por qué lo hace, como también el momento y el lugar en que lo hace. Siempre pregúntate cómo sucedió o se realizó algo, o cómo ha de realizarse.
    d. En una libreta de apuntes, elabora una lista de todo lo que hayas aprendido

del capítulo 2 respecto a los hijos de Israel, Josué, los ancianos, y los jueces.

3. Una vez realizadas las observaciones del capítulo 2, haz un repaso de todo lo aprendido. Presta especial atención a los versículos 11 al 23. Toma nota del ciclo de acontecimientos. No olvides anotarlos en el margen, ya que su contenido establece el patrón distintivo de los capítulos 3 al 16.

4. Asigna temas a estos capítulos y anótalos en el PANORAMA DE JUECES y en tu Biblia al lado del número del capítulo.

Capítulos 3-16

1. Estudia los capítulos 3 al 16 tal como estudiaste los capítulos 1 y 2: Marca las palabras clave. Busca contestar las seis preguntas básicas del texto. Anota en el margen toda nueva observación, así como los temas de los capítulos en su lugar correspondiente.

2. Según vayas leyendo los capítulos 3 al 16, identifica a cada uno de los jueces y anota lo que aprendas de cada uno de ellos en tu libreta de apuntes y en el PANORAMA DE JUECES. A fin de comprender mejor el marco histórico de cada uno de los jueces, así como la relación que guardan entre sí, estudia con detenimiento el diagrama histórico que está más adelante.

3. Según vayas estudiando la vida de cada juez, toma nota de su lugar de procedencia y en un mapa escribe su nombre junto al lugar apropiado.

Capítulos 17-21

1. No hay evidencia de que los capítulos 17 al 21 sean la continuación cronológica de los capítulos 3 al 16. Más bien, parece ser que esos capítulos ofrecen una visión panorámica de la moral prevaleciente en aquellos tiempos. Examina detenidamente cada capítulo, tal y como has hecho con los demás capítulos del libro, y toma nota de toda nueva información; prestando especial atención al orden en que los sucesos van ocurriendo.

2. Al leer estos capítulos, ten presente la frase clave que marcaste al principio de tu estudio. Nota cómo se evidencia la verdad de esta frase en la vida del pueblo.

3. Anota los temas de los capítulos, tal y como has hecho con anterioridad en el PANORAMA DE JUECES. Anota también el tema principal de cada división por secciones y de cualquier otra sección que encuentres. Por último, anota el tema principal del libro de Jueces.

Para Reflexionar

1. ¿Qué has aprendido del libro de los Jueces en cuanto a escuchar atentamente al Señor y obedecer sus mandamientos? ¿Qué has visto acerca de las consecuencias de hacer lo que está bien a nuestros propios ojos? ¿Qué semejanza puedes ver entre

los pecados cometidos en Jueces 17 al 21, y los que se cometen hoy en día? ¿A qué conclusión te lleva esto?

2. Medita en cómo se rompió el ciclo del pecado en tiempos de los Jueces ¿Te encuentras atrapado dentro de un ciclo de pecado? ¿Qué puedes hacer para romper ese ciclo?

3. ¿Qué has aprendido en tu estudio de la vida de los jueces? Repasa cuidadosamente tu PANORAMA DE JUECES y reflexiona en las lecciones que pueden aplicarse a tu vida.

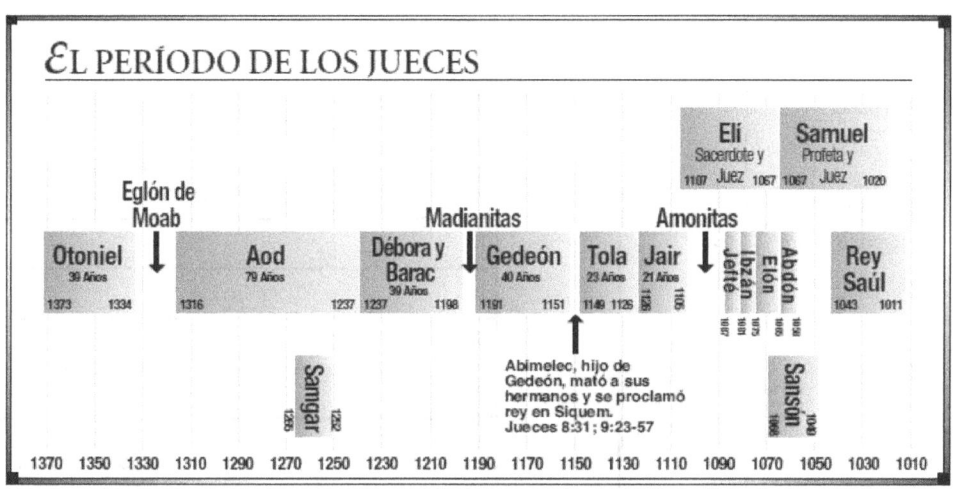

Panorama de Jueces

Tema de Jueces:

Autor:

Fecha:

Propósito:

Palabras Clave:
(incluir sinónimos)
  pacto

  los Israelitas hicieron lo malo

  los vendió (entregó),

  los Israelitas clamaron

  el Señor levantó jueces (un libertador)

  juez, jueces

División por Secciones

Opresor	Juez & Años que Juzgo	Temas De Los Capítulos
		1
		2
		3
		4
		5
		6
		7
		8
		9
		10
		11
		12
		13
		14
		15
		16
		17
		18
		19
		20
		21

Ver el Apéndice 7 para ver las palabras clave en la Versión Reina Valera y Nueva Versión Internacional

RUT רות
RUT

Los eventos en el libro de Rut se sitúan cronológicamente en los turbulentos años de los Jueces. Este libro se presenta como un oasis de nuevo ánimo y renovada esperanza para quienes optan por seguir a Dios. Se trata de una historia de amor y de entrega, que se desarrolla en torno a tres personas que decidieron, en lo más íntimo de su ser, llevar una vida íntegra y seguir a Dios y Sus preceptos; tres personas que conocen quién es su Rey y que hacen lo que es correcto ante Sus ojos.

Trabajo por Hacer

(Si no lo has hecho, lee la sección titulada Observación, ubicada en la introducción de este libro).

Instrucciones Generales

1. Al leer el libro de Rut, capítulo por capítulo, haz lo siguiente:
   a. Para percibir el sentir de las vidas de los personajes, lee cada capítulo sin distraerte con otros detalles.
   b. Lee nuevamente cada capítulo, pero esta vez enfoca tu atención en los "quién" y los "qué". Busca los personajes principales mencionados en cada capítulo. Observa la secuencia de los eventos y la manera en que enfrentan las circunstancias cada uno de los personajes. Debes resaltar también la forma en que el capítulo 1 nos da el contexto histórico del libro.
   c. Busca y marca las palabras clave que aparecen en el PANORAMA DE RUT, junto con sus sinónimos, pronombres e inferencias verbales. Una vez marcadas todas las palabras clave de cada capítulo, presta atención a la enseñanza que puedes aprender de cada una de ellas, y anota en el margen todo lo que te sea significativo y que no quieras olvidar.

2. Determina los temas de los capítulos, y anótalos en el PANORAMA DE RUT; al igual que en el texto, a lado del número de cada capítulo.

3. Una vez que hayas leído Rut y que hayas marcado todas las referencias a *redimir, pariente, pariente cercano* y *pariente más cercano*, haz lo siguiente:
   a. Elabora una lista con las condiciones para poder redimir a un pariente cercano, prestando especial atención a las condiciones mencionadas en el capítulo 4.
   b. Busca en Levítico 25:23-28 y Deuteronomio 25:5-10 las leyes relacionadas con la redención. Te será provechoso anotar estas referencias en el margen, junto a tu lista de condiciones para redimir.

4. Completa el PANORAMA DE RUT.

Para Reflexionar

1. ¿Qué te enseña la historia de Rut en cuanto a la lealtad? ¿Qué significa ser fiel a Dios, a Su pueblo y Sus preceptos, y confiar en que Dios cumplirá Sus promesas?

2. Al reflexionar en Booz como redentor de Rut, ten presente que el Señor Jesucristo es tu Pariente Redentor. Medita en la forma en que el Señor Jesucristo ejerció su derecho como tu pariente más cercano para actuar en tu favor. Él se hizo hombre, a fin de romper las cadenas de la muerte y poder pagar el precio de tu redención. (Heb. 2:14-15). No olvides que fuiste redimido de tu vana manera de vivir, no con plata ni oro sino con la sangre preciosa del Cordero de Dios, Cordero sin mancha ni defecto (1 Ped. 1:18, 19).

3. Los últimos versículos de este libro dejan constancia de que Rut llegó a formar parte de la genealogía de David y, por lo tanto, del linaje humano de nuestro Señor Jesucristo. Dios, en Su soberanía, no sólo incluyó en la genealogía de Su Hijo a Rahab, quien era una ramera, sino también a Rut, quien era moabita. A diferencia de sus contemporáneos, estas dos mujeres optaron por creer en Dios. Medita en cómo puede aplicarse a tu vida el ejemplo de estas dos mujeres.

4. En el libro de Jueces, los israelitas abandonaron al Dios verdadero para volverse a los ídolos; mientras que en el libro de Rut sucede todo lo contrario: una extranjera desecha a los ídolos para servir al único Dios verdadero. ¿Con cuál de estos dos casos te identificas?

Panorama de Rut

Tema de Rut:

División por Secciones

Autor:

Fecha:

Propósito:

Palabras Clave:
(incluir sinónimos)

redimir, redención

pariente, pariente cercano, pariente más cercano

Noemí

Rut

Booz

	Temas De Los Capítulos
1	
2	
3	
4	

Ver el Apéndice 7 para ver las palabras clave en la Versión Reina Valera y Nueva Versión Internacional

1 SAMUEL שמואל א
SHMU'EL ALEPH

La época de los jueces fue un período sombrío que se mantuvo hasta que Dios levantó a Samuel como profeta, sacerdote y juez. Samuel estaba comprometido con hacer todo lo que estaba bien ante los ojos de Dios. Pero el pueblo, no estaba conforme con él y clamó a Dios diciendo: "danos un rey para que nos juzgue, como todas las naciones". Con tal actitud, en realidad estaban rechazando a Dios como su Rey. ¿Cómo sería vivir en una monarquía en lugar de en una teocracia? Muy pronto, en cuanto los reyes iniciaran su reinado, los israelitas verían contestada esa pregunta. La desobediencia de los reyes produjo que el reino de Israel, que desde el inicio se había mantenido unido, se dividiera.

Los libros 1 y 2 Samuel, 1 y 2 Reyes, y 1 y 2 Crónicas registran en sus páginas los días de los reyes de Israel. En estos libros, los hijos de Dios con seguridad encontrarán lecciones muy valiosas. La primera lección se encuentra en 1 Samuel, cuando Dios rechaza a Saúl y elige como rey a un hombre conforme a su corazón. ¿Cómo sería tal hombre? ¿Vivirá una vida perfecta? ¿Tal perfección será lo que le hará un hombre conforme al corazón de Dios?

Trabajo por Hacer

(Si no lo has hecho, lee la sección titulada Observación, en la introducción de este libro).

Instrucciones Generales

Al estudiar este libro, no olvides que trata sobre personas comunes y corrientes; personas que a pesar de sus debilidades tenían acceso a Dios y a Sus Preceptos y estatutos de vida. Lee el texto cuidadosamente y en oración, y conforme avances en tu estudio anota en el margen las lecciones de Dios para tu vida.

Capítulos 1-7: Samuel, el Último Juez

1. Mientras estudias estos siete primeros capítulos, debes marcar de forma distintiva las siguientes palabras y anotar en el margen verdades clave que hayas aprendido:
    a. ***Arca (del Señor, de Dios, del pacto), efod, juez (juzgar), rey, Icabod*** y ***Ebenezer***. Estas tres últimas palabras aparecen una sola vez en estos capítulos, pero son de mucha trascendencia. Efod sólo aparece dos veces en esta sección, pero al final de 1 Samuel cobra mayor importancia. Anota todas estas palabras clave en el PANORAMA DE 1 SAMUEL y en una pequeña tarjeta que puedas usar como separador de páginas en tu lectura.
    b. Subraya con doble línea de color verde todo lugar geográfico. Luego, localiza esos lugares en un mapa.

2. Puesto que 1 Samuel es un relato histórico, toma nota del punto central de cada capítulo. ¿En torno a quién, o a qué acontecimiento gira el capítulo?
   a. Elabora en el margen de cada capítulo una lista de tus observaciones en cuanto a los personajes principales y lo que hacen.
   b. Lee las NOTAS acerca del Nazareo y el efod al final de estas instrucciones.
   c. Junto a un símbolo fácil de reconocer, tal como un △, anota en el margen tus observaciones acerca de Dios y de Sus caminos. Por ejemplo, en el capítulo 1 Dios había cerrado la matriz de Ana, pero más tarde permite que ella conciba.

3. Anota los temas de estos capítulos en el PANORAMA DE 1 SAMUEL, y no olvides anotarlos también en tu Biblia al principio de cada de capítulo.

Capítulos 8-15: De Samuel a Saúl, de Juez a Rey

1. Al estudiar esta sección de 1 Samuel, haz lo siguiente:
   a. Marca las siguientes palabras clave: *juez (juzgar), rey (sin incluir a los reyes extranjeros), pecado (pecar), mal (maldad), Espíritu de Dios (del Señor), arca de Dios y efod*. Anota estas palabras clave en una tarjeta y úsala como separador de páginas mientras haces este estudio. Estas palabras también debes anotarlas en el PANORAMA DE 1 SAMUEL.
   b. Haz una lista de todo lo que aprendas acerca de Samuel, Saúl, el rey Agag y los Amalecitas. Observa el cuadro "Árbol Genealógico de Saúl" al final de estas instrucciones.
   c. Toma nota de todo lo que aprendas acerca de Dios y de Sus caminos.
   d. Marca las referencias de tiempo (por ejemplo, el inicio del reinado de Saúl, etc.), marca también los lugares geográficos.
   e. Después de esta sección no se encuentra en 1 Samuel ninguna otra referencia al arca. Repasa lo que este libro enseña con relación a ella, anotando en el margen la última vez que se menciona y el lugar en que se ubica. Lee el artículo "El Arca del Pacto" en la página 379).

2. Observa cuidadosamente todo lo que aprendas al marcar la palabra *rey*. Anota en el margen tus respuestas a las siguientes preguntas:
   a. ¿Por qué el pueblo pidió tener un rey? ¿Qué concepto tenían de reinado? ¿Qué clase de rey querían?
   b. ¿Cuál fue la respuesta de Dios a la petición del pueblo? ¿Qué esperaba Dios de ese reinado? ¿Qué determinaba el éxito o fracaso de un rey? Compara esto con Deuteronomio 17:14-20.

3. Estudia cada capítulo tal y como lo hiciste en la sección anterior, tomando nota de los acontecimientos principales de cada uno de ellos y de cualquier otro tema pertinente. No olvides anotar los temas de los capítulos, en el PANORAMA DE 1 SAMUEL y en tu Biblia al inicio de cada capítulo.

Capítulos 16-31: Dios Escoge y Prepara Otro Rey

1. En esta sección haz lo siguiente:
   a. Anota en otra tarjeta las siguientes palabras clave y marca en el texto toda referencia a: *rey (que no sea extranjero), mal (maldad), espíritu malo, pecado (pecar), juez, pacto, consultar* y *efod*. No dejes de anotar todo lo que vayas aprendiendo al marcar *rey* y *efod*.
   b. Marca todas las referencias de tiempo y toda referencias a los lugares geográficos tal como has hecho anteriormente.

2. Observa y anota en el margen de cada capítulo todos los puntos principales que aprendas acerca de Samuel, Saúl y David. Pon mucha atención a todos los sucesos relacionados con David y cómo responde él a Dios y a los hombres. Busca y anota en el margen las "LPV" (Lecciones para la Vida).

3. Escribe "Pacto" en el margen, y elabora una lista de todo lo que observes en el texto. No olvides buscar contestar las seis preguntas básicas: ¿Quién realiza el pacto? ¿Cómo se hace? ¿Qué se hace en un pacto? ¿Qué se promete? ¿Qué condiciones se establecen? ¿Cuándo y dónde se hace? ¿Por qué se hace? Ten presente que si eres hijo de Dios estás en pacto con Él (Mateo 26:26-29); anota todo principio que se aplique a tu vida. Lee la "Nota" respecto a pacto en la página 36.

4. Según avances en cada capítulo, presta atención a lo que aprendas acerca de Dios; debes observar también todos los eventos que se presentan en cada capítulo, al igual que otros subpuntos mencionados en ellos; después anota los temas de cada capítulo.

5. Completa el PANORAMA DE 1 SAMUEL. Mira si encuentras otras divisiones por secciones en este libro, o si a la luz de los temas de los capítulos es posible dividirlo de una manera diferente. Por ejemplo, ¿pueden agruparse algunos capítulos que tratan sobre la relación que había entre David, Saúl, Jonatán, los filisteos, u otras personas?, o ¿hay puntos geográficos que agrupen algunos capítulos, por ejemplo, los lugares donde Samuel, Saúl, o David pasaban la mayor parte de su tiempo?

6. Anota en el PANORAMA DE 1 SAMUEL el tema del libro.

PARA REFLEXIONAR

1. ¿Qué lecciones has aprendido de la relación que había entre Elí y sus hijos? ¿Estás consciente de la responsabilidad que tienes ante Dios de disciplinar a tus hijos?

2. ¿Qué has aprendido de la vida de Samuel, Saúl y David en cuanto a buscar a Dios, escucharlo y obedecerle? ¿Qué consecuencias hay cuando no se hace esto?

3. ¿Has notado cuánto tiempo ha transcurrido desde que David fue ungido como rey y hasta el final del libro de 1 Samuel? Ya que David aún no reina sobre Israel.

Medita en todo lo que ha sucedido desde que Samuel ungió a David. ¿Qué puedes aprender de todo eso con relación a las promesas de Dios, Su propósito y Su tiempo propicio? ¿Estás esperando con paciencia el momento en que Dios cumpla en ti Sus promesas?

4. Ahora, repasa las "Lecciones para la Vida" y las observaciones acerca de Dios que hayas anotado en los márgenes de 1 Samuel. Haz de ellas un motivo de oración.

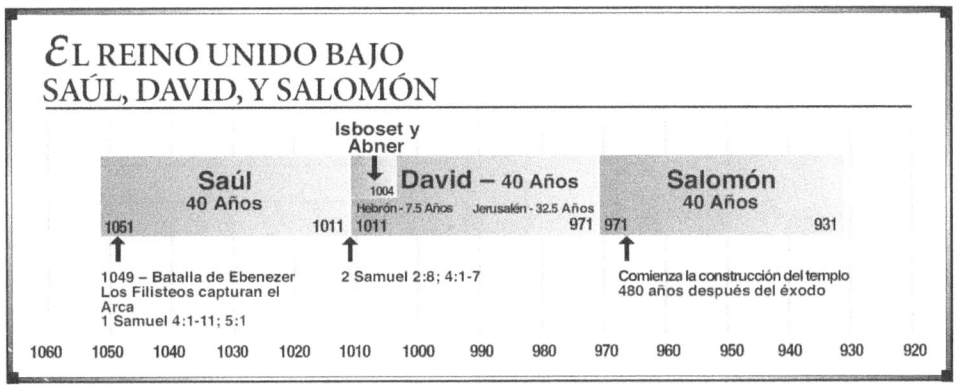

El *Nazareo* (que significa "consagrado, devoto, separado") hacía un voto de consagración al servicio de Dios por un período de tiempo o por toda la vida. Este hombre mostraba su devoción a Dios al no cortarse el cabello, abstenerse de vino y bebidas alcohólicas, y evitar el contacto con los muertos. Quien violara ese voto se contaminaba y necesitaba purificarse. Cuando Ana hizo su voto en 1 Samuel 1:11, ella estaba haciendo un voto Nazareo.

El *efod* se usaba para buscar la voluntad de Dios. Según se describe en Éxodo 28, era una vestidura de lino que llevaba el sacerdote y que también vistió David cuando fue rey (2 Samuel 6:14). El efod se sujetaba a cada hombrera con broches de ónice, los cuales tenían los nombres de las tribus de Israel; seis en cada broche de ónice. El *pectoral*, se sujetaba al efod, y era una bolsa de lino que contenía el *Urim* y *Tumim*, que pudieron haberse usado para echar suertes sagradas a fin de revelar la voluntad de Dios (1 Samuel 28:6).

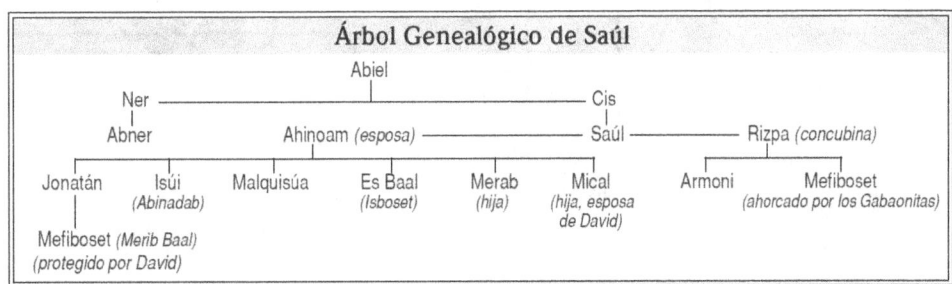

Panorama de 1 Samuel

Tema de 1 Samuel:

División por Secciones

Autor:

Fecha:

Propósito:

Palabras Clave:
(incluir sinónimos)

pacto

los Israelitas hicieron lo malo

los vendió (entregó),

los Israelitas clamaron

el Señor levantó jueces (un libertador)

juez, jueces

			Temas De Los Capítulos
			1
		Samuel, el Último Juez	2
			3
			4
			5
			6
			7
		Desde Samuel hasta Saúl De Jueces a Reyes	8
			9
			10
			11
			12
			13
			14
			15
		La Preparación de Otro Rey	16
			17
			18
			19
			20
			21
			22
			23
			24
			25
			26
			27
			28
			29
			30
			31

Ver el Apéndice 7 para ver las palabras clave en la Versión Reina Valera y Nueva Versión Internacional

2 SAMUEL שמואל ב
SHMU'EL BET

"Compasivo y clemente es el Señor, lento para la ira y grande en misericordia. No luchará con nosotros para siempre, ni para siempre guardará Su enojo. . . Como está de lejos el oriente del occidente, así alejó de nosotros nuestras transgresiones. Como un padre se compadece de sus hijos, así se compadece el Señor de los que Le temen. Porque Él sabe de qué estamos hechos, se acuerda de que sólo somos polvo" (Salmo 103:8-9, 12-14).
¿Escribió David estas palabras antes o después de haber llegado al trono? ¿Antes o después de haber pecado con Betsabé? Bueno, esto no lo sabemos con certeza. Lo que sí sabemos es que David comprendía cabalmente el significado de ellas, tal como lo veremos al estudiar 2 Samuel.

Trabajo por Hacer

(Si no lo has hecho, lee la sección titulada Observación, ubicada en la introducción de este libro.)

Instrucciones Generales

1. No deberías estudiar 2 Samuel sin antes haber estudiado 1 Samuel, pues en las Escrituras hebreas no son dos libros separados sino uno solo. La división en dos libros, tal como ahora los tenemos, ocurrió muchos años después de su escritura. 2 Samuel, al igual que los capítulos 10 al 29 de 1 Crónicas, relatan la vida de David desde la muerte de Saúl hasta los acontecimientos ocurridos en los últimos años de la vida de David; además de registrar su muerte (material que también encontramos en 1 de Reyes). Al estudiar 2 Samuel, ten presente lo que ya has aprendido en 1 Samuel.

2. No olvides que estás estudiando la biografía de un hombre común y corriente, de un hombre de carne y hueso. De un hombre de quién, tiempo después, Dios diría que era conforme a Su corazón. Por lo tanto, al estudiar cada capítulo haz lo siguiente:
   a. Analiza cada capítulo a la luz de las seis preguntas básicas que ya conoces. Pregúntate por ejemplo: ¿Quiénes son los personajes principales de este capítulo? ¿Qué está sucediendo? ¿Cuándo y dónde tienen lugar estos hechos? ¿Por qué suceden? ¿A qué se debe tal reacción? ¿Cuáles son las consecuencias? ¿Cómo se trataron las situaciones? ¿Cómo responde David (o algún otro personaje)? Anota en el margen todo lo que aprendas.
   b. Señala toda referencia de tiempo con un ○ ; subraya además con doble línea toda referencia geográfica y localiza esos lugares en un mapa.
   c. En el capítulo 22, y a través de todos los Salmos, David escribió acerca del carácter de Dios. Busca las referencias a Dios y anota en el margen lo que aprendas acerca de Su carácter y Sus caminos, tal como lo hizo David en los Salmos.

d. Anota en el margen, bajo el título "LPV" (Lecciones para la Vida), toda lección que te resulte aplicable para tu propia vida; haz esto de igual manera que con 1 Samuel.

3. Al terminar el estudio de cada capítulo, anota su respectivo tema o acontecimiento principal en el PANORAMA DE 2 SAMUEL y en tu Biblia.

Capítulos 1-10: David Llega a Ser Rey de Judá y Posteriormente de Israel

1. Según avances en la lectura de cada capítulo, y además de seguir las instrucciones generales, marca toda referencia a las siguientes palabras clave, junto con sus sinónimos e inferencias verbales: *rey, reinó, consultar (rogar), efod, arca, pacto, delante del Señor, mal, malo, maldad (iniquidad)*. Anota esas palabras clave en una tarjeta y úsala como separador de páginas mientras estudias este libro. Analiza lo que has aprendido y escríbelo en el margen.

2. Al hacer tu observación del capítulo 5, revisa el cuadro "Árbol Genealógico de David" al final de estas instrucciones.

3. Al estudiar el capítulo 7, pon mucha atención a las promesas de Dios a David. Esto es referido a nosotros como un pacto, en 2 Crónicas 13:5; 21:7. Luego, observa lo que David hace y cómo reacciona delante del Señor.

4. En 1 Samuel ya marcaste toda referencia a la palabra *pacto*, y recordarás que en 1 de Samuel 20, David y Jonatán hicieron un pacto entre sus respectivas "casas" (familias). Al estudiar los capítulos 4 y 9 de 2 Samuel, ten presente este pacto entre David y Jonatán con respecto a sus familias, y observa cómo cumplió David ese pacto. De igual manera, al estudiar la vida de Mefiboset ten presente 2 Samuel 5:6-8. Debes marcar a *Mefiboset* de una forma especial.

Capítulos 11, 12: Los Pecados de David

1. Haz un nuevo separador de páginas para esta sección y marca toda referencia a las siguientes palabras clave: *consultar, arca, mal, malo (pecado), y ayuno*.

2. Presta mucha atención al curso de los acontecimientos en estos capítulos. Anota en el margen cómo se va desarrollando el pecado, además de todo lo que pudo haberle servido a David como advertencia para que no pecara, de haberlo obedecido. Haz una lista de las consecuencias que tuvo el pecado de David y de cómo acompañaron a su pecado estas consecuencias.

3. Sigue las "Instrucciones Generales" y toma nota de las "Lecciones para la Vida" (LPV).

4. Estudia el Salmo 51, prestando mucha atención al momento en que fue escrito.

Capítulos 13-24: Consecuencias de los Pecados de David

1. Marca las siguientes palabras clave, junto con sus sinónimos, pronombres e inferencias verbales que puedas encontrar: ***Absalón, Mefiboset, consultar, arca, pacto (jurar), delante del Señor, mal, malo, maldad (iniquidad, pecado)*** y ***Espíritu***. Haz un separador de páginas para esta sección.

2. Sigue las "Instrucciones Generales", prestando atención a quién es quién en estos capítulos, pues aquí abundan los personajes importantes. Anota en el margen el nombre y una breve descripción de cada personaje. Observa qué consecuencias tienen sus acciones.

3. Toma nota de los hijos de David y de cómo él trata con ellos. Presta especial atención a Absalón, y ve anotando en el margen lo que aprendas acerca de él. Anota también en el margen tus "LPV".

4. Al estudiar estos capítulos finales, presta atención a la relación de David con el Señor, y a la actitud de David hacia Dios, aun cuando Él le ha anunciado que lo castigará. Dedica tiempo a la reflexión en torno a los capítulos 22 y 23:1-7; al llegar a la palabra ***pacto***, repasa lo que aprendiste en el capítulo 7 y anota cualquier nueva observación al respecto.

5. Completa luego el PANORAMA DE 2 SAMUEL.

Para Reflexionar

1. ¿Qué has aprendido en cuanto al pecado y sus consecuencias? ¿Tenías acaso la idea de que, una vez perdonado por Dios, ya no tendrías que cosechar el fruto de tu pecado? ¿Qué piensas ahora al respecto?

2. Considerando todo lo que has aprendido, ¿cómo es que Dios puede referirse a David como un hombre conforme a Su corazón (1 Sam. 13:14; Hechos 13:22)? Reflexiona acerca de esto, y medita en qué sentido te es pertinente tal declaración hecha después de la muerte de David. Si quieres ser un hombre, una mujer, un joven, o un niño conforme al corazón de Dios, ¿qué consideras que se espera de ti?

3. Repasa las "Lecciones para la Vida" que has anotado en el margen. ¿Qué podrías tomar de ellas como un motivo de oración? ¿Has aprendido algo en cuanto a consultar al Señor o venir delante de Él? ¿Cómo o en qué te ha ayudado el marcar la frase "delante del Señor"?

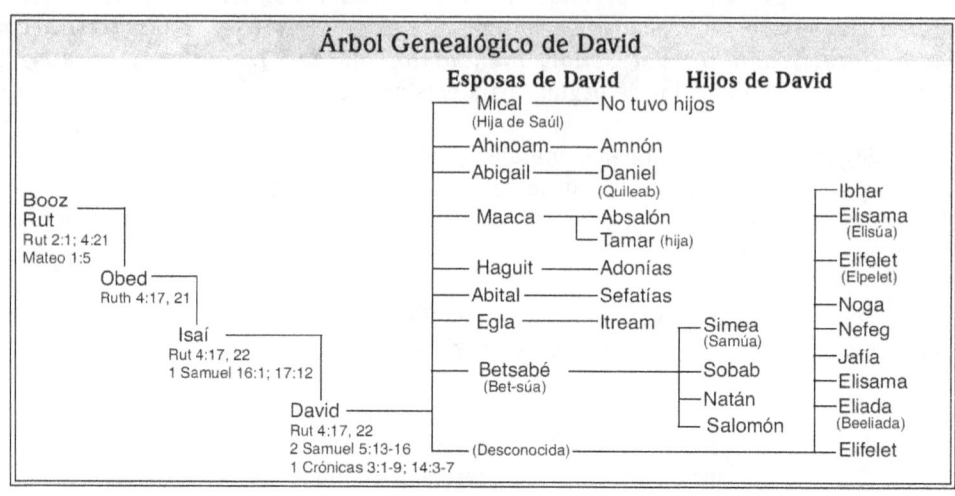

Panorama de 2 Samuel

Tema de 2 Samuel:

Autor:

Fecha:

Propósito:

Palabras Clave:
(incluir sinónimos)

División por Secciones

		Temas De Los Capítulos
		1
		2
		3
		4
		5
		6
		7
		8
		9
		10
		11
		12
		13
		14
		15
		16
		17
		18
		19
		20
		21
		22
		23
		24

Ver el Apéndice 7 para ver las palabras clave en la Versión Reina Valera y Nueva Versión Internacional

1 REYES מלכים א
MLAKHIM ALEPH

David comenzaba a envejecer, "el guerrero", "el gran rey", "el hombre a quien Dios amó, pero que también castigó". Y hacia el ocaso de su vida no eran pocos los que ambicionaban ser sus sucesores al trono. Este primer libro de Reyes recoge en sus páginas los acontecimientos finales de la vida de David y marca el inicio de una nueva era en la historia de Israel; una era que se inicia con gran esplendor, pero que termina en apostasía.

La historia de los herederos al trono de David abunda en lecciones sensatas. Es un importante capítulo en la historia de Israel y de su Dios, quien los escogió para que fueran Su pueblo.

No es posible decir con certeza quién escribió 1 Reyes. Lo que sí se puede afirmar es que este libro es Palabra de Dios, preservado para nuestra enseñanza, "...a fin de que por medio de la paciencia (perseverancia) y del consuelo de las Escrituras tengamos esperanza" (Rom. 15:4).

Trabajo por Hacer

(Si no lo has hecho, lee la sección titulada Observación, ubicada en la introducción de este libro).

Instrucciones Generales

El capítulo 12 de 1 Reyes nos relata el suceso dramático y trascendental que cambió la historia de Israel. Por lo tanto, con fines de estudio, dividiremos este libro en dos secciones; cada una de ellas con sus propias instrucciones.

Capítulos 1-11

Lee capítulo por capítulo esta primera sección de 1 Reyes.

    1. No olvides que estás estudiando la vida de personajes reales. Observa las oportunidades que Dios les da y las instrucciones que les imparte, y también cómo respondieron a ellas. Presta atención a sus éxitos y fracasos; nota el porqué de unos y otros, y aprende de ellos. Pide a Dios que hable a tu corazón. En el margen de cada capítulo haz una lista de "Lecciones para la Vida" (LPV) y otra de "Lo que aprendo de Dios" . Tus observaciones acerca de Dios serán muy esclarecedoras.

    2. Marca de manera distintiva toda referencia a las siguientes palabras y frases, junto con sus sinónimos, formas pronominales e inferencias verbales: **palabra (o toda referencia a la Palabra del Señor), corazón, toda alusión a orar (clamar, rogar), pacto, sabiduría (sabio), mandatos (mandamientos, estatutos), profeta, promesas (prometido), lugares altos, casa (cuando se refiere a la casa de Dios),** y **pecado (pecar).** Esta última palabra aparece por primera vez en el capítulo 8.

        a. Anota las palabras clave en una tarjeta para ser usada como separador de páginas mientras estudias esta sección de 1 Reyes. Con una corona marca el comienzo del reinado de cada rey.

b. Cuando aparezca la frase *"el Señor dijo"*, marca o subraya lo dicho por el Señor. Luego, subraya cualquier cosa que quieras recordar.

3. Los principales protagonistas de estos primeros capítulos son David y Salomón.
a. Recuerda que el pecado tenía que someterse a juicio, y que el castigo para los homicidas era la muerte. De no hacerse así, la tierra se contaminaría. Al llegar al reinado de Salomón lee Deuteronomio 7:2-6 y 17:14-20, para que puedas entender lo que él hizo al ascender al trono.
b. Un excelente pasaje paralelo a 1 Reyes 1-11 se encuentra en 2 Crónicas 1-9.

4. Marca toda referencia de tiempo con un ◯ y subraya con doble línea de color verde toda información referente a los lugares geográficos.

5. Conforme leas los capítulos, anota sus respectivos temas en tu Biblia, así como en el PANORAMA DE 1 REYES.

6. Al terminar de leer el capítulo 11, considera si algunos de los primeros once capítulos pueden agruparse bajo algún tema común o como parte de algún acontecimiento general (p. ej., la construcción del templo). A estas agrupaciones se les llama división por secciones, y pueden anotarse en la columna correspondiente a la división por secciones del PANORAMA DE 1 REYES.

Capítulos 12-22

1. Cuando leas el capítulo 12, estudia el diagrama DIVISIÓN Y CAUTIVERIO DE ISRAEL al final de estas instrucciones tomando nota de la división del reino en el año 931 a.C. De aquí en adelante, cada vez que se mencione "Israel" tendrás que determinar si tal mención tiene que ver con las diez tribus del reino del norte (que será lo más frecuente), o si se refiere a la nación de Israel en general.

2. A la lista de palabras clave añade *conforme a (al)*. Cada vez que encuentres estas palabras en el texto, debes anotar "conforme a" qué o quién se hace tal suceso; de esta forma aprenderás muchas cosas importantes. También marca toda referencia a *hacer lo malo, Elías* y *Eliseo*. Marca también tus palabras clave de esta sección.

3. Pon mucha atención a toda nueva información que encuentres acerca de Dios y Sus caminos. Presta también atención a lo que puedas encontrar respecto a la vida en general, al considerar el ejemplo de los reyes y del pueblo. Anota estas enseñanzas en el margen, bajo "Lo que aprendo de Dios" o bajo "Lecciones para la Vida", tal como ya lo hiciste en la primera sección de 1 Reyes.

4. Cuando leas acerca de algún rey o de algún otro personaje de importancia, consulta el MARCO HISTÓRICO DE LOS REYES Y PROFETAS DE ISRAEL Y DE JUDÁ ubicado en las páginas 96-98. Marca con una corona el comienzo del reinado de cada rey.

5. Una vez que hayas leído la historia de alguno de los reyes, anota lo que aprendas en el diagrama LOS REYES DE ISRAEL Y DE JUDÁ, que encontrarás en las páginas 99 y 100. También anota toda información relacionada con Salomón.
   a. Asegúrate de incluir en el diagrama si el rey en cuestión era del reino del norte (Israel) o del reino del sur (Judá), y si hizo lo bueno o lo malo ante los ojos de Dios.
   b. Marca toda referencia de tiempo.

6. Compara el versículo 17:1 con Deuteronomio 28:1-2, 12,15, 23-24 y Santiago 5:17-18. ¿Qué base bíblica pueden tener la oración de Elías y las palabras que él le dirige a Acab? Medita al respecto.

7. En el PANORAMA DE 1 REYES anota los temas de los capítulos y bajo la división por secciones, cualquier otra división que encuentres. Anota también cualquier otro dato pertinente. Resume todo el contenido de 1 Reyes en una frase que describa con precisión todo lo sucedido en este período de la historia de Israel.

8. La continuación de este libro es 2 Reyes, por consiguiente, querrás escogerlo como tu próximo libro a estudiar.

Para Reflexionar

1. ¿Has experimentado la gracia y la paciencia de Dios? Él no busca vengarse, sino que más bien, trata de llevarnos al arrepentimiento y a la obediencia. ¿Qué provoca esto en tu corazón? ¿Cómo deberías vivir, si Dios tiene el control de tu vida?

2. ¿Has observado cómo una persona puede comenzar bien su caminar con Dios, y luego alejarse de Él? ¿Por qué crees que sucede esto? ¿Qué puedes hacer para que tu vida no termine así? Haz un repaso de lo anotado en los márgenes en cuanto a los reyes y su relación con Dios. ¿Qué lecciones puedes aplicar para tu propia vida?

3. ¿Te diste cuenta de la soberanía de Dios? ¿De cómo Dios cambia los corazones, dirige los espíritus, pone y quita a reyes y a otros, para que se cumplan Sus propósitos y Su voluntad? ¿Vives a la luz de esta verdad en cuanto a Dios?

4. ¿Acaso has pensado que debes de ser totalmente perfecto antes que Dios pueda usarte? ¿Te diste cuenta de que Elías "era un hombre de pasiones semejantes a las nuestras" (Stg 5:17), y que no obstante Dios lo usó? ¿Qué has aprendido acerca de esto en 1 Reyes? ¿Recuerdas qué dijo Dios respecto a David, cuando llegaba al final de sus días? Dios dijo, que era un hombre conforme a su corazón. Es que a pesar de todas sus debilidades, David fue un hombre de Dios porque le creía y le obedecía.

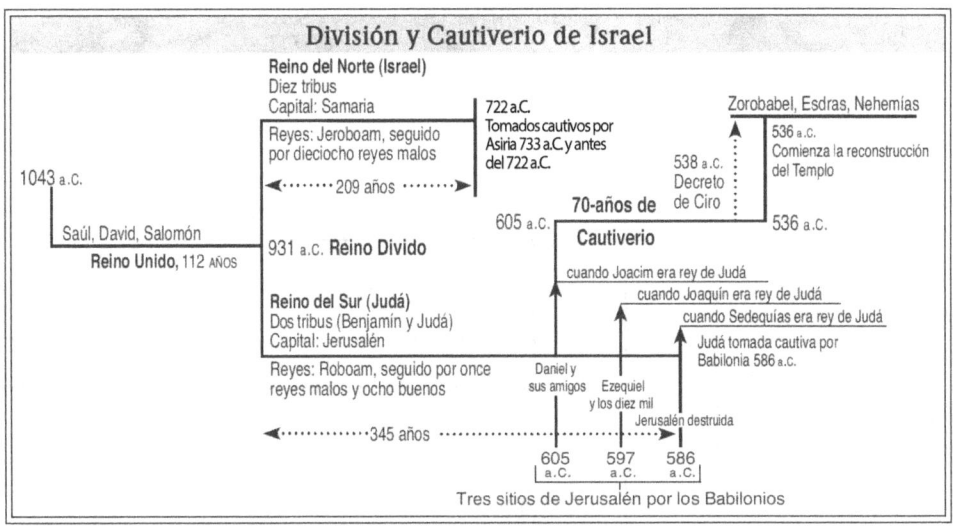

División y Cautiverio de Israel

Reino del Norte (Israel)
Diez tribus
Capital: Samaria
Reyes: Jeroboam, seguido por dieciocho reyes malos

722 a.C. Tomados cautivos por Asiria 733 a.C. y antes del 722 a.C.

Zorobabel, Esdras, Nehemías
536 a.C. Comienza la reconstrucción del Templo

538 a.C. Decreto de Ciro

1043 a.C.
Saúl, David, Salomón
Reino Unido, 112 AÑOS

◄·······209 años·······►

931 a.C. **Reino Dívido**

605 a.C. **70-años de Cautiverio** 536 a.C.

cuando Joacim era rey de Judá
cuando Joaquín era rey de Judá
cuando Sedequías era rey de Judá
Judá tomada cautiva por Babilonia 586 a.C.

Reino del Sur (Judá)
Dos tribus (Benjamín y Judá)
Capital: Jerusalén
Reyes: Roboam, seguido por once reyes malos y ocho buenos

Daniel y sus amigos
Ezequiel y los diez mil
Jerusalén destruida

◄············345 años············►

605 a.C.   597 a.C.   586 a.C.
Tres sitios de Jerusalén por los Babilonios

El Calendario Judío

En la actualidad todavía se emplean los nombres babilónicos (B) para los meses en el calendario judío. Se emplearon los nombres cananeos (C) antes del cautiverio babilónico en 586 a.C.
Se mencionan cuatro de ellos en el Antiguo Testamento.
Adar-seni es un mes intercalado cada dos o tres años, o siete veces en diecinueve años.

Mes 1	Mes 2	Mes 3	Mes 4
Nisán (B) Abib (C) Marzo-Abril	Ijar (B) Ziv (C) Abril-Mayo	Sivan (B) Mayo-Junio	Tammuz (B) Junio-Julio
Mes 7	**Mes 8**	**Mes 9**	**Mes 10**
Mes 5	Mes 6	Mes 7	Mes 8
Ab (B) Julio-Agosto	Elul (B) Agosto-Septiembre	Tishri (B) Etanim (C) Septiembre-Octubre	Maresván (B) Bul (C) Octubre-Noviembre
Mes 11	**Mes 12**	**Mes 1**	**Mes 2**
Mes 9	Mes 10	Mes 11	Mes 12
Quisleu (B) Noviembre-Diciembre	Tebeth (B) Diciembre-Enero	Shebat (B) Enero-Febrero	Adar (B) Febrero-Marzo
Mes 3	**Mes 4**	**Mes 5**	**Mes 6**

El calendario sagrado aparece en negro • El calendario civil aparece en gris

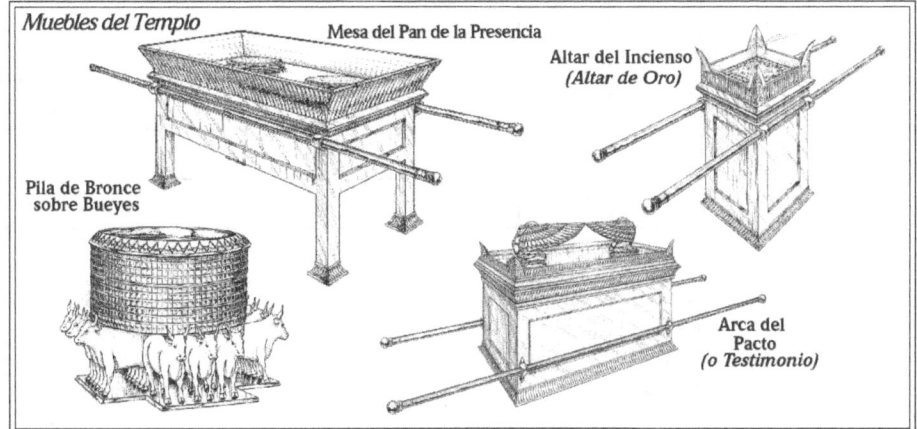

Muebles del Templo: Mesa del Pan de la Presencia, Altar del Incienso (Altar de Oro), Pila de Bronce sobre Bueyes, Arca del Pacto (o Testimonio)

Panorama de 1 Reyes

Tema de 1 Reyes:

Autor:

Fecha:

Propósito:

Palabras Clave:
(incluir sinónimos)

División por Secciones

		Temas De Los Capítulos
		1
		2
		3
		4
		5
		6
		7
		8
		9
		10
		11
		12
		13
		14
		15
		16
		17
		18
		19
		20
		21
		22

Ver el Apéndice 7 para ver las palabras clave en la Versión Reina Valera y Nueva Versión Internacional

2 REYES מְלָכִים ב
MLAKHIM BET

¿Dónde está el Dios de Elías? (2 Rey. 2:14) En este estudio de 2 Reyes, que es continuación de 1 Reyes, verás a Dios obrando en el establecimiento y derrocamiento de reyes y reinos. También conocerás a los voceros de Dios, los profetas, quienes fielmente proclamaron Su Palabra hasta que Israel primeramente, y Judá posteriormente, fueron llevados al cautiverio... lo cual ocurrió a causa de no haber escuchado la voz del Señor.

TRABAJO POR HACER

(Si no lo has hecho, lee la sección titulada Observación, ubicada en la introducción de este libro).

Instrucciones Generales

1. Al estudiar 2 Reyes, capítulo por capítulo, haz lo siguiente:
   a. Marca las siguientes palabras clave, que se repiten con frecuencia: **conforme a la palabra del Señor, Aram, Asiria, profeta, hizo lo malo, hizo lo recto, corazón, pecado**; referencias a **médium, espiritistas**, y términos relacionados a ellos, lugares **altos, ídolos (dioses)** y **pacto**. Además, busca y marca las palabras que sean peculiares a un capítulo específico; palabras tales como **costumbre**, en el capítulo 17. Anota estas palabras clave en una tarjeta, la que usarás como separador de páginas durante tu estudio de 2 Reyes.
   b. Marca las referencias de tiempo con un círculo ◯ y subraya con doble línea de color verde todo lugar geográfico.
   c. Anota en el margen del texto todo lo nuevo que aprendas acerca de Dios: Sus requisitos, Sus caminos, Sus juicios y Su carácter. Puedes anotarlo debajo de un triángulo como éste △, además de escribir tus "Lecciones para la Vida" (LPV).
   d. Presta atención a las reformas que algún rey haya instituido; reformas como "quitó los lugares altos". En el margen anota estas reformas y sus resultados. Con una corona marca el comienzo del reinado de cada rey. Anota también lo que aprendas acerca de cada uno de ellos, en el diagrama LOS REYES DE ISRAEL Y DE JUDÁ en las páginas 99 y 100.
   e. Anota en el PANORAMA DE 2 REYES el tema o acontecimiento principal de cada capítulo y escríbelo también en tu Biblia al inicio de cada capítulo.

2. Este segundo libro de los Reyes presenta algunos acontecimientos claves y cruciales:
   a. En los capítulos 1:1 al 8:15 se destacan los ministerios proféticos de Elías y Eliseo. Anota en el margen los milagros que se realizaron por medio de estos dos profetas. Busca también las muchas cosas milagrosas que ocurrieron después de 2 Reyes 8:15.

b. 2 Reyes relata la invasión Asiria, y la subsiguiente cautividad del reino del norte (Israel). Presta atención a los detalles de esta invasión y a las razones por las que sucedió. Y marca en el margen cuando sucede.
c. Después del cautiverio Asirio sólo permaneció en pie el reino del sur (Judá). Observa la conducta de Judá luego de haber presenciado el juicio de Dios contra el reino del norte. ¡Todo sucedió tal cual lo habían anunciado los profetas de Dios!
d. Busca el relato de cómo sitió Babilonia el reino del sur (Judá) y los acontecimientos resultantes. Anota todo esto en el margen, tal como hiciste con el relato del cautiverio Asirio.

3. Dos diagramas identifican los personajes principales y los acontecimientos de 2 Reyes.
a. El primer diagrama, DIVISIÓN Y CAUTIVERIO DE ISRAEL, nos da un panorama general de la división sufrida por el reino y de su posterior y definitiva caída luego de las tres ocasiones en que los babilonios sitiaron a Jerusalén.
b. El segundo diagrama está dividido en tres partes, y se titula MARCO HISTÓRICO DE LOS REYES Y PROFETAS DE ISRAEL Y DE JUDÁ. En este diagrama puede verse la relación que guardan los reyes y los profetas entre sí; al igual que la relación que guardaban con otros reyes extranjeros y sus reinos. Tal vez quieras colorear estos diagramas de modo que fácilmente puedas identificar a los reyes del norte y del sur, como también a los profetas.
c. Consulta estos diagramas cuando leas acerca de personajes o acontecimientos importantes en 2 Reyes.

4. Completa el PANORAMA DE 2 REYES. Tomando en cuenta los personajes y acontecimientos de importancia mencionados en este libro, considera qué capítulos de 2 Reyes pudieran agruparse bajo un tema común. Anota el tema de cada sección bajo el encabezado de la "División por Secciones". También anota en el PANORAMA los capítulos que se refieren a las invasiones Asirias y Babilónicas, y cuándo ocurrieron. No olvides anotar el tema de 2 Reyes.

PARA REFLEXIONAR

1. Al reflexionar sobre la vida de Elías y de Eliseo, ¿qué has aprendido en cuanto a la fe y el confiar en Dios?

2. Al meditar en el cautiverio de Israel y de Judá, y en las razones de dicho cautiverio, ¿qué has aprendido en cuanto a la necesidad de llevar una vida de rectitud? ¿Qué aplicaciones prácticas puedes tener para tu propia vida? Ten presente que el conducirte según tu propia voluntad puede resultarte placentero... por algún tiempo. Pues tarde o temprano el Dios justo tendrá que llamarte a rendir cuentas.

3. Luego de haber estudiado 1 y 2 Reyes, has visto que lo que Dios ha proclamado, finalmente siempre sucede. Ya que la Palabra de Dios permanece firme y nadie puede hacerla cambiar, ¿te das cuenta que resulta crucial el creer en Dios y aferrarse a Su Palabra, sin importar lo que el mundo diga o haga?

Algunos de los Dioses Paganos Adorados por los Israelitas

El dios:	Gobernó sobre/descripción:	Referencia:
Adramelec	Guerra, amor	2 Reyes 17:31
Anamelec	Exigía el sacrificio de niños	2 Reyes 17:31
Asera	Esposa de Baal	2 Reyes 13:6
Asima	Dios de los Heteos	2 Reyes 17:30
Astoret (Astarté, Istar)	Sexo, fertilidad, reina del cielo	2 Reyes 23:13
Baal	Lluvia, viento, nubes, fertilidad de la tierra	2 Reyes 3:2
Baal Zebub	Dios de Ecrón	2 Reyes 1:2
Quemos	Proveedor de terrenos	2 Reyes 23:13
Moloc (Milcom)	Dios nacional de los Moabitas, cuya adoración incluía sacrificio humano	2 Reyes 23:10
Nebo	Sabiduría, literatura, artes	1 Crónicas 5:8
Nergal	El otro mundo, la muerte	2 Reyes 17:30
Nibhaz	Adorado por los Aveos (pueblo trasladado a Samaria desde Asiria)	2 Reyes 17:31
Nisroc	Dios adorado en Nínive	2 Reyes 19:37
Rimón	Truenos, relámpagos, lluvia	2 Reyes 5:18
Sucot Benot	Señora de Marduk, diosa de la guerra	2 Reyes 17:30
Tartac	Fertilidad (adorada por los Aveos)	2 Reyes 17:31

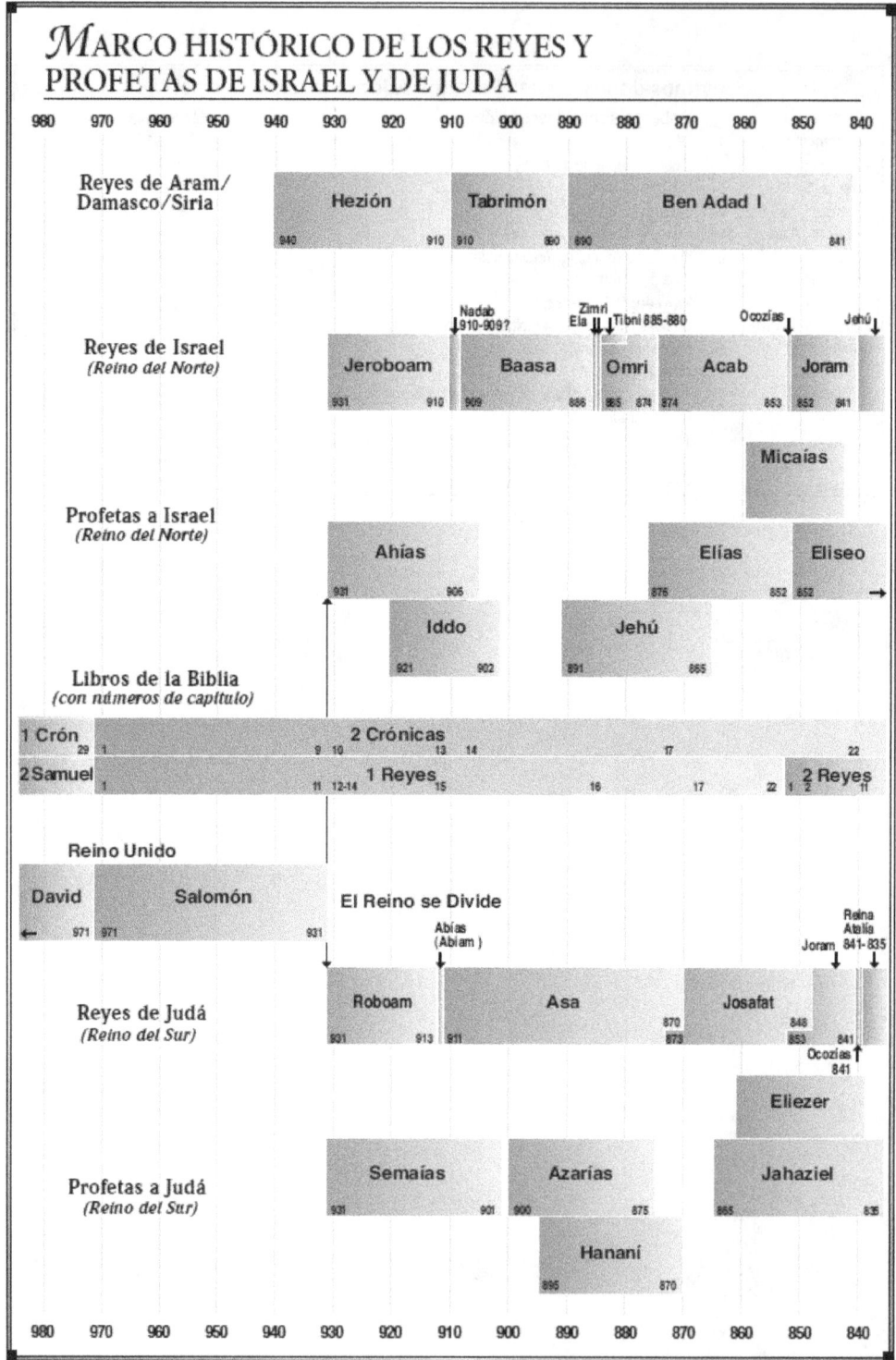

Marco histórico de los reyes y profetas de Israel y de Judá

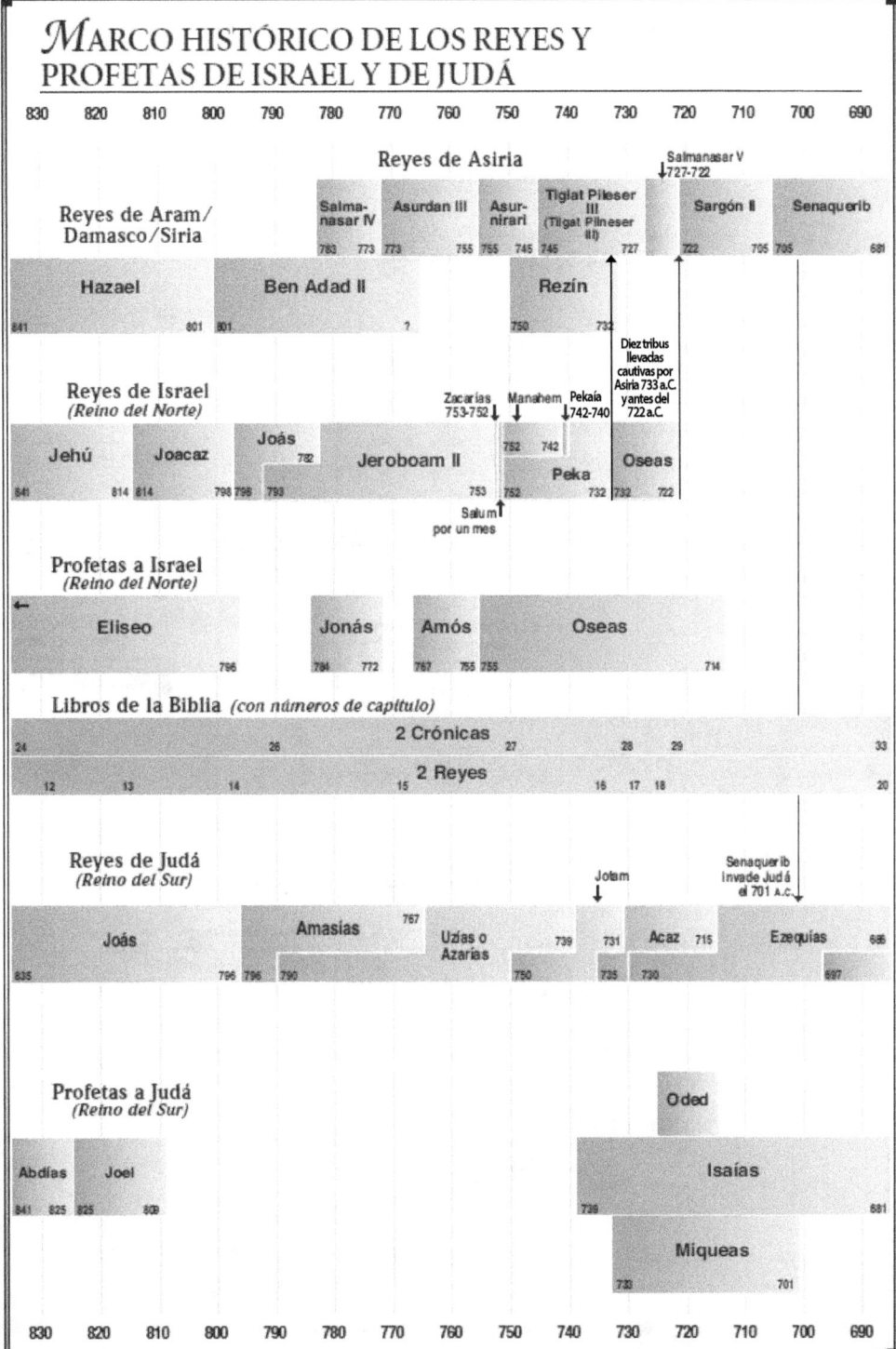

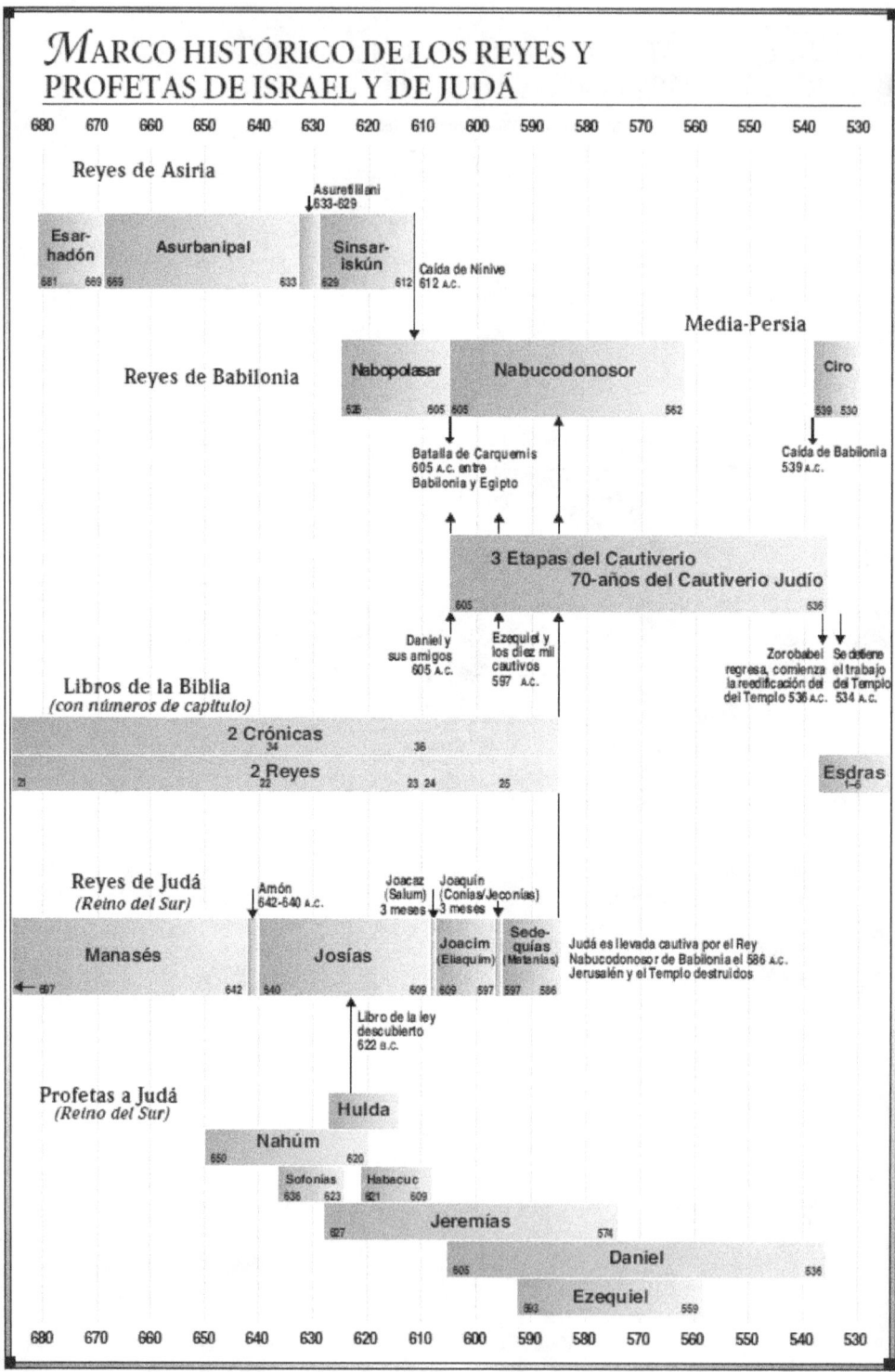

Los Reyes de Israel y de Judá

Fechas	Rey	Reino Que Gobernaron	Años Que Gobernaron	Observaciones Acerca de Cómo Vivió y Murió el Rey
971-931	**Salomón** hijo de:			
931-913	**Roboam** hijo de:			
931-910	**Jeroboam** hijo de:			
913-911	**Abiam o Abías** hijo de:			
911-870	**Asa** hijo de:			
910-909	**Nadab** hijo de:			
909-886	**Baasa** hijo de:			
886-885	**Ela** hijo de:			
885	**Zimri** hijo de:			
885-874	**Omri** hijo de:			
873-848	**Josafat** hijo de:			
874-853	**Acab** hijo de:			
853-852	**Ocozías** hijo de:			
852-841	**Joram** hijo de:			
853-841	**Joram** hijo de:			
841	**Ocozías** hijo de Joram nieto de Josafat			
841-835	**Reina Atalía** madre de:			
841-814	**Jehú** hijo de:			
835-796	**Joás** hijo de:			
796-767	**Amasías** hijo de:			

Si un rey gobernaba durante cualquier parte de un año, se acostumbraba incluir este año como parte de su reinado. Una superposición de reinados indica una corregencia, como la de un hijo gobernando con su padre.

Los Reyes de Israel y de Judá

Fechas	Rey	Reino Que Gobernaron	Años Que Gobernaron	Observaciones Acerca de Cómo Vivió y Murió el Rey
814-798	**Joacaz** hijo de:			
798-782	**Joáz** hijo de:			
790-739	**Azarías o Uzías** hijo de:			
793-753	**Jeroboam II** hijo de:			
753-752	**Zacarías** hijo de:			
752	**Salum** hijo de:			
752-742	**Manahem** hijo de:			
742-740	**Pekaía** hijo de:			
752-732	**Peka** hijo de:			
750-731	**Jotam** hijo de:			
735-715	**Acaz** hijo de:			
732-722	**Oseas** hijo de:			
728-686	**Ezequías** hijo de:			
697-642	**Manasés** hijo de:			
642-640	**Amón** hijo de:			
640-609	**Josías** hijo de:			
609	**Joacáz o Salum** hijo de:			
609-597	**Joacím o Eliaquím** hijo de:			
597	**Joaquín o Conías o Jeconías** hijo de:			
597-586	**Sedequías o Matanías** hijo de:			

Si un rey gobernaba durante cualquier parte de un año, se acostumbraba incluir este año como parte de su reinado. Una superposición de reinados indica una corregencia, como la de un hijo gobernando con su padre.

Panorama de 2 Reyes

Tema de 2 Reyes:

División por Secciones

Autor:

Fecha:

Propósito:

Palabras Clave:
(incluir sinónimos)

PROFETAS	REYES	TEMAS DE LOS CAPÍTULOS
		1
		2
		3
		4
		5
		6
		7
		8
		9
		10
		11
		12
		13
		14
		15
		16
		17
		18
		19
		20
		21
		22
		23
		24
		25

Ver el Apéndice 7 para ver las palabras clave en la Versión Reina Valera y Nueva Versión Internacional

1 CRÓNICAS   דברי הימים א
DIVRE HAYYAMIM ALEPH

En el año 722 a.C. Judá había presenciado la caída de Israel y sus diez tribus en manos de Asiria. En el 586 a.C., cuando por tercera y última vez los babilonios sitiaron Jerusalén, Judá perdió su templo y la ciudad de David. Esto detuvo el reinado de los hijos de David. Todo parecía perdido: Judá sufrió el cautiverio durante setenta años. Pero entonces Ciro, un rey persa, expidió un decreto que permitía a los exiliados volver y reedificar la ciudad de Jerusalén y su templo.

No obstante, una vez que emprendieran esta tarea, ¿podrían ellos estar seguros de que el Dios de Abraham, Isaac y Jacob estaría con ellos? ¿Sería que Dios había abandonado a Su pueblo y olvidado Su promesa a Abraham, debido a los pecados que ellos habían cometido? ¿Volverían a unirse los reinos del norte y del sur? ¿Dios aún enviaría al Mesías? ¿Tendría David un descendiente suyo quien ocuparía su trono para siempre?

¿Y qué decir del templo? Desde los días de Salomón hasta el cautiverio Babilónico, los reyes lo habían desatendido y profanado con sus ídolos. Si ellos restauraban el templo, ¿serviría esto de algo?

¿Y qué de los profetas? ¿Cuál era la Palabra de Dios, el mensaje de los profetas en cuanto a Israel, Judá, y su futuro? ¿Cambiaría la Palabra de Dios? ¿Tendrían validez los mensajes de los profetas, a pesar de que Israel y Judá habían pecado tan gravemente?

Una vez que el pueblo de Dios hubo regresado del cautiverio, había que hacerles recordar "los acontecimientos o crónicas de los días y de los años", y con esa intención fue escrito el libro de Crónicas. No se puede afirmar con certeza quién lo escribió, aunque tal vez lo haya hecho Esdras. Lo que sí puede afirmarse, con certeza, es que este libro es parte del plan de Dios, pues Él lo ha incluido en el canon de las Escrituras.

TRABAJO POR HACER

(Si no lo has hecho, lee la sección titulada Observación, ubicada en la introducción de este libro).

Instrucciones Generales

1. De ser posible, conviene estudiar en primer lugar 1 y 2 Samuel, después 1 y 2 Reyes, y luego 1 y 2 Crónicas. De cierto modo, los libros de Crónicas son para los otros cuatro libros históricos, lo que el Evangelio de Juan es para los Evangelios Sinópticos (Mateo, Marcos y Lucas). Es decir, tanto Juan como Crónicas son libros complementarios. Con todo, ambos ofrecen nuevas perspectivas y una mejor comprensión. Estudia el PARALELO HISTÓRICO DE SAMUEL, REYES Y CRÓNICAS, que aparece al final de estas instrucciones.

2. Hay ciertos períodos de tiempo que no son abarcados en 1 y 2 Crónicas. Debes tener esto presente cuando estudies ambos libros; y de surgirte alguna duda en cuanto a la fecha de algo, estudia el PARALELO HISTÓRICO ya mencionado.

3. Busca y marca toda referencia de tiempo con un círculo ◯ y subraya con doble línea de color verde toda información concerniente a lugares geográficos.

4. Una vez que hayas observado cada capítulo, anota su respectivo tema principal al inicio de cada capítulo en tu Biblia y en el PANORAMA DE 1 CRÓNICAS.

Capítulos 1-9: Genealogías de Israel

1. Esta sección puede resultar un tanto monótona, ya que su contenido es mayormente genealógico y con escasa información histórica. Recuerda, sin embargo, que esta información tiene un propósito por el cual Dios la incluyó en Su Palabra. Hay genealogías, como la de 4:1-23, que no se encuentran en ninguna otra parte de la Biblia.
   a. No pases por alto esta sección, ya que lo aprendido en ella te será muy valioso y útil para tu estudio del resto del libro.
   b. A fin de descubrir el alcance de las genealogías, lee los versículos 1:1 y 9:1-2, y luego anota en el margen de 1:1 el principio y el fin de cada una de ellas según los acontecimientos históricos que representen. Toma nota de las palabras dichas en 9:2 "Los primeros que habitaron en sus posesiones en sus ciudades", teniendo presente lo expuesto en la primera sección de esta introducción.

2. En esta sección, las palabras clave que debes de marcar o subrayar son los nombres de quienes jugaron un papel importante en la historia de Israel.
   a. Marca de manera distintiva las siguientes palabras clave, junto con sus pronombres e inferencias verbales si las hay: **Adán, Noé y sus tres hijos (Sem, Cam y Jafet)**. Marca luego frases como los **hijos de Jafet, los hijos de Cam** y **los hijos de Sem.**
   b. Marca **los hijos de Abraham fueron Isaac e Ismael**, y **Abraham engendró a Isaac, los hijos de Isaac fueron Esaú e Israel** (no olvides que Israel se llamó Jacob hasta que Dios le cambio el nombre por Israel).
   c. Marca en el capítulo 2 la frase **estos son los hijos de Israel** y cuenta luego a los hijos, los cuales llegaron a ser jefes de las tribus de Israel. ¿Cuántos eran? Anota sus nombres en una tarjeta, que puedes usar como separador de páginas de libro, y ten en cuenta si se les vuelve a mencionar en esta sección. Lee Génesis 49:1-28, pasaje en el que Jacob (Israel) imparte una bendición profética a cada uno de sus hijos.
   d. Marca en el 2:3-15 la frase **los hijos de Judá**, y luego busca la mención de **David**. Anota en el margen la genealogía de David, partiendo de Judá hasta su padre Isaí. Toma en cuenta que el autor de Crónicas presenta la genealogía de Judá antes que las de los otros hijos de Israel. ¿Por qué lo hace así? ¿Qué importancia tendría esto para los exiliados que habían vuelto a tomar posesión de sus ciudades? ¿Tendría que ver acaso con las promesas de Dios a David? Ten esto presente al estudiar la penúltima sección de 1 Crónicas.

e. Marca en el 3:1 los nombres de los hijos de David, y luego anótalos en el margen. Busca el "Árbol Genealógico de David" en la página 86.
f. En el 3:10-16 tenemos una lista de los reyes que descienden de David a través de Salomón. Anota esos nombres en el margen.
g. En el 3:17-24 tenemos la genealogía de Jeconías (Joaquín), quien reinó tres meses y diez días antes de ser llevado cautivo a Babilonia para ser puesto en prisión y posteriormente liberado. Véase 2 Reyes 24:8-16 y 2 Crónicas 36:9-10.

3. Al leer los capítulos 4 al 9, atiende a cualquier mención respecto a los doce hijos de Israel, así como a su genealogía. Al hacerlo:
   a. Observa que no se menciona a todos los doce hijos en los capítulos 4 al 9.
   b. En las Escrituras se menciona a Efraín y Manasés, hijos de José, como parte de las doce tribus de Israel. La razón de esto se da en 1 Crónicas 5:1-2. Toma nota al respecto.
      1) Escribe "hijo de José" junto a cualquier mención que se haga de Efraín o Manasés.
      2) A Manasés se le nombra dos veces, puesto que la tribu se dividió al repartirse Canaán. Una mitad de la tribu de Manasés tomó posesión de territorios al este del Jordán, y la otra mitad siguió adelante, al oeste del Jordán. De ahí que se emplee la frase "la media tribu de Manasés".

4. Lee atentamente la sección que trata sobre los hijos de Leví, y subraya o anota en el margen lo que ellos debían hacer. También toma nota de lo que debían de hacer Aarón y sus hijos. Eso te servirá de ayuda para cuando llegues a los capítulos finales de 1 Crónicas.

5. No olvides que debes anotar los temas de los capítulos en el texto, en la línea ubicada al inicio de cada capítulo, y en el PANORAMA DE 1 CRÓNICAS.

Capítulos 10-19: Dios Entrega el Reino a David

1. Al leer esta sección, observa de qué manera concuerda con 1 y 2 Samuel. Para esto, consulta el PARALELO HISTÓRICO DE SAMUEL, REYES Y CRÓNICAS.
   a. Lee 1 Crónicas 10, marcando toda referencia a reino y elaborando una lista de los acontecimientos de este capítulo.
   b. Toma nota de en qué lugar se dice de quién era hijo David, teniendo presente lo que aprendiste en la primera sección.
   c. Anota en el margen la razón por la que murió Saúl, quién murió con él, y qué pasó con su cadáver.

2. Lee esta sección capítulo por capítulo, y haz lo siguiente:
   a. Marca las siguientes palabras clave: **ciudad de David, arca, pacto** y **consultó(ar) a Dios.** Analiza qué puedes aprender de esas palabras y anótalas en tu libreta de apuntes.

b. Al leer cada capítulo, busca contestar las seis preguntas básicas: ¿Quiénes son los personajes principales? ¿Qué sucede y cuándo sucede? (Dibuja un ⭕ junto a toda referencia de tiempo.) ¿Dónde, por qué y cómo sucede algo? Anota en el margen todo lo que aprendas.
c. No olvides anotar los temas de los capítulos, en el PANORAMA DE 1 CRÓNICAS y en tu Biblia al inicio de cada capítulo.

3. Presta atención a toda profecía o promesa, discurso, cántico o salmo de alabanza. ¿De quién es, y por qué? ¿Qué se dice en cada uno de ellos? Anota en el margen toda nueva enseñanza, y pregúntate también cómo puedes aplicar esas verdades a tu propia vida.

Capítulos 20-29: David Construye un Altar y Hace Preparativos para Edificar la Casa de Dios

1. Compara esta sección de 1 Crónicas con 2 Samuel, y observa en qué parte de 2 Samuel encaja.
   a. Al leer el capítulo 20, compara lo que dice el versículo 1 con lo dicho en 2 Samuel 11:1. Luego, compara este mensaje con 2 Samuel 11 y 12; descubrirás que hay algo que el autor de Crónicas no menciona. Toma nota de esa omisión.
   b. Ahora, compara 1 Crónicas 21 con 2 Samuel 24. ¿Por qué se incluye este suceso en 1 Crónicas, y no se menciona el otro pecado de David? No olvides que el templo tenía mucha importancia para quienes habían vuelto del cautiverio.

2. Según vayas leyendo cada capítulo, marca las siguientes palabras clave y anota en el margen lo que aprendas de ellas: *casa (templo, santuario), arca, corazón, Leví (Levitas)* y *Aarón.*
   a. En 1 Crónicas la palabra *"casa"* es mencionada repetidas ocasiones. La mayoría de las veces se emplea para referirse a la familia de alguien, por ejemplo, la familia o "casa" de David. En esta sección, sin embargo, se usa principalmente con relación a la casa del Señor. Conforme vayas marcando el texto, anota todo lo que aprendas. Ten presente que éste es el libro de quienes volvieron del cautiverio para reedificar el templo; de allí que el énfasis recaiga en la casa de Dios y en la importancia que ésta tiene. Cuando se presentaran los momentos difíciles, este relato histórico reiteraría a los israelitas las firmes promesas y los invariables propósitos de Dios.
   b. Al marcar las referencias a los *Levitas*, y a *Aarón y sus hijos*, presta mucha atención a las diferentes actividades que debían de realizar, y a las tareas asignadas a cada familia.

3. Tal como hiciste en la última sección, lee cada capítulo, buscando contestar las seis preguntas básicas y anotando en el margen tus observaciones. De igual manera, presta atención a todo discurso o profecía, etc., y anota todos los datos pertinentes; realiza esto tal como ya lo has hecho antes.

4. Completa el PANORAMA DE 1 CRÓNICAS, que cuenta con dos columnas adicionales para incluir cualquier otra división por sección que pudieras encontrar.

Para Reflexionar

1. La epístola de 2 Timoteo 2:13 dice: "Si somos infieles, Él permanece fiel, pues no puede negarse a sí mismo". ¿Qué has aprendido acerca de la fidelidad de Dios, en el libro de 1 Crónicas? ¿Qué seguridad te da el conocer esto?

2. En la última sección marcaste la palabra corazón. Regresa a tus observaciones en el capítulo 29 y repasa lo que aprendiste acerca del corazón. También, repasa tus observaciones de cuando David bendijo al Señor. Reflexiona ahora en cuanto a tu propio corazón: ¿Cómo está tu corazón con relación al Señor? ¿Cómo puedes convertir la bendición de David en una oración al Señor?

3. Al pensar en todo lo que has aprendido acerca de los sacerdotes y sus obligaciones, y al considerarte a ti mismo y a otros creyentes en Cristo como un reino de sacerdotes para Dios (Apocalipsis 1 y 5), ¿encuentras algo que se aplique a ti y a tus responsabilidades como sacerdote para Él?

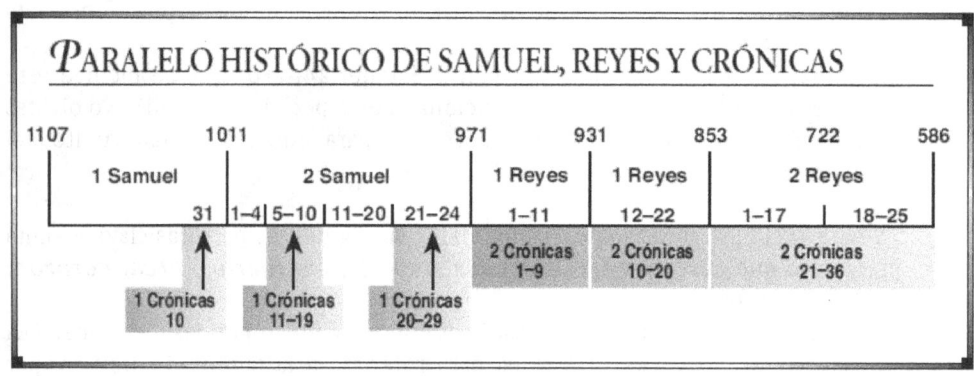

Panorama de 1 Crónicas

Tema de 1 Crónicas:

División por Secciones

Autor:

Fecha:

Propósito:

Palabras Clave:
(incluir sinónimos)

		DIVISIONES PRINCIPALES	TEMAS DE LOS CAPÍTULOS
			1
		LAS GENEALOGÍAS DE ISRAEL	2
			3
			4
			5
			6
			7
			8
			9
		DIOS LE ENTREGA EL REINO A DAVID	10
			11
			12
			13
			14
			15
			16
			17
			18
			19
		DAVID EDIFICA UN ALTAR, HACE PREPARATIVOS PARA LA CASA DE DIOS	20
			21
			22
			23
			24
			25
			26
			27
			28
			29

Ver el Apéndice 7 para ver las palabras clave en la Versión Reina Valera y Nueva Versión Internacional

2 CRÓNICAS דברי הימים ב
DIVRE HAYYAMIM BET

Cuando el rey David le expresó al Señor su deseo de edificarle una casa, el Señor prometió que Él afirmaría para siempre la casa de David, y que quien edificaría la casa de Dios sería uno de sus hijos. El segundo libro de Crónicas nos relata cómo se cumplió lo dicho por el Señor.

Trabajo por Hacer

(Si no lo has hecho, lee la sección titulada Observación, ubicada en la introducción de este libro).

Instrucciones Generales

En caso de no haberlo hecho todavía, estudia 1 Crónicas antes de iniciar tu estudio de 2 Crónicas.

En 2 Crónicas abundan verdades y lecciones que, si te apropias de ellas, te serán de mucha ayuda para llevar una vida santa. El contenido de 2 Crónicas gira en torno a los reyes de Judá y su relación con Dios y Su casa; período comprendido desde los días de Salomón hasta el cautiverio en Babilonia. Antes de iniciar el estudio de este libro, revisa atentamente todas las instrucciones.

1. Lee cada capítulo, teniendo presente las seis preguntas básicas. Anota en el margen todo lo nuevo que aprendas en ellos.
   a. Busca los quién: como el rey, el profeta y el Señor. De estos tres, los dos más importantes son el Señor y el rey. Pregúntate: ¿Quiénes son los más allegados al rey? ¿Quién influye en él? ¿Quién se le opone? ¿Quién lo ayuda?
   b. Busca los qué. Descubre lo que hace cada rey, lo que hace Dios con relación a ese rey y el papel que desempeña el profeta (si desempeña algún papel). En 2 Crónicas la "casa" de Dios domina la escena; por lo tanto, presta atención a la relación que guarde cada rey con el Señor y con Su casa.
   c. También anota cuándo ocurren los eventos. No olvides dibujar un círculo ⭕ en toda referencia de tiempo.
   d. Ya que éste es un libro histórico; observa dónde suceden las cosas y márcalas con doble línea verde.
   e. El observar los por qué ocurren los sucesos, te dará una mayor comprensión del carácter de Dios y de su soberanía al intervenir en asuntos humanos y sociales. No dejes de preguntar el porqué. Si el rey actúa mal, pregúntate por qué.

f. Pregunta los cómo. ¿Cómo buscó el rey al Señor? ¿Cómo incurrió el rey en la maldad? ¿Cómo reaccionó el Señor?

2. Toma nota de todo lo que aprendes al leer acerca de los reyes mencionados en 2 Crónicas, y escríbelo en el diagrama LOS REYES DE ISRAEL Y DE JUDÁ que aparece en las páginas 99 y 100 (entre 2 Reyes y 1 Crónicas).

3. En una tarjeta haz una lista de las palabras clave que aparecen en el PANORAMA DE 2 CRÓNICAS. Esta tarjeta te servirá como separador de páginas al estudiar 2 Crónicas.
    a. Anota en tu libreta de apuntes todo lo que aprendas al marcar cada una de esas palabras clave. Presta atención a que, después del capítulo 8, el arca del pacto, que es una palabra clave, sólo se menciona una vez más (capítulo 35).
    b. También observarás palabras y frases clave que juegan un papel de suma importancia solamente en uno o dos capítulos. ¡No las pases por alto! Por sí mismas harán evidente su importancia, a medida que vayas leyendo y meditando en espíritu de oración.

4. Al estudiar cada capítulo, anota en el margen todo lo que aprendas acerca de Dios. Disfrutarás de ricos y seguramente sorprendentes nuevos descubrimientos. Señala y anota también todas las lecciones para la vida ("LPV").

5. Ten presente que 1 y 2 Crónicas se escribieron como un solo libro. 2 Crónicas es la continuación de 1 Crónicas, y en ambos libros se encuentran varios discursos, profecías y oraciones que no aparecen en los libros de Samuel y de los Reyes. Presta atención a cuando aparezcan y atento a lo que allí se dice, quién lo dice y por qué lo dice. Resalta, o anota en el margen, todo lo nuevo que aprendas.

6. A medida que leas los capítulos, anota sus respectivos temas en el PANORAMA DE 2 CRÓNICAS y en tu Biblia al inicio de cada uno de ellos. En ese cuadro, resalta los temas que recogen los principales acontecimientos históricos de 2 Crónicas.

7. Completa el PANORAMA DE 2 CRÓNICAS. Al repasar los temas de los capítulos ya anotados, observa cómo podría dividirse este libro en otras secciones, y anótalas bajo el encabezado "División por Secciones". Anota también el tema del libro.

Para Reflexionar

1. Este libro te puede enseñar mucho en cuanto a la oración y la búsqueda de Dios. Repasa lo que aprendiste al marcar las palabras clave. Piensa en lo que te enseñó 2 Crónicas 6 en cuanto al pecado, la oración, la confesión y el arrepentimiento.

2. El libro de 2 Crónicas abunda en ilustraciones de cómo algunos enfrentaron las pruebas y las dificultades. ¿Cómo te comparas con estas personas? ¿Qué aprendiste de la vida de hombres como Asa, Josafat, Ezequías o Uzías? ¿Cómo tocó Dios tu corazón, al estudiar este libro? ¿Qué exhortaciones o advertencias recibiste de parte de Él?

3. ¿Qué aprendiste de este libro en cuanto al corazón? ¿Estás sirviendo al Señor con todo el corazón, o sólo a medias? ¿Qué aprendiste en cuanto a clamar al Señor? ¿Qué pasó con los que clamaron a Él? ¿Siempre fueron dignos de ser escuchados?

4. ¿Qué aprendiste en cuanto a la soberanía de Dios? ¿Hasta qué punto interviene Dios en los asuntos humanos? ¿De qué diferentes maneras castigó Dios a quienes no obedecieron? ¿Hay en tu vida un temor reverente de Dios?

Panorama de 2 Crónicas

Tema de 2 Crónicas:

División por Secciones

Autor:			Reyes	Temas De Los Capítulos
				1
				2
Fecha:				3
				4
				5
Propósito:				6
				7
				8
Palabras Clave:				9
(incluir sinónimos)				10
casa				11
arca				12
pacto				13
				14
clamar, clamor				15
buscar (y sus				16
variaciones)				17
corazón				18
				19
oración, orar (y				20
sus variaciones)				21
profeta (profetas)				22
pecado				23
				24
rebeldía				25
la gloria del				26
Señor (nube)				27
el Espíritu				28
				29
humillar, (y sus				30
variaciones)				31
orgullo,				32
orgulloso				33
hizo lo malo				34
hizo lo recto				35
				36

Ver el Apéndice 7 para ver las palabras clave en la Versión Reina Valera y Nueva Versión Internacional

ESDRAS עזרא EZRA

Dios había ordenado a Su pueblo, y lo había incluido en la ley que les dio para que rigiera sobre sus vidas, que cada siete años permitieran a la tierra descansar.
Sin embargo, transcurrieron cuatrocientos noventa años sin que el pueblo de Dios cumpliera con éste o con cualquier otro de Sus estatutos. La tierra había perdido setenta años de reposo y, tal como lo había profetizado Jeremías, Dios habría de reclamar para la tierra aquellos setenta años de descanso. Llegado el tiempo escogido por el Señor, el Espíritu de Dios se movería en favor de su pueblo y haría que Ciro, rey de Persia, emitiera el siguiente edicto: "El Señor, el Dios de los cielos, me ha dado todos los reinos de la tierra, y me ha designado para que yo Le edifique una casa en Jerusalén, que está en Judá. Quien de entre ustedes sea de Su pueblo, suba allá, y el Señor su Dios sea con él." (2 Crónicas 36:23).

Por esta razón, a un remanente le fue permitido volver del país de su cautiverio a la tierra que Dios les había prometido a Abraham, Isaac y Jacob, como posesión eterna. Esdras nos narra todos estos acontecimientos ocurridos.

Trabajo por Hacer

(Si no lo has hecho, lee la sección titulada Observación, ubicada en la introducción de este libro).

Instrucciones Generales

A fin de entender mejor el libro de Esdras, lee primero la profecía de Isaías 44:28-45:7 que fue escrita unos ciento setenta y cinco años antes que naciera Ciro.
El libro de Esdras se divide en dos secciones principales: Capítulos 1 al 6, y capítulos 7 al 10. Entre estas dos secciones hay un lapso de 58 a 60 años.

Capítulos 1-6

1. Lee esta sección capítulo por capítulo, siguiendo estas instrucciones:
   a. Marca en el texto de manera distintiva las palabras clave que aparecen en el PANORAMA DE ESDRAS.
   b. Presta atención a todas las referencias de tiempo y márcalas con un círculo ◯.
   c. Cuando en el texto se mencione algún rey en particular, márcalo y consulta el diagrama histórico LA ÉPOCA DE ESDRAS, NEHEMÍAS Y ESTER. Ese diagrama, además de mostrar la relación que guarda Esdras con Ester y Nehemías, contemporáneos suyos, contribuirá a que te familiarices con el marco histórico de este libro.
   d. Anota en el margen el nombre de los personajes que desempeñen algún papel importante y haz una breve reseña de lo que ellos hicieron.

2. En el libro de Esdras hay siete documentos oficiales, los cuales se encuentran en 1:2-4; 4:11-16; 4:17-22; 5:7-17; 6:2-5; 6:6-12; y 7:12-26 (este último, en la segunda sección del libro). El primero de ellos fue escrito en hebreo por Ciro, rey de Persia. Los seis restantes fueron escritos en arameo, idioma internacional de aquellos tiempos.

Al llegar a cada documento o carta, subraya el nombre de quien lo presenta, anotando en el margen los puntos principales del documento o carta. Esas anotaciones te ayudarán a ver mejor la oposición que enfrentaron los Hebreos, al igual que la forma en que Dios respondió en su favor.

3. Después de leer cada capítulo identifica el tema o acontecimiento principal y anótalo en la línea al principio de ellos, también en el PANORAMA DE ESDRAS.

4. Esdras relata el tiempo en que se inició y se terminó la construcción del templo. Anota esa información en el margen, usando un tipo de letra bastante legible que puedas identificar con facilidad.

5. Para una mejor comprensión de las fiestas Judías, consulta el diagrama LAS FIESTAS DE ISRAEL en la página 52-53.

Capítulos 7-10

1. Es aquí donde aparece por primera vez el nombre de Esdras en este libro. Presta atención a la descripción que se hace de él, así como a las lecciones que puedes aprender de él para aplicarlas a tu vida. Anota en el margen tus observaciones al respecto, bajo el título "Lecciones para la Vida" (LPV).

2. Sigue marcando las palabras clave como antes y añade a esta lista toda referencia a **pecado (iniquidad, infidelidad**, etc.), además de las palabras **ayuno, pacto, culpa** y **remanente**. Anota también tus observaciones en cuanto al último documento oficial registrado en 7:12-26.

3. Busca y marca toda referencia de tiempo y a los reyes. Toma notas correspondientes, tal como has hecho con anterioridad.

4. Anota los temas de los capítulos, así como hiciste en la primera sección de Esdras.

5. ¿En qué difiere la segunda sección de Esdras, capítulos 7 al 10, de la primera?
   a. Anota en el PANORAMA DE ESDRAS, bajo "División por Secciones" y en la cuarta columna, los temas respectivos a las secciones de los capítulos 1 al 6 y del 7 al 10.
   b. Bajo "División por Secciones", en la segunda columna, anota el nombre del personaje principal (o de los personajes principales) de cada sección.
   c. Consulta el diagrama histórico LA ÉPOCA DE ESDRAS, NEHEMÍAS Y ESTER (página 118), y anota en él los años que abarcan cada una de las secciones de Esdras.

6. ¿Cuál es el tema o enseñanza del libro de Esdras? Anota esto, y cualquier otra información pertinente, en el PANORAMA DE ESDRAS.

PARA REFLEXIONAR

1. ¿Qué hacían los contemporáneos de Esdras, con respecto a sus pecados? ¿Cómo sabes si la angustia que mostraban los llevaba al arrepentimiento, o si no era más que un simple remordimiento? ¿Qué haces tú en cuanto a tu propio pecado? ¿Cómo se trata el pecado, en tu iglesia?

2. ¿Qué aprendiste en cuanto a la oración y al ayuno? ¿Son estas prácticas parte integral de tu diario caminar con el Señor? ¿Por qué?

3. Al repasar lo estudiado en Esdras, ¿qué has aprendido acerca de Dios, Sus promesas y Sus caminos? ¿En qué medida afecta a tu propia vida este conocimiento?

Panorama de Esdras

Tema de Esdras:

División por Secciones

Autor:

Fecha:

Propósito:

Palabras Clave:
(incluir sinónimos)

casa (o cualquier referencia a la casa de Dios, del Señor)

decreto, orden

la ley (de Moisés, del Señor, de tu Dios, del Dios del cielo)

mandamientos

Años que Abarca	Personajes Principales		Temas De Los Capítulos
		1	
		2	
		3	
		4	
		5	
		6	
		7	
		8	
		9	
		10	

Ver el Apéndice 7 para ver las palabras clave en la Versión Reina Valera y Nueva Versión Internacional

NEHEMÍAS נחמיה
NECHEMYA

Desde el tercer milenio a.C., las ciudades del Medio Oriente eran construidas con grandes muros de piedra a su alrededor. Sus puertas, siempre vigiladas, eran centinelas que permitían o negaban el paso a quienes pretendieran entrar a la ciudad. Desde lo alto de las murallas, los centinelas podían divisar el horizonte y ver a todo el que se acercara a la ciudad; ya fuera en son de paz o en plan de guerra.

Las puertas de la ciudad eran también impávidos testigos de las transacciones comerciales y los juicios emitidos en cuestiones de fuero civil; los ancianos de la ciudad actuaban como jueces en dichos juicios. Estos altos muros eran, por su condición física, motivo de orgullo o de vergüenza para la ciudad.

Durante la invasión Babilónica, los muros de Jerusalén habían sido derribados. Todo estaba en ruinas; tanto los muros como las múltiples entradas a la ciudad. Esto era motivo de indignación para los exiliados que acababan de regresar a su ciudad, y motivo de gran dolor para Nehemías. Pues aunque Nehemías—el copero del rey—se hallaba aproximadamente a unos mil kilómetros de distancia, él no se había olvidado de su amada ciudad ni de su pueblo.

Esdras nos relata la reedificación del templo bajo dirección de Zorobabel, en tanto que Nehemías—contemporáneo de Esdras—nos narra la reedificación de los muros de Jerusalén. Su relato se inicia en Susa, la capital del imperio persa, en el año 445 a.C.

Trabajo por Hacer

(Si no lo has hecho, lee la sección titulada Observación, ubicada en la introducción de este libro).

Instrucciones Generales

    1. Nehemías es la continuación de Esdras. Es más, los manuscritos Hebreos más antiguos presentan estos dos libros como si fueran uno solo. Por lo tanto, a fin de situar este libro en su debido contexto, estudia el diagrama histórico LA ÉPOCA DE ESDRAS, NEHEMÍAS Y ESTER al final de estas instrucciones.

    2. Al leer Nehemías, capítulo por capítulo, haz lo siguiente:
       a. Descubre los temas de los capítulos, y anótalos en el PANORAMA DE NEHEMÍAS en su lugar correspondiente; también anótalos en tu Biblia al inicio de cada capítulo.
       b. Vuelve a leer cada capítulo, esta vez, anotando en una lista todo lo que quieras recordar o el acontecimiento principal de cada capítulo.
          1) Por ejemplo, el tema del capítulo 1 es la preocupación de Nehemías por Jerusalén; así que en el margen, junto a los primeros tres versículos, podrías escribir: "Angustia del Remanente", debajo de ese título "muros derribados, puertas quemadas".
          2) A continuación, junto a los versículos 4 al 11, podrías escribir: "Oración

de Nehemías". Para luego hacer una lista de los puntos principales de su oración. Por ejemplo: a) llora, hace duelo, ayuna; b) pide que Dios se acuerde de Su pacto y de quién es Él, y c) confiesa sus propios pecados y los de Israel".

    3) Al resumir cada capítulo, haz una lista de todo lo que aprendas acerca de Dios.

  c. Aunque hay muchas palabras clave que se repiten, y que podrían ser marcadas (*muralla, puerta(s), edificar, reparaciones,* etc.), debido a la naturaleza del estilo narrativo de Nehemías tal vez sea preferible simplemente observarlas pero no marcarlas. En algunos capítulos hay palabras repetidas con tanta frecuencia, que el marcarlas todas pudiera resultar abrumador a la vista.

  Sin embargo, debes marcar:

  1) Las palabras clave que aparecen en el PANORAMA DE NEHEMÍAS.

  2) Y cuando marques *ordenar, mandar, mandamientos, estatutos, ordenanzas, ley,* no olvides anotar en el margen todo lo que hayas aprendido de estas palabras.

  d. Señala toda referencia de tiempo con un círculo ◯ dibujado junto al versículo.

  e. Según vayas leyendo Nehemías, anota en el margen cuándo se inicia la reedificación de la muralla, cuándo se termina, y cuándo es dedicado.

3. De la forma en que Nehemías manejó la situación pueden extraerse lecciones muy valiosas. Cuando observes la relación que Nehemías mantuvo con el Señor (sin importar las circunstancias enfrentadas), su trato con el pueblo (incluso con sus opositores), y el ejemplo que él muestra, descubrirás valiosos y útiles principios que puedes aplicar a tu propia vida. En el transcurso de este estudio anota todo lo nuevo que aprendas, en el diagrama LECCIONES DE LA VIDA DE NEHEMÍAS al final de estas instrucciones.

4. Una vez hayas anotado los temas de los capítulos, en el PANORAMA DE NEHEMÍAS, busca la principal división de este libro, observando su transición temática (dónde termina un tema para comenzar otro). Bajo el título "División por Secciones" debes anotar cada división y el tema principal de estas dos secciones del libro. Completa el resto del PANORAMA, incluyendo el tema general de Nehemías.

Para Reflexionar

1. Lee una vez más el capítulo 9 de Nehemías, reflexionando en cuanto al carácter de Dios y al modo en que Él se relaciona con Israel. ¿Qué puedes aprender acerca de Dios y de la conducta de Israel, que sea aplicable a tu propia vida?

2. ¿Te has imaginado lo que pasaría si la congregación de una iglesia se reuniera y públicamente confesara sus propios pecados, y los pecados de toda su nación?

3. ¿Qué has aprendido de la vida de Nehemías? ¿Cómo piensas aplicarlo, de forma práctica, a tu vida?

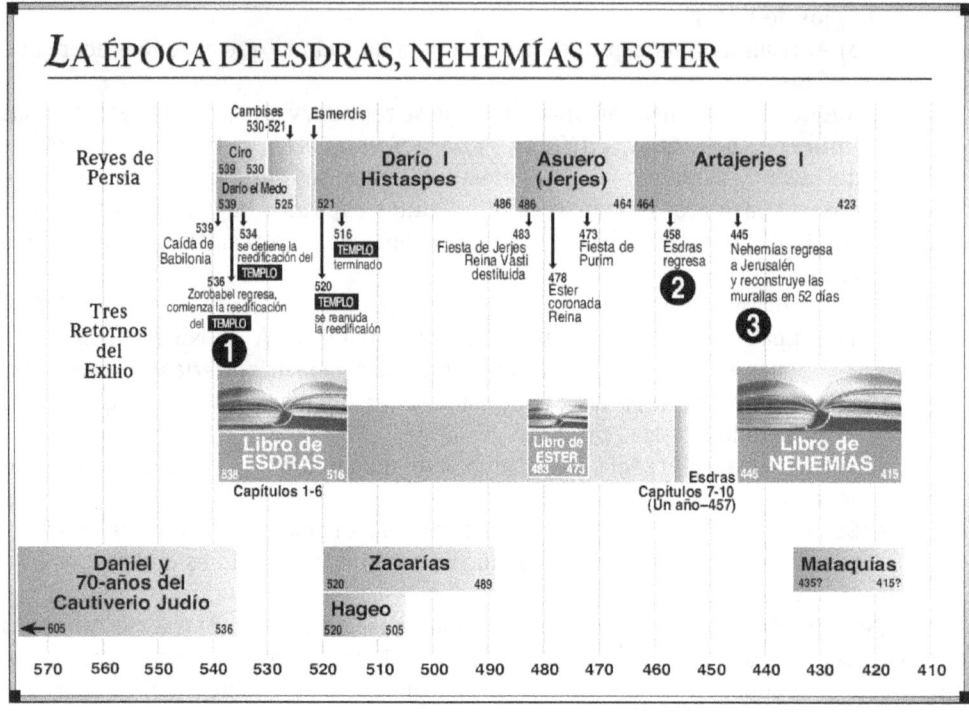

LECCIONES DE LA VIDA DE NEHEMÍAS

La Circunstancia	Cómo se relacionaba Nehemías con Dios	Cómo se relacionaba Nehemías con los demás	El ejemplo de Nehemías

Panorama de Nehemías

Tema de Nehemías:

División por Secciones

Autor:

		Temas De Los Capítulos
		1
		2
		3
		4
		5
		6
		7
		8
		9
		10
		11
		12
		13

Fecha:

Propósito:

Palabras Clave:
(incluir sinónimos)

acuérdate (y sus variaciones)

mandato, mandamientos (ordenanzas, ley)

pecar, pecado, iniquidad

pacto

ayuno

oración

el libro (de la ley, de la ley de Moisés)

Ver el Apéndice 7 para ver las palabras clave en la Versión Reina Valera y Nueva Versión Internacional

ESTER אסתר
ESTER

A lo largo de la historia, siempre ha habido quienes han intentado destruir a Israel, pueblo al que Dios llama "la niña de Sus ojos" (Zacarías 2:8). ¿Por qué? Porque de los judíos proviene el pacto, las promesas, la ley... y el Mesías—el Salvador de la humanidad. El pueblo de Dios es el enemigo de Satanás, príncipe de este mundo, y este conflicto es tan antiguo como Génesis 3:15.

Aun cuando un remanente de Judá volvió a la tierra que Dios les había prometido a Abraham, Isaac y Jacob, hubo otros judíos que permanecieron en las ciudades de su cautiverio. A algunos de ellos se les acogía y apreciaba como miembros importantes, pero a otros se les aborrecía y miraba con desprecio. Incluso había algunos judíos a los que se quería exterminar.

Ester nos cuenta la historia de una de aquellas ocasiones en que Satanás trató de destruir al pueblo de Dios. Este libro abarca con sus páginas un período de diez años. Se ubica entre los capítulo 6 y 7 de Esdras y nos narra los orígenes de una fiesta que es celebrada desde hace más de dos mil años; fiesta cuyo origen se remonta hasta una mujer que, por amor a su pueblo, declaró con firmeza: "Y si perezco, perezco".

Trabajo por Hacer

(Si no lo has hecho, lee la sección titulada Observación, ubicada en la introducción de este libro).

Instrucciones Generales

Ester es una historia de intriga, divinamente inspirada, que pone de manifiesto la soberanía de Dios aún a pesar de que Su nombre no se menciona en el libro. Al leer esta historia, haz lo siguiente:

1. Consulta el diagrama histórico LA ÉPOCA DE ESDRAS, NEHEMÍAS Y ESTER al final de esta sección, para que ubiques a Ester en su respectivo contexto.

2. Observa los principales acontecimientos de cada capítulo buscando contestar las seis preguntas básicas: ¿Quién?, ¿Qué?, ¿Cómo?, ¿Cuándo?, ¿Dónde? y ¿Por qué? Por ejemplo: ¿Quiénes participan en el relato? ¿Qué sucedió, y cuándo? ¿Cómo sucedió? ¿Dónde sucedió, y por qué?, etc.
   a. Anota en el margen los puntos principales que quieras recordar de lo sucedido, bajo el título que des a cada acontecimiento. Por ejemplo, 1:3-4 podría titularse "El Banquete del Rey Asuero", y bajo ese título podrías listar los siguientes puntos importantes: 1) asistieron sus príncipes, servidores, etc., 2) fue dada para mostrar sus riquezas, 3) duró 180 días.
   b. Aunque un banquete no siempre será el acontecimiento principal de todos los capítulos, sí juega un papel importante en todo el libro. Marca, pues, de manera distintiva la palabra **banquete** cada vez que la encuentres. Busca contestar las seis preguntas básicas en torno a cada banquete, y anota en el margen todo lo nuevo que aprendas.

c. No dejes de subrayar o marcar de manera distintiva los personajes principales en cada capítulo. Estudia el carácter de cada personaje, pues hay mucho que aprender de ellos.

3. Marca todas las palabras clave que están en el PANORAMA DE ESTER. Al marcar la palabra *Judío(s)* marca también todo sinónimo o formas pronominales, tales como **su pueblo, mi pueblo, su parentela, mi gente** e inferencias verbales. La palabra *Judío* es el gentilicio empleado para referirse a quienes pertenecen al pueblo de Judá.

4. Señala toda referencia de tiempo con un círculo ◯ para que puedas identificar con facilidad la época de estos eventos. Consulta también el calendario que aparece al final de estas instrucciones, a fin de que sigas el orden de los distintos meses que se mencionan en este libro.

5. A medida que estudias los capítulos, anota sus respectivos temas en el lugar correspondiente del PANORAMA DE ESTER, así como en tu Biblia al inicio de cada capítulo.

6. Anota en tu libreta de apuntes todo lo que aprendas acerca de Ester, seguido de todo lo que aprendas acerca de Mardoqueo.

7. Al terminar de leer todo el libro, completa el PANORAMA DE ESTER. Mira si algunos de los capítulos pueden agruparse de acuerdo a los acontecimientos; de poder hacerse esto, anótalos en la división por secciones del PANORAMA.

Para Reflexionar

1. ¿Qué has aprendido de la vida de los principales personajes de este relato histórico? Repasa tus listas acerca de Ester y Mardoqueo. ¿Estás consciente de que para una ocasión como ésta, tú también has llegado a ser parte del reino? ¿Cuáles son las buenas obras que Dios quiere que hagas? Lee Juan 15:16 y Efesios 2:8-10.

2. ¿Te has preguntado por qué Mardoqueo no quiso inclinarse ante Amán? ¿Te has "inclinado" ante alguien o algo, comprometiendo así tu llamado y tu lugar como hijo de Dios? Lee Gálatas 1:10.

3. Ester y Mardoqueo se apoyaron mucho en el ayuno para cambiar el curso de los acontecimientos. ¿Qué lugar ocupa el ayuno en tu vida?

La época de Esdras, Nehemías y Ester

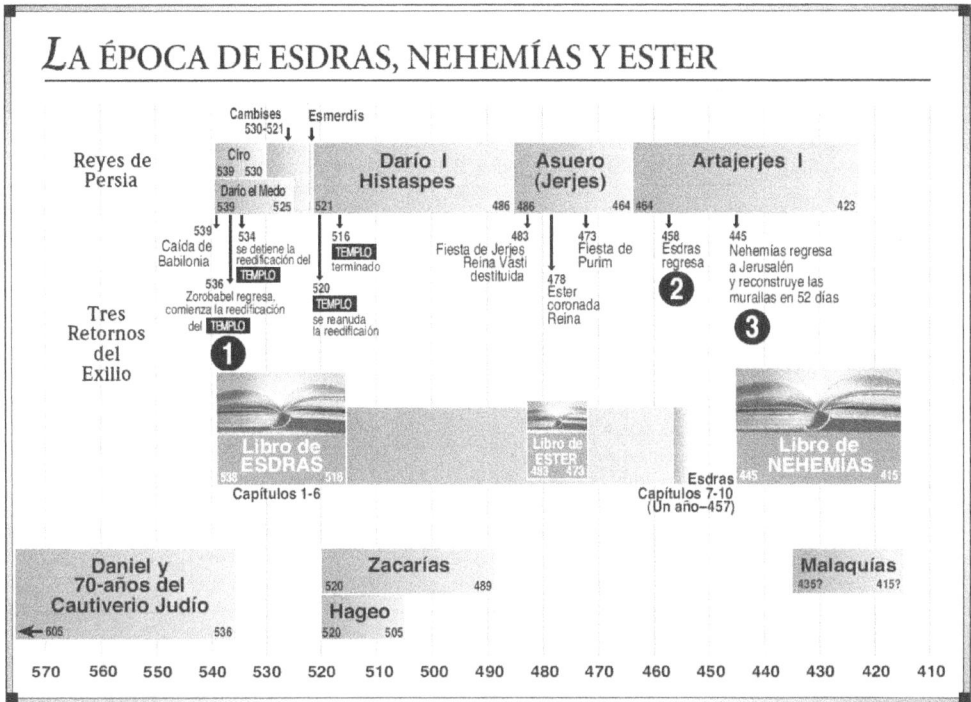

El Calendario Judío

En la actualidad todavía se emplean los nombres babilónicos (B) para los meses en el calendario judío. Se emplearon los nombres cananeos (C) antes del cautiverio babilónico en 586 a.C.

Se mencionan cuatro de ellos en el Antiguo Testamento.

Adar-seni es un mes intercalado cada dos o tres años, o siete veces en diecinueve años.

Mes 1	Mes 2	Mes 3	Mes 4
Nisán (B) Abib (C) Marzo-Abril	Ijar (B) Ziv (C) Abril-Mayo	Sivan (B) Mayo-Junio	Tammuz (B) Junio-Julio
Mes 7	Mes 8	Mes 9	Mes 10
Mes 5	Mes 6	Mes 7	Mes 8
Ab (B) Julio-Agosto	Elul (B) Agosto-Septiembre	Tishri (B) Etanim (C) Septiembre-Octubre	Maresván (B) Bul (C) Octubre-Noviembre
Mes 11	Mes 12	Mes 1	Mes 2
Mes 9	Mes 10	Mes 11	Mes 12
Quisleu (B) Noviembre-Diciembre	Tebeth (B) Diciembre-Enero	Shebat (B) Enero-Febrero	Adar (B) Febrero-Marzo
Mes 3	Mes 4	Mes 5	Mes 6

El calendario sagrado aparece en negro • El calendario civil aparece en gris

Panorama de Ester

Tema de Ester:

División por Secciones

Autor:

		Temas De Los Capítulos
		1
		2
		3
		4
		5
		6
		7
		8
		9
		10

Fecha:

Propósito:

Palabras Clave:
(incluir sinónimos)

enojo, furor

banquete

Judío(s)

decreto (edicto)

orden

ayuno

destruir
(destrucción, exterminado)

Ver el Apéndice 7 para ver las palabras clave en la Versión Reina Valera y Nueva Versión Internacional

JOB　איוב
IYYOV

Este es un libro nacido en medio del sufrimiento. Tan grande fue el sufrimiento experimentado por Job, que él quería morir y hubiera preferido nunca haber nacido. Y como si esto fuera poco, su dolor se vio acrecentado por causa de sus amigos, quienes buscaban una explicación a su sufrimiento. La aflicción de Job puso en tela de juicio el carácter y los caminos de Dios, aunque a la larga significó también el desarrollo de una relación más íntima con Dios.

Job, el primero y tal vez el más antiguo de los libros poéticos de la Biblia, es el libro de quienes necesitan que Dios les responda; es el libro de quienes se unen a Job para decir: "Pero aún tengo consuelo, y me regocijo en el dolor sin tregua, que no he negado las palabras del Santo" (6:10).

Trabajo por Hacer

(Si no lo has hecho, lee la sección titulada Observación, ubicada en la introducción de este libro).

Instrucciones Generales

1. Los capítulos 1 y 2 presentan las circunstancias que originaron el sufrimiento de Job. Lee estos dos capítulos, marcando cada mención de Dios y de Satanás. Luego, en el CUADRO DE OBSERVACIONES DE JOB, al final de estas instrucciones, haz lo siguiente:
   a. Elabora una lista de todo lo que hayas aprendido acerca de Satanás: de su persona y de su relación con Dios y con Job.
   b. Haz otra lista de todo lo que aprendas acerca de Dios.
   c. En otra lista, anota lo que aprendas acerca de Job: qué dice Dios acerca de Job; qué dice Satanás; cómo responde Job a Dios, a su dolor y al consejo de su esposa.

2. A fin de comprender a Job y los discursos de sus amigos, lee una vez más Job 1:8 y 2:3,11-13, y luego Job 42:7-9. Por favor, no sigas adelante sin antes haber realizado estas lecturas. Presta atención a lo que Dios dice acerca de Job, y a lo que dice respecto a lo manifestado por sus tres amigos.

3. En el capítulo 3, Job expresa su angustia, y después, del capítulo 4 al 42:6 hay una serie de discursos dados, ya sea por Job, sus amigos o Dios mismo. Lee toda esta sección capítulo por capítulo, y haz lo siguiente:
   a. En tu Biblia al inicio de cada capítulo, anota quién habla y a quién le habla. Luego, anota eso en el PANORAMA DE JOB, bajo los temas de los capítulos. Asigna un color para Job y otro para sus amigos, con la intención de que puedas distinguir rápidamente quién está hablando.
   b. Job 42:7 dice que los amigos de Job no hablaron correctamente con respecto a Dios. Por lo tanto, cuando hable alguno de esos tres personajes, anota en

el margen en qué sentido no es correcta su argumentación respecto a Dios y al sufrimiento de Job. Lee con cuidado para descubrir cómo, o de dónde (si es que el texto lo dice), sacaron sus conclusiones los amigos de Job. Observa luego cómo responde Job a cada uno de sus amigos. Anota en el margen todas las observaciones pertinentes.

4. Al leer los capítulos 4 al 42, presta atención a lo que dice el texto en cuanto a:
    a. Dios y el hombre
    b. Lo que Dios espera, y lo que no espera del hombre
    c. La naturaleza
    d. El pecado y la justicia
    e. La vida y la muerte física
    f. El modo de tratar a los que sufren

Según vayas leyendo cada capítulo, ve anotando en el CUADRO DE OBSERVACIONES DE JOB todo lo nuevo que aprendas.

5. Marca todas las palabras o frases clave que jueguen un papel importante en algún capítulo específico, o que aparezcan repetidamente en todo el libro. Encontrarás una lista de ellas en el PANORAMA DE JOB. Anota en el margen todo lo que aprendas acerca de Dios al marcar **sabiduría** y otras palabras clave. También resalta o subraya los versículos que sean particularmente significativos para ti.

6. No dejes de comparar el final de Job con su principio, tomando nota de lo que pasó como resultado del desafío de Satanás.

7. Una vez que hayas leído todo el libro y completado el PANORAMA DE JOB, observa la serie de discursos en que se divide el libro y anota esos ciclos en la división por secciones.

Para Reflexionar

1. Compara el final de Job con su principio, y luego reflexiona con detenimiento si el sufrimiento de Job valió la pena. ¿Qué piensas de tu propio sufrimiento? ¿En que redundaría si respondieras de la manera adecuada? ¿Y cuál es la manera adecuada? ¿Qué has aprendido de Job?

2. De la lectura de este libro, ¿qué has aprendido acerca de Satanás y de la relación que tiene respecto a Dios? ¿Cómo pueden darte consuelo estas nuevas perspectivas?

3. Lee una vez más Job 31 y, si acaso no lo has hecho ya, marca de manera distintiva el condicional *si, si mi* y *si he*. Piensa en cómo apeló Job a su propia integridad en varios aspectos de su vida. Examina esos aspectos con mucho cuidado. ¿Cuán íntegro eres cuando enfrentas situaciones semejantes? ¿Qué debes recordar, hacer, retener, soltar, comenzar, o dejar de hacer?

Cuadro de Observaciones de Job

Observaciones sobre Satanás	Observaciones sobre Job

Observaciones sobre Dios	Observaciones sobre el Hombre

El Poder de Dios sobre:

    Satanás

La Naturaleza	Observaciones sobre la Vida y la Muerte Física

    El Hombre

Lecciones Aprendidas para Tratar con los que Sufren

Panorama de Job

Tema de Job:

División por Secciones

Autor:

Fecha:

Propósito:

Palabras Clave:
(incluir sinónimos)

sabiduría, (prudencia)

pecado (iniquidad, transgresión, transgresiones)

hijos de Dios

justo (justicia)

	¿Quién Habla?	Temas De Los Capítulos
		1
		2
		3
		4
		5
		6
		7
		8
		9
		10
		11
		12
		13
		14
		15
		16
		17
		18
		19
		20
		21

Ver el Apéndice 7 para ver las palabras clave en la Versión Reina Valera y Nueva Versión Internacional

Panorama de Job

Tema de Job:

División por Secciones

	¿QUIÉN HABLA?		TEMAS DE LOS CAPÍTULOS
		22	
		23	
		24	
		25	
		26	
		27	
		28	
		29	
		30	
		31	
		32	
		33	
		34	
		35	
		36	
		37	
		38	
		39	
		40	
		41	
		42	

Ver el Apéndice 7 para ver las palabras clave en la Versión Reina Valera y Nueva Versión Internacional

SALMOS תהילים THILLIM

El ser humano necesita expresar a Dios su sentir, mediante la oración y los cánticos. Necesita llegar a su presencia y abrir ante Él su corazón. Necesita presentarle con sinceridad todo lo que está sintiendo, sea el desánimo o la alegría, la confusión o la confianza.

Todo hombre viviendo en buena relación con Dios, fue creado para alabar, para elevar su voz en adoración, para hablar con Dios y con sus semejantes, con salmos, himnos y cánticos espirituales, cantando y alabando al Señor con el corazón (véase Ef. 5:19).

De lo anterior se entiende el que muchos de los salmos—alabanzas, oraciones, cánticos—debían de acompañarse con instrumentos de cuerda. Por esa razón, David—quien escribió una gran cantidad de salmos—puso a los levitas a cargo del servicio musical en la casa del Señor. Eran los levitas quienes cantaban delante del tabernáculo de la tienda de reunión, hasta que Salomón edificó la casa del Señor en Jerusalén (1 Crón. 6:31-32).

Los Salmos es un libro de oraciones y alabanzas compuestas por los hombres, pero inspiradas por Dios. "Porque de Él, por Él y para Él son todas las cosas. A Él sea la gloria para siempre. Amén" (Rom. 11:36).

TRABAJO POR HACER

(Si no lo has hecho, lee la sección titulada Observación, ubicada en la introducción de este libro).

Instrucciones Generales.

1. Cuando estudies los Salmos, no olvides que son composiciones poéticas; ya sean oraciones o cánticos. La poesía hebrea no se caracteriza por su rima o por su métrica sino, más bien, por un rasgo particular conocido como paralelismo, en el que un verso se relaciona con el siguiente de diferentes formas. Generalmente, los versos poéticos están compuestos de dos (a veces tres) segmentos, siendo el segundo segmento más corto que el primero y repite, contrasta o complementa la idea del primer segmento.

Los salmos varían en su estructura. Nueve de ellos son acrósticos; es decir, que cada verso o copla comienza con una de las veintidós letras del alfabeto hebreo; presentadas consecutivamente hasta completarlo. Dichos salmos acrósticos son: 9, 10, 25, 34, 37, 111, 112, 119 y 145.

2. La mayoría de los salmos tienen una dedicatoria al principio con información acerca del autor, o del momento en que se escribió, a quién iba dirigido, con qué acompañamiento musical debía cantarse, o el género literario al que pertenecía. Cuando comiences a leer un salmo con subtítulo, consulta las referencias cruzadas (si es que las tiene), así podrás situar el salmo en su contexto.

3. Busca el tema del salmo y su desarrollo. En algunos casos, el tema se plantea al principio del salmo, mientras que en otros se encuentra a la mitad del mismo. Cada salmo tiene su propio tema, y se desarrolla conforme a la estructura y estilo que su autor quiso darle.

    a. Algunos salmos, como el 78, nos brindan una perspectiva histórica del pueblo de Israel y deben estudiarse con mucha atención, tomando en cuenta los acontecimientos en ellos narrados, así como la intervención y el constante cuidado de Dios por Su pueblo.

    b. Si el salmo alude a algún personaje o circunstancia particular, mencionada en alguno de los libros históricos de la Biblia, puedes ir a ese libro y anotar el salmo relacionado con tal personaje o circunstancia. Por ejemplo, en el margen de 2 Samuel 12 anota "Salmo 51" como referencia cruzada.

4. Las palabras clave hacen evidente el tema del cántico u oración presente en el salmo. A veces, el salmo comienza y termina con una frase clave. Busca y marca esas palabras y frases. Marca también de forma distintiva las palabras clave que aparecen en el PANORAMA DE SALMOS. Anota esas palabras clave en una tarjeta y úsala como separador de páginas mientras estudias y meditas en los salmos.

5. No pierdas de vista que Dios es el punto central de los Salmos. Así que hay mucho que aprender acerca de Él. Además, Él merece que le adoremos y le rindamos culto. Toma nota de Sus nombres, Sus títulos y atributos, además del modo en que debemos de relacionarnos con Él.

    a. No dejes de buscar en los salmos las referencias a Jesucristo, quien es Dios y uno con el Padre, pues Él mismo dijo: "era necesario que se cumpliera todo lo que sobre Mí está escrito en la Ley de Moisés, en los Profetas y en los Salmos" (Lucas 24:44).

    b. Los salmos se dirigen al corazón y al alma, pero también a la mente. Anota en el margen, bajo este símbolo, △ todo lo nuevo que aprendas acerca de Dios y medita en ello. Dedica tiempo a la alabanza y a la oración. Permite que el libro de los Salmos te ayude a amar al Señor tu Dios, con todo tu corazón, mente, cuerpo, alma, y con todas tus fuerzas.

6. Al terminar de leer cada salmo, anota el tema correspondiente en tu Biblia al principio de ellos, al igual que en el PANORAMA DE SALMOS.

7. El libro de Salmos se divide en cinco secciones, o libros, que pueden verse señaladas en el PANORAMA DE SALMOS.

    a. Asigna un título a cada sección, o anota su tema.

    b. Lee los Salmos 41:13; 72:18-19; 89:52; 106:48; y 150:6, notando lo que allí se dice y la forma en que termina cada sección.

    c. Completa el PANORAMA DE SALMOS.

Para Reflexionar

1. Cuando te sientas desanimado, confundido, temeroso o herido; cuando sientas la necesidad de hablar con Alguien que te entienda, acude a los Salmos. Haz a un lado tus luchas y como el salmista, espera en Dios. Y ten la certeza de que Él responderá en tu favor.

2. Piensa en el valor práctico de los Salmos, y permite que este libro sea tu primer recurso cuando busques consejo, sabiduría y comprensión. Recuerda que es bienaventurado el que no anda en consejos de impíos, sino que en la ley del Señor está su deleite, y en Su ley medita de día y de noche (Salmo 1).

3. ¿Has pensado en terminar cada día de la forma en que termina el libro de Salmos, es decir, con un salmo de alabanza? "Regocíjense de gloria los santos; Canten con gozo sobre sus camas. Sean las alabanzas de Dios en su boca... Todo lo que respira alabe al Señor. ¡Aleluya!" (Sal 149:5-6; 150:6). Haz la prueba, y verás lo que Dios puede hacer.

Panorama de Salmos

Tema de Salmos:

División por Secciones

Autor:			Temas De Los Capítulos
			1
Fecha:			2
			3
Propósito:			4
			5
Palabras Clave: *(incluir sinónimos)* Aflicción			6
			7
toda referencia a refugiarse (acogen), refugio			8
			9
justo(s), justa(s), justicia			10
			11
impío(a), malo(s), mala(s), maldad, maligno			12
			13
pecado (iniquidad)			14
oración			15
alabanza, alabar (y sus variaciones), ¡Aleluya!			16
			17
			18
cantar (y sus variaciones)			19
temor (y sus variaciones)			20
			21
esperanza, esperar (y sus variaciones)			22
			23
salvar (y sus variaciones)			24
clamor, clamar (y sus variaciones)			25

Ver el Apéndice 7 para ver las palabras clave en la Versión Reina Valera y Nueva Versión Internacional

Panorama de Salmos

Tema de Salmos:

División por Secciones

		Temas De Los Capítulos
		26
		27
		28
		29
		30
		31
		32
		33
		34
		35
		36
		37
		38
		39
		40
		41
		42
		43
		44
		45
		46
		47
		48
		49
		50

Ver el Apéndice 7 para ver las palabras clave en la Versión Reina Valera y Nueva Versión Internacional

Panorama de Salmos

Tema de Salmos:

División por Secciones

		TEMAS DE LOS CAPÍTULOS
		51
		52
		53
		54
		55
		56
		57
		58
		59
		60
		61
		62
		63
		64
		65
		66
		67
		68
		69
		70
		71
		72
		73
		74
		75

Ver el Apéndice 7 para ver las palabras clave en la Versión Reina Valera y Nueva Versión Internacional

Panorama de Salmos

Tema de Salmos:

División por Secciones

			Temas De Los Capítulos
		76	
		77	
		78	
		79	
		80	
		81	
		82	
		83	
		84	
		85	
		86	
		87	
		88	
		89	
		90	
		91	
		92	
		93	
		94	
		95	
		96	
		97	
		98	
		99	
		100	

Ver el Apéndice 7 para ver las palabras clave en la Versión Reina Valera y Nueva Versión Internacional

Panorama de Salmos

Tema de Salmos:

División por Secciones

		Temas De Los Capítulos
		101
		102
		103
		104
		105
		106
		107
		108
		109
		110
		111
		112
		113
		114
		115
		116
		117
		118
		119
		120
		121
		122
		123
		124
		125

Ver el Apéndice 7 para ver las palabras clave en la Versión Reina Valera y Nueva Versión Internacional

Panorama de Salmos

Tema de Salmos:

División por Secciones

			Temas De Los Capítulos
		126	
		127	
		128	
		129	
		130	
		131	
		132	
		133	
		134	
		135	
		136	
		137	
		138	
		139	
		140	
		141	
		142	
		143	
		144	
		145	
		146	
		147	
		148	
		149	
		150	

Ver el Apéndice 7 para ver las palabras clave en la Versión Reina Valera y Nueva Versión Internacional

PROVERBIOS משלי
MISHLE

Dios se le apareció al rey Salomón por medio de un sueño, y le dijo: "Pide lo que quieras que Yo te dé". La petición de Salomón fue el tener un corazón lleno de entendimiento para poder dirigir al pueblo de Israel (véase 1 Rey. 3). Como respuesta, "Dios dio a Salomón sabiduría, gran discernimiento y amplitud de corazón como la arena que está a la orilla del mar. Y la sabiduría de Salomón sobrepasó la sabiduría de todos los hijos del oriente y toda la sabiduría de Egipto. Porque era más sabio que todos los hombres... También pronunció 3,000 proverbios" (1 Rey. 4:29-32).

Muchos de esos proverbios se hallan recogidos en las páginas de la Biblia. Un proverbio es, por lo general, un breve dicho o máxima que arroja luz sobre la vida y la conducta humana.

El libro de Proverbios, es una recopilación de dichos verdaderos que imparten sabiduría e instrucción. Los proverbios, sin embargo, no deben entenderse como profecías ni proclamarse como doctrinas absolutas. Por ejemplo, leemos en este libro que los enemigos de un hombre harán las paces con él cuando los caminos de éste sean agradables al Señor. Podemos aceptar lo anterior, en términos generales, como un proverbio válido, pero esto no siempre sucederá. Los enemigos de nuestro Señor no estuvieron en paz con Él, aun cuando Él sólo hacía lo que agradaba a Su Padre.

Estos Proverbios fueron inspirados por Dios. Léelos con calma, y dedica tiempo para meditar en ellos y buscar su aplicación. Aunque Proverbios fue escrito entre los años 971 y 686 a.C., estos dichos son perdurables y pueden darte dirección en tu vida familiar y social.

TRABAJO POR HACER

(Si no lo has hecho, lee la sección titulada Observación, ubicada en la introducción de este libro).

Instrucciones Generales

1. El libro de Proverbios emplea un lenguaje figurado, que abunda en metáforas y símiles. Antes de comenzar este estudio, lee la sección titulada "Figuras Retóricas" en el Apéndice 3 al final de este libro.

2. Lee Proverbios 1:1-7, anotando en el margen del capítulo 1, el nombre del autor, el propósito y tema del libro. Con relación al propósito, observa la repetición de la preposición para. El tema vuelve a repetirse en 9:10. También anota estos datos en el PANORAMA DE PROVERBIOS.

3. Una persona sabia reconoce la sabiduría de los demás. Observa en el PANORAMA DE PROVERBIOS las principales secciones en que se divide este libro. Notarás que

Salomón tomó en cuenta la sabiduría de los demás. Busca los siguientes versículos y toma nota de quién son las subsiguientes palabras o proverbios presentes en: 10:1; 22:17; 25:1; 30:1; 31:1.

4. Marca las palabras clave que aparecen en el PANORAMA DE PROVERBIOS, junto con sus sinónimos, y haz una lista de lo que aprendas acerca de la sabiduría; especialmente en los nueve primeros capítulos. Nota la personificación de la sabiduría (que, a pesar de ser una abstracción, cobra características humanas) tipificada en Proverbios 1:20.

5. Marca la frase **hijo mío** (**o hijo**) cada vez que la encuentres. Luego, escucha como si fuera Dios mismo quien te está hablando, como a un hijo Suyo a quién quiere mostrar el camino de la vida.

6. Marca con símbolos apropiados los distintos temas tratados en este libro: moralidad sexual, finanzas, disciplina, el corazón, la lengua, las amistades, etc. Según vayas leyendo los proverbios, irás aprendiendo más y más acerca del género humano; además tendrás mayor sabiduría de parte de Dios, respecto al vivir en el "temor del Señor", pues podrás ver los asuntos cruciales de la vida desde una amplia gama de nuevas perspectivas.

7. Anota los temas de los capítulos en el PANORAMA DE PROVERBIOS, y en tu Biblia al inicio de cada uno. No te será fácil hacerlo con los capítulos 10 al 29, ya que en ellos abundan los proverbios cortos y temas variados. Sin embargo, haz una pequeña lista con los temas principales de cada capítulo, lo que te ayudará a señalar los temas generales. El marcar o colorear de forma distintiva todos los temas presentados en el libro, te ayudará a captar rápidamente qué Proverbios enseñan un tema específico. Te servirá, además, para poder compartir esas verdades con otros, o para recibir luz sobre algún tema en particular.

PARA REFLEXIONAR

1. ¿Estás caminado en el temor del Señor? Temer a Dios significa mostrar un profundo respeto hacia Él y tener una confianza reverente en Su Palabra y Su carácter, y vivir de acuerdo a ello.

2. ¿Resuelves los problemas cotidianos según tu propio entendimiento, o le pides a Dios que te dé sabiduría?

3. A la luz de las nuevas perspectivas y de la sabiduría recibida de estos proverbios, ¿qué necesitas cambiar o hacer?

4. Ya que hay 31 capítulos en el libro de Proverbios, algunos leen un capítulo diario todos los meses. No está mal hacerlo así, siempre y cuando no se pase por alto otras porciones de la Palabra de Dios, y no se descuide el dedicar tiempo necesario para meditar en estos proverbios.

a. Después del capítulo 9, muchos de los proverbios están compuestos de sólo dos a cuatro versos poéticos. Tal vez quieras limitarte a reflexionar en uno o dos proverbios al día, evaluando tu vida y tus relaciones con los demás a la luz de ellos.
b. También puedes seleccionar algún tema que hayas marcado en todo el libro, y hacer luego una lista de todo lo que has aprendido en conjunto, para luego meditar en torno a ese tema. Por ejemplo, pudieras meditar en lo que aprendiste acerca de la lengua, o de la diligencia frente a la pereza.

Panorama de Proverbios

Tema de Proverbios:

División por Secciones

Autor:		Divisiones Principales	Temas De Los Capítulos
		El Clamor de la Sabiduría, del Conocimiento y del Entendimiento	1
Fecha:			2
			3
			4
Propósito:			5
			6
			7
Palabras Clave:			8
(incluir sinónimos)			9
hijo mío			10
sabiduría, dirección, sabio(s), sabia(s)		Los Proverbios de Salomón y la Sabiduría de los Sabios	11
			12
conocimiento			13
			14
entendimiento (inteligencia, prudencia)			15
			16
temor, temer (y sus variaciones)			17
			18
mandamiento(s)			19
instrucción (disciplina, reprensión, enseñanza)			20
			21
			22
lengua			23
			24
necio(s), necedad		Proverbios de Salomón Transcritos por Otros	25
			26
justo(s)			27
mal, malo(s), mala			28
			29
impío(s), perverso		Palabras y Consejo de Otros	30
			31

Ver el Apéndice 7 para ver las palabras clave en la Versión Reina Valera y Nueva Versión Internacional

ECLESIASTÉS

קֹהֶלֶת
QOHELET

La vida parece estar llena de inconsistencias, es impredecible y en muchas ocasiones llegamos a la conclusión de que es muy injusta. Generación tras generación, sin importar la época en que se viva, justos e impíos viven las mismas experiencias, se ven sometidos a las mismas pruebas, luchan con los mismos problemas, ¡Y al final todos terminan en una tumba fría!

Las personas, conforme van envejeciendo, vuelven sus ojos al pasado y comprueban cuán efímera e ilusoria es la vida. Tan efímera e ilusoria que se nos escapa de las manos. Entonces, ¿qué sentido tiene el haber vivido? ¿Valió la pena luchar tanto por lo justo? ¿Hemos vivido como debíamos de haber vivido?

"¿Qué provecho recibe el hombre de todo el trabajo con que se afana bajo el sol?" (Ecl. 1:3). Y, ¿a qué conclusión llegamos con todo esto? El libro de Eclesiastés no sólo plantea estas y otras preguntas, sino que conduce también hacia sus respuestas.

Trabajo por Hacer

(Si no lo has hecho, lee la sección titulada Observación, ubicada en la introducción de este libro).

Instrucciones Generales

1. Una cuidadosa lectura del libro de Eclesiastés te revelará el porqué ha sido incluido en la Biblia. Al iniciar tu estudio haz lo siguiente:
    a. Ten presente, que todo lo que leas debe ser considerado siempre dentro del contexto de todo el consejo de Dios.
    b. Lee 1:1-3 y 12:13-14 para que veas cómo comienza y cómo termina Eclesiastés. Ten presente estos versículos durante el transcurso de este estudio.

2. Conforme vayas leyendo el libro de Eclesiastés, deberás ir marcando de forma distintiva toda referencia al autor.
    a. ¿Quién y qué es él? ¿Cómo se describe a sí mismo? ¿Qué pretendía, qué tenía, qué experiencias tuvo y qué provecho sacó de todo ello? Esto es muy importante. Además, debes de anotar en los márgenes todas las observaciones que te parezcan pertinentes.
    b. Durante tu lectura, observa lo que el autor ha visto o ha llegado a conocer, lo que alaba y lo que concluye. Anota o marca de una manera fácilmente distinguible estas observaciones, pues ellas incluyen frases clave muy importantes que se repiten a lo largo del libro.
    c. A partir del capítulo 4 marca o haz una lista, en el margen, de las órdenes (mandatos) y advertencias del autor. Por ejemplo, en 5:1 el autor nos dice que guardemos nuestros pasos cuando vayamos a la casa de Dios.

3. Luego de leer cada capítulo, marca de manera distintiva las palabras clave que aparecen en la lista del PANORAMA DE ECLESIASTÉS. Anota esas palabras clave en

una tarjeta y úsala como separador de páginas mientras haces este estudio.

4. Una vez que hayas realizado tu registro de observaciones de cada capítulo, haz lo siguiente:
   a. Busca todos los casos donde marcaste Dios y escribe en el margen todo lo que aprendas acerca de Él, de sus obras y de lo que debemos de hacer con relación a Él.
   b. Marca también los diferentes grupos contrastantes de personas: los justos y los impíos, los sabios y los necios. Anota en el margen todo lo que aprendas respecto de esas personas.
   c. Haz también una lista de todo lo que aprendas en cuanto a las **riquezas** (*abundancia o bienes*) y el **trabajo** (*labor*).
   d. Una vez concluido tu estudio del libro, resume en uno de los márgenes todo lo que aprendiste en las listas anteriores.

5. Anota los temas de los capítulos en el PANORAMA DE ECLESIASTÉS, y en tu Biblia.

Capítulos 1-8: Investigación de las Inconsistencias de la Vida

1. Según vayas leyendo, marca en el texto Bíblico las palabras clave que aparecen en la lista del PANORAMA DE ECLESIASTÉS. De igual manera, busca y marca todas las variantes de las siguientes palabras: **investigar, descubrir** y **dirigir.**

2. La palabra vanidad está relacionada con el vocablo Hebreo **jabél**, que significa "**vaciedad**", en sentido figurado algo transitorio e insatisfactorio; a menudo usado como adverbio: **aliento, ídolo, vanamente, vanidad, vano**.
   a. Jabél aparece en Eclesiastés más que en cualquier otro libro de la Biblia. De todos los casos en que se usa esta palabra, la mitad se encuentra en Eclesiastés.
   b. A excepción de 11:8 y 12:8, todos los casos en que se usa la palabra **vanidad** están en esta primera sección de Eclesiastés. Por lo tanto, una vez hayas marcado todas las veces que encuentras esta palabra, elabora en el margen una lista de todo lo que aprendas en cuanto a la vanidad.

Capítulos 9-12: Exposición de las Inconsistencias de la Vida

1. Lee 9:1 y marca la palabra declaro. ¿Te diste cuenta de que este versículo podría ser el punto central del libro de Eclesiastés? De ser así, lee con atención para ver qué explicación da el autor en cuanto a las inconsistencias de la vida.

2. Luego de estudiar el capítulo 10, vuelve a leer todos los casos que tratan acerca de la sabiduría (que ya marcaste) y elabora una lista de lo que has aprendido en Eclesiastés respecto a este tema.

3. Al leer 12:1-7, piensa en el cuerpo del ser humano y en los efectos de la edad en su organismo. ¿Puedes ver alguna "descripción gráfica" del cuerpo humano, y de los efectos del envejecimiento? Por ejemplo, "los que muelen... son pocos" puede ser una alusión a la pérdida de la dentadura.

4. Completa el PANORAMA DE ECLESIASTÉS.

Para Reflexionar

1. ¿En dónde has buscado el sentido de la vida? ¿Qué es lo que has andado buscando para sentirte realizado, o para descubrir la felicidad? ¿Has encontrado ya la felicidad?

2. Según Dios, ¿Dónde puede hallarse el sentido de la vida? ¿Dónde no puede hallarse?

3. El autor de Eclesiastés es Salomón, el hijo de David. Salomón fue el hombre más rico y más sabio de entre todos los seres humanos, ¿qué has aprendido de su experiencia que pueda serte de ayuda?

4. Repasa todo lo que hayas aprendido acerca de Dios en este libro. Y partiendo del hecho que Dios traerá a juicio toda obra, aun las de los creyentes en Cristo (2 Corintios 5:10; Romanos 14:10), ¿qué cosas estás haciendo que debas seguir haciendo y cuáles debes dejar de hacer? ¿Estás dispuesto a hacerlo?

Panorama de Eclesiastés

Tema de Eclesiastés:

Autor:

Fecha:

Propósito:

Palabras Clave:
(incluir sinónimos)

Dios

vanidad(es), vano(a)

bajo el sol (bajo el cielo)

sabiduría

justo(s), justicia (derecho)

impío, impiedad (iniquidad, perversidad)

sabio(s)

necio

mal (maldad y todas sus inferencias)

trabajo (labor y demás sinónimos)

riquezas (bienes)

División por Secciones

		Temas De Los Capítulos
		1
		2
		3
		4
		5
		6
		7
		8
		9
		10
		11
		12

Ver el Apéndice 7 para ver las palabras clave en la Versión Reina Valera y Nueva Versión Internacional

CANTARES
SHIR HASHIRIM

Cantar de los Cantares es una bella historia de amor incluida en el canon de las Sagradas Escrituras. En el octavo día de la celebración de la Pascua los judíos acostumbraban cantar fragmentos de este libro, al que comparaban con el Lugar Santísimo del templo.

Cantar de los Cantares es un libro del que nuestro Señor nunca citó ningún versículo, pero con el que multitud de creyentes en Cristo cantan: "Mi amado es mío, y yo soy suya", al igual que, "su estandarte sobre mí es el amor".

Las muchas aguas no podrán extinguir el amor,
Ni los ríos lo apagarán;
Si el hombre diera todos los bienes de su casa por amor,
Sólo lograría desprecio (8:7).

TRABAJO POR HACER

(Si no lo has hecho, lee la sección titulada Observación, ubicada en la introducción de este libro).

Instrucciones Generales

1. Cantar de los Cantares es un poema lírico que recopila diferentes cantos. En la Biblia, no hay otro libro que se le compare. Antes de comenzar a analizar su contenido, debes leerlo de principio a fin, despacio y sin interrupciones. Ten presente que algunas frases te sonarán extrañas o insólitas, esto se debe a que tienen sus raíces en la cultura semítica.

2. Al leer este libro, toma nota de los distintos interlocutores, y de cuándo participan. La Nueva Biblia de los Hispanos identifica quién está hablando. Pero si prefieres identificarlos por ti mismo, haz lo siguiente:
   a. Lee todo el libro una vez más, marcando todas las veces que habla la mujer (la novia) y el hombre (el novio). Busca las formas pronominales (él, ella, le, lo, la, mío, mía, etc.), y márcalas de manera distintiva.
   b. En el curso de tu lectura encontrarás que hay otro grupo de personas a quienes el texto llama "hijas de Jerusalén", la Nueva Biblia Latinoamericana de Hoy identifica cuándo es que intervienen, se les llama "el coro". Toma nota de las intervenciones de estas "hijas de Jerusalén" (el coro). También, cuando veas que intervienen otros interlocutores, márcalos, anotándolos luego bajo la "División por Secciones" del PANORAMA DE CANTARES.

3. Lee de nuevo todo Cantares, y esta vez haz lo siguiente:
   a. Marca en el texto las palabras clave que aparecen en la lista del PANORAMA DE CANTARES.
   b. Busca detalles acerca del novio y la novia: qué posición social tenían, de qué familia eran, cómo y dónde se conocieron, etc. Una lectura detenida del

libro de principio a fin te ayudará a relacionar todos los detalles. Anota tus observaciones en una hoja aparte y luego escríbelas en el margen del texto.
c. Busca otras divisiones por secciones del libro. Nota, por ejemplo, cuándo termina el cortejo, cuándo se celebra la boda, y qué sucede en el matrimonio, y porqué. (Busca la palabra **bodas**). Anota esas secciones en el PANORAMA DE CANTARES.
d. En el PANORAMA CANTARES anota los temas de los capítulos, al igual que en la línea al inicio de cada capítulo. Completa el cuadro del panorama.

PARA REFLEXIONAR

1. Son muchas y diversas las interpretaciones en cuanto al significado de este libro. Cantares, ¿se refiere solamente al aspecto físico y emotivo del amor y del matrimonio? ¿Simboliza acaso la relación entre Dios e Israel, o entre Jesucristo y la Iglesia (su novia)? ¿O es un símbolo de la devoción de los creyentes? En caso de que el libro trascienda de lo literal a lo espiritual, ¿qué consideras que puede aplicarse a tu relación con el Señor Jesucristo?

2. Si este libro tiene que ver sólo con los aspectos físicos y afectivos del matrimonio, ¿qué enseñanzas tomarías para aplicarlas en tu relación conyugal? Reflexiona en la comunicación que se da entre la novia y el novio, en las cosas que comparten, en la naturaleza de su relación física, en el origen de sus problemas y en la forma solucionarlos.

3. ¿Qué enseñanzas has recibido de este libro, que puedan servirte como preparación para el matrimonio? Por ejemplo, ¿qué has aprendido en cuanto a entenderte a ti mismo, a tu futuro cónyuge, y a la importancia de la intimidad, la pureza y unión física?

4. ¿Qué piensas que una relación adúltera haría a la intimidad entre el novio y la novia? Santiago 4:4 nos dice que la amistad con el mundo (es decir, con su sistema) nos conduce al adulterio espiritual. ¿Cómo afecta eso nuestra relación de intimidad con Dios? Lee 2 Corintios 11:2-3 y medita al respecto.

Panorama de Cantares

Tema de Cantares:

Autor:

Fecha:

Propósito:

Palabras Clave:
(incluir sinónimos)

amor(es),
amar (y sus variaciones)

amado

ven, viene, que sube(n)

hermosa(os)

División por Secciones

			TEMAS DE LOS CAPÍTULOS
		1	
		2	
		3	
		4	
		5	
		6	
		7	
		8	

Ver el Apéndice 7 para ver las palabras clave en la Versión Reina Valera y Nueva Versión Internacional

ISAÍAS   יְשַׁעְיָהוּ
YESHA'YAHU

Los mensajes de los profetas del Antiguo Testamento tuvieron como destinatarios a los pueblos de Israel y de Judá; pueblos que vivieron entre los años 840 y 420 a.C. Isaías, cuyo nombre hebreo Yeshaiáju significa "El Señor salva" o "El Señor es Salvador", es el primero de los profetas mayores. El libro de Isaías tiene más profecías acerca de la venida del Mesías, que cualquier otro de los libros escritos por los profetas. Este libro revela al Mesías (o Cristo) como el Siervo sufriente y Rey vencedor. Por inspiración divina, Isaías da a conocer sucesos por venir y acontecimientos que tendrán lugar en el futuro, con la intención de que el pueblo de Dios sepa que, aparte del Señor, no hay otro Dios.

De Isaías 37:37-38 deducimos que este profeta vivió por lo menos hasta el año 681 a.C.; año en que Esarhadón llegó a ser rey de Asiria, después de la muerte de su padre Senaquerib. Según la tradición, Isaías sufrió el martirio de ser aserrado en dos a manos de Manasés, rey de Judá, quien reinó después de Ezequías (2 Rey. 21:16). De ser verídica esta tradición, Isaías pudiera ser uno de los héroes de la fe que son mencionados en Hebreos 11:37.

Trabajo por Hacer

(Si no lo has hecho, lee la sección titulada Observación, ubicada en la introducción de este libro).

La estructura fundamental del libro de Isaías es fácil de recordar si se compara con la estructura de la Biblia; que contiene 66 libros, 39 de ellos en el Antiguo Testamento y 27 en el Nuevo Testamento. Isaías, cuyo enfoque está en el Santo de Israel, consta de 66 capítulos y se divide en dos grandes secciones: los capítulos 1 al 39 revelan el carácter y el juicio de Dios, y los capítulos 40 al 66 ponen de manifiesto su consuelo y redención. Puesto que Isaías es un libro muy extenso, en el que abundan los discursos y los cánticos, hay que estudiarlo por secciones para no pasar por alto sus maravillosas promesas y profecías. Pídele a Dios que te ayude a entender el importante mensaje de este libro.

Instrucciones Generales

1. Según vayas leyendo Isaías, capítulo por capítulo, analízalos a la luz de las seis preguntas básicas. Formula preguntas tales como: ¿Sobre quién se enfoca este capítulo? ¿Qué sucede, o sobre qué trata esto? ¿Cuándo y dónde sucede? ¿Cómo sucederá? ¿Por qué sucederá y cómo?

2. Marca toda referencia a Dios con un △ y registra lo que aprendas de Su carácter, Su poder y Sus caminos. Anota también esta información, en el margen del libro. Si el versículo menciona la soberanía de Dios, escribe así en el margen: "△ Soberanía". También, busca y marca cualquier referencia a Dios como el Creador y anota en el margen: "△ Creador".

3. Isaías es un conjunto de discursos, canciones y profecías, en lugar de un recuento cronológico de acontecimientos referentes a la vida de Israel. De cuando en cuando se dan importantes interludios históricos, en los que frecuentemente Dios ordena a Isaías realizar algo para que sirva como señal al pueblo. Por ejemplo, en 8:3 Isaías recibe la orden de llamar a su hijo **Maher Shalal Hash Baz**, nombre que significa "el despojo se apresura, la presa se precipita". Con este nombre Isaías estaba dándole a conocer al pueblo la inminente invasión Asiria, que ocurriría antes que Maher Shalal Hash Baz supiera decir "papá" y "mamá". Presta mucha atención a esos interludios.

4. Isaías escribió muchas profecías relacionadas con varios acontecimientos futuros, entre los que se incluyen el cautiverio, el nacimiento del Mesías, el reinado del Mesías y los últimos días. Busca estas profecías, y anótalas en el margen.
   a. Cuando leas algunas de estas profecías, notarás que la primera y la segunda venida del Mesías (Cristo) son profetizadas sin dar alguna indicación de un intervalo existente entre ellas. Por ejemplo, Isaías 61:1-2a corresponde a la primera venida de Jesucristo. De hecho, Jesús leyó en la sinagoga de Nazaret este pasaje, pero se detuvo al llegar a este punto (Lucas 4:18-19). ¿Por qué lo hizo? Porque la siguiente parte de este versículo, "y el día de venganza de nuestro Dios", tiene que ver con el día del Señor, que incluye el juicio efectuado por Cristo y Su segunda venida.
   b. Te será de mucho provecho el leer la sección titulada "Pautas para la Interpretación de la Profecía Predictiva", que comienza en la página 382.
   c. Observa el diagrama titulado LOS EVENTOS PROFÉTICOS DE LA HISTORIA al final de estas instrucciones. Si tienes en mente estos puntos proféticos, durante tu lectura de Isaías, te será fácil distinguir los períodos de tiempo a los que se refiere Isaías. Busca y marca toda referencia a la venida del Señor. Anota a qué venida se refiere y cuáles son las circunstancias relacionadas con ella.

5. En el PANORAMA DE ISAÍAS están registradas las palabras clave que debes marcar en el texto. Anótalas en una tarjeta y úsala como separador de páginas. Al marcar toda mención a *aquel día*, observa cuidadosamente a qué día se está refiriendo. Comienza un diagrama en tu libreta de apuntes respecto al día del Señor (el día de ira, el día de Dios) y úsalo en tu estudio de toda la Biblia. Puedes utilizar cuatro encabezados para este diagrama; la referencia bíblica, cómo la Biblia describe el día, qué sucede con la naturaleza, y señales del comienzo o final del día.

6. Babilonia desempeña un importante papel profético en toda la Biblia, incluso en relación con el día del Señor. Realiza una lista de todo lo que aprendas de Babilonia. No olvides anotar también la referencia bíblica (nombre del libro, capítulo y versículo) de donde obtuviste la información. Esto te servirá para referencias futuras.

7. Marca toda referencia de tiempo con un círculo ◯.

8. Finalmente, tienes mucho que aprender acerca de Isaías. Marca toda referencia a él con un color distintivo para poder localizarlo con facilidad. Anota también lo que aprendas de él al final de Isaías 66.

Isaías 1-39: El Carácter de Dios y Su Juicio

Capítulos 1-12: Discursos Acerca de Judá y Jerusalén

1. Lee el capítulo 1 para que captes la condición moral y espiritual, así como el marco histórico que se registran en este libro.
    a. Lee Isaías capítulo 1 y colorea de forma distintiva toda referencia al pueblo de Dios, Israel. Luego, anota en el margen todo lo que aprendas acerca de Israel en este capítulo.
    b. Hay mucho que aprender de Israel y de la sociedad de la época del 700 a.C. Marca toda información que encuentres respecto al estado de la nación o condición moral de ese período.
    c. A fin de situar el libro en su contexto cronológico, compara Isaías 1:1 con los Eventos Proféticos de la Historia al final de estas instrucciones. Anota tus observaciones en el PANORAMA DE ISAÍAS, bajo los encabezados "Autor" y "Fecha".

2. Según vayas leyendo los capítulos 2 al 12, uno por uno, haz lo siguiente:
    a. Añade a tu tarjeta las siguientes palabras clave y márcalas hasta el capítulo 39: **Samaria, Asiria, Ay de** (ver también 45:9-10) y **remanente** (ver también en 46:3).
    b. Marca toda referencia de tiempo con un círculo◯.

3. Conforme vayas leyendo cada capítulo, toma nota de lo siguiente:
    a. A quién está hablando Dios y qué dice Él en cuanto a su conducta.
    b. Observa las consecuencias de tal conducta.
    c. Mira si hay alguna exhortación o ruego, seguida por una promesa de cómo Dios sanará, bendecirá, o actuará en su favor.

4. Isaías 6 es un capítulo estratégico, ya que nos presenta el llamado del profeta Isaías y la comisión que recibió de parte del Señor.
    a. A fin de situar este capítulo en su contexto histórico, lee 2 Reyes 15. En el versículo 1 de dicho capítulo, a Uzías se le llama Azarías (véase 2 Crónicas 26:1). Los reinados de Uzías y Jotam coinciden en el tiempo. Esto se debe a que estos dos reyes funcionaron como corregentes por un lapso de tiempo.
    b. Anota en el margen la progresión de los acontecimientos vista en este capítulo.

5. No olvides las "Instrucciones Generales" al estudiar cada capítulo, pues es muy importante tenerlas en mente para un análisis cuidadoso del texto.

6. A medida que estudies los capítulos, anota sus respectivos temas en el PANORAMA DE ISAÍAS y en tu Biblia al inicio de cada capítulo.

Capítulos 13-23: Profecías Contra Varias Naciones

1. Al leer esta sección, capítulo por capítulo, busca y marca de forma distintiva la frase clave repetida ***profecía sobre*** _____. Toma nota de contra quién es la profecía y localiza la ciudad o nación de que se trate, en un mapa.

2. Al estudiar cada capítulo, anota en el margen, o marca en el texto, lo siguiente:
   a. Toda mención de algún juicio en contra de los destinatarios de la profecía y del motivo para tal juicio.
   b. Busca de dónde viene el juicio y si afectará a Israel.
   c. Busca ***cuándo*** ocurre algo, y señálalo con un reloj.
   d. Observa cómo se realizan los propósitos de Dios en la historia de la humanidad.
   e. Marca toda referencia al día de Señor.

3. Anota los temas de los capítulos, tal y como has hecho con anterioridad, tomando en cuenta que esto no siempre te será fácil de hacer. Las divisiones en capítulos no son parte constitutiva de las Escrituras originales; por lo tanto, no debe desanimarte si tropiezas con dificultades para resumir los temas de los capítulos. Cuando eso suceda, escoge un versículo clave en torno al cual parezcan girar los puntos centrales del capítulo, o simplemente escoge algunas palabras del primer versículo del capítulo correspondiente y anótalas en el PANORAMA DE ISAÍAS.

Capítulos 24-27: Discursos Acerca de "Aquel Día"

1. Al leer esta sección, añade ***pacto*** a tu lista de palabras clave.
2. Al leer cada capítulo, toma en cuenta lo siguiente:
   a. Qué les sucede a la tierra y a sus habitantes (hombres y animales).
   b. Qué hará El Señor de los ejércitos, y dónde va a estar.
   c. Cómo va a responder el pueblo.

3. Anota los temas de los capítulos en el PANORAMA DE ISAÍAS y en la Biblia al inicio de cada capítulo.

Capítulos 28-33: Los Seis ¡Ay!

1. Marca las palabras clave y añade a tu lista ***mi (su, el) Espíritu***. Estas palabras también se utilizan en Isaías 11:2, márcalas allí también.

2. Al leer cada uno de los capítulos, marca en el texto lo siguiente:
   a. A quién va dirigido el Ay.
   b. Qué motivó ese Ay.
   c. Qué hará el Señor al respecto, y qué resultará de todo ello.

3. Anota los temas de los capítulos en el PANORAMA DE ISAÍAS y en tu Biblia al inicio de cada capítulo.

Capítulos 34-35: Recompensa de Dios y Rescate de Sion

1. Al leer estos dos capítulos, marca las palabras clave que ya tienes anotadas y añade las siguientes para buscarlas también de aquí en adelante: *espada, retribución, gloria (del Señor),* y *rescatados.*

2. Busca sobre quién será la retribución de Dios, en qué consistirá y qué vendrá después. Anota todo eso en el margen. Asegúrate de anotar qué pasará con los rescatados y redimidos. También anota qué implicará esto para Sion.

3. Anota los temas de los capítulos en el PANORAMA DE ISAÍAS y en tu Biblia al inicio de cada capítulo.

Capítulos 36-39: Relato Histórico Desde la Amenaza Asiria Hasta la Amenaza Babilónica

1. Lee estos capítulos y marca las siguientes palabras: *Asiria, Senaquerib, Rabsaces, Ezequías, Isaías, Babilonia, remanente, el Señor de los ejércitos* y *oración (orar).*

2. Lee estos capítulos una vez más, fijándote en las palabras ya marcadas. Anota en el margen lo que aprendas acerca de cada personaje y de sus acciones, de las consecuencias de éstas, y de la intervención de Dios. Haz una lista de lo que aprendas acerca de Dios en estos capítulos. No olvides anotar qué pasa con Asiria y Babilonia. Este punto es muy importante con respecto a aquellas dos potencias y a la nación de Israel.

3. Para mayor información acerca de Ezequías, lee 2 Reyes capítulos 18 al 20 y 2 Crónicas 29 al 32.

4. Anota los temas de estos capítulos en el PANORAMA DE ISAÍAS y en tu Biblia al inicio de cada capítulo.

Isaías 40-66: El Consuelo y Redención de Dios

Capítulos 40-48: El Señor, Tu Redentor

1. Continúa marcando toda palabra clave que tengas registrada en tu lista. Marca también, y de manera distintiva, las siguientes referencias a Dios: *yo soy el Señor (Dios), fuera de mí no hay Dios* y *Redentor.* Luego, elabora en el margen una lista de todo lo que aprendas y quieras recordar acerca de Dios, o de lo que quieras tener a la mano para futuras consultas. Toma nota del carácter de Dios, de sus obras y de con qué o con quién se le compara.

2. Cuando realices esto, haz una pausa y detente a meditar en todo lo que has aprendido. Piensa en cómo puede ayudarte esto en tu relación con Dios. Recuerda que Dios no sólo es el Redentor de Israel sino también el tuyo; si es que te has arrepentido y has creído en el Señor Jesucristo.

3. Marca también la palabra *siervo*, y añádela a tu lista. Al leer cada capítulo, revisa el contexto (es decir, los versículos anteriores y posteriores) en que se usa siervo. Esto es crucial. Pon atención si *siervo* se refiere a Israel (Jacob) o al Señor Jesucristo, y anota en el margen tus observaciones al respecto. Si la mención parece aludir proféticamente a Jesús, revisa las referencias cruzadas que vienen en la Biblia y mira si hay versículos del Nuevo Testamento que muestren cómo se cumplió en Jesucristo esa profecía. Puedes titular a tu lista "Israel, el Siervo" o "El Mesías Siervo".

4. Marca nuevamente la palabra *remanente* (que en esta sección aparece una sola vez), *gloria del Señor, salvación, nación(es),* y *Babilonia*. Elabora en el margen una lista de todo lo que aprendas de cada una de ellas.

5. Anota en el PANORAMA DE ISAÍAS los temas de los capítulos, tal como ya lo has hecho. Llena el espacio en blanco de la segunda columna en la división por secciones: Discursos con Respecto a _____.

Capítulos 49-57: Tu Redentor Salvará

1. Haz aquí lo mismo que hiciste en los incisos 1 al 4 de la sección anterior, tomando en cuenta todo lo que el Señor puede hacer y hará, y anotando todo esto en el margen. Lee el texto con detenimiento, para ver el porqué esta sección ha sido titulada "Tu Redentor Salvará". Presta atención a las instrucciones del Señor y aprópiate de ellas.

2. Busca los versículos proféticos que aparecen en lo que dice Isaías. Presta especial atención a 50:6 y 52:13 al 53:12. Luego de estudiar Isaías 53, vuelve a leerlo en actitud de oración, y cada vez que aparezcan los pronombres *nosotros* o *nos* sustitúyelos con tu propio nombre. Marca toda referencia a *Él* desde el versículo 2 en adelante. Elabora una lista de todo lo que aprendas acerca de Él.

3. Anota en el PANORAMA DE ISAÍAS los temas de los capítulos. Si lo encuentras provechoso, haz un resumen y anota en el margen los puntos secundarios de cada capítulo. Llena el espacio en blanco de la segunda columna, en la división por secciones, que corresponde a estos capítulos.

Capítulos 58-66: Tu Redentor Vendrá

1. Una vez más, marca las palabras clave que tienes anotadas en tu separador de páginas. También marca *redención* y toda referencia a *ayuno*. Nota también que siervo se pluraliza (siervos) a medida que se desarrolla esta sección.

2. En esta sección abunda el material con relación a los acontecimientos que anunciarán o acompañarán la venida del Señor para establecer Su reino, y respecto a lo que vendrá después con relación al cielo nuevo y a la tierra nueva. Anota en el margen todo lo que observes. Anota también lo que aprendas de las lecciones prácticas que encuentres en tu lectura. Por ejemplo, Isaías 58 ofrece nuevas perspectivas en cuanto al ayuno.

3. Sigue todas las instrucciones que se dan en los incisos 1 al 4 de Isaías 40-48.

4. Anota los temas de los capítulos y completa el PANORAMA DE ISAÍAS. Llena la segunda columna de la división por secciones correspondiente a estos capítulos. Anota también, en la división por secciones, las nuevas secciones que hayas descubierto.

Para Reflexionar

1. El carácter de Dios nunca cambia. Por esa razón, lo que en tiempos de Isaías lo entristecía, también lo entristece hoy en día. Lo que entonces mereció Su juicio, tampoco ahora será pasado por alto. ¿Hay algo que debas confesar a Dios, y abandonar por completo para enmendar tu vida? ¿Qué pasará en caso de que te niegues a hacerlo? ¿Piensas que Dios pasará esto por alto? Reflexiona sobre lo que has aprendido acerca de Dios y Sus caminos.

2. Dios es soberano, y en los días de Israel regía a las naciones. ¿Las rige todavía hoy? ¿Qué conclusión sacas de esto? ¿Dónde encaja tu nación dentro de este panorama?

3. Amós declara que Dios no hace nada sin antes revelárselo a sus siervos, los profetas (Amós 3:7). Por lo tanto, ahora que has estudiado el libro de Isaías, ¿qué puedes asegurar, con plena certidumbre, que habrá de suceder? Si las profecías acerca de la primera venida de Jesucristo se cumplieron al pie de la letra (como en efecto sucedió), ¿no habrán de cumplirse plenamente también las profecías sobre su segunda venida? En vista de todo esto, ¿cómo vivirás tu vida?

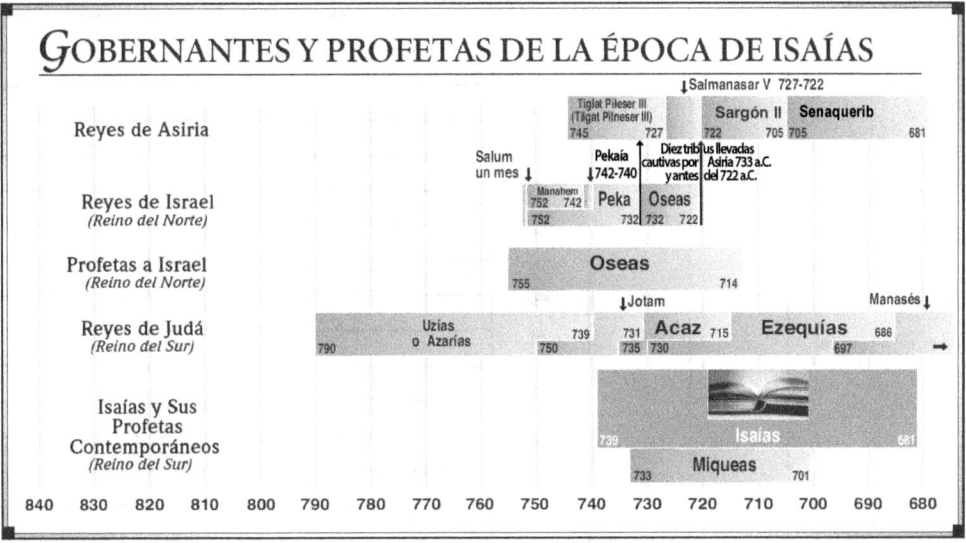

Panorama de Isaías

Tema de Isaías:

División por Secciones

Autor:				Temas De Los Capítulos
				1
				2
Fecha:		Discursos Referentes a Israel		3
				4
Propósito:				5
				6
				7
Palabras Clave:				8
(incluir sinónimos)				9
aquel día, en aquel día				10
				11
Señor de los ejércitos				12
			El Carácter y Juicio de Dios	13
Santo de Israel				14
tierra				15
Babilonia (Caldeos)		Oráculos		16
				17
naciones (que no sean Israel)				18
				19
Israel (Jacob)				20
Judá				21
pacto				22
				23
Sion (Jerusalén)				24
pecado (pecadores, mal, iniquidad, transgresiones, rebelar y traspasar)		Discursos Referentes a Aquel Día		25
				26
				27
				28
toda referencia a la venida del Señor				29
		Ayes		30
				31
redentor, redimir y sus variaciones				32
¡Ay!				33

Ver el Apéndice 7 para ver las palabras clave en la Versión Reina Valera y Nueva Versión Internacional

Panorama de Isaías

Tema de Isaías:

División por Secciones

			Temas De Los Capítulos
	El Rescate de Dios	El Carácter y Juicio de Dios	34
Intervalo Histórico			35
			36
			37
			38
			39
Discursos Referentes a:		El Consuelo y la Redención de Dios	40
			41
			42
			43
			44
			45
			46
			47
			48
Discursos Referentes a:			49
			50
			51
			52
			53
			54
			55
			56
			57
Discursos Referentes a:			58
			59
			60
			61
			62
			63
			64
			65
			66

Ver el Apéndice 7 para ver las palabras clave en la Versión Reina Valera y Nueva Versión Internacional

JEREMÍAS ירמיהו
YIRMEYAHU

Isaías vivió y profetizó cien años antes del cautiverio Babilónico; Jeremías profetizó poco antes y durante los tres sitios de Babilonia contra Judá. Entre estos dos grandes profetas hubo un período de treinta años en que Dios no habló. En aquel tiempo, los profetas verdaderos guardaron silencio, mientras que los profetas falsos se mostraban extremadamente elocuentes, proclamando paz en lugar del juicio de Dios; y ese era el mensaje que el pueblo quería oír. Eran los días del reinado de Manasés, período que se distinguió por hacer lo malo ante los ojos del Señor y el derramamiento de sangre.

Aunque Jeremías vivió durante esa época, su ministerio profético no comenzó sino hasta aproximadamente el año 627 a.C., coincidiendo con el inicio del reinado de Nabopolasar sobre el Imperio Neobabilónico. Josías sucedió a Manasés en el trono de Judá y fue durante su reinado que se halló la Palabra del Señor en la casa de Dios. Cuando ocurrió aquel apreciable hallazgo, Josías convocó al pueblo al arrepentimiento, produciendo esto un poderoso avivamiento.

Luego, en el año 612 a.C., Nínive—capital de Asiria—cayó en manos de los Babilonios. En el 609 a.C., Egipto subió a ayudar a los asirios a defenderse de los ataques Babilónicos en Carquemis; pero Josías intento cerrar el paso a Necao, rey de Egipto, en los llanos de Meguido. Necao advirtió a Josías para que desistiera de sus amenazas, pero Josías insistió en presentar batalla, y como resultado perdió la vida en aquella batalla (2 Crón. 35:20-27).

Eso significó el fin del avivamiento en Judá. Y así, tal como el reino del norte (Israel), Judá también se prostituyó. Egipto fue finalmente derrotado por Babilonia en Carquemis, con lo que Babilonia se consolidó como la potencia mundial predominante de aquella época, convirtiéndose en la vara con la que Dios castigó a Judá—su esposa adúltera—así como a las naciones circunvecinas. Frente a todo lo acontecido, el profeta Jeremías lloró amargamente.

TRABAJO POR HACER

(Si no lo has hecho, lee la sección titulada Observación, ubicada en la introducción de este libro).

Instrucciones Generales

Capítulo 1: Hacia la Comprensión del Mensaje de Jeremías

Para comprender el mensaje de Jeremías, hace falta entender primero el llamamiento y la comisión que él recibió del Señor. Así que debes familiarizarte muy bien con el capítulo 1 antes de leer las instrucciones generales para los capítulos 2 al 38.

1. Lee el capítulo pidiéndole a Dios que te ilumine y te dé entendimiento. Luego, léelo una vez más y marca en él todas las palabras clave que se encuentran en la lista del PANORAMA DE JEREMÍAS.

2. Los primeros tres versículos presentan el marco histórico de Jeremías.

a. "El destierro de Jerusalén" (1:3) hace referencia al último sitio y a la destrucción de Jerusalén por mano de Nabucodonosor, rey de Babilonia, en el año 586 a.C. Observa el cuadro histórico, "Gobernantes y Profetas de la Época de Jeremías" al final de estas instrucciones.
   b. En el libro de Jeremías se encuentran muchas referencias al tiempo en que ocurrieron los hechos, como es el caso del 1:1-3. Al encontrar esa clase de información, consulta el diagrama para ver quién era rey en aquel tiempo, y qué relación había entre él y los demás reyes. Jeremías no sigue un orden necesariamente cronológico, por lo que tal información te ayudará a tener una perspectiva adecuada del tiempo en que suceden los hechos. Marca toda referencia de tiempo con un círculo ◯.
   c. Llena los espacios en blanco del "Autor" y "Fecha", en el PANORAMA DE JEREMÍAS.

3. Vuelve a leer Jeremías 1, busca contestar las seis preguntas básicas que ya conoces. Por ejemplo: ¿Quién era Jeremías? ¿Qué se esperaba que Jeremías fuera o hiciera? ¿A quién fue enviado y quién lo envió? ¿Cuándo fue llamado y por qué? ¿Cuál fue su respuesta? ¿Cómo habría de llevar a cabo su comisión? ¿Qué tenía que decir? ¿Cuál sería la reacción de la gente? ¿Qué tenía que hacer Jeremías? ¿Qué pasaría si la gente no respondía de manera positiva? ¿Qué haría Dios al respecto?
   a. Anota en una hoja aparte las respuestas a éstas u otras preguntas que surjan de tu lectura del texto. No leas entre líneas, no busques cosas que no hay, simplemente permite que el texto hable por sí mismo.
   b. Elabora en el margen del capítulo 1 una lista de todo lo que aprendas acerca del profeta Jeremías, su llamamiento y de los detalles de su comisión. Anota, a la luz de las seis preguntas básicas, todas las observaciones que surjan del estudio de este capítulo. Sé específico en tus respuestas.

4. Marca las referencias a Dios con un △ y anota en el margen lo que aprendas de Su carácter, soberanía, poder, y caminos.

5. Anota el tema de este capítulo en el PANORAMA DE JEREMÍAS y en tu Biblia al inicio de cada capítulo.

6. El resto del libro gira en torno al llamamiento y comisión de Jeremías como profeta a las naciones. Todo lo que Jeremías dice y hace tiene sus raíces en el capítulo 1. ¡Ten presente esto al hacer tu estudio! El apasionante y crucial mensaje de Jeremías contiene discursos y relatos de acontecimientos en la vida de Jeremías, en la historia de Israel, Judá y las demás naciones.

Capítulos 2-38: El Pecado de Judá y La Advertencia de Dios a Volver

Lee primero todas las instrucciones antes de comenzar. Pues deberás refrescar tu memoria de cuando en cuando, pues Jeremías es un libro bastante extenso.
   1. Estudia esta sección, capítulo por capítulo, y haz lo siguiente:
      a. Cuando Jeremías proclamaba, tenía que hacer dos cosas, una negativa y la otra positiva. En primer lugar y con respecto a las naciones, tenía que

arrancar, derribar, destruir y derrocar. En segundo lugar, tenía que edificar y plantar. Conforme vayas leyendo, observa cómo cumple Jeremías con estas dos comisiones con relación a Judá.

    1) Elabora en el margen una lista de los pecados de Judá—de su "maldad" (1:16) —que Dios tenía que corregir arrancando, derribando, destruyendo y derrocando.

    2) Observa también toda promesa de edificar y de plantar, es decir, de restauración. Anota en el margen lo que Dios haría en favor de ellos, cuándo lo haría, y porqué.

  b. Jeremías tenía la seguridad de que Dios cumpliría Su palabra (1:12). Conforme vayas leyendo, anota en el margen el juicio que Dios dictó contra Judá.

    1) Toma nota de la manera en que Dios ejecutaría ese juicio. En varias ocasiones, Dios le ordenó a Jeremías que realizara algunos actos simbólicos a fin de que el pueblo entendiera claramente Su mensaje. Localiza esas dramatizaciones simbólicas.

    2) Presta atención a los textos en los que se muestra a Dios realizando o cumpliendo lo que había prometido llevar a cabo; por ejemplo, podrías hacer la pregunta: ¿Qué dijo Dios que iba hacer? Registra además lo que Dios debía hacer con respecto al pacto (la ley) que había establecido con ellos.

2. Jeremías recibió la orden de comunicar todo lo que Dios le diría. Además, él sabía de antemano que se le opondrían reyes, príncipes, sacerdotes, y el pueblo en general.

  a. Cuando veas que Jeremías enfrenta oposición, escribe en el margen la palabra "oposición". Sigue atentamente las dificultades de Jeremías, y la manera en que las encaró. Observa también la forma en que Dios libró a Jeremías, tal como Él dijo que lo haría en 1:8, 18-19. (El grado del sufrimiento físico de Jeremías se describe en los capítulos 37 y 38.)

  b. Toma nota de lo que aprendas acerca de los dirigentes, los pastores (espirituales) y los profetas.

3. Como ya habrás notado, Jeremías profetizó durante los reinados de los últimos cinco reyes de Judá, comenzando con Josías. De hecho, los capítulos del 1 al 20 ocurrieron durante el reinado de Josías. Los capítulos 21 al 28 sucedieron bajo el reinado de los otros cuatro reyes. Es de señalar que estos capítulos no están en orden cronológico.

4. En el capítulo 20 aparece en escena el rey de Babilonia, pues "desde el norte vendrá el mal sobre todos los habitantes de esta tierra" (1:14). A partir de este punto cobran importancia Babilonia y Nabucodonosor. De ahora en adelante, debes marcar toda referencia a **Babilonia** (**Caldeos**) y resumir todo lo que aprendas de ella en el margen, debajo del encabezado "Babilonia".

5. En una tarjeta, haz una lista de las palabras clave que están en el PANORAMA DE JEREMÍAS y márcalas de la misma forma en que las marcarás en el texto. Marca

también toda referencia de tiempo con un círculo ⃝.
- a. Conforme marques las referencias a **nación** o **naciones** (Excepto Babilonia), observa de qué nación se trata, y anótala.
- b. Busca toda palabra y sinónimo que tenga que ver con arrancar, derribar, destruir, edificar, plantar o restaurar. Márcalas de manera distintiva o subráyalas en el texto.

6. Al llegar a Jeremías 31, encontrarás una maravillosa referencia al Nuevo Pacto. Anota en el margen lo que logró el Nuevo Pacto. Compáralo con Mateo 26:26-29 y Lucas 22:17-20. También busca la nota acerca del Pacto, que está en la página 36.

7. Una vez que vayas terminando de estudiar cada capítulo, de marcar las palabras clave y de hacer anotaciones en el margen, anota los temas de esos capítulos en el PANORAMA DE JEREMÍAS y en tu Biblia al inicio de cada capítulo.

Capítulos 39-45: Caída de Jerusalén y Destierro de Judá

1. Esta sección es mayormente narrativa, con excepción de lo encontrado en el capítulo 45. Por lo tanto, al leer cada capítulo haz lo siguiente:
- a. Toma nota de qué sucede, cuándo sucede (señala las referencias de tiempo), dónde y por qué sucede. Marca toda referencia geográfica con doble línea de color verde.
- b. Toma nota de quién o quiénes intervienen, marcando de manera distintiva los personajes principales de cada capítulo. Luego, anota en el margen quiénes son, y agrega cualquier dato de importancia que quieras recordar.

2. Anota los temas de los capítulos, como has hecho anteriormente.

Capítulos 46-51: Profecía de Jeremías Acerca de las Naciones

1. En el transcurso de la lectura, toma nota de las palabras del Señor en cuanto a lo que va a suceder, y del porqué va a suceder. Toma nota también del resultado final y de alguna esperanza futura que el Señor ofrezca. Observa y marca toda referencia de tiempo.

2. Presta atención a las referencias al norte y a los Medos. Toma nota también de lo que aprendas acerca de Israel en estos capítulos.

3. La información que estos capítulos contienen acerca de Babilonia es de suma importancia, y te servirá de mucho cuando estudies profecía bíblica y/o el libro de Apocalipsis. Anota en tu libreta de apuntes todo lo que aprendas acerca de Babilonia.

Capítulo 52: Últimos Días del Exilio de Judá

1. Al estudiar este capítulo, marca las referencias de tiempo y anota en el margen lo que se hizo con los reyes, la ciudad y los utensilios del templo, y anota también quién lo hizo.

2. En el PANORAMA DE JEREMÍAS, anota el tema de este capítulo. Completa también el resto del cuadro incluyendo las secciones de Jeremías, correspondientes a la división por secciones.

Para Reflexionar

1. Judá se comportó como una ramera. Y tú, que eres la novia de Jesucristo, ¿cómo te has comportado? ¿Ves en ti alguna relación con los pecados de Judá? En Santiago 4:4, Dios llama como "almas adúlteras" a quienes buscan amistad con el mundo; así que, ¿cómo crees que Dios te llamaría a ti?

2. ¿Cuán fiel eres al llamado de compartir con otros la Palabra de Dios? ¿Qué puedes aprender, en este sentido, de la vida de Jeremías? ¿Titubeas al hablar a los demás acerca de la Palabra de Dios debido al temor o porque piensas que no te harán caso? ¿Te sientes desanimado al ver la manera como reaccionan? ¿Qué deberías hacer? Reflexiona en todos los casos donde marcaste las referencias a escuchar y oír en este libro. Judá no le hizo caso a Dios; sólo prestaba atención a los profetas que les gustaba oír. ¿Cuánta atención prestas tú a la Palabra de Dios?

3. ¿Dios podría haber cambiado de parecer en cuanto a la calamidad que iba a traer sobre Judá? ¿Por qué lo hubiera hecho? ¿Qué te enseña esto?

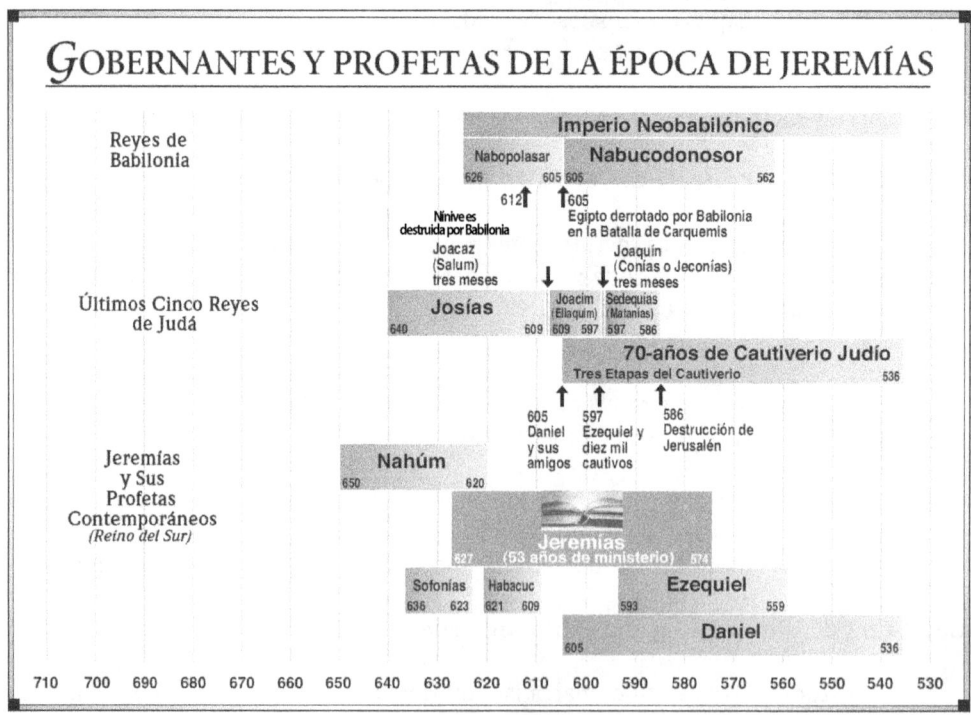

Panorama de Jeremías

Tema de Jeremías:

División por Secciones

Autor:

Fecha:

Propósito:

Palabras Clave:
(incluir sinónimos)

Naciones

palabra del Señor y palabra(s) - cuando se refiera a la palabra del Señor

destruir (destructor, arrancar, derribar)

edificar, plantar, restaurar (y sus variaciones), los haré volver, devolveré

escuchar, oír y sus variaciones

arrepentirse, volver y sus variaciones

maldad, malvado(s), pecado, iniquidad, impíos

corazón

abandonar y sus variaciones

sanar, curar, curación, remedio y sus variaciones

pacto

en cuanto, acerca de

norte

Babilonia (del capítulo 20 en adelante Caldeos)

calamidad, mal (furor, ira, enojo)

¡Ay!

hambre

		Temas De Los Capítulos
		1
		2
		3
		4
		5
		6
		7
		8
		9
		10
		11
		12
		13
		14
		15
		16
		17
		18
		19
		20
		21
		22
		23
		24
		25
		26

Ver el Apéndice 7 para ver las palabras clave en la Versión Reina Valera y Nueva Versión Internacional

Panorama de Jeremías

Tema de Jeremías:

División por Secciones

			Temas De Los Capítulos
		27	
		28	
		29	
		30	
		31	
		32	
		33	
		34	
		35	
		36	
		37	
		38	
		39	
		40	
		41	
		42	
		43	
		44	
		45	
		46	
		47	
		48	
		49	
		50	
		51	
		52	

Ver el Apéndice 7 para ver las palabras clave en la Versión Reina Valera y Nueva Versión Internacional

LAMENTACIONES איכה EKHA

Como su nombre lo indica, este libro es una colección de "lamentos" o "lamentaciones"; las cuales son leídas anualmente por los judíos como remembranza de la caída de Jerusalén y de la destrucción de su templo. Estas lamentaciones les recuerdan la tragedia que causó el pecado, y que pudo haber sido evitada. Les recuerdan también, que Dios es un Dios que juzga y que guarda Su pacto para siempre.

Estas expresiones de dolor fueron escritas durante los años existentes entre la destrucción de Jerusalén y el posterior retorno del remanente luego de los setenta años de cautiverio. La situación en que se encontraba Judá era angustiante, pero no sin esperanza, pues recordaban: "Que las misericordias del Señor jamás terminan, Pues nunca fallan Sus bondades; Son nuevas cada mañana; ¡Grande es Tu fidelidad!" (3:22-23).

Trabajo por Hacer

(Si no lo has hecho, lee la sección titulada Observación, ubicada en la introducción de este libro).

Instrucciones Generales

1. En este libro hay cinco lamentos, cada uno de los cuales inicia un nuevo capítulo. Además debes tener en cuenta el hecho de que Lamentaciones es un libro poético. Por esta razón, con excepción del capítulo 3, cada capítulo contiene veintidós versículos que a la vez son estrofas. Una estrofa—o versículo—por cada letra del alfabeto hebreo. Conforme leas estos capítulos, toma nota de cómo empieza cada lamento, y en torno a qué o a quién gira el mismo.

2. Marca las palabras clave (y sus sinónimos) que aparecen en el PANORAMA DE LAMENTACIONES.

3. Nota la personificación de Jerusalén y de Judá. A la primera se le personifica como mujer, lo que puede verse en las primeras líneas del libro: "¡Cómo yace solitaria la ciudad…! Se ha vuelto como una viuda". Haz una lista de lo que aconteció con Jerusalén, y porqué; pues éste es un punto clave a considerar. Observa todo lo que la conmueve, la angustia que la embarga a causa de sus hijos, y los pensamientos y añoranzas que la acosan.

4. Luego, estudia y haz una lista de todo lo que aprendas acerca de Dios, de Su carácter y de Sus juicios, así como de Sus razones para actuar como actúa. Por ejemplo, 1:5 dice que Dios afligió al pueblo de Judá por su pecado, y que hizo que fuera llevado cautivo por causa de sus transgresiones.

5. Lamentaciones proporciona un panorama más claro de lo que sucedió cuando

Babilonia sitió a Jerusalén. Elabora en el margen una lista de todo lo que aprendas al respecto. Por ejemplo, 1:10 dice que las naciones penetraron en la casa de Dios, e ingresaron al santuario donde sólo les era permitido entrar a los sacerdotes judíos. El versículo 11 cuenta que para entonces hubo una gran escasez de alimentos, y que la gente andaba en busca de ellos, e intercambiaba cosas de mucho valor con tal de conseguirlos (Esto pudiste verlo también en el libro de Jeremías).

6. Resume los temas de los capítulos, y anótalos en el texto en la línea ubicada al inicio de cada capítulo, al igual que en el PANORAMA DE LAMENTACIONES.

7. Completa el resto del PANORAMA DE LAMENTACIONES.

Para Reflexionar

1. ¿Qué crees que pasaría si pudiésemos conocer nuestro futuro? Y, ¿qué si pudiésemos conocer las consecuencias de nuestras acciones antes de cometerlas?

2. El juicio de Dios se manifiesta de diferentes maneras. La soberanía de Dios impera. Nadie puede detener Su mano, ni decirle: ¿Qué has hecho? Él actúa conforme a Su voluntad, tanto en el ejército del cielo como entre los habitantes de la tierra (Daniel 4:34-35). ¿Crees acaso que puedes pecar sin que Dios te castigue? El juicio debe comenzar por la casa de Dios. Revisa 1 Corintios 11:31-32.

3. ¿A qué se debe el que Dios castigue el pecado, de la manera en que lo hace? ¿Cuál debe ser tu reacción ante esto? Lee en actitud de oración el capítulo 3, a fin de que tu "danza" no se convierta en "duelo".

Panorama de Lamentaciones

Tema de Lamentaciones:

División por Secciones

Autor:

Fecha:

Propósito:

Palabras Clave:
(incluir sinónimos)

Cómo

Sion (Jerusalén, la ciudad)

ira (furor)

transgresiones (pecado, iniquidad, maldad)

destrucción, destruir (y sus variaciones)

aflicción, (aflige)

desolada (s, o, os), asolado

niños (pequeños, hijos, lactantes)

ojos

		Temas De Los Capítulos
		1
		2
		3
		4
		5

Ver el Apéndice 7 para ver las palabras clave en la Versión Reina Valera y Nueva Versión Internacional

EZEQUIEL   יחזקאל
YEHEZQUEL

En el año 622 a.C. fue hallado, en la casa del Señor, el libro de la ley. Cuando se lo llevaron al rey Josías, lloró amargamente al ver el horrendo pecado cometido por Judá, y se dio cuenta que la ira de Dios ardía contra ellos. Aunque Josías estaba resuelto a hacer que Judá anduviera en el camino del Señor y cumpliera Sus mandamientos, la profetisa Hulda le anunció a Josías que, después que él muriera, Dios haría venir su juicio sobre Judá por cuanto ellos se apartaron de Él (ver 2 Rey. 22).

El juicio contra Judá comenzó en el 609 a.C., año en que el rey Josías intentó cortarle el paso al faraón Necao, quien se dirigía a Carquemis, ciudad a orillas del río Éufrates (ver 2 Crón. 35:20-27). En los llanos de Meguido, el faraón Necao le quitó la vida a Josías. Tiempo después, en el 605 a.C., Necao fue derrotado en Carquemis por Nabucodonosor, rey de Babilonia (ver Jer. 46:2).

Ezequiel era un adolescente años cuando un grupo de nobles y príncipes fueron llevados cautivos desde Judá a Babilonia, por orden del rey Nabucodonosor. Entre ellos iba Daniel, un joven adolescente, junto con sus tres amigos: Ananías, Misael y Azarías. Ezequiel, no obstante, fue dejado en Judá. Y él tenía la esperanza que a la edad de treinta años ingresaría al sacerdocio y serviría a Dios en el templo de Jerusalén. Bueno, al menos eso es lo que parecía que iba a suceder.

Durante más de diez años, todo en Judá pareció estar en relativa calma. Los profetas proclamaban buenas noticias, pues profetizaban paz. Estos mensajes alegraban a la gente, la cual persistía en su continuo pecado. De entre todas estas voces de optimismo, sólo una rompía la calma: la voz de Jeremías.

Por aquel tiempo Joacim, rey de Judá, se rebeló contra Nabucodonosor (2 Rey. 23:36-24:4). Luego de la muerte de Joacim, Joaquín ocupó el trono; pero en el año 597 a.C., Nabucodonosor volvió a sitiar Jerusalén. Esta vez se llevó diez mil cautivos a Babilonia. Entre ellos iba Ezequiel, quien luego de poco tiempo hubiera podido ingresar al sacerdocio. Él no volvería a ver jamás a Jerusalén, ni el templo donde esperaba servir, pues en el año 586 a.C. Nabucodonosor lo destruyó todo.

No obstante de esto, Ezequiel vería otro templo y otra Jerusalén, cuyo nombre sería Yejová Shammá, ¡el Señor está allí! Ezequiel tuvo esta gloriosa visión a la edad de 30 años.

Trabajo por Hacer

(Si no lo has hecho, lee la sección titulada Observación, ubicada en la introducción de este libro).

A fin de entender la magnitud y profundidad del libro de Ezequiel, es necesario estudiarlo varias veces. Sin embargo, puedes alcanzar una satisfactoria comprensión de su mensaje si haces lo siguiente.

Instrucciones Generales

1. El libro de Ezequiel cuenta con bastantes referencias de tiempo (fechas). Estas referencias son importantes y deben ser marcadas con un círculo ◯. Ezequiel 1:1-2 establece el marco histórico del ministerio de Ezequiel. Las demás referencias de tiempo dan las fechas de sus visiones y profecías.
   a. Cada vez que marques una referencia de tiempo, consulta el calendario que encontrarás en la página 175. Haz esto para que veas a qué mes se refiere el profeta (fíjate en el calendario sagrado resaltado en color negro).
   b. Ezequiel 1:2 es un paréntesis explicativo acerca de la cronología del versículo 2. Lee 2 Reyes 24:8 al 25:21 para que tengas un buen panorama del marco histórico y puedas entender el tiempo en que ocurren las profecías de Ezequiel.
      1) Durante tu lectura, busca el nombre de Joaquín y márcalo de manera distintiva; además debes prestar atención al momento en que es llevado al exilio. También toma nota de quién lo sucede en el trono.
      2) En los márgenes de 2 Reyes 24 y 25, anota las fechas de los tres sitios de Jerusalén (Joaquín fue llevado cautivo cuando Nabucodonosor sitió Jerusalén por segunda vez). El primer sitio tuvo lugar en el año 605 a.C., y se relata en 2 Reyes 24:1-7. El segundo sitio fue en el año 597 a.C., tal como consta en 2 Reyes 24:10-16 (Ezequiel fue llevado cautivo durante este segundo sitio). El tercer sitio, que fue el último, se narra en 2 Reyes 25:1-21. Éste se inició en el año 588 a.C., y para el 586 a.C. la ciudad ya había sido tomada y destruida.
      3) Lee Ezequiel 1:1-3 y anota en el PANORAMA DE EZEQUIEL, bajo "Autor", todo lo que aprendas acerca de este profeta.
      4) Ahora lee Números 4:3 y observa a qué edad se ingresaba al sacerdocio. Luego busca Ezequiel 1 y compáralo con lo anterior, presta especial atención a la forma en que se describe a Ezequiel y al año en que éste tuvo sus primeras visiones de Dios. El versículo 2 presenta una referencia cronológica en relación con el segundo sitio de Jerusalén, año en que Joaquín fue al exilio.

2. Ahora que ya conoces el marco histórico, cuando leas la fecha de cada visión o profecía de Ezequiel, notarás que las fechas se calculan a partir del exilio de Joaquín y Ezequiel en 597 a.C.

3. Busca cualquier cosa nueva acerca de Dios, y anota en el margen todo lo que aprendas junto a un △ (que representa a Dios).

4. Las palabras y frases clave que se repiten, y que deberás marcar en todo el libro, se encuentran en la lista del PANORAMA DE EZEQUIEL. Anótalas en una tarjeta, asignando a cada palabra un color distinto y úsala como separador de páginas mientras estudias Ezequiel. Marca toda referencia geográfica con doble línea de color verde. Anota también en tu cuadro del DÍA DEL SEÑOR, en tu libreta de apuntes, todo lo que aprendas acerca de este día.

Capítulos 1-3: El Llamado de Ezequiel

1. Lee los capítulos 1 al 3, y marca las palabras clave que se repiten en ellos. Marca también toda referencia a **escuchar**; y de tener una connotación negativa, colócale encima una línea cruzada como ésta: /.

2. Según vayas leyendo cada uno de estos capítulos, examina el texto buscando contestar las seis preguntas básicas. Por ejemplo: ¿Qué ve Ezequiel? ¿Cómo describe lo que ve? ¿Dónde está lo que ve? ¿Y dónde está Ezequiel? ¿Qué se le ordena hacer? ¿Por qué se le ordena hacer tal cosa? ¿Cuándo debe hablar Ezequiel?

3. Anota tus observaciones en tu libreta de apuntes de cada capítulo, tomando nota de lo que se le pide a Ezequiel que haga, y cómo debe llevarlo a cabo. Anota también a quién es enviado, y por qué.

4. Elabora una lista que resuma todo lo que observes en el texto acerca de Ezequiel, del pueblo al que fue enviado, y de la gloria del Señor.

5. Anota los temas de los capítulos en el PANORAMA DE EZEQUIEL y en tu Biblia al principio de cada capítulo.

Capítulos 4-24: Profecías Acerca de Judá y Jerusalén

1. Lee toda esta sección, capítulo por capítulo. En tu primera lectura de un capítulo, marca toda la información relacionada con la fecha de la visión. Marca además las palabras clave que están escritas en tu marcador de libro.
    a. Busca y marca la frase **sabrán que Yo soy el Señor**, y sus variantes. Ésta es una frase clave que se repite en todo el libro. Añade esta frase a la lista de palabras clave en tu separador de páginas. Cada vez que encuentres esa frase en el texto, toma nota de quién va a saber que Él es Señor, y cómo lo sabrán.
    b. Al marcar **Espíritu, corazón** y **la gloria de Dios**, haz una lista de todo lo que aprendas acerca de estos temas en ese capítulo.
    c. Añade **pacto** a la lista de palabras clave y, cuando aparezca en algún capítulo, anota en el margen lo que aprendas respecto a esta palabra. También presta atención a otras palabras clave que se repitan.

2. Lee de nuevo cada capítulo, y busca todos los casos en que aparezca la frase **hijo de hombre**. En tu libreta de apuntes escribe las instrucciones de Dios a Ezequiel, el hijo de hombre. Toma nota de a quién, o a qué debe hablarle, y cómo debe hablarle. Anota también el por qué debe hablar de esa manera específica, así como las repercusiones de tal acción. Observa además los casos en que se le impone silencio a Ezequiel, y cuándo se le permite volver a hablar. Esto es muy importante.

3. Anota los temas de los capítulos, tal como has hecho anteriormente.

Capítulos 25-32: Profecías Acerca de las Naciones

1. Lee toda esta sección capítulo por capítulo. Durante tu primera lectura, marca las palabras clave. Busca la frase ***sabrán que Yo soy el Señor***, y sus variantes; anota en el margen quiénes deben saberlo y cómo van a saberlo.

2. En tu segunda lectura del capítulo, identifica y anota en el margen la nación a quien va dirigida la profecía, y su rey (si es que se menciona). Además, observa y toma nota de lo que ha de pasar con esa nación, y por qué.

3. Asegúrate de anotar o marcar ***cuándo*** vino la palabra del Señor a Ezequiel.

4. Anota los temas de los capítulos, como lo has hecho antes.

Capítulos 33-39: Profecías Acerca de la Restauración de Israel

1. Lee cada capítulo, y una vez más haz lo siguiente:
    a. Marca toda referencia de tiempo, anotando el momento en que Ezequiel recibe las visiones o profecías. Al hacer esto revisa el cuadro "Los Eventos Proféticos de la Historia", en la página 157.
    b. Marca toda palabra clave. En tu libreta de apuntes haz una lista de todo lo que aprendas al marcar ***pacto*** y luego compara estas observaciones con lo que anotaste en cuanto al pacto en Ezequiel 16-17.
    c. Continúa anotando las observaciones que surjan por haber marcado todos los casos en que aparece la frase ***sabrán que Yo soy el Señor***. También haz una lista de todo lo que aprendas acerca de ***Espíritu, corazón*** y ***la gloria de Dios***.

2. Haz una lista de las instrucciones que Dios le dio a Ezequiel ("hijo de hombre"). Toma nota de a quién, o a qué, había de hablar Ezequiel, y cuál habría de ser el mensaje. Al estudiar las profecías, elabora una lista de lo que habrá de suceder, a quién o a qué le sucederá, y cuándo sucederá. Pon un símbolo junto a cualquier referencia de tiempo. Toma nota de todo acto simbólico que el profeta debía realizar, y por qué.

3. Anota los temas de los capítulos, como ya has hecho antes.

Capítulos 40-48: Profecías Acerca del Templo

1. Como introducción al estudio de esta sección final, lee 40:1-5 marcando de manera distintiva cuándo tiene lugar esta visión. Luego, anota en el margen quién la revela, cómo y dónde la revela, y qué se espera de Ezequiel.

2. Lee detenidamente cada capítulo, y haz lo siguiente:
    a. Marca las palabras clave, pero esta vez añade a tu lista las siguientes palabras: ***templo (santuario, casa), santo, santa(s), ofrenda(s),*** y ***puerta(s)***. Busca las referencias a la Puerta del Oriente.

b. Busca y anota las razones que se dan para la visión del templo y sus medidas. También escribe todo lo que aprendas acerca de **la gloria del Señor**, el *Espíritu*, así como de su relación con el templo o santuario. Compara esto con lo que observaste en Ezequiel 8 al 11.

c. No te extrañe si a diferencia de los primeros treinta y nueve capítulos, esta última sección te parece un poco tediosa (considerando todas las medidas del templo); no pierdas de vista el último versículo de este libro, que es donde "la ciudad" recibe un nombre. ¡El Señor está allí!

d. Anota en tu libreta de apuntes los puntos principales, las instrucciones o los acontecimientos de cada capítulo.

3. Observa el cuadro "Las Tribus, la Porción del Príncipe, la Ciudad, el Santuario", al final de estas instrucciones.

4. Anota los temas de estos capítulos como has hecho anteriormente, y completa el PANORAMA DE EZEQUIEL. Repasa ahora cada visión de Ezequiel, tomando nota del año en que la visión tuvo lugar, al observar el calendario a continuación; toma nota del mes y del día correspondiente (fíjate en el calendario sagrado resaltado en color negro). Luego, escribe esa misma información bajo la división por secciones del PANORAMA DE EZEQUIEL.

Para Reflexionar

1. Al pensar en la vida de Ezequiel y en el llamamiento que recibió de Dios, ¿cómo pudieras aplicar a tu propia vida la responsabilidad de atalaya que tuvo Ezequiel? Si la gente no estaba dispuesta a escuchar, ¿debía pronunciar Ezequiel el mensaje, a pesar de tal renuencia (Ezequiel 2-3; 33)? No olvides que lo que tenemos en el Antiguo Testamento se escribió para que nos sirviera de ejemplo, consolación y paciencia (1 Cor. 10:6, 11; Rom. 15:4).

2. Antes que Ezequiel intentara comunicar el mensaje de Dios, recibió instrucciones de comérselo, de recibir en su corazón las palabras del Señor y de escucharlas atentamente (Ezeq. 3). ¿Qué lecciones puedes aprender de su ejemplo? ¿Cómo puede serte de ayuda lo que estás haciendo en este estudio Bíblico inductivo? ¿Qué debes tener presente al estudiar la Biblia?

3. Del estudio de Ezequiel, ¿qué has aprendido acerca de Dios y de Sus caminos? Dios tomó a Israel como Su esposa. Los creyentes están desposados (comprometidos) con Jesucristo, su Novio celestial (2 Cor. 11:2-3). ¿Has cometido, como Israel, fornicación espiritual que ha herido el corazón de Dios (Ezeq. 6:9; Sant. 4:4)? De ser así, ¿qué debes hacer? Si no, ¿qué debes hacer para evitar que eso suceda?

4. En Ezequiel 20:33, Dios le dice a Israel: "Vivo Yo", declara el Señor Dios, "que con mano fuerte, con brazo extendido y con furor derramado Yo seré rey sobre ustedes'". Medita en este versículo a la luz del carácter y posición de Dios, y considerando lo dicho en Filipenses 2:5-11. ¿Ya has confesado sinceramente a Jesucristo como tu Señor, tu Rey quien tiene todo el derecho de reinar sobre ti?

5. ¿Qué has podido observar al marcar la palabra *pacto*? ¿Qué has aprendido acerca del corazón de piedra y del Espíritu viviendo dentro de nosotros (Ezeq. 36)? Lee 2 Corintios 3 y observa la semejanza que tiene con lo que dice Ezequiel. ¿Tienes tú un corazón de piedra, o uno de carne? ¿Dónde se halla el Espíritu de Dios en tu vida? ¿Habita en tu interior? Lee Ezequiel 36:26-27.

6. ¿Qué has aprendido en Ezequiel acerca de la profecía, que pudiera resultarte útil al compartir la Palabra de Dios con los judíos? ¿Con ellos podrías dirigirte a las profecías de Ezequiel 36 y 37, y a la manera en que ya se están cumpliendo? ¿Y qué has aprendido del futuro de Israel según Ezequiel 38 y 39? Esto resulta muy interesante para con los Judíos.

7. ¿Qué has aprendido en cuanto a la santidad de Dios? ¿Qué implicaciones tiene esto en tu vida?

El Calendario Judío			
En la actualidad todavía se emplean los nombres babilónicos (B) para los meses en el calendario judío. Se emplearon los nombres cananeos (C) antes del cautiverio babilónico en 586 a.C. Se mencionan cuatro de ellos en el Antiguo Testamento. **Adar-seni** es un mes intercalado cada dos o tres años, o siete veces en diecinueve años.			
Mes 1	Mes 2	Mes 3	Mes 4
Nisán (B) Abib (C) Marzo-Abril	Ijar (B) Ziv (C) Abril-Mayo	Sivan (B) Mayo-Junio	Tammuz (B) Junio-Julio
Mes 7	Mes 8	Mes 9	Mes 10
Mes 5	Mes 6	Mes 7	Mes 8
Ab (B) Julio-Agosto	Elul (B) Agosto-Septiembre	Tishri (B) Etanim (C) Septiembre-Octubre	Maresván (B) Bul (C) Octubre-Noviembre
Mes 11	Mes 12	Mes 1	Mes 2
Mes 9	Mes 10	Mes 11	Mes 12
Quisleu (B) Noviembre-Diciembre	Tebeth (B) Diciembre-Enero	Shebat (B) Enero-Febrero	Adar (B) Febrero-Marzo
Mes 3	Mes 4	Mes 5	Mes 6
El calendario sagrado aparece en negro • El calendario civil aparece en gris			

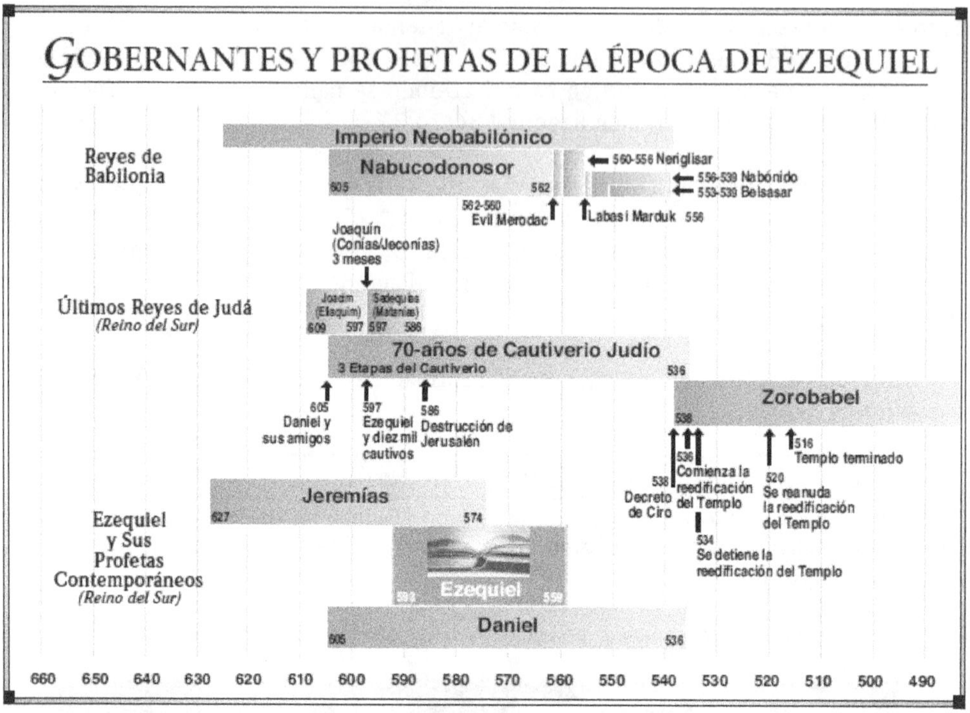

GOBERNANTES Y PROFETAS DE LA ÉPOCA DE EZEQUIEL

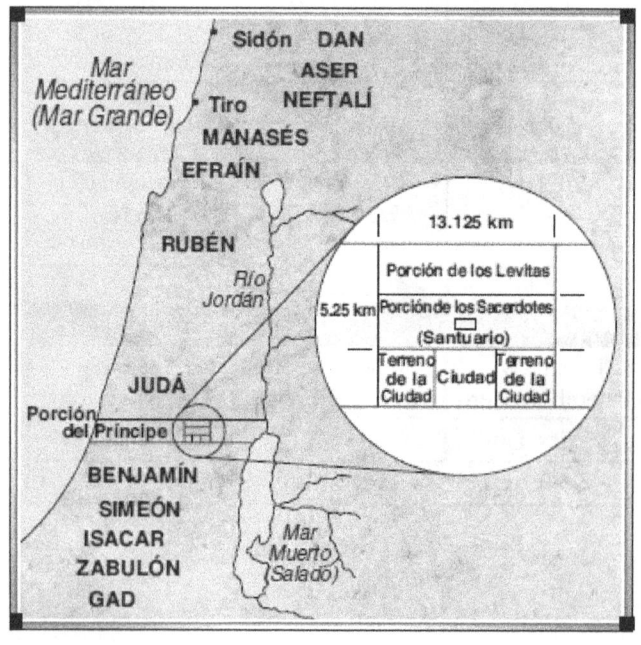

*Las Tribus,
La Porción del
Príncipe,
la Ciudad,
el Santuario*

Panorama de Ezequiel

Tema de Ezequiel:

División por Secciones

			Temas De Los Capítulos
Autor:		1	
		2	
Fecha:		3	
Propósito:		4	
		5	
Palabras Clave:		6	
(incluir sinónimos)		7	
la palabra del Señor			
profecía (y sus variaciones)		8	
hijo de hombre		9	
pacto		10	
visión(es)			
la gloria de Dios (del Señor)		11	
Espíritu (espíritu)		12	
(sabrán, sepan, sabrás, supieran, sabrá) que yo soy el Señor		13	
		14	
iniquidad (pecado, abominaciones)		15	
rebelado, rebelaron, rebeló, rebelde(s)		16	
espada		17	
furor (ira)		18	
monte(s)		19	
corazón (es)			
prostituir y sus variaciones, ramera(s), fornicar, adulterio(s), adulteras		20	
		21	
sangre		22	
santuario (templo)		23	
el día del Señor			
¡ay!, ayes		24	

Ver el Apéndice 7 para ver las palabras clave en la Versión Reina Valera y Nueva Versión Internacional

Panorama de Ezequiel

Tema de Ezequiel:

División por Secciones

		Temas De Los Capítulos
		25
		26
		27
		28
		29
		30
		31
		32
		33
		34
		35
		36
		37
		38
		39
		40
		41
		42
		43
		44
		45
		46
		47
		48

Ver el Apéndice 7 para ver las palabras clave en la Versión Reina Valera y Nueva Versión Internacional

DANIEL דניאל
DANIYYEL

El ministerio profético de Daniel se inició y terminó en Babilonia. Cuando Nabucodonosor sitió Jerusalén por primera vez en el 605 a.C., Daniel, quien tendría aproximadamente unos 15 años, estaba entre los cautivos llevados a Babilonia.

Tal y como lo había predicho Moisés, el pueblo de Israel perdió su lugar de supremacía entre las naciones por no haber obedecido a Dios. Lejos de ser cabeza, Israel se convirtió en cola, y fueron severamente maltratados por los gentiles (Deut. 28). Sin embargo, puesto que las promesas y el llamamiento de Dios son irrevocables, cuando la plenitud de los gentiles se haya completado todo Israel será salvo, pues su Libertador vendrá desde Sion y quitará el pecado de Israel (ver Rom. 11:25-30). Todo esto se pone de manifiesto, conforme las profecías de Daniel van teniendo su cumplimiento.

Trabajo por Hacer

(Si no lo has hecho, lee la sección titulada Observación, ubicada en la introducción de este libro).

Daniel es a la profecía, lo que el esqueleto es al cuerpo. Todas las demás profecías, tanto del Antiguo como del Nuevo Testamento, no hacen sino poner carne sobre el esqueleto del libro de Daniel. Si estudias este libro con detenimiento, y descubres lo que el texto dice con exactitud, verás que las profecías de Daniel se van aclarando y que se vuelven mucho más interesantes con cada nueva observación realizada.

Instrucciones Generales

Lee detenidamente todo el libro de Daniel, capítulo por capítulo, y realiza las siguientes tareas en cada capítulo. Debes anotar todas tus observaciones en el margen del capítulo y, conforme vayas leyendo, contesta las siguientes preguntas escribiendo las respuestas en el margen del texto:

1. ¿Cuándo ocurren los acontecimientos de este capítulo? Marca toda referencia de tiempo con un círculo ◯, y coloréalo de una forma distintiva para que puedas ubicarlas de inmediato.

2. ¿Qué rey, o reino está gobernando en ese momento? Escribe la respuesta en el margen, junto con una nota sobre el "cuándo" del capítulo. Por ejemplo, en el margen del capítulo 1 podrías escribir lo siguiente:

Tercer año de Joacim, rey de Judá
Nabucodonosor era rey de Babilonia

3. ¿Quiénes son los personajes principales en este capítulo?

4. De manera general, ¿de qué trata el capítulo?

5. Anota los temas o acontecimientos de los capítulos, en el PANORAMA DE DANIEL y en tu Biblia al inicio de cada capítulo. Luego, elabora en el margen una lista con todos los puntos o eventos importantes en relación con el acontecimiento principal del capítulo.

6. Cuando anotes una visión o un sueño, especifica en el margen quién tuvo el sueño o la visión, y de qué trata la visión o sueño. También puedes dibujar o hacer un bosquejo de la visión o sueño, lo que te hará más fácil recordarlos y entenderlos.

Capítulos 1-6

1. Lee una vez más Daniel 1 al 6, capítulo por capítulo, pero esta vez haz lo siguiente:
   a. Codifica con colores toda referencia a Dios. Busca los repetidos casos en que se le llama "Altísimo", y coloréalos. Cuando descubras algo nuevo del carácter de Dios, de Su poder, Sus caminos, o Su soberanía, coloca un △ en el margen y anota todo lo que aprendas.
   b. Escribe en tu libreta de apuntes todo lo que aprendas acerca de Daniel; especialmente de su carácter y de su relación con Dios y con los demás. Anota también la manera en que reacciona ante las distintas situaciones que se le presentan.
   c. Marca de manera distintiva toda referencia a las siguientes palabras clave, que se repiten con frecuencia: **reino (dominio), gobernar, sueño, misterio**, y **Nabucodonosor** (con sus formas pronominales). Anótalas también en una tarjeta que puedes usar como separador de páginas. Marca además otras palabras clave que sean pertinentes a estos capítulos. Y no olvides hacer un resumen en tu libreta de apuntes de lo que aprendas acerca de Nabucodonosor.

2. Estudia el cuadro de "Gobernantes y Profetas de la Época de Daniel" al final de estas instrucciones y, de acuerdo a lo que has observado en el texto bíblico y en el cuadro, comprueba si los primeros seis capítulos de Daniel siguen un orden cronológico.

Capítulos 7-12

1. Al iniciar el estudio de estos seis capítulos finales, repasa las observaciones que has hecho de estos capítulos y las anotaciones que hiciste en el PANORAMA DE DANIEL. ¿Existe alguna diferencia entre los primeros seis capítulos y los últimos seis?
   a. ¿Siguen los últimos seis capítulos un orden cronológico?
   b. ¿Quién tuvo los sueños, o quién recibió las visiones, en cada una de estas secciones principales?
   c. Anota en el PANORAMA DE DANIEL, bajo "División por Secciones", lo que descubras en cuanto a estas dos preguntas; en una de las columnas debes indicar el orden cronológico que notes (o ausencia del mismo), y en la otra el tema o énfasis particular de estas dos principales secciones de Daniel.

2. Lee una vez más Daniel 7 al 12, capítulo por capítulo, y haz lo siguiente:
   a. Según vayas leyendo, marca las siguientes palabras clave: *visión, reino (dominio), cuerno(s), santos, hombre muy estimado, fin (tiempo, tiempo señalado, tiempo del fin), pacto, Miguel, Gabriel,* y *Dios*. Marca todas las referencias a las cuatro bestias mencionadas en Daniel 9.
   b. Haz una lista de todo lo que aprendas acerca de Daniel, como resultado de tu observación del texto bíblico.

Hacia la Comprensión de las Visiones y los Sueños en Daniel

1. Cuando llegues a la narración de una visión, estudia detenidamente sus detalles y busca las referencias a cifras o números. Mira además, si el mismo texto interpreta la visión. En el capítulo 7, en tu libreta de apuntes elabora una lista de todo lo que aprendas acerca del cuerno pequeño.

2. Después de estudiar el capítulo 7, compáralo con el capítulo 2.
   a. Si aún no has dibujado la visión del capítulo 2, hazlo ahora; luego, dibuja la visión del capítulo 7. ¿En qué se asemejan? ¿Cuál de los dos capítulos ofrece más detalles de los acontecimientos abarcados en la visión? Presta atención a estos detalles cuando dibujes la visiones.
   b. Señala toda referencia de tiempo con un reloj. Recuerda que en cálculos Bíblicos, "un tiempo, tiempos y la mitad de un tiempo" equivale a tres años y medio. Toma nota de lo que antecede a un período de tiempo, y de lo que marca su final.

3. Cuando realices tu observación del capítulo 8, haz una lista de todo lo que aprendas acerca del carnero y del macho cabrío. Marca de manera distintiva todos los pronombres que se refieran al cuerno pequeño del 8:9. Luego, elabora una lista de lo que observes en el texto con relación a ese cuerno. Busca contestar las seis preguntas básicas: ¿De dónde viene el cuerno? ¿Qué hace, y dónde lo hace? ¿Cuándo sucede eso? ¿Cuánto tiempo dura?

4. Al estudiar Daniel 9:24-27, sigue un orden cronológico para esos versículos.
   a. Enumera las seis acciones que, de acuerdo a Daniel 9:24, han de realizarse en setenta semanas (sietes).
   b. Toma nota de con quién tienen que ver las setenta semanas. Luego en tu libreta de apuntes traza una línea a fin de que puedas ordenar los acontecimientos en forma consecutiva. Por ejemplo:

Siete semanas _____ (Completa la línea).
Decreto

Toma nota del momento en que empieza la profecía (es decir, de lo que marca su comienzo), y de lo que sucede en cada intervalo de tiempo. Anota también lo que ocurre después de las siete semanas, de las sesenta y dos semanas, y durante la última semana (la septuagésima) mencionada en 9:27.

c. Toma nota de quién destruye la ciudad y el santuario, y de su relación con el príncipe que ha de venir (9:26). Un evento histórico que puede ser útil de recordar es la destrucción de Jerusalén en el año 70 d.C. por el general romano Tito.

5. Lee los capítulos 10 al 12, y centra tu atención en el mensaje y visión de los capítulos 11 y 12.
   a. Marca toda referencia de tiempo, incluyendo los adverbios de tiempo que encuentres: **entonces, luego, después**. Estos adverbios muestran la secuencia de los acontecimientos.
   b. El capítulo 11 es algo difícil de entender, si no se tiene cierta noción de la historia. Se escribió años antes de los hechos que narra, y muchos no están familiarizados con ese período histórico. Cuando leas acerca de los reyes del norte y del sur, recuerda que se les llama así debido a su relación geográfica con Israel, la tierra gloriosa.
   c. Conforme vayas leyendo el capítulo, consulta el diagrama RELACIÓN DE LA HISTORIA DE ISRAEL CON LOS REYES DE DANIEL 11 al final de estas instrucciones. En el capítulo 11:1-35 hay aproximadamente 135 enunciados proféticos, y todos ellos ya se han cumplido. La precisión de las profecías de Daniel en cuanto a las naciones de los gentiles y su relación con Israel, ha perturbado la mente de algunos teólogos. Muchos de ellos opinan que, debido a su precisión histórica, este libro tuvo que haber sido escrito en el segundo siglo a.C.; algún tiempo después del período macabeo. Sin embargo, el libro mismo se refiere claramente a Daniel como su autor, y nuestro Señor Jesucristo hace la misma referencia (ver Mat. 24:15).
   d. Si aún no lo has hecho, elabora en el margen una lista de todo lo que hayas aprendido acerca del hombre despreciable que se menciona en Daniel 11:21-35. Muchos eruditos asocian esta descripción con Antíoco IV Epífanes. Hasta la fecha, ningún personaje histórico ha cumplido la descripción dada en 11:36-45.
   e. Una lectura de Josefo, los Escritos Esenciales (Portavoz, 1991), te ayudará a entender mejor el período Intertestamentario, que abarca los 400 años de silencio que hay entre Malaquías y Mateo. Esa lectura también te informará acerca del papel que desempeñó Roma en la historia de Israel, y te dará más detalles acerca de los distintos reyes mencionados en Daniel 11:1-35 (en particular de Antíoco IV Epífanes).
   f. Observa la transición cronológica del 11:45 al 12:1. Marca toda referencia de tiempo y los acontecimientos relacionados con estos versículos. Haz un estudio minucioso de este capítulo.

6. Al estudiar los sueños y visiones en Daniel, ten presente que el sueño de Nabucodonosor—en el capítulo 2—presenta una perspectiva muy amplia, y que cada visión que sigue, lo que hace es completarlo con detalles. Una vez concluyas tu observación del libro de Daniel, analiza la SINOPSIS PROFÉTICA DE DANIEL al final de estas instrucciones para que veas cómo se relaciona con el texto bíblico y con tus observaciones respectivas.

7. Por último, determina en qué secciones puede dividirse al libro de Daniel. Anótalas en el PANORAMA DE DANIEL, bajo el encabezado "División por Secciones". Ahora completa el resto del PANORAMA.

Para Reflexionar

1. Teniendo presente que el nombre de Daniel significa "Dios es mi juez", medita acerca de cómo fue su manera de vivir. Repasa lo que observaste respecto a su vida y carácter, y toma la decisión de ser como Daniel; pues para ti es la promesa de Dios: "pero el pueblo que conoce a su Dios se mostrará fuerte y actuará" (Dan. 11:32b). Si eres hijo de Dios, también tienes el Espíritu de Dios, y cuentas además con Su gracia (Juan 14:17; 1 Cor. 15:10).

2. ¿Qué sabía Daniel acerca de Dios, que le ayudó a aceptar lo que le sucedió? ¿Cómo puede ayudarte este conocimiento de Dios para que enfrentes cualquier circunstancia de tu vida?

3. ¿De qué manera el tener conocimiento de los acontecimientos futuros te ayuda a entender y a enfrentar lo que está ocurriendo en la historia? ¿Has pensado en usar el libro de Daniel como un medio para compartir el evangelio con los demás? Son muchos los casos en que la profecía abre puertas, que de otro modo permanecerían cerradas.

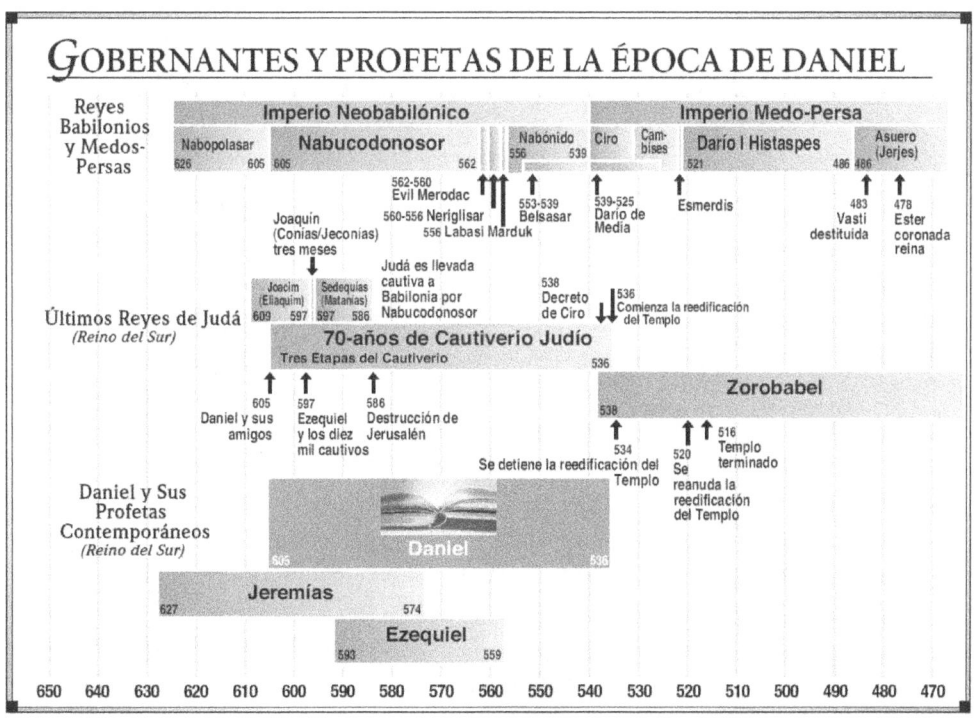

Relación de la Historia de Israel con los Reyes de Daniel 11

Alejandro el Grande
336-323 a.c.

El Cuerno Grande del Macho Cabrío Peludo de Grecia (8:21)
Veintidós años después de la muerte de Alejandro, Grecia fue dividida entre cuatro de sus generales (8:22):

Lisímaco	Casandro	Ptolomeo I Sotero	Seleuco I Nicátor
tomó Tracia y Bitinia	tomó Macedonia	tomó Egipto	tomó Siria

Sólo Ptolomeo I Sotero y Seleuco I Nicátor se relacionan con Israel.

Reyes del Sur—Egipto

*1. Ptolomeo I Sotero, 323-285 a.c. (11:5)
*2. Ptolomeo II Filadelfus, 285-245 a.c. (11:6) ——— *Matrimonio* ———
*3. Ptolomeo III Evérgetes, 245-221 a.c. (11:7-9) ——— *2 Guerras* ———
*4. Ptolomeo IV Filopátor, 221-203 a.c. (11:11, 12) ——— *2 Guerras* ———
*5. Ptolomeo V Epífanes, 203-181 a.c. (11:14, 15, 17) *Guerra/Matrimonio*
6. Ptolomeo VI Filométor, 181-145 a.c. (11:25)

* *Estos reyes gobernaron Israel*

Reyes del Norte—Siria

1. Seleuco I Nicátor, 312-281 a.c. (11:5)
2. Antioco I Sotero (no se menciona en Daniel)
3. Antioco II el Divino, 262-246 a.c. (11:6)
4. Seleuco II Calínico, 246-226 a.c. (11:7-9)
5. Seleuco III Cerauno, 226-223 a.c. (11:10)
*6. Antioco III el Grande, 223-187 a.c. (11:10, 11, 13, 15-19)
*7. Seleuco IV Filopátor, 187-175 a.c. (11:20)
*8. **Antíoco IV Epífanes**, 175-163 a.c. (11:21-35)

(hijo menor de Antioco III el Grande)

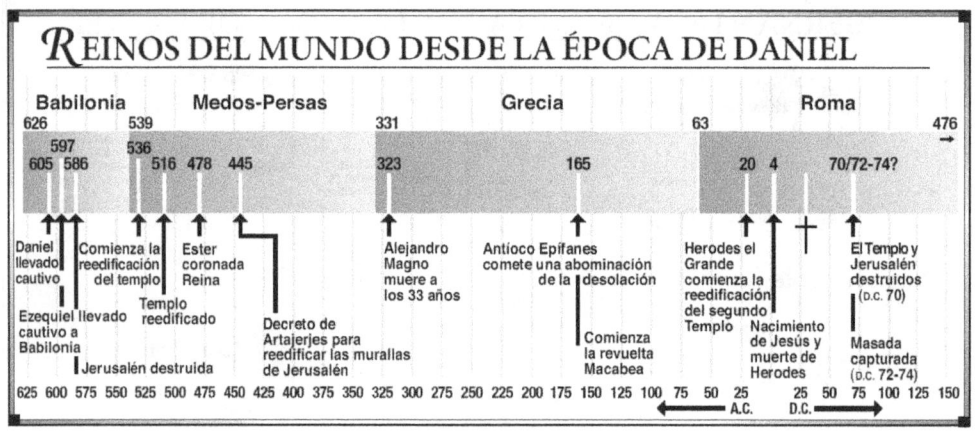

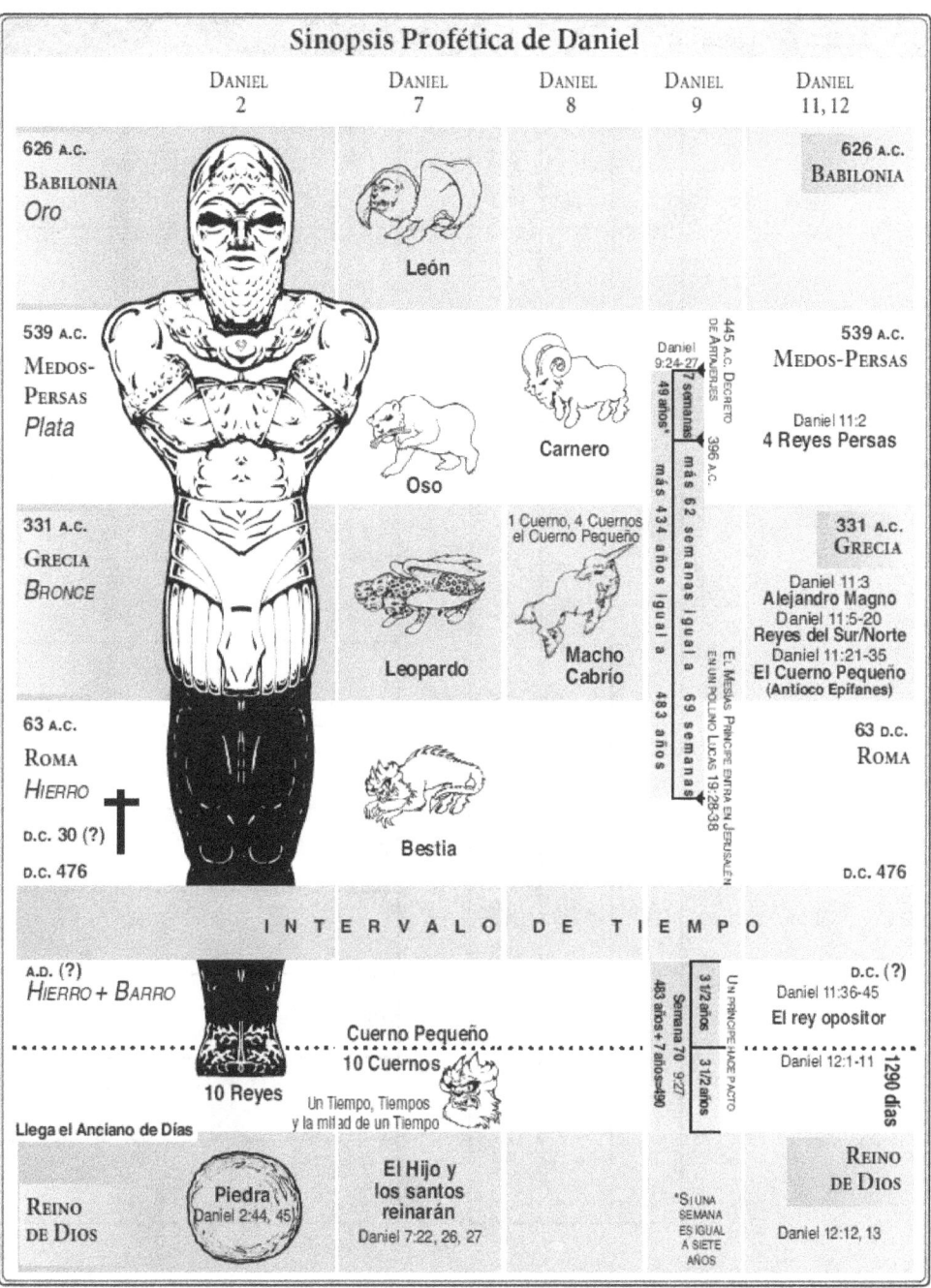

Panorama de Daniel

Tema de Daniel:

División por Secciones

		Reyes/Reino		Temas De Los Capítulos

Autor:

Fecha:

Propósito:

Palabras Clave:
(incluir sinónimos)

#	Tema
1	
2	
3	
4	
5	
6	
7	
8	
9	
10	
11	
12	

Ver el Apéndice 7 para ver las palabras clave en la Versión Reina Valera y Nueva Versión Internacional

OSEAS הושע
HOSHEA

Dios había hecho un pacto con el pueblo de Israel. Desde el reinado de Jeroboam, hijo de Nabat, hasta el reinado de Jeroboam II, hijo de Joás, el reino del norte (Israel) se había prostituido. Y aunque Dios les rogaba que se volvieran a Él, Israel hacía caso omiso de sus ruegos. Esto entristecía mucho el corazón de Dios. ¡Si sólo Israel hubiera entendido y se hubiera dado cuenta de cómo hería a Aquel que la había tomado como esposa! ¡Si sólo se hubiera dado cuenta de cómo su infidelidad afectaba a sus hijos! Fue en ese entonces que la palabra de Dios vino a Oseas con un mensaje sorprendente: "Anda, toma para ti mujer ramera y engendra hijos de prostitución".

Trabajo por Hacer

(Si no lo has hecho, lee la sección titulada Observación, ubicada en la introducción de este libro).

Instrucciones Generales

Capítulos 1-3

1. Los primeros tres capítulos de Oseas son el marco de referencia para su mensaje profético dirigido al reino del norte, es decir, al reino de Israel. Lee estos tres capítulos como si leyeras una historia, pero sin olvidar que se trata de un relato verídico e histórico.

2. Lee nuevamente el capítulo 1 de Oseas, y durante tu lectura haz lo siguiente:
   a. Marca en el texto toda referencia a la palabra ***prostitución***.
   b. En tu libreta de apuntes dibuja un árbol genealógico sencillo, en el que se vea con quién se casó Oseas, y los nombres de sus hijos. Debajo de cada miembro de la familia agrega una breve nota en cuanto a la persona o el significado de su nombre. Si te resulta difícil averiguar el significado de los nombres de sus hijos.
   c. Haz una lista de lo que este capítulo enseña acerca de los hijos de Israel y los hijos de Judá.

3. Vuelve a leer la introducción que antecede a Trabajo por Hacer, y haz lo siguiente:
   a. Lee 1 Reyes 11:26-40, donde Dios le hace saber a Jeroboam lo que hará después de la muerte del rey Salomón. Toma nota de porqué Dios hace lo que hace.
   b. Lee 1 Reyes 12, donde se relata el cumplimiento de la palabra de Dios a Jeroboam. En este capítulo se describe la división del reino de Israel en dos reinos, el del norte y el del sur, el primero con diez tribus y el segundo con dos. Toma nota de lo que hizo Jeroboam, en vista de que el reino del norte ya no tenía libre acceso a Jerusalén ni al templo (lugar donde debían acudir, tres veces al año, para adorar a Dios).

c. Lee de nuevo Oseas 1:2, y luego Oseas 3:1, prestando especial atención a la frase *así como en el 3:1*.
   d. Escribe en el margen del capítulo 1 el porqué Dios le ordenó a Oseas que se casara con Gomer. Esto te ayudará a entender la razón por la que los capítulos 1 al 3 se constituyen como marco de referencia para el mensaje de Oseas al reino del norte (Israel).

4. Sin olvidar lo visto hasta ahora, lee Oseas 2 y haz lo siguiente:
   a. Marca todos los casos en que aparezca la palabra **prostitución** y la frase **en aquel día**.
   b. Revisa en tu Biblia si hay referencias correspondientes al 2:1 y escribe en el margen lo que significan **Ammí** y **Ruhamá**, o resalta estas notas.
   c. Estudia con detenimiento lo que los hijos tenían que decirle a su madre, y por qué.
   d. Lee los capítulos 1 y 2, y subraya todos los casos en que aparezcan las frases **el Señor dijo**, o **declara el Señor**. Luego, resalta o marca de manera distintiva todos los casos en que aparezca algún verbo en futuro, que esté relacionado con Dios (**Tendré, Haré**, etc.). Luego identifica quién está **hablando** en todo el capítulo 2, y a quién se hace referencia con el pronombre ella.
   e. Por último, lee todos los verbos en futuro que ya marcaste en el capítulo 2, y observa la secuencia de los acontecimientos para que hagas un resumen del tipo de acción tomada de acuerdo a los verbos. Toma nota de lo que pasa con ella, y anota lo que aprendas en tu libreta de apuntes.
   f. Al llegar al 2:23, lee la referencia cruzada referente a este versículo y compáralo con 1:6, 9; 2:1.

5. A la luz de todo lo visto en los capítulos 1 y 2, lee el capítulo 3 y haz lo siguiente:
   a. Marca de manera distintiva toda referencia a la palabra **amor**.
   b. Escribe en tu libreta de apuntes un resumen de lo que Dios le ordena hacer a Oseas, y de las razones para ello.
   c. Lee 3:5 y marca la referencia a **en los últimos días**; pero antes de decidir cómo marcar esa frase, mira si notas alguna semejanza con **en aquel día**, del capítulo 2. Si consideras que algunas de esas referencias tienen que ver con el día del Señor, anota esas observaciones.

6. Anota los temas de cada uno de estos tres capítulos, en el PANORAMA DE OSEAS, y hazlo también en tu Biblia al inicio de cada capítulo.

Capítulos 4-14

1. Sin olvidar el contexto de los capítulos 1 al 3, lee el resto de este libro, capítulo por capítulo. A medida que leas, haz lo siguiente:
   a. Marca de manera distintiva las siguientes palabras clave (junto con sus sinónimos, y respectivas formas pronominales): **prostitución, conocimiento, pacto, volverse, ay, iniquidad** y **pecado**. Marca también los verbos futuros referentes a Dios (**Haré**), y las frases **de Mí, Me han** y

contra Mí. Anota todas esas frases en una tarjeta, para que las uses como separador de páginas.

    b. También marca **Judá, Israel** y **Efraín**. Al hacerlo, recuerda que Efraín era una de las diez tribus que integraban el reino del norte. Después que Peka ascendió al trono de Israel, Tiglat Pileser, rey de Asiria, lo atacó en el año 733 a.C. y se llevó cautivo a todo el reino. Sólo quedaron en aquella tierra Efraín y la media tribu de Manasés (al oeste del Jordán). Diez años después, en el 722 a.C., los Asirios acabaron totalmente con lo que aún quedaba del reino del norte. Por lo tanto, aquí la mención de "Efraín" se refiere al remanente que permaneció en Israel diez años más. Ten presente esto en tu estudio.

2. Luego de haber leído un capítulo y marcado las palabras clave y las referencias a **Judá, Israel** y **Efraín**, escribe todo lo aprendido en tu libreta de apuntes en un cuadro que puedes llamar: LA REACCIÓN DE DIOS ANTE EL PECADO DE ISRAEL.

3. Mientras lees el resto del libro, no olvides que éste es un discurso lleno de emociones debido a la relación de Dios con Israel; relación como la de un esposo con su esposa (Ezeq. 16; Jer. 3:6-8) y como la de un padre con sus hijos (Os. 11:1-3; Jer. 31:20). También debes tener presente que debido a todas estas grandes emociones, y a la pasión manifestada en el libro, encontrarás muchas repeticiones; pero no las pases por alto, pues todas ellas tienen un propósito.

4. A medida que leas los capítulos, resume sus respectivos temas y anótalos en el PANORAMA DE OSEAS, al igual que en tu Biblia. Asimismo, en cuanto termines de estudiar el libro, completa el resto del PANORAMA DE OSEAS, comenzando con el tema del libro.

Para Reflexionar

En 2 Corintios 11:2, Pablo escribe: "Porque celoso estoy de ustedes con celo de Dios; pues los desposé a un esposo para presentarlos como virgen pura a Cristo."

1. ¿Hay alguna semejanza entre la relación que tienes con Jesucristo y la relación de Israel con Dios? ¿Qué haces para agradar a tu Esposo celestial? ¿Estás quebrantando el corazón de Dios de alguna manera?

2. ¿Qué debes hacer al respecto?

3. ¿Cómo crees que responderá Dios? ¿Por qué crees eso?

Panorama de Oseas

Tema de Oseas:

División por Secciones

Autor:			Temas De Los Capítulos
			1
Fecha:			2
Propósito:			3
Palabras Clave: *(incluir sinónimos)*			4
			5
			6
			7
			8
			9
			10
			11
			12
			13
			14

Ver el Apéndice 7 para ver las palabras clave en la Versión Reina Valera y Nueva Versión Internacional

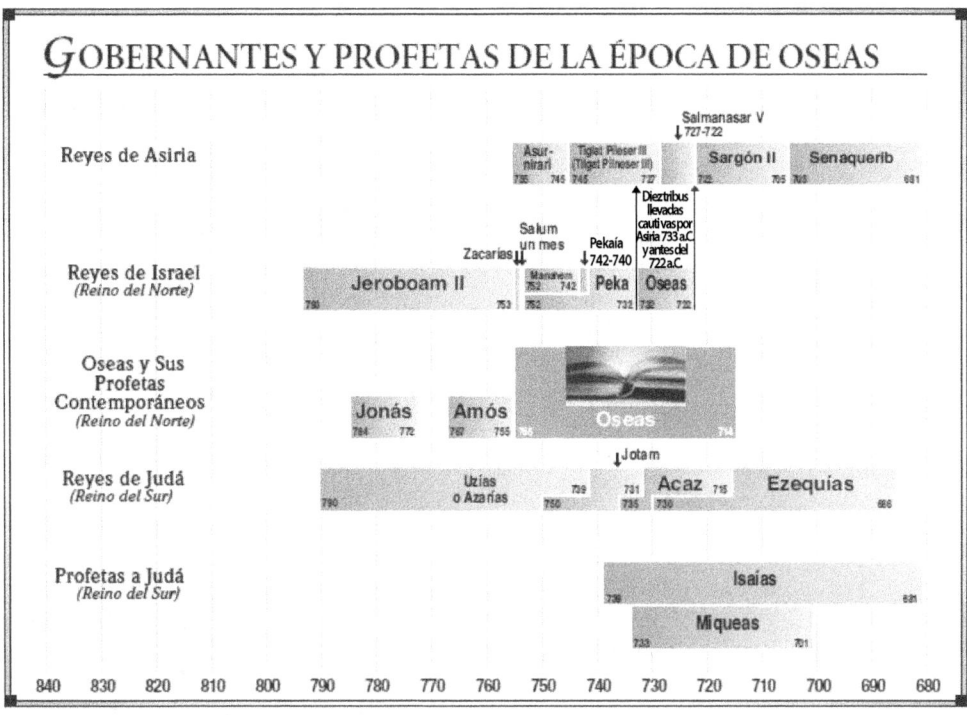

JOEL יואל
YO'EL

Aunque no sabemos nada acerca de Joel ni del tiempo preciso de la escritura del libro, lo que leemos en este breve escrito profético es muy significativo. Cuando Pedro predicó el día de Pentecostés, su mensaje giró en torno a la profecía dada en Joel (Hech. 2:14-21; Joel 2:28-32).

Para llamar al pueblo de Dios al arrepentimiento, Joel hace referencia a una plaga que azotó las cosechas de aquel tiempo; él busca advertirles, de la misma manera que los otros profetas, que el día del Señor está por venir; un día cuyo cumplimiento es tan seguro como las promesas de Dios.

Trabajo por Hacer

(Si no lo has hecho, lee la sección titulada Observación, ubicada en la introducción de este libro).

Instrucciones Generales

1. Lee todo el libro de Joel y marca las palabras clave que aparecen en la lista del PANORAMA DE JOEL. También marca las inferencias verbales futuras, referentes a Dios. Tales como haré, derramaré, etc.

2. Para interpretar correctamente este libro, hay que prestar atención al momento en que ocurren ciertos acontecimientos. En su relato, Joel cambia del presente al futuro. Para identificar esto, busca y marca las palabras **entonces** y **ahora**. Marca las referencias de tiempo con un círculo◯ y presta especial atención a la secuencia de los acontecimientos.

3. Según avances en la lectura de este libro, anota en la sección correspondiente del CUADRO DE OBSERVACIONES DE JOEL al final de estas instrucciones todo lo que aprendas de las siguientes preguntas:
    a. ¿Qué va a suceder con el pueblo, la tierra, las naciones y los animales, y quién o qué va a llevarlo a cabo?
    b. ¿Qué debe hacer el pueblo, y por qué?
    c. ¿Cuál será la respuesta de Dios, y qué efecto tendrá ésta en el pueblo?
    d. Si es pertinente, anota cuándo ocurrirán los sucesos vistos anteriormente.

4. Aunque no sabemos cuándo profetizó Joel, muchos creen que fue durante el reinado de Joás. Observa el cuadro GOBERNANTES Y PROFETAS DE LA ÉPOCA DE JOEL al final de estas instrucciones.

5. Anota los temas de los capítulos en el PANORAMA DE JOEL, lo mismo que en tu Biblia, al inicio de cada capítulo. Luego, completa el resto del PANORAMA, sin olvidar el tema o mensaje de Joel.

6. El día del Señor es un día de mucha importancia en la profecía. Anota todo lo que aprendas en tu libreta de apuntes bajo EL DÍA DEL SEÑOR; registrando también las referencias bíblicas, es decir, el libro, el capítulo y el versículo de donde se tomó la información, a fin de poder localizarla posteriormente.

Para Reflexionar

1. ¿Qué acontecimientos tienen lugar en el mundo o en tu nación, que pudieran representar el juicio del Señor? ¿Qué podemos aprender de las exhortaciones de Joel? ¿Qué podrías hacer tú al respecto?

2. ¿Le has fallado a Dios de alguna manera? Según lo que has visto en Joel, ¿hay oportunidad para volverse a Dios? ¿Qué deberías hacer? ¿Cómo puedes aplicar el mensaje de Joel a tu propia vida? ¿Qué crees que pasaría si tu iglesia se arrepintiera y se volviera al Señor? Reflexiona sobre esto y pídele a Dios que te dirija para que sepas qué hacer.

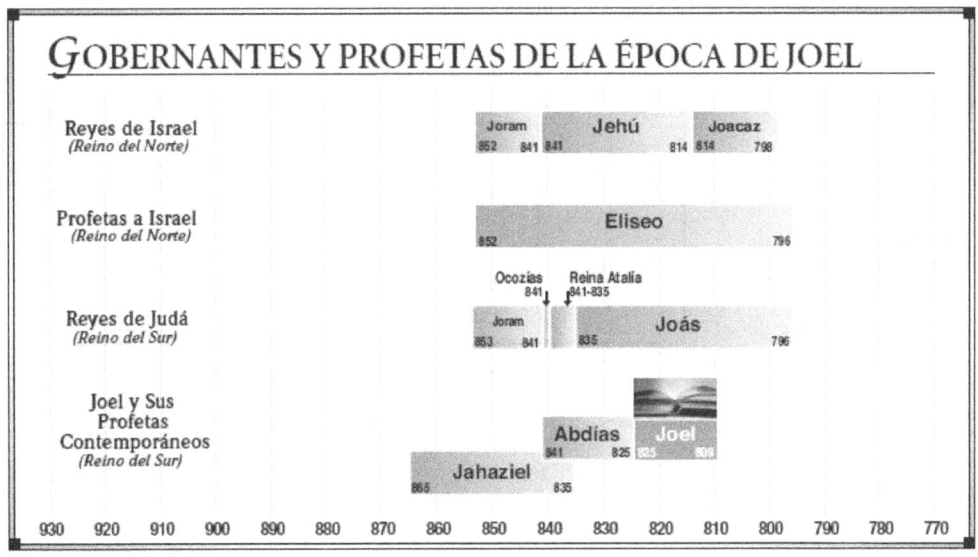

Panorama de Joel

Tema de Joel:

División por Secciones

Autor:

Fecha:

Propósito:

Palabras Clave:
(incluir sinónimos)

langosta

Sion

día del Señor

volver (y sus variaciones), devolveré

qué hará Dios (p.ej. derramaré, reuniré, etc.)

nunca jamás, nunca más

entonces

ahora

naciones

cilicio

Espíritu

tierra (la de Dios)

		Temas De Los Capítulos
	1	
	2	
	3	

Ver el Apéndice 7 para ver las palabras clave en la Versión Reina Valera y Nueva Versión Internacional

Cuadro de Observaciones de Joel

Qué le sucede al pueblo	Qué debe hacer el pueblo	Qué efecto tiene el el pueblo

Qué le sucede a la tierra antes y durante el juicio	Qué le sucede a la tierra después del juicio

Qué le sucede a los animales

Qué Hará Dios (con todas sus formas verbales)

Qué le Sucede a las Naciones y Por Qué

El Día del Señor

AMÓS עמוס
AMOS

Mientras las vacas de Basán (que eran las mejores vacas de todo Canaán) pastaban en los tiernos pastos de los llanos de Transjordania, los Israelitas del reino del norte acudían a adorar a Betel; y esto lo hacían quemando incienso y presentando sus holocaustos.

Betel fue uno de los dos lugares donde Jeroboam, primer rey de Israel (es decir, del reino del norte), ordenó que se erigieran becerros de oro (1 Rey. 12-13) pues estaba convencido de que eso es lo que convenía hacerse. Cuando las doce tribus se dividieron en dos reinos separados, los del reino del norte quedaron aislados de Jerusalén (ciudad que ahora pertenecía a las dos tribus del sur, es decir, a Judá y Benjamín). Si los seguidores de Jeroboam hubieran continuado celebrando las fiestas en el templo de Jerusalén, tal como lo había ordenado Dios, ellos estarían en riesgo de simpatizar o adherirse al reino del sur.

Por esa razón, Jeroboam nombró a sus propios sacerdotes e instituyó su propia fiesta. Así, el pueblo podría adorar donde quisiera y como quisiera. Quienes no fueran a Betel podrían ir a Gilgal, que era otro centro principal de adoración, y presentar allí sus sacrificios de alabanza con pan leudado, proclamar sus ofrendas voluntarias, y adorar incluso a otros dioses.

Aquella fue una época dorada en que Israel alcanzó gran prosperidad y estabilidad política. Lo que parecía demostrar que Dios estaba complacido con Israel. Al menos así pensaban en Israel, hasta el día en que se presentó un pastor de Tecoa, pequeño poblado a escasos quince kilómetros al sur de Jerusalén.

Entonces resonó la Palabra del Señor.

Trabajo por Hacer

(Si no lo has hecho, lee la sección titulada Observación, ubicada en la introducción de este libro).

Instrucciones Generales

1. A fin de comprender el contexto histórico de Amós, haz lo siguiente:
   a. Lee Amós 1:1 y anota bajo "Autor", en el PANORAMA DE AMÓS, todo lo que aprendas acerca de este profeta. Luego anota, bajo "Fecha", la información que sugiere la posible fecha de las visiones que dieron pie a lo que él profetizó (véase Zacarías 14:5). Escribe también, bajo "Propósito", la razón que tuvo Amós para escribir (véase 1:1).
   b. Estudia el diagrama histórico de la página 199, en el que se aprecia la relación de Amós con los reyes de Israel y Judá. Ten presente que Amós profetizó en el reino del norte.
   c. Lee 2 Crónicas 26:1-23 y 2 Reyes 14:23 al 15:7. Cuando encuentres el nombre Azarías, recuerda que así también se le llamaba al rey Uzías, quien reinó en el sur.

2. Escribe en una tarjeta, que usarás como separador de páginas, las palabras clave que aparecen en el PANORAMA DE AMÓS. Más adelante deberás de añadir otras palabras clave. Según vayas marcando estas palabras, elabora una lista con la información que obtengas al examinar la manera en que contesten a "las seis preguntas básicas".

3. Observa cuidadosamente todas las referencias a Dios. Observa la extensión de Su soberanía. Dibuja un △ en el margen de cada versículo que revele la autoridad y poder de Dios, y sobre qué es soberano.

En el transcurso de tu lectura de Amós, encontrarás tres frases clave que dividen el libro en tres secciones. Por lo tanto, las instrucciones también quedarán divididas en esa forma.

Capítulos 1-2

1. Lee Amós 1 y 2, y marca todos los casos en que aparezca la frase *Así dice el Señor: Por tres transgresiones de_____ y por cuatro*. Observa en cada caso, de quién son los pecados que Dios va a castigar.

2. Lee lo que sigue a cada una de las declaraciones que has marcado. Busca alguna otra frase clave repetida, y márcala o coloréala de forma distintiva.

3. Observa luego el porqué Dios no va a revocar el castigo, y en qué consistirá dicho castigo. Marca todo verbo en futuro, que haga referencia a Dios y que esté en primera persona del singular (*extirparé, enviaré*); de esta forma, podrás distinguir el castigo.

4. En 2:4,6 Dios se dirige a Judá (reino del sur), y a Israel (reino del norte). Para entender el porqué Dios les habla por separado, busca Amós 1:1 y toma nota de a quién fue enviado Amós como profeta (estos datos pueden verse también en el diagrama histórico de los Gobernantes y Profetas en la página 199. Es muy importante recordar esto al estudiar lo que resta del libro.

5. Anota los temas de los primeros dos capítulos, en el PANORAMA DE AMÓS; anótalos también en tu Biblia al inicio de cada capítulo.

Capítulos 3-6

1. La segunda frase clave que se repite es *oigan esta palabra*. Lee los capítulos 3 al 6, marcando de manera distintiva cada vez que aparezca esta frase.

2. Lee una vez más los capítulos 3 al 6. Al leer estos mensajes del Señor, busca contestar las seis preguntas básicas ya conocidas del texto. Por ejemplo: ¿Quién habla? ¿A quién se dirigió?, ¿Qué dice?, ¿Qué va a suceder?, ¿Cuándo tendrá lugar?, ¿Dónde sucederá?, ¿Por qué va a suceder?, ¿Cómo va a suceder? (Recuerda que no siempre habrá respuestas para todas las preguntas).

3. Marca las frases o palabras repetidas. Señalar toda inferencia verbal referente a Dios y busca contestar las seis preguntas básicas, te ayudará para que puedas descubrir lo que Dios va hacer. Busca las palabras pero no y vuelto a mí, en el capítulo 4; y la palabra busquen, en el capítulo 5. Marca toda referencia al "***Día del Señor***" y anota en tu libreta de apuntes todo lo que aprendas en el cuadro que se te recomendó hacer en la introducción de este libro.

4. Anota en el margen lo aprendido acerca de Dios, de Israel, de lo que el pueblo estaba haciendo mal y lo que les disgustaba.

5. Resume los respectivos temas en el PANORAMA DE AMÓS y en tu Biblia.

Capítulos 7-9

1. La frase clave que distingue a la última sección de Amós, y que aparece repetidas veces es: ***esto me mostró el Señor Dios***. Lee estos tres capítulos y marca de manera distintiva cada caso en que aparezca esta frase.

2. Al leer esta última sección, observa lo que se le muestra a Amós y cómo reacciona. Observa también cómo responde el pueblo a la profecía de Amós, y cómo reacciona él frente a la respuesta de ellos.

3. En el capítulo 8 puedes notar un último oigan esto. Presta mucha atención a lo que Dios va a hacer. Compara 8:8 con 1:1.

4. Aunque la frase ***esto me mostró el Señor Dios*** no aparece en 9:1, ¿puedes ver que la frase ***vi al Señor…me dijo*** podría ser la introducción a la quinta visión de Amós?; ya que se asemeja a las que marcaste en los capítulos 7 y 8. Si así lo crees, márcala también de la misma manera.

5. Marca todos los verbos referentes a lo que Dios hará, así como cualquier otra palabra o frase clave.

6. Anota los temas de los capítulos, así como el tema de Amós en el PANORAMA DE AMÓS.

7. Anota lo que aprendes en el libro de Amós con respecto al día del Señor.

8. Por último, toma nota de cómo termina el libro de Amós ¿Cuál es la promesa dada por Dios? ¿Se ha cumplido ya dicha promesa, con relación a la tierra de Israel? Medita en la historia de Israel.

Para Reflexionar

1. ¿Te ha llevado la fortuna, la vida cómoda, la posesión de bienes y la búsqueda de la felicidad, a una vida de adoración complaciente? ¿Cómo estás adorando a Dios, de acuerdo a Su manera o a la tuya?

2. Al repasar la lista de los pecados de Israel. ¿Has cometido alguno de ellos? Según lo que has leído en Amós, ¿podrían Israel o las otras naciones pecar y no sufrir las consecuencias? ¿Podrás escapar tú a las consecuencias?

3. ¿Qué propósito tienen los juicios de Dios? Cuando Dios decide juzgar, ¿qué podemos hacer nosotros? ¿Qué podemos esperar?

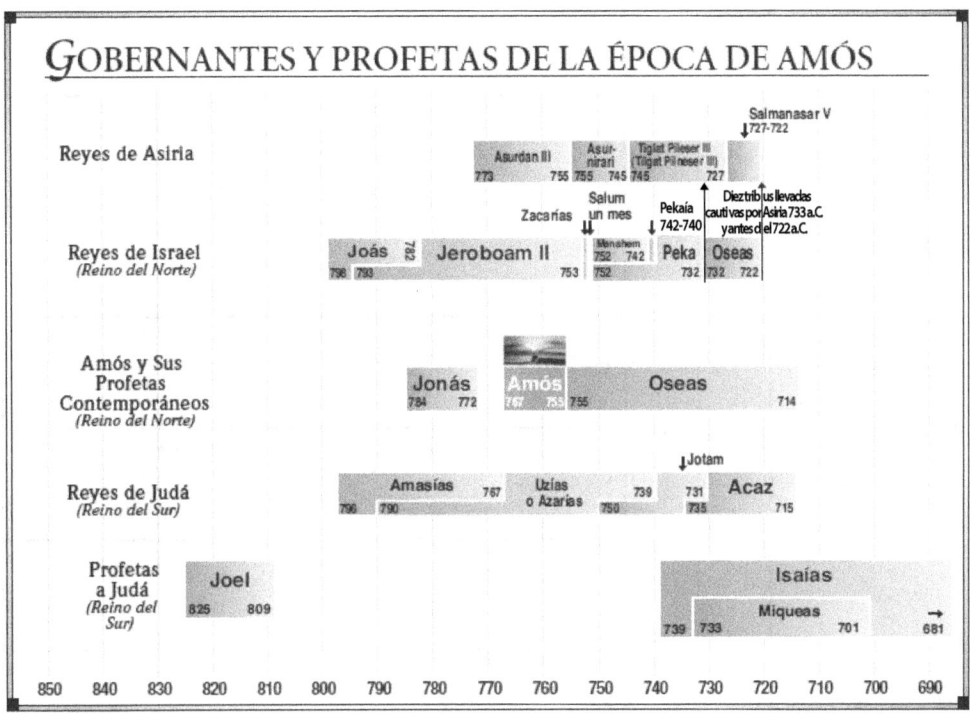

Panorama de Amós

Tema de Amos:

División por Secciones

Autor:

		Temas De Los Capítulos
		1
		2
		3
		4
		5
		6
		7
		8
		9

Fecha:

Propósito:

Palabras Clave:
(incluir sinónimos)

Amós

Israel, Israelitas

tierra

naciones (otras que no sean Israel)

Edom

pacto

toda referencia al nombre de Dios

toda referencia a hambre

Ver el Apéndice 7 para ver las palabras clave en la Versión Reina Valera y Nueva Versión Internacional

ABDÍAS עובדיה
OVADYA

Dios había dicho que quien se atreviera a tocar a Israel estaría tocando la niña de sus ojos. Y según los versículos 10 al 14 de Abdías, Edom había llegado a tal atrevimiento.

No hay acuerdo entre los eruditos Bíblicos en cuanto a la fecha del incidente narrado en estos versículos. Algunos piensan que se refiere a lo ocurrido durante el reinado de Jeroboam (853-841 a.C.), cuando los Filisteos y los Árabes invadieron Jerusalén; otros piensan que se trata de los sitios Babilónicos contra Jerusalén, acontecidos entre los años 605 y 586 a.C. Sin embargo, el mensaje de este libro no gira en torno a la exactitud de la fecha de los acontecimientos en él descritos. Lo que sí sabemos con exactitud, es que Edom no reaccionó de la manera en que Dios quería; y como resultado, Dios envió este mensaje que vino por medio de Abdías, cuyo nombre significa "Siervo del Señor".

Trabajo por Hacer

(Si no lo has hecho, lee la sección titulada Observación, ubicada en la introducción de este libro).

Instrucciones Generales

1. Lee este libro de corrido para que tengas una visión general de su contenido.

2. Lee nuevamente todo el libro, y esta vez marca en el texto, de manera distintiva, las palabras clave (junto con sus sinónimos y pronombres) que aparecen en la lista del PANORAMA DE ABDÍAS.

3. Recuerda que Jacob y Esaú eran hermanos, pues ambos eran hijos de Isaac y Rebeca. Si quieres refrescar la memoria, lee de nuevo Génesis 27:1-28:9 y 32:1-33:20; Romanos 9:10-13 y Números 20:14-21. Génesis 36 nos presenta la genealogía de Esaú, en la cual se aclara que "Esaú... es Edom", quien es llamado también como padre de los Idumeos o Edomitas.

Aunque hay una relación de parentesco entre los descendientes de Edom y los de Israel (Amós 1:11-12), abundan los relatos Bíblicos sobre los continuos conflictos entre estos dos pueblos. Busca en un mapa para que veas la proximidad existente entre ellos. Edom fue siempre una amenaza para Israel; continuamente estorbó su desarrollo como nación y bloqueó el acceso de Judá al golfo de Akaba.

4. Lee todo Abdías una vez más, busca contestar las seis preguntas básicas: ¿Quién escribe? ¿A quién escribe? ¿Por qué escribe? ¿De qué escribe? ¿Qué va a suceder? ¿Quién va a ser afectado? ¿Cómo va a ser afectado? En el margen del texto, haz un resumen de todas sus observaciones.

5. Localiza en el mapa la región del Neguev y los otros lugares mencionados al final de Abdías. Se trata de personas y lugares reales; y lo que Dios ha dicho que les sucederá, verdaderamente ocurrirá.

6. Debido a que este libro está compuesto de un solo capítulo, anota en el PANORAMA DE ABDÍAS el tema de cada párrafo, llenando luego el resto del PANORAMA sin dejar de incluir el tema de Abdías.

7. El día del Señor es un día profético muy importante. Anota lo que has aprendido al respecto, en el cuadro que has empezado en tu libreta de apuntes acerca de EL DÍA DEL SEÑOR.

Para Reflexionar

1. Cuando suceden cosas trágicas e injustas, a veces nos preguntamos dónde está Dios en aquellos momentos; además cuestionamos el hecho de que si Él es justo, íntegro y omnipotente, ¿por qué no interviene? ¿Qué puedes aprender en el libro de Abdías, que te ayude a responder preguntas como esas? ¿Qué puedes aprender de este libro, que puedas aplicar a tu propia vida?

2. ¿Cómo debemos reaccionar ante las tragedias de nuestros semejantes o ante las horas sombrías por las que atraviesan nuestros enemigos? ¿Qué piensa Dios cuando nos aprovechamos de las desgracias de los demás?

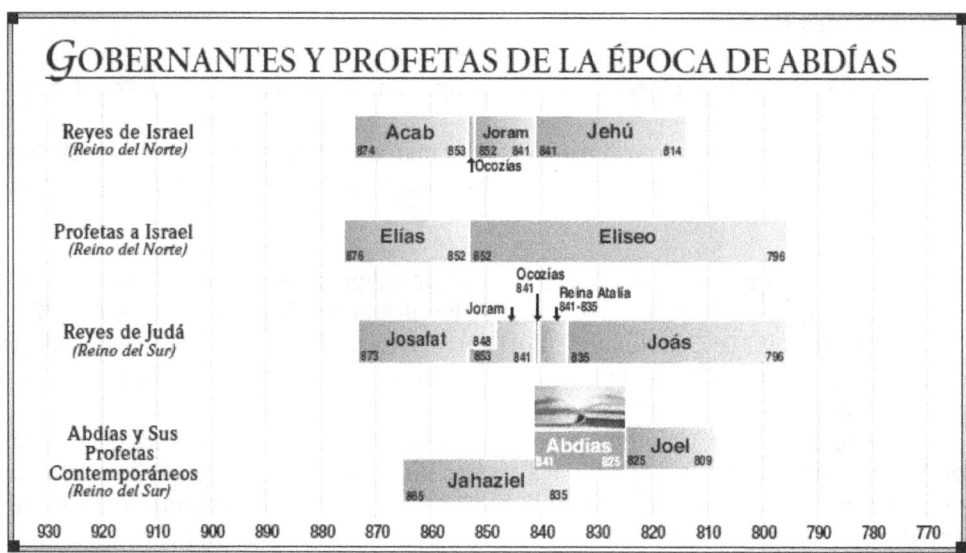

Panorama de Abdías

Tema de Abdías:

División por Secciones

Autor:

Fecha:

Propósito:

Palabras Clave:
(incluir sinónimos)

el día

día del Señor

Edom (Esaú)

Jacob (Judá)

las naciones

Monte Sión (Mi santo monte)

declara el Señor (o cualquier frase que tenga que ver con el Señor diciendo o declarando)

		Temas De Los Párrafos
		Versículos 1–9
		Versículos 10–14
		Versículos 15–21

Ver el Apéndice 7 para ver las palabras clave en la Versión Reina Valera y Nueva Versión Internacional

JONÁS יונה
YONA

Poco antes de que Dios enviara a Amós, y luego a Oseas, como profetas para que advirtieran al reino del norte (Israel) de la inminente invasión Asiria, Dios ya había enviado al profeta Jonás a Nínive, la capital de Asiria. Sin embargo, y a pesar de eso, cincuenta años más tarde—en el 722 a.C.—Asiria llevó al cautiverio a todo el reino del norte.

Dios ya sabía que Asiria subyugaría a Israel. De otra manera, ¿qué sentido tendría el enviar a Jonás a tan malvada ciudad? Pues, Dios es Dios. El enfoque del libro de Jonás no está en un hombre atrapado en el vientre de un gran pez; sino en personas grabadas en el corazón de Dios.

Trabajo por Hacer

(Si no lo has hecho, lee la sección titulada Observación, ubicada en la introducción de este libro).

Instrucciones Generales

1. Antes de leer este libro, lee 2 Reyes 14:23-27, que trata sobre Jonás y su ministerio durante el reinado de Jeroboam II, hijo de Joás, rey de Israel. En aquel tiempo, el rey de Asiria era Salmanasar IV.

2. Marca de manera distintiva las palabras clave que aparecen en la lista del PANORAMA DE JONÁS. También marca con doble línea verde toda referencia a los lugares geográficos. No olvides señalar las referencias de tiempo con un círculo ◯

3. Es asombroso todo lo que puedes aprender en el libro de Jonás acerca de Dios. Marca las referencias a Él dibujando un △ junto al versículo que menciona lo que Dios hace.

4. Anota los temas de los capítulos en el PANORAMA DE JONÁS, al igual que en tu Biblia al inicio de cada uno de ellos. Luego completa el resto del PANORAMA.

Para Reflexionar

1. ¿Hacia quién, o qué, siente tu corazón compasión? ¿Cómo se contrasta el corazón de Jonás con el corazón de Dios? ¿Anhelas lo mismo que Dios? ¿Por qué?

2. ¿Hay algo que Dios quiere que hagas, y que tú aún no lo has hecho? ¿Qué puedes aprender de la vida de Jonás?

3. ¿De qué manera interpretó Jesús este relato de Jonás? Lee Mateo 12:39-41; 16:4. ¿Aceptas como verdadero lo que Jesús reconoció como un hecho real? ¿O piensas que Jesús comparó su resurrección con un relato mitológico?

Panorama de Jonás

Tema de Jonás:

División por Secciones

Autor:

Fecha:

Propósito:

Palabras Clave:
(incluir sinónimos)

Jonás

compasivo
(apiadaste, apiadarme)

arrepentir y sus variaciones

vuélvanse, vuelva, apartado

orar, rogar y sus variaciones

perecer y sus variaciones (morir)

Señor (Dios)

dispuso

ira, enojar y sus variaciones

calamidad, mal

		Temas De Los Capítulos
	1	
	2	
	3	
	4	

Ver el Apéndice 7 para ver las palabras clave en la Versión Reina Valera y Nueva Versión Internacional

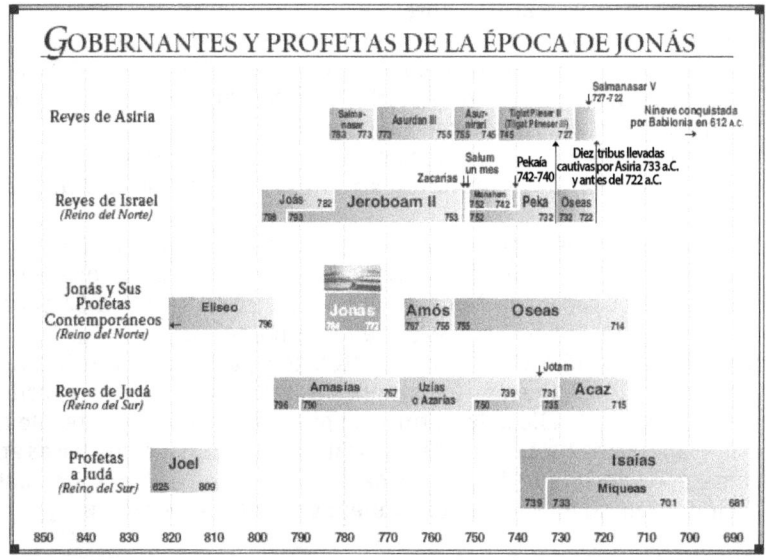

MIQUEAS מיכה
MIKHA

El profeta Miqueas, consciente de su llamamiento, se dispuso a cumplir su misión; lo hizo porque él conocía a su Dios. ¡Qué contraste entre este profeta y el profeta Jonás! Miqueas, cuyo nombre significa "¿Quién es como el Señor?", se dirigiría a un pueblo rebelde para recordarle "Porque el Señor sale de Su lugar" (1:3).

Trabajo por Hacer

(Si no lo has hecho, lee la sección titulada Observación, ubicada en la introducción de este libro).

Instrucciones Generales

1. Miqueas 1:1 presenta el marco histórico de este libro. Léelo con detenimiento y busca contestar las seis preguntas básicas: ¿quién?, ¿qué?, ¿cómo?, ¿cuándo?, ¿dónde? y ¿por qué? Consulta, además, el diagrama histórico que aparece al principio de este libro; haz esto con la intención de situarlo en contexto.
Notarás que el reinado de Jotam, Acaz y Ezequías—tres de los reyes de Judá—abarca un período que va desde el año 750 hasta el 686 a.C. Durante tu estudio, debes tener presente, que Asiria conquistó al reino del norte en el año 722 a.C., y que Babilonia conquistó al reino del sur en el 586 a.C.

2. Para el trasfondo histórico de los reyes de Judá, mencionados en Miqueas 1:1, lee 2 Reyes 15:32 al 20:21, y 2 Crónicas 27:1 al 33:20.

3. Lee todo el libro de Miqueas para que tengas un panorama general. Este libro se divide en tres mensajes, cada uno de ellos comienza con "oigan" u "oigan ahora". Márcalos en Miqueas 1:2; 3:1; 6:1 y estudia el libro considerando esta división.

4. Lee el libro, capítulo por capítulo, o si prefieres, mensaje por mensaje. Ahora, cuando estudies el texto haz lo siguiente:
   a. Marca en el libro las palabras clave (con sus sinónimos, pronombres y variantes verbales) que aparecen en la lista del PANORAMA DE MIQUEAS. Te será de mucha utilidad anotarlas en una tarjeta que puedas usar como separador de páginas, durante tu estudio de Miqueas.
   b. Marca toda referencia de tiempo con un círculo⭕; especialmente, palabras tales *como cuando, entonces, en aquel día, viene el día, los últimos días* y sus sinónimos.
   c. Puesto que la profecía de Miqueas tiene que ver con Samaria (ciudad representativa del reino del norte, Israel) y con Jerusalén (que representa el reino del sur, Judá), en Miqueas 1:1 escribe "RN" junto a Samaria ("reino del norte"), y "RS" junto a Jerusalén ("reino del sur").
   Durante tu estudio debes prestar atención para identificar a qué reino se está dirigiendo Miqueas. Toma nota de la denuncia de sus pecados, de las consecuencias de ellos, del futuro del pueblo, y del remanente. De resultarte útil, elabora una lista en tu libreta de apuntes de todo lo que hayas aprendido.
   d. Toma nota de lo que Dios va a hacer y de quién se verá afectado por Su acción. Apunta, en cada caso, a quiénes se refiere Miqueas.

e. Anota todo lo que aprendas acerca de Miqueas, y de lo que se espera que él haga.
f. Anota los temas de los capítulos en el PANORAMA DE MIQUEAS y en tu Biblia al inicio de cada capítulo. Una vez que hayas terminado con el último capítulo de Miqueas, completa el resto del PANORAMA.

5. Anota lo que aprendas respecto a los últimos días, si consideras que están relacionadas con el día del Señor en tu libreta de apuntes.

Para Reflexionar

1. Repasa lo que has aprendido en este libro acerca de Dios Padre y Dios Hijo. Medita en esas verdades, y exprésale a Dios, en oración, tu deseo de conocerlo de una manera más íntima. Pídele que abra los ojos de tu entendimiento, y que te permita vivir conforme a la revelación que Él te ha dado de Sí.

2. Miqueas 4:12 dice que las naciones no conocen los pensamientos del Señor, ni entienden Su propósito. Sin embargo, los hijos de Dios pueden llegar a conocer todo eso estudiando Su Palabra. Amós dijo: "Ciertamente el Señor Dios no hace nada Sin revelar Su secreto a Sus siervos los profetas". (Amós 3:7). Los secretos de Dios y Su plan para el futuro se encuentran en la Palabra de Dios. Dentro de tu rutina diaria, ¿incluyes tiempo para estudiar Su Palabra?

3. ¿Qué has aprendido del amor y compasión de Dios, los cuales nunca cambian? y ¿Qué con respecto al perdón de tu pecado? ¿Vives según esta verdad?

4. Aunque no puedas confiar en quienes están a tu alrededor, ¿puedes confiar en Dios? ¿Vives confiado en Él? ¿Puede Él confiar en ti? En Miqueas 6:6-8, Dios te dice cómo acercarte a Él y lo que Él requiere. ¿Puedes vivir de esa manera?

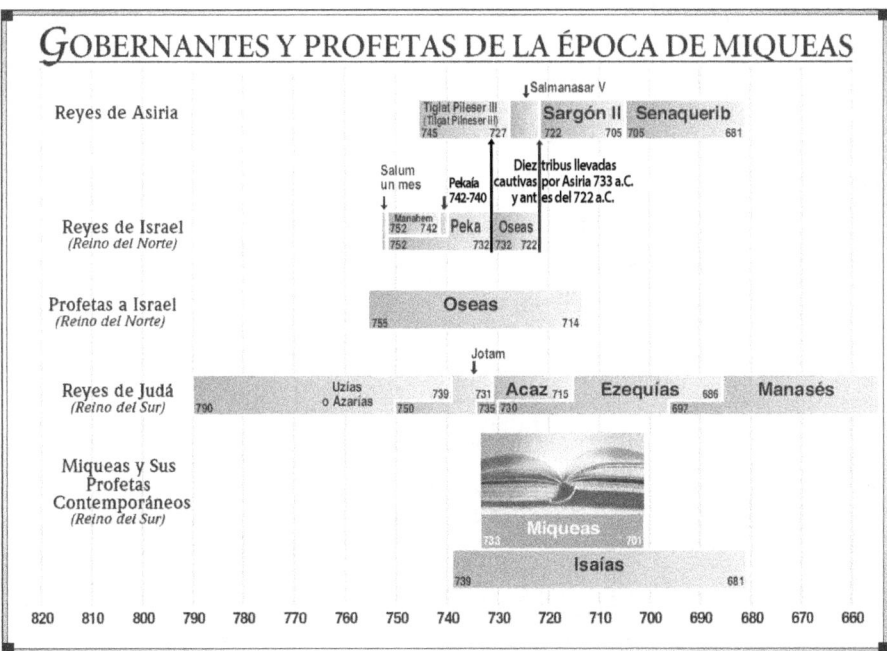

Panorama de Miqueas

Tema de Miqueas:

División por Secciones

Autor:			TEMAS DE LOS CAPÍTULOS
Fecha:		1	
Propósito:		2	
Palabras Clave: *(incluir sinónimos)* Samaria		3	
Jerusalén Jacob Israel, Israelitas		4	
Judá Sion		5	
destruidos, destruiré, destrucción remanente		6	
en aquel día (en los últimos días)		7	

Mi (tu, su) pueblo (mío)

¡Ay!

pecado
(iniquidad, mal, malo, malas, rebeliones, rebelión, rebeldía)

Ver el Apéndice 7 para ver las palabras clave en la Versión Reina Valera y Nueva Versión Internacional

NAHÚM נחום
NACHUM

Había transcurrido un siglo desde que Jonás se dirigió a Nínive—capital de Asiria—para proclamar que sería destruida. Ahora otro profeta, Nahúm, proclamaba la visión que recibió de Dios tocante a Nínive. Es notable el contraste que hay entre el mensaje profético de Nahúm y el significado de su nombre—¡consolador!

Asiria estaba sentada plácidamente en el trono. Asiria había conquistado Israel en el año 722 a.C. En el 701 a.C., bajo el reinado de Senaquerib, habían invadido Judá. Rabsaces, general de Senaquerib, presuntuosamente se vanagloriaba ante Judá de que ninguno de los dioses de las naciones que habían conquistado había podido salvar al pueblo que lo adoraba. A Ezequías, rey de Judá, le dijo: "No te engañe tu Dios en quien tú confías, diciendo: 'Jerusalén no será entregada en mano del rey de Asiria.' Tú has oído lo que los reyes de Asiria han hecho a todas las naciones, destruyéndolas por completo, ¿y serás tú librado?" (2 Rey. 19:10-11).

Sin embargo, Dios salvó a Judá. Senaquerib, rey de Asiria, volvió a Nínive y allí murió.

Pero aquí no termina la historia. Dios tenía un mensaje para ser dado a Nínive, la capital de Asiria. En los días de la profecía de Nahúm, dicha ciudad se hallaba en el pináculo del poder y la riqueza, confiada tras muros que ella consideraba inexpugnables. Por lo menos, eso era lo que pensaba.

Trabajo por Hacer

(Si no lo has hecho, lee la sección titulada Observación, ubicada en la introducción de este libro).

Instrucciones Generales

1. Te recomendamos que leas el libro de Jonás, a fin de que sepas lo que Dios le había dicho a Nínive, cien años antes, y la forma en que respondieron sus habitantes.

2. Lee el libro de Nahúm y marca toda referencia a **Nínive** (junto con sus pronombres y sinónimos, tales como: **"eres vil"** o **"ciudad sanguinaria"**) de manera o color distintivo. Seguramente encontrarás secciones en las que te resultará difícil discernir si el pasaje se está refiriendo a Nínive o a alguien más, un ejemplo de esto es el caso de Jacob en el 2:1. Así que no marques el texto hasta que estés bien seguro.

3. Estudia el cuadro histórico de GOBERNANTES Y PROFETAS DE LA ÉPOCA DE NAHÚM para que te familiarices con el contexto.

4. Lee el libro de Nahúm, capítulo por capítulo, y haz lo siguiente:
   a. Marca de forma distintiva la frase: **"Aquí estoy contra ti"**, así como toda inferencia verbal a lo que Dios hará en el futuro; como: **"arrancaré"**, **"prepararé"**.
   b. Muchos creen que la descripción profética que encontramos en 2:3-12 es una descripción de la destrucción de Nínive en manos de Nabopolasar—rey

de Babilonia—en el año 612 a.C. Esto se debe a que la descripción de los guerreros coincide con las vestimentas militares usadas por los Babilónicos.
c. Ya que Nahúm nos dice mucho acerca de Dios, estudia el texto con detenimiento, y resume en el margen todo lo que aprendas acerca de Dios. Por ejemplo, 1:4 indica que Dios rige sobre la naturaleza. Escribe eso en tu lista en el margen, bajo el título "Dios" o bajo el símbolo △.
d. Observa todo lugar donde marcaste Nínive, y elabora en el margen una lista de todo lo que aprendas por marcar estas referencias.

5. Anota los temas de los capítulos en el PANORAMA DE NAHÚM, al igual que en el texto, en la línea ubicada al inicio de cada capítulo. Anota también el tema del libro, y completa el resto de la información que pide el PANORAMA.

Para Reflexionar

1. En el libro de Nahúm, ¿qué has aprendido acerca de la justicia de Dios y de la veracidad de Su Palabra? ¿Es el Dios de la Biblia un Dios en quien se puede confiar? ¿Por qué?

2. ¿Hay algo que pueda impedirle a Dios cumplir con Su palabra o con Sus planes?

3. ¿Personas compasivas podrían comunicar este tipo de mensaje, tal como lo hizo Nahúm? ¿Qué pasaría si Dios te pidiera que dieras a otros una advertencia como ésta? ¿Dirías que sí? ¿Qué te impulsaría, o detendría, en el cumplimiento de tu misión? A propósito, no olvides lo que significa el nombre de Nahúm.

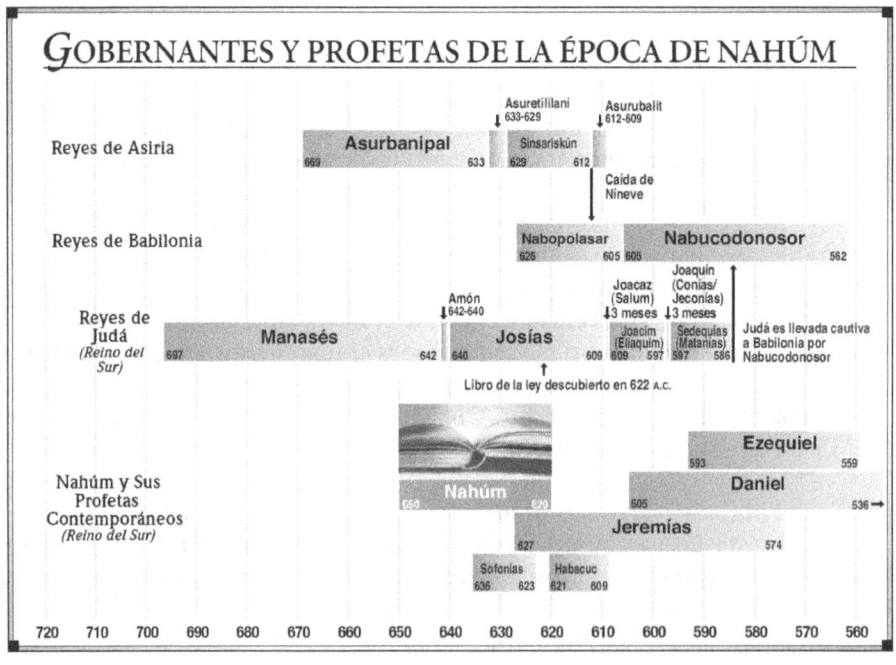

Panorama de Nahúm

Tema de Nahum:

División por Secciones

Autor:

	TEMAS DE LOS CAPÍTULOS
1	
2	
3	

Fecha:

Propósito:

Palabras Clave:
(incluir sinónimos)

Palabras Clave:
(incluir sinónimos)

aquí estoy contra ti

cualquier cosa que Dios hará

Nínive (con todo sinónimo o referencia a ella)

Ver el Apéndice 7 para ver las palabras clave en la Versión Reina Valera y Nueva Versión Internacional

HABACUC חבקוק
CHAVAQQUQ

Habacuc 2:4 dice que "el justo por su fe vivirá". Esta verdad penetró en el corazón de Martín Lutero y dio origen a la Reforma del siglo XVI. Aunque reformulado por Pablo, en las epístolas a los Romanos y a los Gálatas, este versículo tiene sus raíces en el Antiguo Testamento; donde Dios afirma que la salvación es por fe, y sólo por fe.

¿Cuál es el marco histórico del versículo que liberó a Lutero y lo condujo a una relación genuina con el Dios viviente? Tú mismo lo descubrirás al estudiar Habacuc, un libro cuya culminación muestra la fe en todo su apogeo, incluso ante la expectativa de las horas más difíciles por las que pasaría Judá.

Trabajo por Hacer

(Si no lo has hecho, lee la sección titulada Observación, ubicada en la introducción de este libro).

Instrucciones Generales

Al leer Habacuc, resulta de suma importancia determinar si quien habla es Dios o el profeta. Puesto que el libro consta de sólo tres capítulos, léelo y anota en el margen cuándo habla Dios y cuándo habla el profeta. Primero trata de hacer esto por ti mismo, y luego observa la columna de la división por secciones del PANORAMA DE HABACUC, en donde se indica quién habla y en qué momento.

Capítulo 1

1. La palabra Hebrea traducida como "oráculo" significa literalmente "carga emocional". ¿Sabes por qué se sentía abatido Habacuc? Marca la palabra clave **por qué** y descubrirás la respuesta.

2. Lee todo el capítulo 1 y marca con un mismo color todos los casos en que se menciona al profeta **Habacuc**, y con otro color las veces que se mencione al **Señor** (incluyendo todo pronombre e inferencia verbal). Luego de esto, observa y haz una lista en el margen de todo lo que aprendas con respecto al Señor y a lo que Él hará.

3. Los Caldeos, como también se conoce a los Babilonios, invadieron tres veces a Judá (el reino del Sur). Primero en el año 605 a.C., ocasión en que Daniel y otros nobles fueron llevados cautivos. Luego, en el año 597 a.C., llevaron cautivo a Ezequiel y a diez mil hombres más. El tercero, y último sitio, tuvo lugar entre los años 588 al 586 a.C., cuando la ciudad de Jerusalén y el templo fueron reducidos a escombros. Anota en el margen todo lo que aprendas acerca de los Caldeos; resalta lo que van hacer y lo que les sucederá. También, de ahora en adelante, marca toda referencia a naciones.

4. Estudia el diagrama histórico al final de estas instrucciones, y toma nota de cómo se relaciona el tiempo transcurrido entre los escritos de Habacuc y la invasión Babilónica.

Capítulo 2

1. Marca toda referencia al **orgulloso** u **hombre arrogante** (marca también sus pronombres y sinónimos) Luego, en tu libreta de apuntes, haz una lista de cómo es este hombre y con quién se le contrasta.

2. Marca todos los casos en que aparezca la frase ¡**Ay del...** ! y resume en tu libreta de apuntes la siguiente información: ¿contra quién se lanza esa amenaza?, ¿por qué es proclamada? y ¿qué sucederá cuando se cumpla?

3. Marca las referencias al Señor y anota en el margen todo lo que aprendas acerca de Dios.

Capítulo 3

1. El carácter poético de la oración de Habacuc resulta sumamente emotivo, pues él recurre a un tipo de paralelismo estructural en el que la segunda línea repite de otra manera lo dicho en la primera; de esta forma, se recalca e intensifica la misma verdad que ya ha sido emitida en la primera línea. Lee una vez más la oración de Habacuc, pero esta vez ten presente su estilo poético.

2. Durante tu lectura, busca contestar las seis preguntas básicas: ¿Quién hace qué? ¿A quién o a qué? ¿Cuándo se hará? ¿Por qué se hará? ¿Qué va a suceder exactamente? ¿Cómo va a suceder? Anota todo lo que aprendas respecto a Dios, en este capítulo.

3. ¿Qué dice este capítulo, acerca de Habacuc y de su relación con Dios? Escribe tu respuesta en tu libreta de apuntes, y compárala luego con lo que escribiste en 2:4. ¿Cómo habría de vivir Habacuc? ¿Habían cambiado sus circunstancias?

4. Completa las secciones pertinentes del PANORAMA DE HABACUC, anotando el tema de cada párrafo y capítulo, y del libro mismo. Anota el resto de la información que pide el PANORAMA. Anota, además, los temas de los capítulos en tu Biblia al inicio de cada uno de ellos.

Para Reflexionar

1. ¿Qué has aprendido acerca de Dios, de Sus caminos, de Su Palabra y de Su carácter? Si Él es el mismo ayer y hoy y por los siglos, ¿cómo puede influir este nuevo conocimiento acerca de Dios, en tu relación con Él y Su Palabra? ¿Cómo puede influir este conocimiento, en la manera como enfrentas tus circunstancias?

2. ¿Qué has aprendido acerca de los arrogantes o los orgullosos? Santiago 4, dice que Dios resiste a los soberbios. ¿Puedes entender por qué? ¿Hay en tu vida algo de soberbia o de orgullo que deba ser desechado?

3. Repasa lo que has aprendido acerca de los "¡Ayes!" emitidos por Dios. Pide a Dios que escudriñe tu corazón. ¿Vives de tal modo que esos "¡Ayes!" podrían aplicarse a ti? ¿Necesitas confesar algo a Dios, y recibir Su perdón y Su limpieza (véase 1 Juan. 1:9)?

4. Teniendo presente la manera en que comienza y en que termina Habacuc, reflexiona respecto a lo que produjo ese cambio en él, y aplícalo a tu propia vida. ¿Te encuentras cuestionando a Dios, o dudando de Él y de Su modo de actuar? ¿Esto produce en ti desesperanza? ¿Qué necesitas hacer?

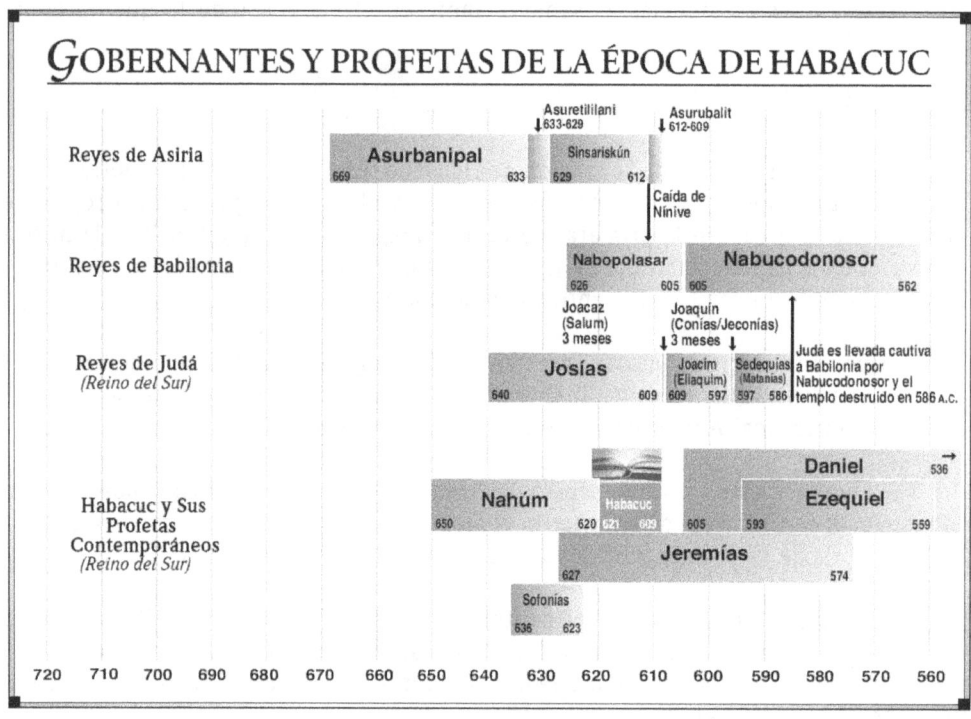

Panorama de Habacuc

Tema de Habacuc:

División por Secciones

Autor:		Quién está hablando	Temas De Los Párrafos	Temas de los Capítulos
		Habla Habacuc	1:1–4	1
Fecha:		Habla Dios	1:5–11	
Propósito:		Habla Habacuc	1:12–17	
			2:1–3	2
Palabras Clave: *(incluir sinónimos)*		Habla Dios	2:4–5	
			2:6–8	
			2:9–11	
			2:12–14	
			2:15–17	
			2:18–20	
		Ora Habacuc	3:1–2	3
			3:3–7	
			3:8–15	
			3:16–19	

Ver el Apéndice 7 para ver las palabras clave en la Versión Reina Valera y Nueva Versión Internacional

SOFONÍAS צפניה
TZFANYA

Durante los últimos años del reinado de Josías, Israel era un oasis espiritual en medio de un desierto de apostasía (de abandono de la fe).

No se sabe mucho en cuanto a la fecha de la profecía de Sofonías, salvo que tuvo lugar durante el reinado de Josías (640-609 a.C.). Sin embargo, se puede argumentar, partiendo del texto Bíblico, que la profecía de Sofonías pudo haber motivado las reformas realizadas por Josías. En 2 Crónicas 34:3 leemos "en el octavo año de su reinado (Josías, alrededor del año 632 a.C.), siendo aún joven, comenzó a buscar al Dios de su padre David; y en el año doce empezó a purificar a Judá y a Jerusalén..." En el año 622 a.C., el libro de Ley fue hallado en la casa de Dios. No sabemos la fecha en que llegó la profecía de Sofonías, pero lo que sabemos, es que lo hizo con una gran intensidad; esta profecía fue como un fuerte estruendo que llamaba al pueblo de Dios a buscar la humildad y la justicia, en vista del día de la ira del Señor.

Trabajo por Hacer

(Si no lo has hecho, lee la sección titulada Observación, ubicada en la introducción de este libro).

Instrucciones Generales

    1. Sofonías 1:1 nos informa de la genealogía del profeta y del marco histórico de su libro. Anota en el PANORAMA DE SOFONÍAS todas tus observaciones relacionadas con el autor de este libro. Y para que tengas un marco histórico más amplio, lee también 2 Reyes 22:1-23:30 y 2 Crónicas 34:1-35:27.

    2. Consulta el diagrama histórico al final de estas instrucciones, a fin de que veas la relación que hay entre esta profecía, el cautiverio babilónico y la destrucción de Nínive.

    3. Lee Sofonías, párrafo por párrafo, prestando especial atención a la mención de los distintos pueblos y lugares. Subraya con doble línea color verde toda referencia a pueblos y ciudades (Moab, Amón, etc.). Anota, además, lo que se dice de cada una de ellas.
        a. Presta atención a los cambios de tema. Observa lo que sucede en 3:1, pues es evidente que el tema cambia de Nínive (la capital de Asiria) a Jerusalén, a pesar de que Jerusalén no es nombrada directamente.
        b. Determina el tema tratado en cada párrafo, y anótalo en el PANORAMA DE SOFONÍAS, bajo el título "Temas de los Párrafos".

    4. Lee ahora Sofonías, capítulo por capítulo, y marca en el texto las palabras clave que aparecen en la lista del PANORAMA DE SOFONÍAS.
        a. Busca y marca otras palabras clave que puedas encontrar durante tu lectura capítulo por capítulo.
        b. Al marcar **el día, aquel día,** y **el día del Señor,** toma nota de lo que sucederá

ese día y de la relación que tiene con el día del Señor, si es que la hubiere (ten presente que la profecía puede tener un cumplimiento próximo y un cumplimiento futuro lejano. Si no estás familiarizado con la interpretación de la profecía, puedes leer PAUTAS PARA LA INTERPRETACIÓN DE LA PROFECÍA PREDICTIVA en la página 382).

c. Toma nota de lo que Dios hará, a quién lo hará, y porqué. Escribe también los resultados que tal acción producirá en Israel.

5. Anota todo lo que aprendas respecto al día del Señor en tu libreta de apuntes, tal como lo sugerimos en la introducción bajo el encabezado EL DÍA DEL SEÑOR.

6. Completa el PANORAMA DE SOFONÍAS. Anota en su lugar correspondiente el tema del libro y los temas de los capítulos, y luego escribe los temas de los capítulos en tu Biblia al principio de cada capítulo.

Para Reflexionar

1. El día del Señor también se menciona en el Nuevo Testamento, por ejemplo, en 1 Tesalonicenses 5:1-11. Si el día del Señor está por venir, ¿cómo deberías de estar preparándote para su llegada?

2. ¿Qué has aprendido en cuanto a la nación de Israel y su futuro? ¿Estás recurriendo a estas verdades, para compartir el evangelio de Jesucristo con el pueblo de Dios (los judíos)?

3. Reflexiona en cuanto a lo que has aprendido acerca de Dios en Sofonías, y en cómo debería afectar eso tu manera de vivir.

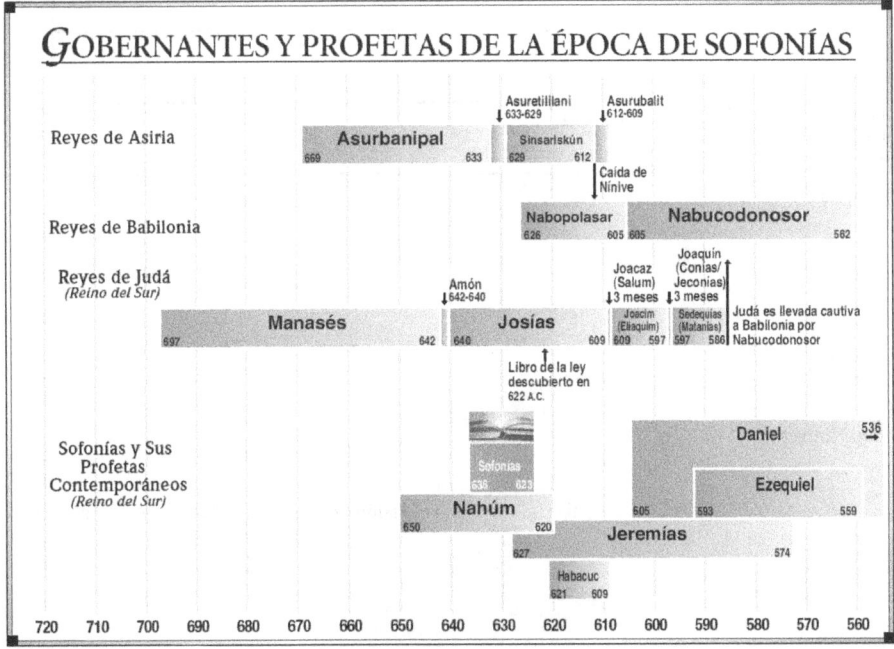

Panorama de Sofonías

Tema de Sofonías:

División por Secciones

Autor:		Temas De Los Párrafos	Temas de los Capítulos
		1:1–6	1
Fecha:		1:7–13	
Propósito:		1:14–18	
Palabras Clave: *(incluir sinónimos)*		2:1–3	2
		2:4–7	
cualquier cosa que el Señor hará (eliminaré, traeré, etc.)		2:8–11	
el día del Señor, aquel día, el día		2:12–15	
remanente (el resto)		2:12–14	
toda referencia al pueblo, nación de Dios (hijas de Sion)		3:1–7	3
naciones (reinos, pueblos)		3:8–13	
desolación, desolada (destrucción)		3:14–20	
en medio de ti			
¡Ay!			
busquen			
ira			
toda la tierra (la superficie de la tierra)			
Asiria (y Nínive)			

Ver el Apéndice 7 para ver las palabras clave en la Versión Reina Valera y Nueva Versión Internacional

HAGEO
CHAGGAI

Existía un desaliento generalizado, pues luego de setenta años de exilio, sólo un pequeño remanente había regresado a Jerusalén. Éste era apenas un pequeño remanente, en comparación con la muchedumbre que había sido llevada al cautiverio. Muchos judíos se mostraban renuentes a abandonar Babilonia para volver a Jerusalén, pues habían hecho suyo el país de sus opresores. Los Babilonios les habían permitido establecer negocios y construir sus propias casas; sus hijos, aunque nacidos en cautiverio, vivían relativamente tranquilos. Entonces, ¿por qué habrían de abandonar aquel lugar?

Un pequeño remanente volvió para reedificar el templo, tarea que pronto llegó a ser desalentadora. El celo que inicialmente tenían flaqueó. Lo que había empezado con gran entusiasmo, terminó por quedar en el olvido antes que se concluyeran las obras de reedificación de la casa del Señor. Por dieciséis años, el templo permaneció ignorado y sin terminarse.

Fue entonces, cerca del año 520 a.C., que la palabra del Señor vino a Hageo.

Trabajo por Hacer

(Si no lo has hecho, lee la sección titulada Observación, ubicada en la introducción de este libro).

Instrucciones Generales

1. Lee Hageo de principio a fin para que te familiarices con el texto. Luego, léelo otra vez y marca con un color distintivo toda mención de la palabra **pueblo** (el pueblo en general), incluyendo sus pronombres. Marca, además, toda referencia a **la casa del Señor**, también conocida como **el templo**.

2. Luego de haber hecho lo anterior, ¿te diste cuenta del patrón que sigue el libro de Hageo? Lee el texto una vez más, y marca con un círculo ⭕ todas las referencias a fechas específicas, como las vistas en 1:1,15 y 2:1, 10, 20. Busca el calendario Hebreo a continuación, para que veas el "cuando" del mensaje, recuerda que debes situarte en el calendario sagrado que aparece en color negro.

3. Lee Hageo de nuevo, y de forma distintiva marca las frases **vino la palabra del Señor por medio del profeta Hageo, Hageo, el mensajero del Señor, por mandato del Señor, vino la palabra del Señor al profeta Hageo, la palabra del Señor vino por segunda vez a Hageo.** Al terminar te darás cuenta de que el libro de Hageo es una serie de varios mensajes.

4. Lee otra vez Hageo, pero esta vez hazlo un mensaje a la vez.
    a. Ahora marca en el texto las palabras clave que aparecen en el PANORAMA DE HAGEO no olvides marcar también sus sinónimos y pronombres.
    b. Después de haber marcado las palabras clave y de haber leído todos los mensajes, observa el contenido de cada uno de ellos haciendo las seis

preguntas básicas. Por ejemplo, ¿cuál es el mensaje específico y a quién es comunicado? ¿Qué ha sucedido? ¿A quién le sucedió? ¿Por qué? ¿Qué sucederá ahora? ¿Qué se espera que crea o haga el pueblo? Resume todo lo que aprendas de cada mensaje, y anótalo en la sección "Temas de los Párrafos" en el PANORAMA DE HAGEO.

   c. Mira qué puedes aprender al marcar **el Señor de los ejércitos**, y sus pronombres correspondientes, **pueblo, templo, considerar** y **estremecer**. Haz una lista de lo que observes de cada una de estas palabras.

5. Lee Esdras 4:24-6:22, a fin de que puedas entender el marco histórico de Hageo. Luego, estudia los cuadros que están a continuación; el primero de los cuales presenta el marco histórico de Hageo-GOBERNANTES Y PROFETAS DE LA ÉPOCA DE HAGEO. Toma nota de quién es Darío y de su mención en Hageo. Busca también en el Calendario Judío cuándo se iniciaron las obras de reedificación del templo bajo la dirección de Esdras, y cuándo se suspendieron; registra, además, cuándo se reiniciaron las obras de reconstrucción, bajo la dirección de Hageo.

6. Completa el PANORAMA DE HAGEO. Anota los temas de los capítulos en el lugar correspondiente. Luego, anota estos temas en tu Biblia al inicio de cada capítulo. Por último, anota el tema del libro y completa el resto de información.

Para Reflexionar

1. ¿Le has estado dando tanta atención y tiempo a tus asuntos personales que has descuidado las cosas de Dios que tienen que ver con la difusión del evangelio y el desarrollo de Su obra?

2. ¿Qué estará queriendo decirnos Dios cuando ocurren eventos catastróficos? ¿Aprovechas esos acontecimientos para dirigir la atención y el pensamiento de las personas hacia Dios?

3. Cuando te sientes desanimado en tu servicio a Dios, ¿te das por vencido o perseveras valientemente, decidido a serle fiel y a dejar que Él se encargue de los resultados?

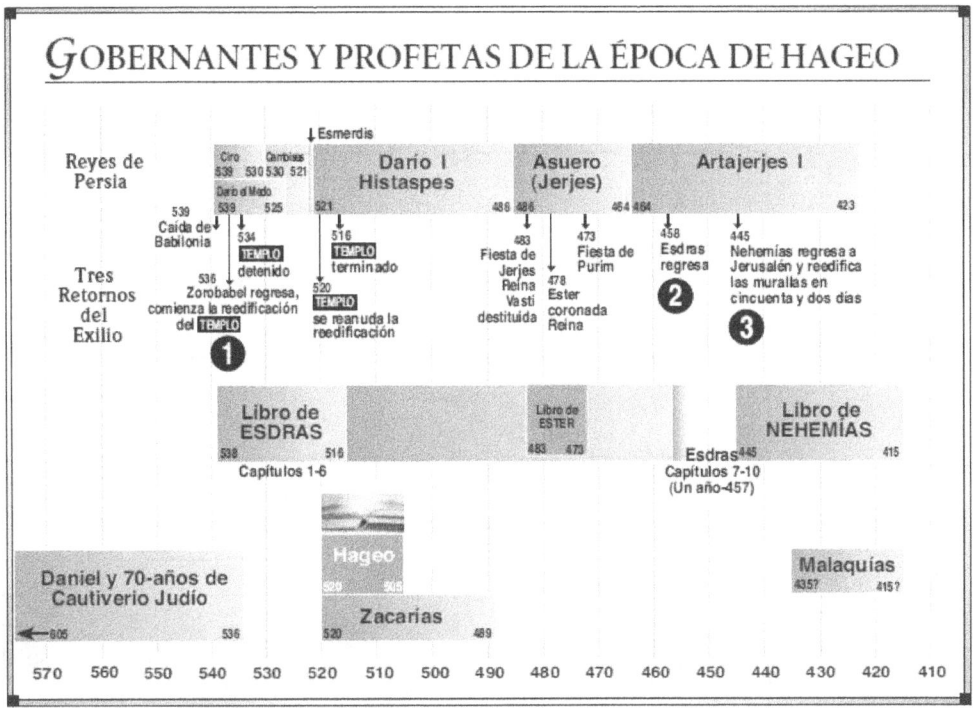

El Calendario Judío

En la actualidad todavía se emplean los nombres babilónicos (B) para los meses en el calendario judío. Se emplearon los nombres cananeos (C) antes del cautiverio babilónico en 586 a.C.

Se mencionan cuatro de ellos en el Antiguo Testamento.

Adar-seni es un mes intercalado cada dos o tres años, o siete veces en diecinueve años.

Mes 1	Mes 2	Mes 3	Mes 4
Nisán (B) Abib (C) Marzo-Abril	Ijar (B) Ziv (C) Abril-Mayo	Siván (B) Mayo-Junio	Tammuz (B) Junio-Julio
Mes 7	Mes 8	Mes 9	Mes 10
Mes 5	Mes 6	Mes 7	Mes 8
Ab (B) Julio-Agosto	Elul (B) Agosto-Septiembre	Tishri (B) Etanim (C) Septiembre-Octubre	Maresván (B) Bul (C) Octubre-Noviembre
Mes 11	Mes 12	Mes 1	Mes 2
Mes 9	Mes 10	Mes 11	Mes 12
Quisleu (B) Noviembre-Diciembre	Tebeth (B) Diciembre-Enero	Shebat (B) Enero-Febrero	Adar (B) Febrero-Marzo
Mes 3	Mes 4	Mes 5	Mes 6

El calendario sagrado aparece en negro • *El calendario civil aparece en gris*

Panorama de Hageo

Tema de Hageo:

División por Secciones

	Temas De Los Párrafos	Temas de los Capítulos
Autor:		
	1:1–12	1
Fecha:		
	1:13–15	
Propósito:		
	1:14–18	
Palabras Clave: *(incluir sinónimos)*		
	2:1–9	2
pueblo		
la casa del Señor (el templo)	2:10–19	
Señor de los ejércitos		
consideren	2:20–23	
haré temblar, estremeceré		

Ver el Apéndice 7 para ver las palabras clave en la Versión Reina Valera y Nueva Versión Internacional

ZACARÍAS זכריה
ZEKHARYA

La tierra gozaba de paz y tranquilidad. Todas las naciones disfrutaban de esa quietud... todas excepto una, Israel. Desde la perspectiva del pueblo Hebreo, todo parecía indicar que Dios los había abandonado, y que se había olvidado de Jerusalén, Su santa ciudad. Los murallas de Jerusalén eran un montón de escombros, el templo de Salomón estaba en ruinas; y en su lugar, se había levantado un templo medio reedificado ¡que ni aún terminado podría compararse con el templo de Salomón!

La mayoría del pueblo de Dios se había establecido en el país de su exilio (Babilonia), y no mostraba ningún interés por volver a Jerusalén. Sólo había regresado un pequeño remanente, que tenía el deseo de volver a construir el templo del Señor; pero ellos pronto se desanimaron, y los planes de reedificación desistieron. No obstante, vino la palabra del Señor—primero a través del profeta Hageo y luego por Zacarías.

Aunque Zacarías había nacido en Babilonia, él fue parte de aquel remanente que volvió a Jerusalén bajo el liderazgo de Zorobabel y de Josué. Zacarías pertenecía a la línea sacerdotal; y él sería, al igual que su predecesor Hageo, el profeta de Dios escogido para animar a un pueblo desanimado.

Fue así como vino la palabra del Señor a Zacarías; en el momento en que el pueblo necesitaba con mayor urgencia que se le infundiera nuevos ánimos. Esto sucedió entre los años 520 y 519 a.C.

Trabajo por Hacer

(Si no lo has hecho, lee la sección titulada Observación, ubicada en la introducción de este libro).

Instrucciones Generales

Si quieres entender correctamente este libro, necesitas situarte en su contexto histórico. Esto requerirá de un poco más de esfuerzo, pero con seguridad valdrá la pena.

El libro de Esdras proporciona el marco histórico de Zacarías, así que si aún no has leído ese libro, debes de hacerlo antes de comenzar a estudiar Zacarías. Ambos libros son post-exilio, lo que significa que fueron escritos después que los judíos estuvieran en el exilio, bajo los babilonios (o Caldeos). Esdras relata el retorno de un remanente a Jerusalén, lo que ocurrió gracias al edicto decretado por el rey Ciro de Persia, quien reinó del 539 al 530 a.C. Los babilonios conquistaron a Judá, pero tiempo después los Medo-persa conquistaron a los babilonios.

1. Cuando leas Esdras, observa lo que dice en cuanto a la reedificación del templo, ya que éste juega un papel muy importante en Esdras y en Zacarías. Presta atención, igualmente, a toda mención que se haga de Zorobabel y de Jesúa (llamado Josué en Zacarías. Pero conocido también como Jesúa, en el libro de Nehemías, el cual es otro libro post-exilio que trata sobre la reedificación de los muros de Jerusalén).

2. Si no has estudiado Hageo, ése debe ser tu próximo libro a estudiar; ya que Hageo y Zacarías fueron contemporáneos.

Capítulos 1-8

1. El libro de Zacarías se divide en dos secciones: de los capítulos 1 al 8, y del 9 al 14. Cuando leas la primera sección, marca de igual forma todas las veces que encuentres la frase *vino la palabra del Señor*, aun cuando presente ligeras variaciones (p. ej., *vino la palabra del Señor de los ejércitos*). Luego, en el margen, anota el punto principal del mensaje del Señor. Además, si el texto indica el momento en que vino la palabra, dibuja allí mismo un círculo ○ y consulta el cuadro GOBERNANTES Y PROFETAS DE LA ÉPOCA DE ZACARÍAS al final de esta sección para situar estos mensajes en su marco cronológico.

2. Al leer busca las frases *¿qué ves?, el Señor me mostró, vi, alcé mis(los) ojos y miré*. Luego, en el margen, escribe la palabra "Visión", y haz un breve apunte acerca del contenido de la visión. Al hacerlo notarás muchas correlaciones entre la palabra del Señor y la visión.

3. Marca de manera distintiva las siguientes palabras y frases clave, junto con sus sinónimos y formas pronominales: *escuchar (se taparon los oídos para no oír), volver, de nuevo, templo (casa del Señor), naciones, Judá, Jerusalén, habitaré en medio de ti (gloria seré en medio de ella,* y toda referencia a *la venida del Señor), remanente,* y *setenta años.*
Anota esas palabras y frases clave en una tarjeta y úsala como separador de páginas mientras estudias Zacarías. Te será de mucha ayuda el colorear o marcar esas frases de la misma manera que las marcaste en el texto bíblico.

4. Zacarías contiene muchas profecías acerca de la primera y de la última venida del Mesías, de la nación de Israel, de Jerusalén, y del futuro de las naciones. Por lo tanto, al leer Zacarías capítulo por capítulo, busca esas profecías y anótalas en las columnas correspondientes de la hoja de trabajo titulada LAS REVELACIONES PROFÉTICAS DE ZACARÍAS) al final de estas instrucciones.

5. El nombre de *Dios, el Señor de los Ejércitos, Yejová-Tsebaá,* se repite varias veces. Marca cada una de esas referencias y anota en el margen, así como en una hoja de papel aparte, todo lo que aprendas acerca de Dios.

6. Después de estudiar cada capítulo, anota sus respectivos temas en el PANORAMA DE ZACARÍAS, bajo el número de capítulo correspondiente. Anótalos también en tu Biblia al inicio de cada capítulo.

Capítulos 9-14

1. Cuando leas esta sección, presta atención a las mismas palabras y frases clave que marcaste en los capítulos 1 al 8, pero añade a esa lista: *pacto, aquel día,* y toda referencia a Dios como *Rey.*

2. Marca también la frase **_profecía de la palabra del Señor._** El lugar donde aparecen estas frases divide estos últimos capítulos de Zacarías en diferentes secciones.

3. Una vez que hayas marcado las palabras y frases clave de esta sección, anota en el margen o en el diagrama LAS REVELACIONES PROFÉTICAS DE ZACARÍAS todo lo que hayas aprendido de cada una de ellas. Si consideras que **_aquel día_** se refiere al día del Señor, anota en tu libreta de apuntes bajo el encabezado sugerido EL DÍA DEL SEÑOR.

4. Cuando leas el capítulo 13, observa lo que pasa con **_las dos partes_** y con **_la tercera_**. Toma nota del pronombre **_él_**, le y del acusativo **_los_** en el versículo 9, y marca la tercera parte como **_remanente_**. Luego, elabora en el margen una lista de todo lo que aprendas acerca de la **_tercera (parte)_**, es decir, del remanente que sobrevivirá.

5. En el capítulo 14 se hace mención a la fiesta de los tabernáculos. En las páginas 52 y 53 se encuentra el cuadro LAS FIESTAS DE ISRAEL. Estudia ese diagrama y fíjate en la importancia de esta fiesta.

6. Anota los temas de los capítulos, tal y como lo has hecho con anterioridad. Luego, en el PANORAMA DE ZACARÍAS, anota el tema general del libro y el tema principal de las dos secciones principales. Luego, completa el resto de la información que se pide en el PANORAMA.

7. Puesto que Hageo y Zacarías eran contemporáneos, será interesante ver la relación cronológica que guardan los mensajes que el Señor les comunicó a estos dos profetas. Así pues, luego de estudiar ambos libros, busca los lugares donde dibujaste un reloj y anota cuándo fue que los mensajes vinieron a cada uno de ellos. Haz una lista de los mensajes según el orden en que ocurrieron.

Para Reflexionar

1. Cuando estudiaste el libro de Zacarías, ¿te asombraste de la soberanía de Dios? ¿Qué significado tiene para tu vida el saber que Dios es soberano y que reina sobre todas las naciones? ¿O el saber que Él ha declarado lo que ha de suceder, antes de que suceda? ¿O que Sus planes se cumplen conforme a Su propósito? Si Dios puede resolver los problemas de las naciones, ¿no podrá también resolver los problemas que tú enfrentas en tu vida?

2. ¿Dedicas tiempo a escuchar, es decir, prestas la debida atención a lo que Dios dice en Su palabra? Por si no lo has escuchado, la invitación de Dios para que te vuelvas a Él aún sigue vigente en Zacarías. Así que, créele a Dios… ¡y vuélvete a Él!

3. ¿Cómo puedes aplicar la verdad de Zacarías 4:6-7 a tu propia vida? Recuerda que las cosas que se escribieron en el Antiguo Testamento, se escribieron para nuestra paciencia y consolación. No se trata de simples relatos históricos, son el pan de vida que nos sustenta para vivir.

4. "...porque voy a venir, y habitaré en medio de ti," declara el Señor (Zac. 2:10). Y también en Apocalipsis 22:12 se nos menciona que cuando Él venga recompensará a cada uno de acuerdo a nuestras obras. ¿Estás preparado para recibir al Señor? Según 1 Juan 3:2-3, la venida del Señor es una esperanza purificadora. ¿Qué tienes que hacer para no sentirte avergonzado cuando Él venga?

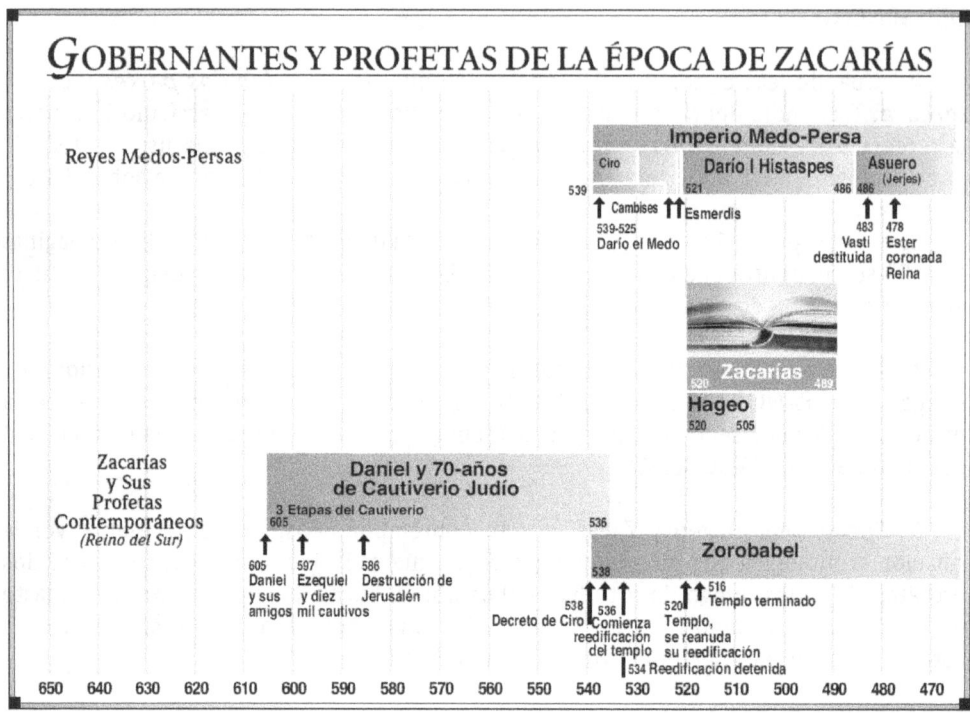

Las Revelaciones Proféticas de Zacarías

Tocante al Mesías, a Judá y a Jerusalén	Tocante a Las Naciones	Tocante al Mesías, al Salvador y al Rey

Panorama de Zacarías

Tema de Zacarías:

División por Secciones

Autor:			Temas De Los Capítulos
			1
Fecha:			2
Propósito:			3
Palabras Clave: *(incluir sinónimos)*			4
			5
			6
			7
			8
			9
			10
			11
			12
			13
			14

Ver el Apéndice 7 para ver las palabras clave en la Versión Reina Valera y Nueva Versión Internacional

MALAQUÍAS
MAL'AKHI

Por no haber obedecido la Palabra del Señor, los Israelitas fueron llevados en cautiverio el año 586 a.C. La nación que había sido cabeza, ahora había llegado a ser la última; todo ocurrió tal y como Dios lo había anunciado por medio de Moisés, Su profeta. Y tal como lo había anunciado, por medio de Su profeta Jeremías, el cautiverio de los israelitas sólo duraría setenta años.

En el año 538 a.C., el rey Ciro de Persia promulgó un decreto mediante el cual permitía que los Israelitas volvieran a Jerusalén y reedificaran su templo. Todo sucedió como Dios lo había anunciado en la profecía de Isaías, ciento setenta y cinco años atrás. En el año 516 a.C., Zorobabel concluyó la reedificación del templo, conforme a la promesa de Dios. En el año 445 a.C., el rey persa Artajerjes permitió que Nehemías volviera a Jerusalén y reedificara sus muros. Esto ocurrió como lo había profetizado Daniel.

Una y otra vez, los israelitas pudieron comprobar que Dios siempre cumple con Su palabra. Salomón escribió en el libro de Proverbios, que el corazón de los reyes está en las manos de Dios, y que Él puede dirigirlos por donde Él desee. Y en vista de todo esto, ¿por qué pensó el remanente de Israel que al volver de sus setenta años de exilio, y establecerse nuevamente en Israel, podrían vivir y adorar como mejor les pareciera? ¿Acaso se habían cansado de esperar el cumplimiento de las profecías que prometían que el Mesías reinaría sobre toda la tierra? ¿Los había abandonado Dios, como lo había hecho con los descendientes de Esaú? ¿Pensaron que Dios dejaría sin castigo a las naciones paganas que habían venido en su contra? ¿O llegaron a pensar que Dios no los amaba, y que tampoco cumpliría con las promesas de Su pacto?

Cualquiera que fuera la razón, lo cierto era que, una vez más, el remanente se mostraba indiferente en su relación con Dios. Por eso Dios volvió a hablar por medio de Malaquías, cuyo nombre significa "mi mensajero". Eso ocurrió hacia el año 433 a.C. Luego llegaría un tiempo de sequía; sequía de la Palabra del Señor (Amos 8:11).

Trabajo por Hacer

(Si no lo has hecho, lee la sección titulada Observación, ubicada en la introducción de este libro).

Instrucciones Generales

1. Ya que Malaquías es un libro breve, léelo de corrido para que obtengas su perspectiva general antes de estudiarlo capítulo por capítulo. Al hacerlo, procura captar el ambiente que lo rodea. No olvides que este libro se escribió para un pueblo, que por su desobediencia, había sido llevado al exilio y que ahora había regresado a su tierra; y que todo había ocurrido tal y como Dios lo había prometido.

2. Ahora lee Malaquías, capítulo por capítulo, y haz lo siguiente:
    a. Marca o colorea de manera distintiva las palabras clave que aparecen en la lista del PANORAMA DE MALAQUÍAS. Anota esas palabras clave en una tarjeta y úsala como separador de páginas mientras estudias Malaquías.

b. Al marcar cada referencia a **ustedes dicen, han dicho**, presta atención a lo que dicen los sacerdotes o el pueblo, y cómo responde Dios.
c. Anota en el margen con quién y por qué está molesto Dios, y qué les ordena hacer o qué va a hacer Él como consecuencia.
d. Toma nota de lo que pasará con los que temen Su nombre, y con quienes no lo temen.
e. Nota el llamado de Dios a volverse a Él, cómo deben volverse, y qué sucederá si en efecto se vuelven.

3. Al terminar cada capítulo, determina cuál es su tema principal y anótalo en el PANORAMA DE MALAQUÍAS, y en tu Biblia al inicio de cada capítulo.

4. Cuando leas el último capítulo de Malaquías, lee también Deuteronomio 28-30, el cual detalla las bendiciones y maldiciones destinadas, respectivamente, a quienes obedezcan o desobedezcan la ley dada a través de Moisés.

5. Después de haber hablado por medio de Su profeta Malaquías, Dios guardó silencio durante cuatrocientos años. Su silencio se rompió cuando un ángel se apareció a Zacarías y le anunció que él y su esposa Elisabet, tendrían un hijo. Lee Lucas 1:5-17 y Mateo 11:2-15, y observa la relación que hay entre estos dos pasajes y la promesa final de Dios en Malaquías. Anota en el margen de Malaquías 4, la esencia de esa promesa, así como las referencias cruzadas de Lucas y Mateo.

6. Anota en tu libreta de apuntes todo lo que aprendas en el encabezado sugerido EL DÍA DEL SEÑOR. Anota en ellas todo lo que aprendas en Malaquías acerca de ese día. Al realizar tus observaciones, anota el libro, capítulo y versículo correspondiente.

Para Reflexionar

1. De la palabra de Dios dada a los sacerdotes, ¿qué aprendes que puedas aplicar a tu propia vida? Lee toda la lista que recopilaste acerca de "los sacerdotes", teniendo presente que tú también formas parte de ese reino de sacerdotes para Dios, pues perteneces al Señor Jesucristo. ¿Qué clase de sacerdote eres tú? Como regla general, ¿crees que Dios espera menos de ti como creyente en Cristo? Por ejemplo, ¿qué ofreces al Señor con respecto a tu tiempo, talentos, diezmos y ofrendas? ¿Instruyes a otros según la Palabra del Señor, o según la más reciente filosofía del mundo? ¿Y qué de tu pacto de fidelidad con tu cónyuge?

2. ¿Te has cansado de servir a Dios? ¿Temes a Dios? Y de ser así, ¿cuál es la promesa de Dios para ti?

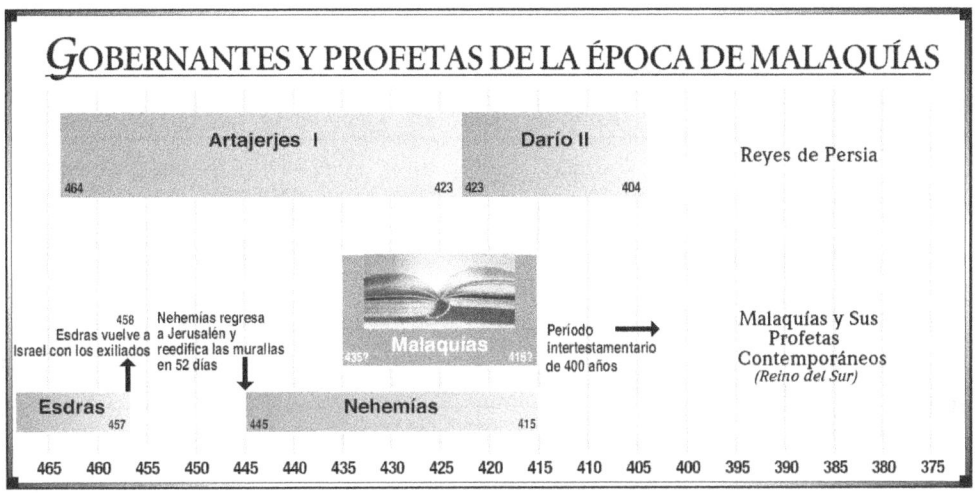

Panorama de Malaquías

Tema de Malaquías:

División por Secciones

	Temas De Los Capítulos
Autor:	
1	
Fecha:	
Propósito:	
2	
Palabras Clave: *(incluir sinónimos)*	
Señor de los ejércitos	
dice, dicen, dicho	3
profanado	
Mi nombre (o Tu nombre - referente a Dios)	4
sacerdote(s)	
ofrenda(s), sacrifica	

maldición

pacto

deslealmente (desleal, desleales)

temen, temían y reverenció

divorcio

Ver el Apéndice 7 para ver las palabras clave en la Versión Reina Valera y Nueva Versión Internacional

MATEO

Dios le había prometido a Abraham que por medio de su simiente, todas las naciones de la tierra serían bendecidas (Gén. 12:3; 15:1-6). Pero, ¿dónde estaba dicha simiente de Abraham?

Dios también le había prometido a Isaías que nacería un niño, que les sería dado un hijo, y que la soberanía reposaría sobre sus hombros. Ese niño se llamaría Admirable Consejero, Dios Poderoso, Padre Eterno, Príncipe de Paz. Había prometido que el aumento de su soberanía y de la paz no tendría fin. Y que aquel niño ocuparía el trono de David, su padre (Isa. 9:6-7). Pero, ¿dónde estaba dicho descendiente de David?

Nadie lo sabía, hasta el día en que el llanto de un recién nacido se escuchó en Belén Efrata. Por aquel entonces, unos magos del Oriente llegaron a Jerusalén y preguntaron: "¿Dónde está el Rey de los judíos que ha nacido?" Aquel que habría de ser gobernante en Israel (Miqueas 5:2), el hijo de David, el hijo de Abraham, había nacido. Mateo escribe acerca de este Rey de los Judíos.

Trabajo por Hacer

(Si no lo has hecho, lee la sección titulada Observación, ubicada en la introducción de este libro).

Instrucciones Generales

1. Desde el primer versículo, Mateo deja bien claro su propósito: demostrar que Jesús era el Rey esperado, el hijo de David y el Mesías cuyo advenimiento se había profetizado a lo largo del Antiguo Testamento.

En Mateo hay un patrón repetitivo que divide el evangelio en seis secciones. Al inicio se presentan ciertos hechos acerca de la persona de Jesús y de Su obra; a esto le sigue algunas series de enseñanzas agrupadas. Cada serie de enseñanzas concluye con alguna de estas cinco acotaciones: "Cuando terminó Jesús estas palabras" (7:28), "cuando Jesús terminó de dar instrucciones" (11:1), "cuando Jesús terminó estas parábolas" (13:53), "cuando Jesús terminó estas palabras" (19:1) y "cuando Jesús terminó todas estas palabras" (26:1).

Por lo tanto, antes de que leas Mateo capítulo por capítulo, debes de marcar de manera distintiva esas cinco frases. Ten presente que con ellas se concluye una serie específica de enseñanzas, luego de la cual se inicia otra serie.

2. Ahora, lee todo Mateo capítulo por capítulo, teniendo presente sus seis secciones. Durante tu lectura, haz lo siguiente:
    a. Marca en el texto, de manera distintiva, las palabras clave registradas en la lista del PANORAMA DE MATEO. Marca cada referencia de tiempo con un círculo ◯ y subraya con doble línea verde toda referencia geográfica y localízalas en un mapa.
       1) Haz también una lista, en la página 254, de todo lo que aprendas acerca del rey o reino.
       2) Además de esas palabras clave, busca cualquier otra palabra clave o frase

repetida que sea relevante en tu estudio.
- b. Subraya con un mismo color todos los casos que hagan referencia o citen alguna profecía del Antiguo Testamento que muestre a Jesús como el Rey prometido; luego, anota en el margen (bajo el título "profecía") cómo Jesús cumple dicha profecía. (En la Biblia de Estudio Inductivo puedes ubicar fácilmente las citas del Antiguo Testamento, ya que están impresas en mayúsculas.)
- c. Presta atención a los acontecimientos, obras o hechos que demuestran quién es Jesucristo.
- d. Al leer las enseñanzas de Jesús en torno a un tema específico, elabora en el margen una lista de los puntos principales que son tratados en Su enseñanza. Si se trata de alguna enseñanza profética, presta atención a todas las referencias de tiempo (incluyendo los adverbios de tiempo, tales como: *cuando, después* y *entonces*). Procura seguir la secuencia de los acontecimientos presentados.
- e. Anota el tema o acontecimiento principal de cada capítulo, en el PANORAMA DE MATEO; anótalos también en tu Biblia al inicio de cada capítulo.

3. Los capítulos 26 al 28 narran los últimos acontecimientos de la vida de Jesús. Anota la secuencia de esos acontecimientos, en las hojas de trabajo tituladas ARRESTO, JUICIO y CRUCIFIXIÓN DE JESUCRISTO en la página 253) también haz otro cuadro en tu libreta de apuntes con el encabezado EL EVENTO DE LA RESURRECCIÓN DE JESUCRISTO. No olvides anotar el capítulo y el versículo de cada referencia, a fin de que puedas ubicarlas fácilmente.

4. Cuando anotes las circunstancias que rodearon la resurrección de Jesucristo, debes anotar también todas las apariciones posteriores a la resurrección presentadas por Mateo. Una vez que hayas hecho esto en los cuatro Evangelios, tendrás abundante información sobre lo que sucedió. Al realizar esta tarea, ten presente que Lucas presenta los acontecimientos en orden secuencial y que, por lo tanto, se constituye en una plomada cronológica para los demás Evangelios.

5. Haz una lista y resume todo lo que aprendas de Mateo respecto al reino de Dios en tu libreta de apuntes. No olvides anotar el capítulo y el versículo de cada referencia.

6. Completa el PANORAMA DE MATEO, y bajo la "División por Secciones" anota el tema de cada sección de este evangelio. Allí también hay una columna en blanco que puedes usar para anotar las otras divisiones por secciones, que consideres convenientes.

Para Reflexionar

1. ¿Te has postrado ya ante Jesucristo, reconociéndolo como el Rey de tu vida? Lee Mateo 7:21-27, y reflexiona acerca de la diferencia que hay entre *simplemente oír algo*, y *oír y vivir conforme a lo que se ha oído*. ¿Cuál de estas frases describe tu forma de ser?

2. ¿Puedes explicarle a otra persona, a la luz de las Escrituras, por qué Jesucristo es el Rey del reino prometido?

3. ¿Estás consciente de que las palabras finales de Jesús a Sus discípulos (Mat. 28:19-20) también fueron dirigidas a ti? ¿Qué estás haciendo para cumplir con la Gran Comisión de Jesucristo? En tu diario caminar, ¿estás haciendo discípulos? De ser así, ¿les estás enseñando a cumplir con todo lo que Cristo nos ha mandado?

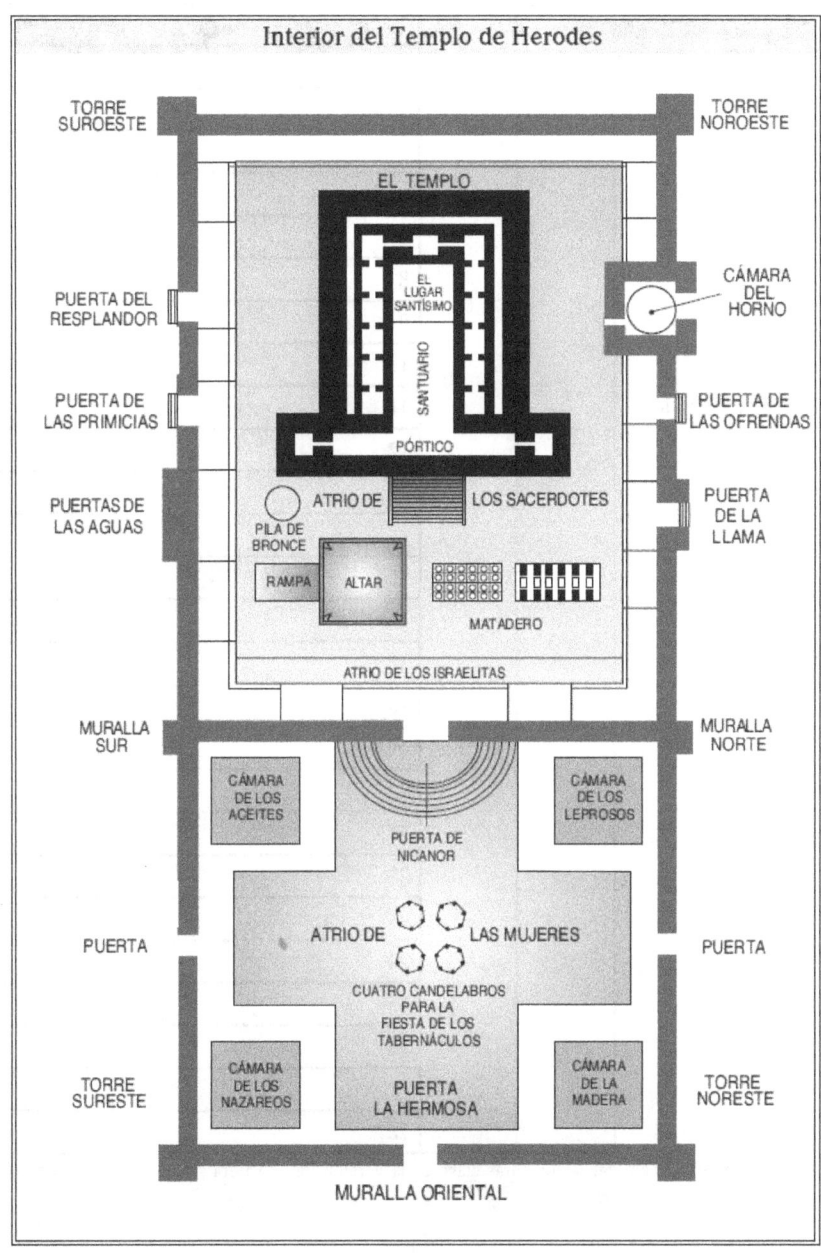

Panorama de Mateo

Tema de Mateo:

División por Secciones

Autor:

Fecha:

Propósito:

Palabras Clave:
(incluir sinónimos)

rey (reino, reino de los cielos, reino de Dios)

se cumpliera, se cumplió

marcar toda referencia a diablo o demonios

pacto

Espíritu (Espíritu Santo)

fe, creer y sus variaciones

discípulo(s)

señal(es)

Cristo (el Mesías)

pecado(s)

corazón

		Temas De Los Capítulos
		1
		2
		3
		4
		5
		6
		7
		8
		9
		10
		11
		12
		13
		14
		15
		16
		17
		18
		19
		20
		21
		22
		23
		24
		25
		26
		27
		28

Ver el Apéndice 7 para ver las palabras clave en la Versión Reina Valera y Nueva Versión Internacional

MARCOS

Tal como lo señala Mateo, es evidente que Jesús nació para ser el Rey de los Judíos. Sin embargo, el evangelio no sólo debía compartirse con los Judíos, sino con todo el mundo. Pues, antes de ocupar su trono como Rey de reyes, Jesús sería el siervo de todos al morir por toda la humanidad. Marcos relata las obras y la autoridad de Aquel que no "... vino para ser servido, sino para servir, y para dar Su vida en rescate por muchos" (10:45).

Trabajo por Hacer

(Si no lo has hecho, lee la sección titulada Observación, ubicada en la introducción de este libro).

Instrucciones Generales

Marcos es un Evangelio que no entra en muchos detalles, los eventos se relatan rápidamente, su énfasis está en las obras de Jesús más que en Sus enseñanzas. Aunque en algunas ocasiones presenta a Jesús como maestro, Marcos destaca el poder y autoridad de Jesús demostrados por las obras que Él realiza al cumplir la voluntad del Padre.

Al leer este Evangelio, notarás el uso repetido de adverbios y frases adverbiales tales como: ***inmediatamente, enseguida, al instante***; con estos adverbios y frases, Marcos conduce al lector de uno a otro acontecimiento en la vida de Jesús. Son dichos acontecimientos, junto con las obras que Él realiza, los que le revelan al lector el poder y la autoridad de Jesús como siervo de Dios y de la humanidad.

Capítulos 1-13

Antes de iniciar el estudio de estos capítulos, lee todas las instrucciones que aparecen a continuación.

1. Debido a que Marcos destaca las obras de Jesús, las cuales muestran Su divino poder, este Evangelio inicia enfatizando la deidad de Jesucristo. Marcos también nos relata ciertos acontecimientos previos al ministerio público de Jesús, ocurridos durante Su preparación. Lee Marcos 1:1-13, y anota en el margen del texto lo siguiente:

   a. Los hechos que declaran la deidad de Jesucristo.
   b. Los acontecimientos que tuvieron lugar en la vida de Jesús antes de Su ministerio público.

2. Ahora lee Marcos capítulo por capítulo, marcando en él, de manera

distintiva, las palabras clave que aparecen en la lista del PANORAMA DE MARCOS (pág. 241).
   a. Anota esas palabras clave en una tarjeta, la cual puede servirte como separador de páginas durante tu estudio de este Evangelio. También marca toda referencia de tiempo con un círculo ⭕ que pueda distinguirse fácilmente.
   b. Además, subraya con doble línea verde todo punto geográfico; se trate de una ciudad, una región o un lugar (como el templo o la sinagoga). Esta información te será de mucha utilidad para visualizar, en conjunto, todos los acontecimientos ocurridos en la vida de Jesús.

3. Los capítulos 1-3 recogen algunos acontecimientos (incluyendo sanidades y milagros) que evidencian la autoridad de Jesús.
   a. Al analizar cada acontecimiento, observa de qué manera evidencian la autoridad de Jesús, cuál es la reacción de la gente, y sobre qué tiene autoridad Jesús.
   b. Anota tus observaciones en el margen relacionando todo lo sucedido. Además, bajo cada suceso, debes registrar cómo reaccionaron los líderes religiosos, los discípulos y la gente. Por ejemplo, puedes hacer lo siguiente:

   <u>Sanidades en el día de reposo</u>
   Los fariseos conspiraban para destruir a Jesús

   c. Una vez anotados tales sucesos y reacciones, asegúrate de registrar el alcance de la autoridad de Jesús. Por ejemplo, junto al caso anterior podrías anotar: "Señor del día de reposo". Busca todas las obras realizadas por Jesús. Presta especial atención a Su poder sobre la naturaleza, los demonios, las enfermedades, etc. Pídele a Dios sabiduría para que puedas descubrir la divinidad de Jesús por medio de aquellas demostraciones de Su poder. Toma nota, igualmente, de los sucesos que presentan a Jesús como siervo.
   d. En todos estos capítulos, Jesús se enfrenta a las acusaciones y al rechazo de los líderes religiosos Judíos de Su tiempo. Cada vez que lo acusaban los Escribas, los Fariseos y los Saduceos, Jesús argumentaba con ellos. En el margen, toma nota de cada incidente de este tipo, marcándolas con una estrella.

4. Escribe también en el margen, los puntos principales de las enseñanzas de Jesús; sea que hayan sido dadas como resultado de una sanidad, de la expulsión de demonios, de la realización de un milagro, o como respuestas a preguntas por parte de sus discípulos o de la multitud. Nota también la reacción de quienes escuchan las enseñanzas de Jesús.

5. Considera todos los casos donde marcaste todo lo relacionado al reino de Dios, y haz lo siguiente:
   a. Anota en el margen, el momento en que Jesús comienza a enfatizar el reino de Dios.
   b. Subraya toda predicción de la muerte y resurrección de Jesús, estableciendo su coincidencia con el énfasis puesto por Jesús en el reino de Dios.
   c. Nota que Jesús define al reino de Dios en la primera sección de Marcos; y que en el capítulo 9, Su énfasis recae en cómo entrar al reino.
   d. En las hojas de trabajo tituladas LO QUE ENSEÑAN LOS EVANGELIOS SOBRE EL REINO DE DIOS/EL REINO DE LOS CIELOS (págs. 254 y 255), haz un resumen de las principales enseñanzas presentadas en Marcos respecto al reino de Dios. No olvides anotar, junto a cada enseñanza, el capítulo y el versículo donde las encontraste.

6. Una vez que hayas terminado de leer y de marcar los capítulos, anota sus respectivos temas en el PANORAMA DE MARCOS, al igual que en la línea ubicada al inicio de cada uno de ellos en el texto.

Capítulos 14-16

1. Cuando leas el relato de Marcos acerca de la pasión, muerte, sepultura y resurrección de Jesucristo, anota el desarrollo de los acontecimientos, en las hojas de trabajo tituladas ARRESTO, JUICIO Y CRUCIFIXIÓN DE JESUCRISTO (pág. 253) y LO QUE LOS EVANGELIOS ENSEÑAN ACERCA DEL REINO DE DIOS/EL REINO DE LOS CIELOS (pág. 254). Registra el capítulo y el versículo, junto a cada observación.
   a. Al anotar las circunstancias que rodearon la resurrección de Jesucristo, escribe también todas las apariciones posteriores a la resurrección, que son documentadas por Marcos. Una vez que hayas hecho esto en los cuatro Evangelios, tendrás un panorama completo de todo lo sucedido en ese momento de la vida de nuestro Señor.
   b. Cuando lo hagas, ten presente que Lucas es el que nos narra los acontecimientos en orden cronológico y que por lo tanto, nos sirve como plomada, referencia, para los demás Evangelios.

2. Completa el PANORAMA DE MARCOS, sin olvidar señalar otras secciones que hayas encontrado al estudiar este Evangelio.

Para Reflexionar

1. Con frecuencia se dice que Marcos nos presenta el aspecto de siervo del ministerio de Jesús. Sin embargo, la palabra "siervo" sólo se usa cuatro veces en este Evangelio. En Marcos 10:45, se dice respecto de Jesús que "ni aun el Hijo del Hombre vino para ser servido, sino para servir, y para dar su vida en rescate por muchos". Teniendo en mente lo anterior, ¿te comparas a tu Señor en este aspecto? ¿Dirían los demás que eres un siervo? ¿O piensan, más bien, que te gusta ocupar el primer lugar en todo? ¿Cómo puedes llegar a ser el primero ante los ojos de Dios?

2. En este Evangelio, Jesús enseña también acerca del discipulado. Según Jesús, ¿qué se espera de un discípulo? ¿Consideras que puedes llamarte "verdadero discípulo de Jesucristo"? ¿Por qué crees eso? Reflexiona en lo que dice Marcos 8:34-36 y 10:28-31.

3. ¿Puedes afirmar como Pedro (en Mateo 16:16), "Tú eres el Cristo, el Hijo del Dios viviente"? ¿Escucharás y obedecerás a Jesucristo, tal y como lo ordena el Padre?

Panorama de Marcos

Tema de Marcos:

División por Secciones

Autor:

Fecha:

Propósito:

Palabras Clave:
(incluir sinónimos)

inmediatamente, enseguida, al instante, tan pronto, en ese momento

autoridad (poder)

reino de Dios

marca toda referencia a Satanás o demonios

pacto

Espíritu

Cristo (el Mesías)

discípulo(s)

		Temas De Los Capítulos
		1
		2
		3
		4
		5
		6
		7
		8
		9
		10
		11
		12
		13
		14
		15
		16

Ver el Apéndice 7 para ver las palabras clave en la Versión Reina Valera y Nueva Versión Internacional

LUCAS

Mateo nos presenta a Jesús como el Rey de los Judíos, y Marcos nos muestra al Siervo que vino a dar su vida en rescate de muchos. Ahora Lucas, escribiendo con el cuidado de un historiador, nos lleva en un recorrido cronológico a lo largo de los días del Hijo del Hombre en esta tierra; en este Evangelio presenciamos el cumplimiento de lo escrito acerca de Él, en la ley de Moisés, en los Profetas y en los Salmos; información de vital importancia, que no es mencionada en ninguno de los otros Evangelios.

Trabajo por Hacer

(Si no lo has hecho, lee la sección titulada Observación, ubicada en la introducción de este libro).

Instrucciones Generales

1. El propósito de Lucas al escribir este evangelio es señalado en 1:1-4. Lee ese pasaje y escribe ese propósito en el PANORAMA DE LUCAS (pág. 244).

2. Al leer capítulo por capítulo, haz lo siguiente:
   a. Marca en el texto, las palabras clave que aparecen en la lista del PANORAMA DE LUCAS.
   b. Señala toda referencia de tiempo con un círculo ◯. Esa información será muy variada, e incluirá días, años, fiestas judías, y momentos vinculados con un rey o sumo sacerdote. Te será de mucha ayuda estudiar el árbol genealógico de Herodes que se presenta en la página 251. Esta parte de tu estudio, te mantendrá al tanto del tiempo en que ocurren los sucesos en la vida de Jesús; los cuales son cruciales para cumplir el propósito de Lucas.
   c. Es también muy importante que observes el lugar donde ocurren los eventos. Así que, subraya con doble línea color verde toda mención de lugares, ciudades y regiones; luego, localízalos en el mapa que aparece en la página 250.
   d. Anota en el margen los principales eventos y enseñanzas que son tratados en cada capítulo (Nota: muchas de las cosas mencionadas en los capítulos 1 al 3 y 10 al 18 de Lucas, únicamente son presentadas en este Evangelio).
      1) Al anotar los acontecimientos en el margen, coloréalos o márcalos de manera distintiva, a fin de que puedas distinguirlos fácilmente. Haciendo esto, podrás apreciar un panorama general del orden cronológico seguido en Lucas. Para esto también puedes consultar el diagrama de la página 252.
      2) Presta atención al trasfondo y a la respuesta de aquellos que están escuchando o participando en esos acontecimientos. Toma nota de dónde se encuentra Jesús, cómo se relaciona con la gente, a qué eventos sociales asiste, y qué espera Él de la gente.

e. ***Discípulo*** es una palabra clave. Debes de hacer una lista de todo lo que aprendas al marcarla.

f. Si Jesús cuenta alguna parábola o habla de algún caso como el de Lázaro y el hombre rico (Lucas 16), nota qué motivó a que Jesús lo hiciera.

g. Anota los temas de los capítulos en la línea ubicada al inicio de cada uno de ellos; anótalos también en el PANORAMA DE LUCAS. Además, escribe el tema general del libro, y completa el resto del PANORAMA.

3. En las hojas de trabajo tituladas: ARRESTO, JUICIO Y CRUCIFIXIÓN DE JESUCRISTO (pág. 253) escribe los datos relacionados con el arresto de Jesús, el juicio, la crucifixión, la resurrección, las apariciones después de la resurrección y la ascensión. Anota el capítulo y el versículo de cada referencia. Una vez que hayas hecho esto en los cuatro Evangelios, tendrás un panorama completo de lo sucedido en aquellos momentos de la vida de nuestro Señor.

4. En las páginas 254 y 255 encontrarás unas hojas de trabajo tituladas LO QUE ENSEÑAN LOS EVANGELIOS SOBRE EL REINO DE DIOS/EL REINO DE LOS CIELOS. Anota en ellas toda la información que puedas encontrar al marcar las referencias al reino de Dios, en Lucas.

Para Reflexionar

1. ¿Te ha sido difícil creer todo lo que Moisés y los profetas escribieron acerca de Jesucristo? ¿Ves a Jesús como el Hijo del Hombre, el cumplimiento de la profecía, el Cristo, el Hijo de Dios? ¿Te has rendido ante Él, reconociéndolo como Señor de tu vida? ¿Eres un verdadero discípulo de Cristo?

2. Jesús buscó a los pecadores, a los desconsolados y a los rechazados por la sociedad. Él los visitó en sus hogares, y siempre estuvo disponible para ellos. ¿Qué acerca de ti? ¿Tienes compasión por este tipo de gente? ¿Vives para ti mismo, o inviertes tu vida en el bienestar de tus semejantes? Al ver la forma en que Jesús se preocupó por los demás, ¿qué has aprendido que puedas aplicar a tu propia vida?

3. Si Jesucristo frecuentemente necesitó alejarse a un lugar solitario para así poder orar. ¿Qué acerca de ti? ¿Tiene la oración un lugar prioritario en tu vida? ¿Entiendes y has hecho tuyos los principios de oración que Jesús enseñó en el Evangelio de Lucas?

Panorama de Lucas

Tema de Lucas:

División por Secciones

Autor:

Fecha:

Propósito:

Palabras Clave:
(incluir sinónimos)

reino (reino de Dios)

Hijo del Hombre

marca toda referencia a diablo o demonios

pacto

oración (orar, ruego y sus variaciones)

discípulo(s)

pecado, pecadores, peca, pecadora, pecador

toda referencia a la segunda venida de Cristo

Cristo (el Mesías)

		Temas De Los Capítulos
		1
		2
		3
		4
		5
		6
		7
		8
		9
		10
		11
		12
		13
		14
		15
		16
		17
		18
		19
		20
		21
		22
		23
		24

Ver el Apéndice 7 para ver las palabras clave en la Versión Reina Valera y Nueva Versión Internacional

JUAN

Jesucristo, ¡Dios encarnado! ¿Cómo sería? ¿Qué obras realizaría? ¿Qué relación tendría con el Padre una vez estuviera aquí en la tierra? ¿Cómo podría la gente saber que Él era Dios? ¿Obligaría a la gente a creer en Él? ¿Qué pasaría con quienes no lo reconocieran como Dios? ¿Y qué pasaría con quienes sí creyeran en Él y lo siguieran? ¿Qué esperaría de ellos el Dios encarnado?

¡Dios encarnado! Esto resultaría difícil de creer para algunos, pero su respuesta de fe o de incredulidad les significaría la diferencia entre la vida o la muerte.

Los otros tres Evangelios ya habían sido escritos; pero, con el paso del tiempo, se hizo evidente que hacía falta uno más. Hacía falta un Evangelio que respondiera a las anteriores, y otras preguntas; un Evangelio que trajera luz a las sombras de duda. Fue así como, hacia el año 85 d.C., el apóstol Juan respondió al llamado de Dios para escribir un cuarto y último Evangelio; uno que presentaría con claridad a Aquel que vino a revelar al Padre.

Trabajo por Hacer

(Si no lo has hecho, lee la sección titulada Observación, ubicada en la introducción de este libro).

Instrucciones Generales

1. Aunque el autor de este Evangelio no se identifica por su nombre, la tradición atribuye la autoría del libro al apóstol Juan. Lee Juan 21:20-25, y observa cómo el autor se describe a sí mismo. Deberías anotar esta información en la sección "Autor" del PANORAMA DE JUAN (pág. 249).

2. Lee Juan 20:30-31, para que puedas entender el propósito de Juan. Y anota, dicho propósito, en la hoja de PANORAMA DE JUAN. Al estudiar este Evangelio ten en mente este propósito.

Capítulos 1-12

1. Lee cuidadosamente esta sección capítulo por capítulo, observa lo que el autor incluye para lograr su propósito.
    a. Al leer estos capítulos, marca las siguientes palabras clave y sus distintas conjugaciones, tiempos verbales o sinónimos: ***creer, vida, señal(es), juzgar (juicio), testigo (testificar), amor, pecado, verdad (verdadero), Espíritu, rey (reino).***
    b. Escribe estas palabras clave en una tarjeta y márcalas de la misma forma que las marcas en tu Biblia. Puedes usar la tarjeta como separador de páginas.
    c. También marca cualquier palabra clave que se repita y que sea pertinente al mensaje del capítulo.

2. Al leer cada uno de estos primeros doce capítulos, haz las seis preguntas básicas al texto: ¿Quién?, ¿Qué?, ¿Cómo?, ¿Cuándo?, ¿Dónde? y ¿Por qué? Observa los eventos y personas.

   a. **Sucesos**: ¿Qué está sucediendo? Anota, por ejemplo: "Nicodemo visita de noche a Jesús".

   b. **Lugares geográficos**: ¿Dónde tiene lugar este suceso? Juan, por ejemplo, estaba bautizando en Betania, al otro lado del Jordán. Subraya con doble línea color verde todos los lugares geográficos.

   c. **El tiempo en que ocurren los eventos**: ¿Cuándo tuvo lugar tal suceso? Por ejemplo: "al tercer día" o "antes de la Fiesta de la Pascua". Marca en el margen, junto al texto, esas referencias de tiempo con un círculo. Cuando leas que Jesús asistió a una fiesta, dibuja un círculo en el margen y escribe el nombre de la fiesta; para esto te será de mucha ayuda, el diagrama LAS FIESTAS DE ISRAEL (págs. 52 y 53).

   d. **Descripciones de Cristo**: ¿Cómo se describe a Jesús? Por ejemplo: "el Verbo", "el Cordero de Dios", etc. Debes anotar todas estas descripciones en el margen.

   e. **Señales y milagros**: Las señales que narra Juan tenían como propósito, que la gente creyera que Jesús es el Cristo, el Hijo de Dios. Busca en el texto esas señales o milagros, y señálalas con un símbolo distintivo dibujado en el margen. Por ejemplo, cuando Jesús convierte el agua en vino, el texto dice: "Este principio de sus señales".

   f. **Citas que demuestran la deidad de Jesús** (referencias que muestran que Jesús es Dios, tales como los "Yo soy" que Él pronunció). Cada vez que observes esas referencias, escribe la palabra Deidad en el margen, y debajo de ella, la referencia a Su deidad. Esto te dará una buena serie de referencias cruzadas.

   g. **Testigos**: A lo largo de todo su Evangelio, Juan se refiere a quienes dan testimonio de Jesús. ¿Quiénes son estos testigos, y cuáles son sus testimonios? Por ejemplo, Juan dijo: "Y yo Lo he visto y he dado testimonio de que Este es el Hijo de Dios" (Jn 1:34).

3. Determina el tema principal de cada capítulo; luego de hacerlo, anótalo en el PANORAMA DE JUAN y en la línea ubicada al inicio de cada capítulo en el texto.

Capítulos 13-17

1. Esta sección presenta un cambio de dirección en el ministerio de Jesús, pues Él se aparta a solas con sus discípulos a fin de prepararlos para lo que acontecería después. Al leer estos capítulos marca las siguientes palabras clave, junto con sus conjugaciones, tiempos verbales y sinónimos: **creer, amar (amor), obras, mandamientos, fruto, permanecer, pedir (rogar), verdad (en verdad), testigo, y diablo (Satanás, príncipe de este mundo)**. Luego de esto, regresa al capítulo 12 y marca el caso en que se menciona el príncipe de este mundo. No olvides que debes de anotar, en una tarjeta, esta nueva lista de palabras clave.

2. En el texto, marca de manera distintiva todas las referencias al Espíritu Santo

y sus formas pronominales (podrías encerrarlas con una nube). Luego, anota en el margen todo lo que aprendas acerca del Espíritu Santo. Hacer esto es muy importante, especialmente en los capítulos 14 al 16.

3. Anota en el margen de cada capítulo, cualquier mandamiento o instrucción específica dada por Jesús a sus discípulos.

4. Anota el tema principal de cada capítulo, tal como lo has hecho anteriormente.

Capítulos 18-21

1. Los capítulos finales de Juan nos narran los acontecimientos en torno al arresto, juicio, crucifixión y resurrección de Jesucristo, además de Sus apariciones posteriores a la resurrección. Al leer cada capítulo, haz lo siguiente:
   a. Marca las palabras clave, junto con sus conjugaciones, tiempos verbales y sinónimos: ***testimonio (testificar), creer, amar, verdad, verdadero, vida, señales, rey (reino).***
   b. Luego, en las hojas de trabajo tituladas ARRESTO, JUICIO Y CRUCIFIXIÓN DE JESUCRISTO (pág. 253), escribe la secuencia de los acontecimientos, partiendo del arresto de Jesús hasta Su resurrección y apariciones posteriores. Anota el capítulo y el versículo de tus observaciones. Recuerda que Lucas es el marco cronológico, que nos sirve como plomada, referencia, para los relatos de los demás Evangelios.

2. Una vez más, determina los temas de los capítulos y anótalos como en los casos anteriores.

3. Hay unas hojas de trabajo tituladas: LO QUE ENSEÑAN LOS EVANGELIOS ACERCA DEL REINO DE DIOS Y EL REINO DE LOS CIELOS (páginas 254 y 255). Resume en ellas lo que Juan enseña acerca del Rey y del reino. Las únicas dos menciones del reino se encuentran en el capítulo 3. Las otras referencias a Jesús como Rey se encuentran en la primera y en la última sección de este Evangelio.

4. Completa el PANORAMA DE JUAN de la siguiente manera:
   a. Haz un repaso de los temas de los capítulos de Juan para determinar el tema general del libro, y anótalo en el lugar correspondiente del PANORAMA DE JUAN.
   b. Notarás que hay una sección titulada "División por Secciones", y dos columnas para anotar "Señales y milagros" y "Descripciones de Jesucristo". Repasa la información que has anotado en los márgenes y anota tus observaciones en el espacio correspondiente a la columna de la división por secciones. Por ejemplo, en el capítulo 1 se le llama a Jesús "el Cordero de Dios". Anota eso en el capítulo 1, bajo "Descripciones de Jesucristo", a fin de que tengas una visión general de la estructura de Juan.

Para Reflexionar

1. ¿Crees verdaderamente que Jesús es Dios? ¿Vives de acuerdo con esa realidad? ¿Qué pasará si no vives de tal forma? (Ver Juan 8:24).

2. ¿Puedes guiar a otros a través de las Escrituras y mostrarles que Jesús es Dios?

3. ¿Los demás te reconocen como discípulo de Jesucristo por el amor que tienes por el prójimo y por la manera en que permaneces en la Palabra de Dios?

4. ¿Buscas el apoyo y el consuelo del Espíritu de Dios? ¿El Espíritu testifica por medio de ti? ¿Está el Espíritu Santo realizando la obra de Dios por medio de ti? ¿Está el Espíritu guiándote a toda verdad?

5. ¿Ves a otros creyentes en Cristo y te preguntas por qué Dios trata contigo de una manera diferente que con ellos? ¿Necesitas que se te repitan las palabras dadas a Pedro: "Si quiero que él quede hasta que yo venga, ¿a ti, qué? Tú, Sígueme" (Juan 21:22)? ¿Estás dispuesto a seguir a Jesús a donde Él te lleve, aun cuando tuvieras que hacerlo solo? ¿Estás hablando a los demás acerca de Jesucristo?

Panorama de Juan

Tema de Juan:

División por Secciones

Autor:

Fecha:

Propósito:

Palabras Clave:
(incluir sinónimos)

	Descripciones de Jesucristo	Señales Milagrosas	Ministerio	Temas De Los Capítulos
				1
				2
				3
				4
			A Israel	5
				6
				7
				8
				9
				10
				11
				12
			A Los Discípulos	13
				14
				15
				16
				17
			A Toda La Humanidad	18
				19
				20
			A Los Discípulos	21

Ver el Apéndice 7 para ver las palabras clave en la Versión Reina Valera y Nueva Versión Internacional

Ciudades Bíblicas en Tiempos de Jesús

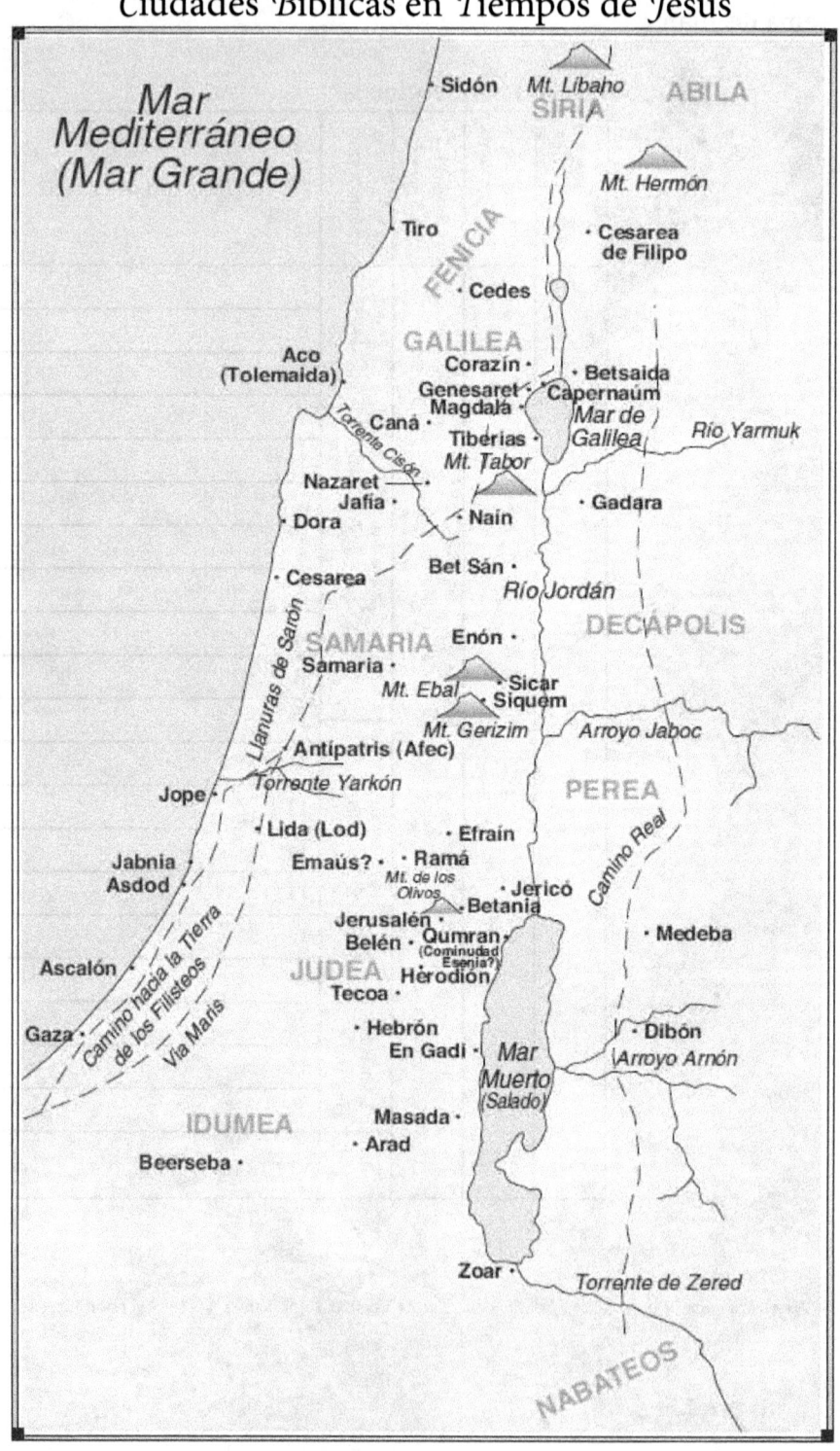

Las Regiones de los Tetrarcas

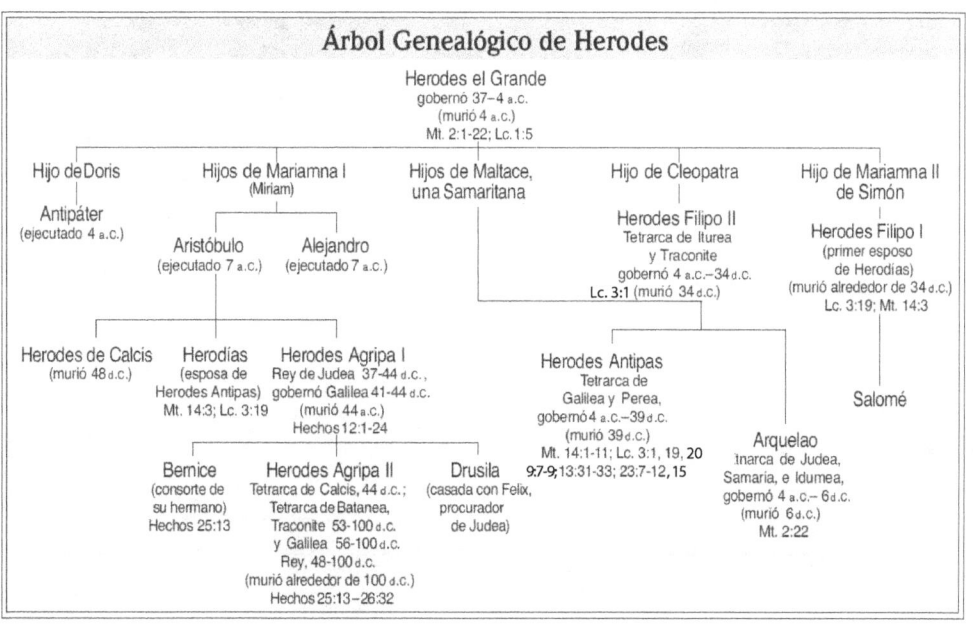

Aspectos de la Vida de Jesús Descritos por Lucas (Área Sombreada)

PREPARACIÓN	MINISTERIO PÚBLICO			SACRIFICIO
	EN ANONIMATO (REVELÁNDOSE)	POPULARIDAD (EN DECLIVE)	OPOSICIÓN (EN AUMENTO)	

EN ANONIMATO (REVELÁNDOSE)
- PRIMEROS EVENTOS — 4 meses
- INICIO DEL MINISTERIO — 8 meses

MINISTERIO GENERAL
- 4 meses
- 10 meses

MINISTERIO ESPECÍFICO
- 6 meses

DESENLACE DEL MINISTERIO
- 3 meses
- 3 meses
- 2 meses

ASCENSIÓN
40 días
RESURRECCIÓN
MUERTE
ENTRADA TRIUNFAL — Mateo 21:1
EN PEREA
MÁS ALLÁ DEL JORDÁN — Juan 10:40
ÚLTIMA ETAPA JUDEA
A LA FIESTA DE LOS TABERNÁCULOS — Juan 7:10
3ª ETAPA GALILEA
HACIA TIRO Y SIDÓN — Mateo 15:21
2ª ETAPA GALILEA
JESÚS ENCOMIENDA A LOS DOCE — Lucas 6:12ss
1ª ETAPA GALILEA
JESÚS VUELVE A GALILEA — Marcos 1:14
1ª ETAPA JUDEA
JESÚS LIMPIA EL TEMPLO — Juan 2:13ss
JUAN PRESENTA A JESÚS — Juan 1:19ss
NACIMIENTO

	PASCUA ANUAL	PRIMER AÑO		SEGUNDO AÑO			TERCER AÑO	
4 a.C.		Juan 2:13		Juan 5:1	Juan 6:4			Juan 11:55
Lucas 1	Lucas 4:13		Lucas 4:14	Lucas 6:12	Lucas 9:17	Lucas 9:18	Lucas 9:51	Lucas 13:22	Lucas 19:28	Lucas 24

Usado con permiso. Jensen, Irving L. *Lucas: A Self-Study Guide*, Chicago: Moody Press, 1970.

Arresto, Juicio y Crucifixión de Jesucristo

Mateo	Marcos	Lucas	Juan
		Lucas escribe ordenadamente los acontecimientos en la vida de Jesús (Lucas 1:3)	

Lo que Enseñan los Evangelios sobre

Mateo	Marcos

el Reino de Dios/el Reino de los Cielos

Lucas	Juan

ℋECHOS

"Yo me voy".

Al parecer, eso fue lo único que escucharon los 11 discípulos. La promesa que Jesús les había dado acerca del Consolador, el Espíritu Santo, cayó en oídos sordos. El pensar que ellos podrían realizar las obras de Jesús—e incluso mayores que éstas— debió haberles parecido algo increíble.

Jesús había muerto y lo habían sepultado. ¡Pero tres días después había resucitado! Durante 40 días los discípulos vieron, oyeron y tocaron la Palabra de Vida (Jesús) mientras les hablaba respecto al reino de Dios. Él comisionó a Sus discípulos a que alcanzaran al mundo entero, pero una vez más, se había ido, pues había sido tomado ante sus propios ojos para ascender a los cielos. No obstante, antes de irse, Él les prometió enviar al Espíritu Santo para enseñarles, guiarles y darles poder.

Tiempo después llegó el día de Pentecostés, iniciándose así los hechos de los apóstoles. En este libro, escrito probablemente cerca del año 63 d.C, Lucas le escribe a Teófilo para contarle todo lo que había sucedido.

Trabajo por Hacer

(Si no lo has hecho, lee la sección titulada Observación, ubicada en la introducción de este libro).

Instrucciones Generales

1. Marca en el texto, de forma distintiva, toda mención de las palabras clave (así como sus sinónimos, pronombres y conjugaciones verbales) registradas en el PANORAMA DE LOS HECHOS página 260. Anota también esas palabras clave en una tarjeta, y úsala como separador de páginas mientras estudias Hechos.

2. A lo largo de todo el libro de los Hechos, marca toda referencia de tiempo con un círculo ◯. Haz esto en todo el libro, ya sea que el tiempo se indique a través de un evento (como una fiesta) o por la mención de un cierto período de meses o años. Subraya también, con doble línea de color verde todos los lugares geográficos.

Capítulos 1-2

En los primeros dos capítulos del libro de los Hechos, Lucas relata la ascensión de Cristo y el advenimiento del Espíritu Santo.
  1. Lee el capítulo 1 y busca las instrucciones y promesas de Jesús a los apóstoles.
     a. Anota en el margen todo lo que aprendas en las citas relacionadas con el Espíritu Santo.
     b. Señala los principales eventos que suceden en este capítulo, ya sea marcándolos en el texto o elaborando una lista de ellos en el margen.

2. Hechos 1:8 nos da el bosquejo del libro de los Hechos. Ten presente esto cuando leas este libro. Presta atención al momento en que el evangelio va de Jerusalén a Judea, a Samaria y hasta los confines de la tierra.

3. Al leer el capítulo 2, haz lo siguiente:
   a. Observa la presencia del Antiguo Testamento en esto capítulos, es decir, las citas del Antiguo Testamento y sus alusiones que aparecen en el texto (La Nueva Biblia Latinoamericana de Hoy indica claramente las citas del Antiguo Testamento poniéndolas en mayúsculas).
   b. Anota en el margen todos los sucesos principales. Al hacerlo, haz las seis preguntas básicas al texto: ¿Quién?, ¿Qué?, ¿Cómo?, ¿Cuándo?, ¿Dónde? y ¿Por qué?
   Pregúntate, por ejemplo: ¿Quién estaba presente el día de Pentecostés? ¿Qué sucedió? ¿A quién, o a quiénes afectó? ¿Cuál fue su reacción? ¿Por qué reaccionaron así? ¿Qué oyeron?
   c. Al marcar las palabras clave, presta atención a la palabra **promesa** y nota su relación con el Espíritu. Compara esto con Hechos 1:4-5.
   d. Anota en el margen los puntos principales del sermón de Pedro presentado el día de Pentecostés, su énfasis y resultados.

4. Determina los temas de los capítulos y anótalos en el PANORAMA DE HECHOS, al igual que en la línea ubicada al inicio de cada capítulo.

Capítulos 3-7

1. Conforme avances en tu estudio, haz lo siguiente:
   a. Lee cada capítulo a la luz de las seis preguntas básicas ya conocidas, y anota en el margen: ¿Qué sucede en este capítulo? ¿Dónde y cuándo sucede? ¿Quién toma parte en los hechos? ¿Cómo se describen o se realizan?
   b. Marca toda mención del Espíritu Santo, y anota en el margen todo lo que aprendas acerca de Él, de Su ministerio y de los resultados de dicho ministerio. Marca también las otras palabras clave que aparecen en el PANORAMA DE HECHOS. No olvides usar tu separador de páginas.
   c. Si en estos capítulos se proclama un mensaje, anota en el margen sus puntos principales. Y toma nota también, del efecto que tal mensaje produce en sus destinatarios.

2. Determina los temas de los capítulos, y anótalos como en los casos anteriores.

Capítulos 8-12

1. Lee Hechos 8:1-8, y luego Hechos 1:8. ¿Qué sucede en el capítulo 8 que representa un cambio con respecto a los primeros siete capítulos? Anota tus observaciones en el margen del capítulo 8.

2. Lee cuidadosamente los capítulos 8 al 11, ya que en ellos ocurren sucesos muy

importantes. Al leer, haz lo siguiente:
   a. Anota los principales acontecimientos de cada capítulo: quién hace qué, cuándo y dónde lo hace, qué se dice, cuál es el resultado, quién resulta afectado, cómo sucede, etc. No añadas nada al texto; más bien, limítate a analizarlo y a registrar en el margen lo que aprendas.
   b. Marca las palabras clave, y anota en el margen de cada capítulo todo lo que aprendas acerca del Espíritu Santo. Esto es sumamente importante en lo que atañe a los capítulos 8, 10 y 11. Nota a quiénes viene el Espíritu Santo.
   c. Anota los temas de los capítulos en el PANORAMA DE HECHOS, además de hacerlo en tu Biblia.

3. Al leer y estudiar el capítulo 12, ten presente que éste es un capítulo de transición, ya que a partir de aquí cambia el enfoque del libro, pasando del ministerio de Pedro al de Pablo (o Saulo).

Capítulos 13-28

1. En estos capítulos se relatan los tres viajes misioneros de Pablo: el primero, en los capítulos 13 al 14; el segundo, del 15:36 al 18:22; y el tercero, del 18:23 al 21:17.
Para poder localizarlos con facilidad, asígnales un color diferente y señala en el margen el inicio de cada viaje.

2. Al estudiar estos capítulos, marca las palabras clave repetidas, y añade *sinagoga* a la lista. Ten presente lo que aprendiste en Hechos 1:8 y observa atentamente la obra del Espíritu Santo en todos estos capítulos. Anota en el margen todo lo nuevo que aprendas.
   a. Estudia cada capítulo, haciendo las seis preguntas básicas. Toma nota de quién viaja con Pablo, a dónde van, y qué sucede. En los respectivos mapas puedes trazar la ruta de cada viaje de Pablo (páginas 259).
   b. Presta atención a cada vez que se proclame el evangelio, sea a grupos o a individuos. Observa la manera en que Pablo razona con Judíos y Gentiles. Toma nota de cómo reaccionan ellos y de cómo responde Pablo.

3. Observarás varios casos en los que Pablo comparte su testimonio. Compara cada uno de ellos con el relato de su conversión presentado en Hechos 9; haz esto a fin de que tengas una visión más amplia de lo sucedido aquel memorable día.

4. Anota los temas de los capítulos en el PANORAMA DE HECHOS, y en tu Biblia. Luego determina el tema principal del libro de los Hechos y anótalo en su lugar correspondiente. Llena el resto del PANORAMA y escribe cómo dividirías al libro de los Hechos de acuerdo a sus temas.

Para Reflexionar

1. ¿Qué has aprendido en este libro acerca del Espíritu Santo y de la responsabilidad que tienes de ser testigo del Señor Jesucristo?

2. En base a los sermones predicados y los testimonios presentados, ¿qué incluirías en tu testificar? ¿En qué pondrías el mayor énfasis?

3. Al estudiar la vida de los primeros apóstoles y ver el compromiso de la iglesia primitiva, ¿cómo ha hablado Dios a tu corazón? Medita en la forma en que ellos vivían, y luego reflexiona en cómo estás viviendo tu propia vida. ¿Habita el Espíritu Santo en ti? ¿Acaso no es Él el mismo ayer, hoy y por siempre? Si estás lleno del Espíritu Santo y si no lo estás contristando, ¿qué debería de estar sucediendo tu vida?

Primer Viaje Misionero de Pablo

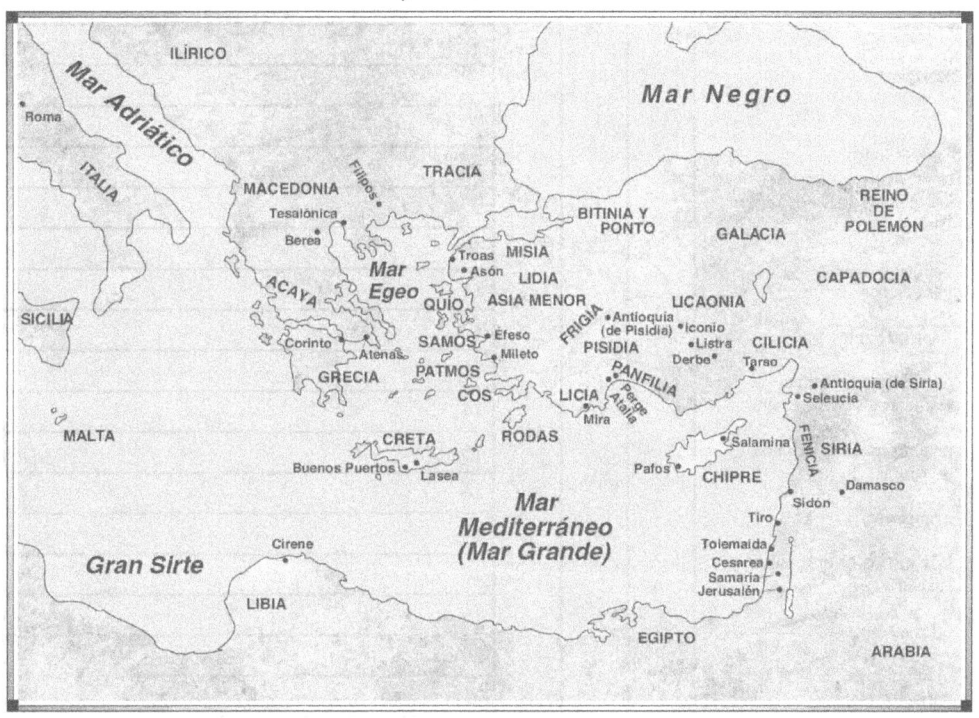

Panorama de Hechos

Tema de Hechos:

División por Secciones

Autor:

Fecha:

Propósito:

Palabras Clave:
(incluir sinónimos)

creyente, creer y sus variaciones

bautismo, bautizar y sus variaciones

Espíritu Santo

testigo(s), testimonio, testificar y sus variaciones

palabra (palabra de Dios, escrituras)

evangelio

salvo(s), salvación, salvar y sus variaciones

iglesia(s)

oración, rogar, orar y sus variaciones

resucitó de entre los muertos (y toda referencia a la resurrección)

Su nombre (el nombre de Jesús)

toda referencia a persecución, padecimiento, aflicción, aflicciones

arrepentimiento y sus variaciones

			Temas De Los Capítulos
		1	
		2	
		3	
		4	
		5	
		6	
		7	
		8	
		9	
		10	
		11	
		12	
		13	
		14	
		15	
		16	
		17	
		18	
		19	
		20	
		21	
		22	
		23	
		24	
		25	
		26	
		27	
		28	

Ver el Apéndice 7 para ver las palabras clave en la Versión Reina Valera y Nueva Versión Internacional

ROMANOS

El evangelio que predicaba Pablo, el de la justificación por fe, se hallaba bajo ataque. Mientras que algunos se oponían abiertamente a este evangelio, otros lo torcían para acomodarlo a sus propias ambiciones. Los Judaizantes decían que, aún cuando la salvación fuera por gracia, el creyente era "guardado" por la ley. Ellos insistían en que la circuncisión era necesaria para la salvación. Al otro extremo estaban los anárquicos (de "anarquía" = vivir sin ley); ellos enseñaban que uno podía ser salvo por gracia, y a pesar de eso, seguir viviendo como a uno mejor le pareciera. ¡Qué incluso se podía continuar pecando!

Sólo una clara explicación del evangelio podría refutar tales errores. Pablo, ansioso de mostrar el poder que tiene el evangelio para salvar y santificar tanto a Judíos como a Gentiles, actuando como buen abogado, hace comparecer ante el estrado al evangelio; a fin de que testifique de sí mismo, y sea sometido a juicio desde todos los ángulos posibles. El resultado de ese examen es la carta a los Romanos, una obra maestra de teología, escrita hacia el año 56 ó 57 d.C.

Trabajo por Hacer

(Si no lo has hecho, lee la sección titulada Observación, ubicada en la introducción de este libro).

Instrucciones Generales

1. La epístola a los Romanos es la constitución de la fe cristiana. Si entiendes Romanos, tendrás una plomada (un marco de referencia) para interpretar correctamente cualquier enseñanza del Evangelio. Romanos es una carta que necesitas estudiar una y otra vez, hasta que estés tan familiarizado con el texto que su significado te resulte obvio y evidente.
    a. Te recomendamos que leas Romanos de corrido y que colorees toda referencia a Pablo. Si no lo haces así, podrías leer Romanos capítulo por capítulo. Marca de manera distintiva la palabra evangelio cada vez que aparezca; esto con la intención de que puedas localizarla fácilmente.
    b. En el primer capítulo, y en los últimos dos, Pablo da sus razones para escribir Romanos. Anótalas en su lugar correspondiente del CUADRO DE OBSERVACIONES DE ROMANOS (pág. 265).
    c. Debes estar atento a toda mención de los destinatarios de esta carta, y tratar de responder las seis preguntas básicas (quién, qué, cómo, cuándo, dónde y por qué). Anota en el CUADRO DE OBSERVACIONES todo lo que aprendas acerca de ellos. Nota si Pablo se dirige a Judíos, o a Gentiles, o a ambos. Escribe también en ese cuadro, tus observaciones acerca de Pablo.

2. El libro de Romanos puede dividirse en cinco secciones, cada una basada en la anterior: 1-3:20; 3:21-5; 6-8; 9-11 y 12-16. Al completar cada sección, vuelve a leer estas instrucciones para que sepas qué más debes hacer.

3. Haz un separador de páginas.
   a. Marca cada una de las siguientes palabras clave, sus sinónimos, conjugaciones y tiempos verbales: ***gracia, fe, ley, justificar (justificado, justo, justicia), ira, juzgar (juicio), condenar, evangelio, creer, pecado, esperanza, gentiles, Jesucristo*** y ***Espíritu***. Marca las referencias de tiempo con un círculo ◯.
   b. Anota estas palabras clave en una tarjeta y úsala como separador de páginas mientras estudias el libro de Romanos. Al comenzar cada segmento de Romanos, añade el siguiente grupo de palabras clave a tu tarjeta. Márcalas o coloréalas de la misma manera que piensas hacerlo en tu Biblia.

4. Busca las palabras **por consiguiente, por tanto, por lo cual, pues, entonces** y observa qué están concluyendo. Varios capítulos tienen una de estas palabras en el primer versículo. Cuando Pablo usa uno de estos términos de conclusión, está haciendo un resumen que no querrás pasar por alto.

Capítulos 1-3:20

1. Lee el capítulo 1 y marca las referencias al evangelio, anota en el margen todo lo que aprendas acerca de él. Luego, nota cómo describe Pablo a la injusticia del hombre. Marca **cambiaron** y ***Dios los entregó***. Luego observa la progresión de los eventos que se muestran al marcar estas dos cosas.

2. En los capítulos 2 al 3:20, observa cómo Pablo muestra que todo hombre—Judío y Gentil—está bajo pecado. Observa las referencias al juicio de Dios.

3. Agrega la frase *¡de ningún modo!* a tu lista de palabras clave.

4. Anota en el margen lo que aprendas acerca del pecado, la ira y el juicio de Dios en esta sección.

5. Del capítulo 3 al 11, Pablo plantea una importante pregunta y después la contesta. Marca cada una de las preguntas de Pablo. Puedes dibujar una nube ☁ alrededor de cada pregunta. Léelas cuidadosamente, y toma nota de la respuesta de Pablo.

6. Al estudiar estos capítulos, anota sus respectivos temas en el PANORAMA DE ROMANOS (pág. 266), así como en el texto, en la línea ubicada al inicio de cada capítulo.

7. ¿Qué tema puedes apreciar en esta primera sección de Romanos? Escríbelo (con lápiz) en la primera columna del PANORAMA, debajo de "División por Secciones".

Capítulos 3:21-5

Habiendo establecido "que tanto Judíos como Griegos [el resto de la humanidad], están todos bajo pecado" (3:9), Pablo prosigue a mostrar cómo Dios salva a los pecadores.

1. Al leer estos capítulos encontrarás palabras o frase que son únicas en cada uno de ellos. En el capítulo 4, marca *fue contada, le cuenta, imputada*, y anota lo que aprendes al marcarlas. En el capítulo 5 marca y observa *muerte (muera, morir, murió)* y *gratuitamente, dadiva, don*.

2. En el margen, haz una lista de lo que aprendas al marcar las siguientes palabras clave de estos capítulos: *justicia* y *justificado(s)*.

3. Una vez más, anota los temas de los capítulos en el PANORAMA DE ROMANOS. También escribe a lápiz, el tema para esta sección de Romanos.

Capítulos 6-8

1. En esta sección haz lo mismo que hiciste en la anterior. Añade las siguientes palabras y sus sinónimos: *carne, vida, reine, dominio, esclavos (siervos)* y *ha sido libertado del pecado (habiendo sido libertados del pecado)*.

2. Haz una lista de todo lo que aprendas al marcar *ley* y *Espíritu*.

3. Marca las preguntas de Pablo, y anota en el margen los puntos principales de sus respuestas.

4. Anota los temas de los capítulos y de esta sección, tal como ya lo has hecho antes.

5. En el CUADRO DE OBSERVACIONES (pág. 265) hay un espacio para anotar todo lo que aprendas respecto a nuestra condición en Adán (antes de ser salvos) y nuestra condición en Cristo (después de ser salvos) en los capítulos 5 al 8. No des al texto un significado que no tiene. Limítate a escribir únicamente lo que aprendas de él.

Capítulos 9-11

1. Sigue el mismo procedimiento usado en la primera sección y marca las mismas palabras clave que señalaste en los capítulos 1 al 8; marca también las siguientes palabras clave de esta sección: *pacto (promesa), elección, conoció*, predestinó*, escogidos, Israel* (y sus formas pronominales), *incredulidad, salvo, salvación* (vuelve a Rom. 1:16 para que marques esa palabra) y *misericordia*.
* Estas palabras son usadas en Romanos 8:29, 30. Regresa allí para marcarlas y en el margen, escribe lo que aprendas de lo que dicen esos textos.

2. En esta sección es crucial que sigas la argumentación de Pablo. Marca cada pregunta y anota en el margen los puntos principales de su respuesta. No atribuyas al texto un significado que no tenga. Permite que Dios sea quien hable, y sé tú quien escuche. Medita en lo que dice Romanos 11:33-36.

3. Anota los temas de los capítulos y de las secciones, tal como lo has hecho antes.

Capítulos 12-16

1. Aquí tenemos un punto de transición en la carta, pues Pablo pasa de explicar el aspecto doctrinal del evangelio a describir la manera de llevarlo a la práctica. Cuando Pablo haga la transición de la doctrina al deber, pon atención al uso de la frase ***por tanto*** (12:1), y a la forma en que se establece una relación con lo escrito en los primeros once capítulos. Reflexiona acerca de lo que Pablo te está pidiendo que hagas ¿Es una petición razonable? ¿Por qué? ¿Qué tienes que hacer?

2. Lee los capítulos 12 al 16 e identifica el tema principal de cada uno de ellos. También marca las siguientes palabras clave, sus sinónimos y conjugaciones verbales: ***amor, autoridad(es), gobernantes, hermano(s), Señor, gentiles, ministro (servicio, servir), juzgar (juicio, tribunal),*** y ***débil (flaquezas)***.

3. Completa el PANORAMA DE ROMANOS anotando los temas de sus capítulos y secciones; luego, escribe el tema general de la carta. No olvides anotar también en tu Biblia, los temas de los capítulos.

Para Reflexionar

1. De acuerdo a lo que has estudiado en Romanos, ¿cómo puede ser salva una persona? Escribe tu respuesta.

2. Si alguien te acusara de no ser cristiano, ¿qué prueba podrías dar como demostración de que sí eres un verdadero hijo de Dios?

3. ¿Sabes cómo compartir el evangelio a otra persona? Escribe tu testimonio, intégrale el evangelio.

4. Conforme apliques las verdades de Romanos a tu propia vida, ¿cómo debería cambiar tu relación con aquellos que están en autoridad sobre ti y con aquellos que son tus hermanos y hermanas en la fe?

5. ¿Te sientes preparado para defender el Evangelio? ¿Estás en condición de refutar a los Judaizantes y Anárquicos de hoy en día?

Cuadro de Observaciones De Romanos

Acerca de Pablo	Porqué Escribió

Acerca de los Destinatarios	

En Adán (según/conforme a la carne)	En Cristo (según/conforme al Espíritu)

Panorama de Romanos

Tema de Romanos:

División por Secciones

Autor:

Fecha:

Propósito:

Palabras Clave:
(incluir sinónimos)

			Temas De Los Capítulos
			1
			2
			3
			4
			5
			6
			7
			8
			9
			10
			11
			12
			13
			14
			15
			16

Ver el Apéndice 7 para ver las palabras clave en la Versión Reina Valera y Nueva Versión Internacional

1 CORINTIOS

El pecado sobreabundaba en la ciudad cosmopolita de Corinto, que era la ciudad comercial más importante de Grecia. Aquella ciudad avistaba el estrecho istmo que unía a la Grecia continental con el Peloponeso, y recibía embarcaciones marítimas en sus dos puertos. En algún momento de su historia, llegó a albergar por lo menos doce templos paganos. A los corintios les fascinaba la filosofía griega, y les atraía el entrenamiento disciplinado y los eventos deportivos que se daban en el istmo. Ésta era una ciudad que necesitaba oír urgentemente las buenas nuevas de Jesucristo, quien fue crucificado por los pecadores.

Las ceremonias de adoración que eran realizadas por las mil prostitutas del templo de Afrodita—la diosa del amor—fomentaban la inmoralidad predominante en todo Corinto. Era tal la inmoralidad de aquella ciudad, que de su nombre se derivó el verbo Griego "corintear" (que significa "practicar la inmoralidad sexual").

Las prostitutas ofrecían sus servicios a plena luz del día, y las carnicerías comerciaban sin cesar la carne que había sido ofrecida (sacrificada) en los templos. Los corintios comían hasta hartarse, satisfacían sus apetitos sexuales sin que nadie los juzgara por eso, se divertían con la sabiduría humana, y hacían todo lo posible por mantener sus cuerpos tan hermosos como los de los dioses Griegos. A los corintios les encantaba escuchar a los grandes oradores. Y en esta ciudad, de 250.000 habitantes, había casi dos esclavos por cada ciudadano. ¿Acaso le faltaba algo a Corinto? ¡Sí! Le faltaba libertad; libertad del pecado y de la muerte. Dios respondió a esa necesidad al impedir que Pablo fuera a otros lugares en su segundo viaje misionero, a fin de que llegara a la Grecia continental. El apóstol recibió un importante llamado, "pasa a Macedonia y ayúdanos", llamado que finalmente le condujo hasta Corinto.

Con el tiempo, y luego de establecer la iglesia de Corinto, Pablo se dirigió a Éfeso; lugar en el que permaneció tres años. Fue allí donde escribió su primera carta a los creyentes corintios, quienes necesitaban ayuda y corrección urgente. Esto ocurrió entre los años 52 y 56 d.C.

Trabajo por Hacer

(Si no lo has hecho, lee la sección titulada Observación, ubicada en la introducción de este libro).

Instrucciones Generales

Capítulos 1-6

1. Lee estos capítulos y colorea toda referencia al autor con un color específico y toda referencia a los destinatarios con otro color. Anota en el margen todo lo que observes acerca de ellos.

2. Lee los capítulos 1 al 6, capítulo por capítulo. Al hacerlo, ten presente lo que leíste en la introducción de este libro y realiza lo siguiente:

    a. Busca los distintos problemas que Pablo trata en esta carta. Puedes encontrarlos de varias formas.

1) Al leer, haz las seis preguntas básicas: ¿Quién?, ¿Qué?, ¿Cómo?, ¿Cuándo?, ¿Dónde? y ¿Por qué? Concéntrate en los problemas, temas, o personas que se mencionan. Por ejemplo, pregúntate: ¿Por qué en este capítulo Pablo menciona por nombre a ciertas personas? ¿Quién está provocando el problema? ¿Cómo llegaron a ser así los corintios? ¿Por qué habla Pablo acerca de sí mismo y de su ministerio de la forma en la que lo hace?

2) Marca en el texto las siguientes palabras clave junto con sus sinónimos, pronombres y conjugaciones verbales, ya que éstas ayudan a descubrir los temas principales de los capítulos. En el caso de 1 Corintios, estas palabras indican cuáles son los problemas y cuál es la solución: *invocar (llamados, llamamiento), sabiduría, sabio(s), poder, necio, necedad, jactarse, gloriarse, espíritu, arrogante(s), envanece, inmoralidad, fornicación, cuerpo, no saben que,* y *templo.*

Escribe en una tarjeta las palabras clave de esta sección y úsala como separador de páginas.

b. Al leer cada uno de los seis primeros capítulos, toma nota de los problemas que Pablo trata en cada uno de ellos. Elabora en el margen una lista de estos problemas, bajo el título "Problemas".

3. Busca el CUADRO DE OBSERVACIONES DE 1 CORINTIOS (pág. 271) y anota todo lo que aprendas acerca de los Corintios, las instrucciones que reciben y las advertencias que Pablo les hace.

4. Al terminar de leer cada capítulo, determina el tema de cada uno de ellos y anótalos en el PANORAMA DE 1 CORINTIOS (pág. 272), al igual que en la Biblia.

5. Hay dos asuntos que impulsaron a Pablo a escribir a los Corintios; estos asuntos dividen la carta en dos partes. Lee 1 Corintios 1:10-11, en donde Pablo expresa su razón para escribir esta carta. Anota dicha razón en la "División por Secciones", que corresponde a las "Divisiones Principales" del PANORAMA DE 1 CORINTIOS.

Capítulos 7 -16

1. La segunda sección de 1 Corintios se distingue por la frase que se repite a lo largo de ella: "*En cuanto a. . .*" Lee 7:1 y toma nota de la transición que ocurre. A partir de este punto, Pablo trata cuestiones que preocupaban a los Corintios, o sobre problemas acerca de los cuales debían recibir instrucción.

2. Ahora lee los versículos 7:1; 7:25; 8:1; 12:1 y 16:1, y subraya o marca de manera distintiva, la frase "*en cuanto a . . .*". Junto con esa frase, marca también el asunto que Pablo se dispone a tratar. Marca igualmente en 15:1 las palabras: "*Ahora les hago saber, hermanos, el evangelio que les prediqué*". Al marcar estas frases podrás notar las divisiones temáticas de esta segunda sección de la carta.

3. Mientras lees esta última sección de 1 Corintios, marca las siguientes palabras clave prestando siempre atención a sus sinónimos, pronombres y conjugaciones

verbales: ***Espíritu, cuerpo, amor, pecar, pecado(s), no es creyente, incrédulo(s), creer, pensar, iglesia(s), ídolos (idólatras, idolatría), conocimiento, predicar, muerte, muertos*** y ***evangelio***. Marca todas las conjugaciones y tiempos del verbo ***resucitar*** (también "***resurrección***" en el capítulo 15). Elabora una nueva lista de palabras clave en una tarjeta que puedas usar como separador de páginas para esta sección. ***Divisiones*** y ***bandos*** son palabras que se usan una vez más en el capítulo 11; estas palabras son importantes, pues demuestran que Pablo se enfrenta nuevamente a esos problemas, a la vez que imparte mayor instrucción a la iglesia.

4. Al tratar cada tema, haz preguntas como éstas: ¿Por qué la iglesia tiene tal interrogante o problema? ¿Cómo se están comportando? ¿Cuál es su manera de pensar? ¿Cuáles son las instrucciones de Pablo respecto a esto? ¿Por qué deben los corintios hacer eso? ¿Cuáles serán las consecuencias si no obedecen a Pablo?

5. A medida que Pablo aborda estas cuestiones finales, ocasionalmente explica su postura y su ministerio. Presta atención a esas explicaciones, y nota si las relaciona con su tema principal, y cómo lo hace.

6. Anota en el CUADRO DE OBSERVACIONES todo lo que aprendas acerca de los corintios, y de los mandatos y advertencias que Pablo les transmite en esta sección.

7. Resume los temas de los capítulos y anótalos en el PANORAMA DE 1 CORINTIOS; haz lo mismo en el texto, en la línea ubicada al inicio de cada capítulo.

8. Tomando en cuenta el versículo 7:1, determina un título para esta segunda parte de 1 Corintios y anótalo en la división por secciones del PANORAMA.

9. Ahora anota el tema general de la carta, y completa el resto del PANORAMA DE 1 CORINTIOS.

Para Reflexionar

1. ¿Enfrentas en tu propia vida o en tu iglesia, los mismos problemas que enfrentaban los Corintios? ¿Consideras que esta carta tiene la respuesta a tus problemas y preguntas? ¿Cómo puedes aplicar a tu vida lo que has aprendido?

2. Según el contexto de 1 Corintios 3, ¿qué significa el ser un cristiano carnal o mundano? Recuerda que el contexto tiene la autoridad necesaria para toda correcta interpretación.

3. ¿Desconoces o ignoras la enseñanza respecto a los dones espirituales? ¿Estás al tanto de uno o dos de ellos, pero no de los demás? ¿Tu fe y lo que enseñas a otros, se basan en lo que la Biblia tiene que decir al respecto, o simplemente te has dejado llevar por tu experiencia y tu razonamiento? ¿Valoras los dones de los demás, aun cuando dichos dones sean diferentes a los tuyos?

4. Las convicciones que tienes en cuanto al matrimonio, al divorcio y a las segundas nupcias, ¿en qué están basadas? ¿Qué aprendiste de 1 Corintios 7 acerca de estos temas? ¿Ese capítulo cambió tus creencias al respecto?

5. La palabra de la cruz, ¿es para ti una locura o la demostración del poder de Dios?

Cuadro de Observaciones De 1 Corintios

Descripción de los Corintios

Mandamientos a los Corintios

Advertencias a los Corintios

Panorama de 1 Corintios

Tema de 1 Corintios:

División por Secciones

Autor:	Problemas o Temas	Divisiones Principales	Temas De Los Capítulos
			1
Fecha:			2
			3
Propósito:			4
			5
Palabras Clave: *(incluir sinónimos)*			6
			7
			8
			9
			10
			11
			12
			13
			14
			15
			16

Ver el Apéndice 7 para ver las palabras clave en la Versión Reina Valera y Nueva Versión Internacional

2 CORINTIOS

Pablo, el apóstol a los Gentiles, fue enseñado y encomendado por Jesucristo mismo. El apóstol Pablo fue un hombre de firme fe y convicción; un hombre quien fue ampliamente usado por Dios. Le apreciaban innumerables personas y, a la vez, le despreciaban otras tantas. Convencido de que la gracia de Dios que había sido derramada en él no resultaría en vano, Pablo se dedicó a la obra de Dios con más ímpetu que cualquier otro.

Sin embargo, los esfuerzos de Pablo tuvieron un costo: en lo interior, temores; en lo exterior, continuos conflictos. Pero a pesar de todo esto, Pablo se mantuvo perseverante. ¿Cuáles fueron sus conflictos, temores y sufrimientos? ¿Se parecen en algo a los tuyos? ¿Cómo pudo él perseverar? ¿Qué lo hacía seguir adelante? El mismo Pablo resuelve estas interrogantes desde Macedonia, en su segunda carta a los Corintios, probablemente en el invierno del año 55 d.C.

Trabajo por Hacer

(Si no lo has hecho, lee la sección titulada Observación, ubicada en la introducción de este libro).

Instrucciones Generales

1. La segunda carta a los corintios es diferente a otros escritos de Pablo, lo que puede percibirse por el ambiente y el tono que caracterizan a esta carta. Aquí se ve a Pablo defendiéndose, algo no característico en él. Cuando leas la carta, toma nota de los problemas que aborda Pablo y de lo que él les dice a los corintios; al hacer esto, podrás descubrir lo que él tuvo que enfrentar.

2. Para que tengas una idea de qué buscar, durante el estudio de cada capítulo, estudia el CUADRO DE OBSERVACIONES correspondiente a esta carta (pág. 276). Haz una copia del CUADRO para que la uses como borrador. Una vez que llenes el borrador, pasa esa información en limpio al CUADRO DE OBSERVACIONES que tienes en tu Biblia.

    a. Al leer cada capítulo, anota todo lo que aprendas acerca de Pablo, incluyendo las aflicciones que sufrió: ¿Qué tuvo que hacer con respecto a los corintios? ¿Qué le habían hecho los corintios? Pídele a Dios que te revele el carácter y el corazón de Pablo, sus gozos y sus tristezas.

    b. Toma nota de lo que aprendas acerca de los corintios. No olvides formular las seis preguntas básicas: ¿Cómo eran los corintios? ¿Qué tipo de relación tenían con Pablo? ¿Qué pasaba por aquel entonces en la iglesia de Corinto? ¿Qué habían dicho de Pablo? ¿Qué problemas debió enfrentar Pablo, con relación a ellos?

    c. ¿Qué busca o desea Pablo en favor de los corintios?

    d. En esta carta se menciona varias veces a Tito. Anota lo que aprendas de él en tu lectura.

3. Al leer la carta, capítulo por capítulo, haz lo siguiente:
   a. Marca en el texto, de manera distintiva, las palabras clave (junto con sus sinónimos, formas pronominales y tiempos verbales) registradas en la lista del PANORAMA DE 2 CORINTIOS (pág. 277). Anota esas palabras en una tarjeta, que puedes usar como separador de páginas mientras estudias la carta (Nota: Si marcas con un símbolo apropiado las referencias a Satanás, te será fácil localizarlas).
   b. En algunos capítulos notarás que hay palabras clave que no aparecen en la lista del PANORAMA DE 2 CORINTIOS. Márcalas también.
   c. Anota en el margen todas las verdades que aprendas del uso de cualquiera de las palabras clave. Por ejemplo, puedes elaborar una lista de tus observaciones acerca de las **aflicciones, tribulación** y **sufrimientos**. En el margen de cada capítulo, junto a las palabras que marcaste y bajo el título "Aflicciones/Sufrimientos", escribe todo lo que aprendas respecto a ellas. Marca este título de una manera distintiva, para que puedas localizarlo fácilmente.

4. Resume los temas de los capítulos y anótalos en su lugar correspondiente en el PANORAMA DE 2 CORINTIOS; al igual que en el texto, en la línea ubicada al inicio de cada capítulo.

Capítulos 1-7

1. En el corazón de esta carta personal, Pablo imparte algunas enseñanzas importantes acerca de varios temas. Cuando estos temas aparezcan en el texto, anota en el margen todo lo que aprendas acerca de cada uno de ellos.
   a. En el capítulo 3, se trata el nuevo pacto (de la gracia) y el antiguo pacto (de la ley); a ambos se les describe como ministerios, los cuales se contrastan según sus respectivos resultados: condenación o justificación. Anota en el margen lo que aprendas en el texto, acerca de ellos.
   b. En el capítulo 5, Pablo explica lo que le sucederá a nuestro cuerpo físico cuando muramos. Él trata también acerca del tribunal de Cristo y de nuestro ministerio de reconciliación. Identifica la relación que hay entre ambos, y anota en el margen todo lo que aprendas acerca de ellos en el texto. Escribe allí también, cualquier lección para la vida ("LPV").
   c. En el capítulo 7, Pablo menciona que fue atribulado de dos maneras y lo que ellas produjeron en él. No las pases por alto, anótalas en el margen.

2. ¿Acerca de qué escribe Pablo en los capítulos 1 al 7? ¿Hay un tema común para estos siete capítulos? Ten presente que las palabras clave son las que revelan los temas. ¿Qué palabras clave se repiten con mayor frecuencia en esta sección?

3. ¿Cómo comienza y termina Pablo esta sección?

4. Anota el tema para los capítulos 1 al 7, en el PANORAMA DE 2 CORINTIOS; hazlo en la segunda columna, bajo el título "División por Secciones".

Capítulos 8-9

1. ¿Qué asunto trata Pablo en los capítulos 8 y 9? Nota el uso de las palabras ***servicio, ministración, obra*** de. ¿A qué ministerio, obra, o servicio se está refiriendo?

2. Usa ese asunto como tema para esta sección, anótalo en su lugar correspondiente en el PANORAMA DE 2 CORINTIOS. Es decir, en la segunda columna, bajo "División por secciones".

Capítulos 10-13

1. Debes de estar atento a la primera referencia a ***gloriarse*** (nota los usos de los pronombres reflexivos), y qué sucede cuando aparece. Toma nota de quién o a qué se refiere el gloriarse y lo que aprendes de eso.

2. En el margen del capítulo 11 elabora una lista de lo que estos cuatro capítulos enseñan acerca de Satanás y de la guerra espiritual.

3. ¿Qué parece estar haciendo Pablo en los capítulos 10 al 13? ¿Qué clase de oposición enfrenta Pablo, y qué dicen de él sus opositores? ¿Cómo reacciona Pablo? Escribe el tema de esta sección bajo la "División por Secciones", y llena el resto del PANORAMA DE 2 CORINTIOS.

Para Reflexionar

1. ¿Qué propósito tiene la aflicción? Cuando necesitas consuelo, ¿acudes a Dios o a otras personas?

2. ¿Acaso es siempre malo el sentirse entristecido, abatido, o quebrantado de corazón? ¿Acaso es siempre malo el causar tristeza, dolor, o quebrantamiento de corazón a otra persona?

3. ¿Cómo tratas con tus opositores? ¿Cómo ayudas a quienes se encuentran en medio de un conflicto y no saben a quién creer?

4. Pablo era tan humano como nosotros, y tenía sentimientos al igual que nosotros. ¿Qué podemos aprender de él en cuanto a cómo vivir y reaccionar, aún a pesar de cómo nos sintamos? ¿Cuándo es el momento propicio para presentar la defensa de uno mismo o de tu ministerio?

5. ¿Estás preparado para comparecer ante el tribunal de Cristo?

6. ¿Qué lugar tiene en tu vida el ministerio de la mayordomía?

7. Si te hicieras a ti mismo un examen, ¿comprobarías que tu cristiandad es genuina?

Cuadro de Observaciones De 2 Corintios

PABLO		
Su carácter	Sus aflicciones	Su conflicto con los Corintios

LOS CORINTIOS		
Sus fortalezas	Sus debilidades	Sus Problemas con Pablo

El deseo de Pablo para los Corintios	Observaciones acerca de Tito

Panorama de 2 Corintios

Tema de 2 Corintios:

División por Secciones

Autor:

		Temas De Los Capítulos
		1
		2
		3
		4
		5
		6
		7
		8
		9
		10
		11
		12
		13

Fecha:

Propósito:

Palabras Clave:
(incluir sinónimos)

consolado(s), consuelo, consolar y sus variaciones

afligidos (atribulados), aflicción (sufrimiento) y sus variaciones

tristeza, entristecidos

jactancia, orgullo, gloriar, jactar y sus variaciones

confianza, confiando, satisfacción

recomendación (elogio), recomendar (alabar) y sus variaciones

muerte

vida

amor, amado y sus variaciones

corazón, corazones

gozo, regocijo y sus variaciones

pacto (ministerio de _____)

ministerio

gracia

Tito

débil, debilidad y sus variaciones

marca toda referencia al enemigo (contienda, serpiente, Satanás, así como sus pronombres y sinónimos)

Ver el Apéndice 7 para ver las palabras clave en la Versión Reina Valera y Nueva Versión Internacional

GÁLATAS

El evangelio les ofreció a los judíos una nueva manera de vivir; les ofreció el vivir bajo la gracia y no bajo la ley. El antiguo pacto, con todas sus normas, llegó a ser anticuado debido al nuevo pacto (Heb. 8:13). Hubo un buen número de creyentes Judíos a quienes les resultó difícil aceptar esta realidad, por lo que surgió un grupo conocido como "los Judaizantes". Ellos, aunque habían abrazado el cristianismo, insistían en que debían seguir observando algunos ritos del antiguo pacto; ritos tales como la circuncisión.

Cuando Pablo, el apóstol de Dios a los Gentiles, se embarcó en sus viajes misioneros para anunciar el evangelio de la gracia, muchos de estos Judaizantes lo siguieron; pero ellos enseñaban que era necesario cumplir ciertos aspectos de la ley. Incluso llegaron a Galacia; por lo que Pablo tuvo que escribir esta carta, que está dirigida a las iglesias de aquella región.

No sabemos cuándo se escribió esta carta, pero Gálatas 2:1 nos indica que fue posterior al viaje de Pablo a Jerusalén (Hechos 15). Sin embargo, la fecha de su escritura no afecta en nada el mensaje central de esta crucial carta. Las verdades de esta carta te liberarán para que camines en la gloriosa libertad de una vida justa en el Espíritu—verdades que puedes recibir al hacer una observación cuidadosa del texto.

Cuanto más leas y estudies el texto de esta carta, tanto más entenderás las palabras de Pablo: "…y ya no soy yo el que vive, sino que Cristo vive en mí; y la vida que ahora vivo en la carne, la vivo por fe en el Hijo de Dios, el cual me amó y se entregó a sí mismo por mí." (Gálatas 2:20).

Trabajo por Hacer

(Si no lo has hecho, lee la sección titulada Observación, ubicada en la introducción de este libro).

Instrucciones Generales

1. A fin de que te familiarices con las ciudades de esta región, lee Hechos 13 y 14, y luego examina el mapa de la página 259. Repasa también la CRONOLOGÍA DE EVENTOS EN LA VIDA DE PABLO DESPUÉS DE SU CONVERSIÓN (pág. 280).

2. Al leer esta carta, colorea las referencias al autor con un mismo color; y las referencias a los destinatarios con otro. Luego, elabora una lista de lo que aprendas al responder las seis preguntas básicas.

3. Durante tu lectura, marca las palabras clave (junto con sus sinónimos, pronombres y conjugaciones verbales) que están registradas en la lista del PANORAMA DE GÁLATAS (pág. 281). Marca también cualquier otra palabra clave, que encuentres en tu lectura.

    a. Una vez que hayas marcado las palabras clave, en los márgenes elabora una lista de todo lo que aprendas del texto, respecto a esas palabras. Esto ampliará tu perspectiva en cuanto al mensaje de Pablo a las iglesias.

b. Marca toda referencia de tiempo con un círculo ⭕ para que puedas distinguirlas con facilidad. Subraya con doble línea de color verde toda referencia a lugares geográficos.

c. En Gálatas se menciona 38 veces a Jesucristo. Haz una lista, en el margen, de todo lo que aprendas acerca de Él en esta carta.

4. Al leer toda la carta, toma nota del énfasis de Pablo en los primeros dos capítulos, y de su cambio de énfasis en el capítulo 3. Marca **promesa** en el capítulo 3 y toma nota de cuál es esa promesa.

5. Busca las preguntas que Pablo hace a los Gálatas. Toma nota de todas las referencias a ellos, tales como **hermanos, ustedes (los, son)** y **Gálatas insensatos**. Puede que prefieras trabajar primero en borrador, para luego pasar esas anotaciones en limpio a tu Biblia.

a. Piensa en las razones que tuvo Pablo para decir todo lo que dijo acerca de sí mismo en los primeros dos capítulos. ¿Qué tiene que ver eso con lo que sigue en el resto de la carta?

b. Nota la secuencia de los acontecimientos en la vida de Pablo, tal y como son presentados en estos capítulos (en la página 280 hay un cuadro cronológico de esos sucesos). Traza las rutas de los viajes de Pablo, en el mapa que está al inicio del capítulo 1 (página 259).

6. Anota los temas de los capítulos en el PANORAMA DE GÁLATAS y en el texto, en la línea ubicada al inicio de cada capítulo. Luego, resume el tema general de la carta y completa el resto del PANORAMA DE GÁLATAS. Completa también las columnas de la "División por Secciones".

Para Reflexionar

1. ¿Vives bajo la gracia o bajo la ley? ¿Acaso has aceptado la salvación de Dios por gracia, pero en la vida diaria sigues sujeto a la ley?

2. De acuerdo con Gálatas 5:16-21, si vives bajo la gracia y bajo el control del Espíritu de Dios ya no podrás vivir controlado por la carne, ni produciendo sus obras. Examina tu vida a la luz de esos versículos.

3. ¿De qué te glorías?

4. Al observar la vida de Pablo, ¿qué has aprendido que pueda serte de provecho en tu propia vida?

Cronología de Eventos en la Vida de Pablo Después de Su Conversión*

*Hay diferentes opiniones sobre estas fechas. Este cuadro servirá como referencia para las fechas relacionadas con la vida de Pablo.

Cita	Año d.C.	Evento
Hechos 9:1-25	33-34	Conversión, permanencia en Damasco
	35-47	Algunos años de silencio, sólo sabemos que Pablo:
Gál. 1:17		1. Pasó tiempo en Arabia y Damasco ⎤ 3 años
Hechos 9:26; Gál.1:18		2. Hizo su primera visita a Jerusalén ⎦
Hechos 9:30-11:26; Gál. 1:21		3. Fue a Tarso, área de Siria-Cilicia
Hechos 11:26		4. Estuvo con Bernabé en Antioquía
Hechos 11:30		5. Con Bernabé llevó ayuda a los hermanos de Judea e hizo su segunda visita a Jerusalén
Hechos 12:23	44	Muere Herodes Agripa
Hechos 12:25		Regresó a Antioquía; fue enviado con Bernabé por la iglesia de Antioquía
Hechos 13:4-14:26	47-48	**Primer viaje misionero:** *Escribe Gálatas(?)* El procónsul Sergio Paulos en Patmos se puede fechar
Hechos 15:1-35	49	Concilio Apostólico de Jerusalén - Pablo visita Jerusalén (comparar Hechos 15 con Gálatas 2:1)
Hechos 15:36-18:22	49-51	**Segundo viaje misionero:** *Escribe I y 2 Tesalonicenses* - Estuvo año y medio en Corinto, Hechos 18:11
	51-52	Se sabe que Galio era procónsul en Corinto
Hechos 18:23-21:17	52-56	**Tercer viaje misionero:** *Escribe 1 y 2 Corintios y Romanos*, probablemente desde Éfeso
Hechos 21:18-23	56	Pablo va a Jerusalén y es arrestado; detenido en Cesarea.
Hechos 24-26	57-59	Comparecencias ante Félix y Drusila; ante Festo; apela al César, ante Agripa - se puede fechar
Hechos 27-28:15	59-60	Llevado desde Cesarea hasta Roma
Hechos 28:16-31	60-62	Primer encarcelamiento en Roma. *Escribe Efesios, Filemón. Colosenses y Filipenses* - 2 años en prisión
	62	Pablo es puesto en libertad; posible viaje a España
	62	Pablo en Macedonia: *Escribe I Timoteo*
	62	Pablo va a Creta: *Escribe Tito*
	63-64	Pablo llevado a Roma y encarcelado allí: *Escribe 2 Timoteo*
	64	Pablo está ausente del cuerpo y presente con el Señor *(Otros sitúan la conversión de Pablo alrededor de año 35 d.C., y su muerte en 68 d.C.)*

14 años, Gálatas 2:1

Panorama de Gálatas

Tema de Gálatas:

División por Secciones

Autor:			TEMAS DE LOS CAPÍTULOS
Fecha:			1
Propósito:			
Palabras Clave: *(incluir sinónimos)*			2
evangelio			
gracia			3
ley			
Espíritu			
fe			4
promesa(s)			
pacto(s)			5
Cristo (Jesús, Jesucristo)			
libre (libertad)			6
circuncisión, incircuncisión, circuncidar y sus variaciones			

Ver el Apéndice 7 para ver las palabras clave en la Versión Reina Valera y Nueva Versión Internacional

EFESIOS

Éfeso, la cuarta ciudad más grande del imperio romano, era sede del culto a la diosa Artemisa de Grecia (conocida entre los romanos como Diana). De todas las deidades de Asia, ninguna tenía más devotos que Artemisa.

Ya en los días del apóstol Pablo, Éfeso había perdido su hegemonía como centro comercial debido a que su puerto dejó de ser navegable. De ahí que la supervivencia económica de la ciudad pasó a girar en torno al culto a Artemisa. Muchos habitantes de la ciudad se enriquecieron debido al comercio relacionado con Artemisa, que tenía como clientes a turistas y peregrinos. Los plateros se ganaban la vida vendiendo imágenes de la diosa y de su templo. Los mesoneros obtenían exorbitantes ganancias debido al gran número de adoradores que llegaban a la ciudad; adoradores que recorrían grandes distancias para visitar el templo de Artemisa, el cual era una de las siete maravillas del mundo. La tesorería del templo llegó a funcionar como banco financiero, y a muchos, incluso a reyes, les prestaba enormes sumas de dinero. Y como Artemisa era la patrona del sexo, en el burdel de dos pisos de la Vía Marmórea, las prostitutas ofrecían sus servicios sin que nadie las juzgara por eso. Aunque Artemisa era la atracción principal de Éfeso, en esa ciudad también se conjuraba toda clase de magia y hechicerías.

Fue dentro de ese marco histórico, que Dios envió a Pablo para que viviera en Éfeso; lugar en el que Dios establecería una iglesia para Sí, una luz que iluminara las tinieblas ocultistas de aquella ciudad.

Este breve resumen del marco histórico y cultural de la carta a los Efesios te ayudará a entender el porqué Pablo escribió esta carta a esa iglesia. Hoy en día, su mensaje es tan necesario como lo fue en los años 60 a 62 d.C.; fecha en que Pablo escribió esta carta desde su prisión en Roma.

Trabajo por Hacer

(Si no lo has hecho, lee la sección titulada Observación, ubicada en la introducción de este libro).

Instrucciones Generales

    1. Lee Efesios y colorea las referencias al autor con un mismo color, y las referencias a los destinatarios con otro.

    2. Lee ahora Hechos 18:18-21 (Pablo visitó Éfeso por primera vez durante su segundo viaje misionero), y luego lee en Hechos 19, el relato de su segunda visita durante su tercer viaje misionero. Este pasaje te ayudará a entender porqué Efesios, más que ninguna otra epístola, trata con temas como la guerra espiritual y la posición de los creyentes en Cristo.

Capítulos 1-3

Lee Efesios 1 al 3, capítulo por capítulo, y haz lo siguiente:

1. Marca todas las referencias a Dios, y elabora en el margen una lista de lo que Él hace.

2. Marca de manera distintiva todos los casos en que aparezcan las frases en Cristo y en Él; luego, en el CUADRO DE OBSERVACIONES (pág. 285), bajo el título "Nuestra Riqueza y Posición en Cristo", haz una lista de todo lo que los creyentes tienen en Cristo. Presta especial atención a la frase en los lugares celestiales, ya que es importante para el tema de la guerra espiritual. Al hacer la lista, escribe el capítulo y el versículo de donde tomas la información (p. ej. 1:13).

3. Marca toda mención del Espíritu Santo. Elabora una lista en el CUADRO DE OBSERVACIONES, bajo el título "Nuestra Relación con el Espíritu Santo", con todo lo que aprendas acerca de Él y de Su obra.

4. Marca las otras palabras clave (junto con sus sinónimos, pronombres y conjugaciones verbales) que están registradas en la lista del PANORAMA DE EFESIOS (Pág. 286). Anótalas en una tarjeta para que la uses como separador de páginas. Luego elabora, en el margen, una lista de lo que se dice acerca de cada palabra clave, limitándote únicamente a lo que el texto expresa con claridad.

5. Marca de manera distintiva los casos en que aparezca **riquezas (rico)**. Anota luego, en el margen, todo lo que aprendas acerca de esas riquezas. No olvides plantear las seis preguntas básicas y formular interrogantes como: ¿Quién es rico, y en qué sentido lo es? ¿De qué manera se describen esas riquezas? ¿Qué se hace con ellas?, etc.

6. Marca todos los casos en que aparezca la frase en otro tiempo, antes eran. Luego anota en el CUADRO DE OBSERVACIONES, bajo el título "Nuestra Anterior Manera de vivir", lo que esta carta dice en cuanto a la vida que llevaban los creyentes antes de ser salvos.

Capítulos 4-6

1. Lee uno a uno, los capítulos 4 al 6, y haz lo siguiente:
   a. Marca toda conjugación del verbo andar cada vez que aparezca. Luego anota en el CUADRO DE OBSERVACIONES (página 285), bajo el título "Nuestro Andar en Cristo", todo lo que aprendas en cuanto a la vida que debe llevar el creyente. Vuelve a leer 2:2, 10 y marca el texto, y elabora una lista de lo que esos versículos enseñan en cuanto a la vida que debe llevar el creyente. Luego pregúntate: ¿Cómo debo vivir? ¿Por qué me es posible vivir así?
   b. Marca en el texto Bíblico las palabras clave que escribiste en la tarjeta separadora de páginas. Anota todo lo que aprendas en esta sección de Efesios acerca del uso de **pasado** y **en otro tiempo**. Nota el contraste entre nuestra

antigua manera de vivir y nuestro andar en Cristo. Anota todo lo que hayas aprendido, en el CUADRO DE OBSERVACIONES (página 285).

c. Al marcar las frases Espíritu Santo y en el Señor, medita en lo que has aprendido y en cómo debe ser tu caminar en Él. Anota tus observaciones en el CUADRO DE OBSERVACIONES (página 285).

2. Compara Efesios 6:10-20 con Efesios 1:18-23. Toma nota de las referencias a principados y potestades (y sus sinónimos). Anota lo que esto te enseña respecto a la importancia de la guerra espiritual en esta carta, y acerca de cómo los creyentes pueden permanecer firmes contra los ataques del enemigo.

3. En el PANORAMA DE EFESIOS:
a. Anota en los lugares correspondientes el tema general de la carta y los temas de los capítulos (no olvides anotar también estos temas en el texto; en la línea ubicada al inicio de cada capítulo).
b. Teniendo presente que hay un cambio de énfasis entre los capítulos 3 y 4, resume sus contenidos asignándole un tema a los capítulos 1 al 3, y otro a los capítulos 4 al 6; luego, escribe esos temas en la "División por Secciones".

Para Reflexionar

1. Medita y repasa todo lo que has observado y anotado en cuanto a tu posición como hijo de Dios. Vuelve al capítulo 1 y toma nota de todo lo que Dios ha hecho por ti. No pases por alto el pronombre *Él*. Nota también los adverbios **conforme, según**, y el sustantivo **voluntad**. Piensa en lo que Dios ha hecho por ti, y en porqué lo ha hecho. Expresa a Dios tu gratitud y dile que deseas vivir como Él quiere que vivas.

2. Efesios 2:8-10 son versículos sumamente importantes. Medita en lo que Dios te está diciendo, y pídele que te haga ver si estás confiando en Su gracia o en tus propias obras para llegar al cielo. Pero no te quedes allí. Piensa en la relación que hay entre las buenas obras y la vida del creyente. ¿Cómo está tu andar con Cristo? Memoriza estos versículos.

3. ¿Vives en tu hogar conforme a lo que dice Efesios 5:18 al 6:4?

4. ¿Te estás manteniendo firme, o estás dejando que te derroten las artimañas del diablo? No olvides dónde estás sentado con Cristo (2:6). Reflexiona en el poder de Dios, en Su majestad y en Su armadura. Por cierto, ¿Tienes puesta Su armadura? ¿Estás firme en la verdad, la justicia, la paz, la salvación y la fe? ¿Sabes usar la Palabra de Dios, para combatir al enemigo?

Cuadro de Observaciones De Efesios

Nuestra riqueza y posición en Cristo

Nuestra relación con el Espíritu Santo

Nuestra anterior manera de vivir	Nuestro andar en Cristo

Panorama de Efesios

Tema de Efesios:

División por Secciones

Autor:

Fecha:

Propósito:

Palabras Clave:
(incluir sinónimos)

toda referencia a estar en Cristo (en el Señor)

conforme, según

el Espíritu (Santo)

riquezas (rico)

en los lugares celestiales, en las regiones celestes

en otro tiempo, anterior

gracia

poder

cuerpo (iglesia)

redención

andar y sus variaciones

el diablo (incluyendo principados, potestades, poderes 'gobernantes', etc.)

		Temas De Los Capítulos
		1
		2
		3
		4
		5
		6

Ver el Apéndice 7 para ver las palabras clave en la Versión Reina Valera y Nueva Versión Internacional

FILIPENSES

Cuando el Espíritu de Dios le impidió que viajara a Asia y Bitinia, Pablo tuvo una visión en la que un Macedonio le pedía que pasara a la región de Macedonia y los ayudara.

Persuadido de que era Dios quien lo dirigía, Pablo zarpó de Troas en su segundo viaje misionero junto con Timoteo y Lucas. Filipos, en Macedonia, disfrutaba del hecho de ser una colonia Romana, la cual garantizaba a sus ciudadanos todos los beneficios de la ciudadanía Romana.

Tal como era su costumbre cuando llegaba a una ciudad, Pablo se puso en contacto con los Judíos de la ciudad. Y aunque en Filipos no había suficientes Judíos como para formar una sinagoga, los que vivían allí se reunían todos los días de reposo para orar fuera de la puerta, a la orilla de un río. Pablo jamás se imaginó que terminaría en la cárcel, pero Dios sabía que en aquella ciudad había un carcelero Romano que, junto con su familia, necesitaban conocer a Cristo.

Lo que sucedió durante esta visita marcó el inicio de la iglesia de Filipos; iglesia a la que Pablo se dirigió alrededor del año 61 o 62 d.C.

Trabajo por Hacer

(Si no lo has hecho, lee la sección titulada Observación, ubicada en la introducción de este libro).

Instrucciones Generales

1. Para familiarizarte con el mensaje de esta carta a los Filipenses, marca toda referencia al autor de un mismo color y a los destinatarios con otro. Busca en los capítulos 1 y 4 los versículos que nos dicen dónde estaba Pablo en el momento en que escribió la carta.

2. Para entender el marco histórico de Filipenses, debes leer Hechos 15:35 al 17:1; pasaje que trata sobre la primera visita de Pablo a Filipos. Después de su tercer viaje misionero, Pablo se dirigió a Jerusalén, en donde fue arrestado. Desde allí, los soldados Romanos lo llevaron hasta Cesarea, puerto del Mediterráneo donde el gobernador Romano a menudo se refugiaba para huir del calor y de las incomodidades de Jerusalén. Debido a que Pablo era ciudadano romano, él apeló al César. Fue así como, luego de permanecer preso en Cesarea durante más de dos años, fue enviado a Roma, en donde vivió bajo arresto domiciliario. Lee Hechos 28:14-31 para ver cuánto tiempo permaneció Pablo como prisionero en Roma. ¿En qué se asemeja esto con el lugar en que estaba Pablo cuando escribió esta carta a los Filipenses?

3. Al leer Filipenses, capítulo por capítulo, haz lo siguiente:
   a. Anota en el CUADRO DE OBSERVACIONES de la página 289, bajo el encabezado "Autor", dónde se encontraba Pablo, porqué se encontraba allí y cuál era su actitud en medio de tan difíciles circunstancias. También anota todo lo que encuentres acerca de los destinatarios de la carta, cómo son

descritos por Pablo, qué problemas tienen y porqué les está escribiendo.
- b. Marca en el texto, de manera distintiva, todas las palabras clave (con sus sinónimos, formas verbales pronominales) que están registradas en la lista del PANORAMA DE FILIPENSES (pág. 291). Esto te ayudará a descubrir los temas principales de cada capítulo y el tema general de la carta. Debes estar atento a otras palabras que resulten clave en algún capítulo específico, aun cuando no estén escritas en la lista.
- c. Haz una lista, en el margen, de todo lo que aprendas al marcar estas palabras claves.
- d. Elabora una lista de todas las instrucciones que Pablo les da a los creyentes de Filipos, y anótalas en las hojas de trabajo INSTRUCCIONES DE PABLO A LOS FILIPENSES en la página 290. Al hacerlo, evalúa tu propia vida a la luz de esas instrucciones.

4. En el PANORAMA DE FILIPENSES:
- a. Anota el tema general de la carta y los temas de los capítulos. Anota también los temas de los capítulos, en el texto; en la línea ubicada al inicio de cada uno de ellos.
- b. Anota en la columna titulada EJEMPLO DE PABLO de la "División por Secciones", lo que percibas como el ejemplo de Pablo en cada capítulo. Recuerda que en Filipenses 3:17 Pablo exhorta a sus lectores a seguir su ejemplo.
- c. En la siguiente columna de la "División por Secciones", titulada CRISTO ES, anota lo que cada capítulo expone en cuanto a qué o quién es Jesucristo con relación al creyente.
- d. En la siguiente columna, titulada "Exhortación a", de la "División por Secciones" anota un mandato que los creyentes deben cumplir y que se relacione con los temas de cada uno de los capítulos.

Para Reflexionar

1. ¿Qué has aprendido de Filipenses en cuanto a sufrir como seguidor de Cristo? ¿De qué modo afectará esto tu manera de afrontar el sufrimiento?

2. ¿Puedes afirmar, como Pablo: "Pues para mí, el vivir es Cristo y el morir es ganancia"? De no ser así, piensa en lo que está ocupando el primer lugar en tu vida; lugar que le corresponde únicamente a Cristo.

3. ¿Qué has aprendido del ejemplo de Cristo que puedas aplicar a tu propia vida? ¿Tienes el mismo sentir de Cristo con respecto a Dios y las personas? ¿Consideras a los demás como superiores a ti mismo (2:3)?

4. ¿Permites que las circunstancias de la vida te roben la paz? ¿Hay algo que te impida disfrutar de la paz de Cristo? De tu lectura de Filipenses 4, ¿has aprendido algo que te ayude a vencer las preocupaciones de la vida?

5. ¿Qué has aprendido en cuanto a tus propias necesidades y en cuanto a la generosidad hacia los necesitados?

Cuadro de Observaciones De Filipenses

Autor: Busca tanto pronombres como referencias directas
Los Destinatarios: *Busca santos, hermanos, amados, ustedes o cualquier otra forma en la que Pablo se dirige a quienes está escribiendo. Recuerda hacer las seis preguntas básicas: ¿Cómo describe Pablo a los Filipenses? ¿Cuáles son sus problemas? ¿Por qué se interesa por ellos? ¿Por qué Pablo les está escribiendo?*

Instrucciones de Pablo a los Filipenses

Panorama de Filipenses

Tema de Filipenses:

División por Secciones

	Exhortación a:	Cristo es:	Ejemplo de Pablo	Temas De Los Capítulos
Autor:		1:21 Mi Vida		1
Fecha:				
Propósito:				
Palabras Clave: *(incluir sinónimos)*				2
	3:17 Seguir el ejemplo de Pablo			3
			4:11 Aprendió a contentarse en sus circunstancias	4

Ver el Apéndice 7 para ver las palabras clave en la Versión Reina Valera y Nueva Versión Internacional

COLOSENSES

La ciudad de Colosas se encontraba a unos 20 kilómetros de Laodicea y como a 160 kilómetros al este de Éfeso. Estaba ubicada en el valle de Licia, situado en el sur de la antigua Frigia, lugar de asentamiento del misticismo Oriental. Gran número de Judíos, Frigios y Griegos acudían a Colosas, ya que la ciudad se hallaba en una importante ruta comercial. Tal mezcla de pueblos hacía de Colosas un interesante centro cultural, en el que se discutían y sopesaban ideas y doctrinas de toda índole provenientes del Oriente.

Con tantas influencias paganas, no nos causa sorpresa el que Pablo, durante su encarcelamiento en Roma, llevara presente en su mente y corazón a los creyentes de Colosas. Aún cuando no los conociera personalmente, ellos pertenecían a su Cristo; y eso lo unía a ellos en espíritu. A pesar de estar físicamente encadenado, él podía mantenerse en contacto con ellos por medio de cartas y así valerse de uno de los pocos recursos que tenía a su disposición para proteger al rebaño de Dios; rebaño al que los lobos amenazaban con devorar.

Pablo escribió esta carta a los Colosenses hacia el año 62 d.C. Aunque originalmente fue dirigida a los fieles creyentes de aquella ciudad, su mensaje ha sido esencial a través de los siglos. Tal vez esa sea una de las razones por las que Dios no permitió que Pablo entregara este mensaje en persona.

Trabajo por Hacer

(Si no lo has hecho, lee la sección titulada Observación, ubicada en la introducción de este libro).

Instrucciones Generales

1. Al leer Colosenses, capítulo por capítulo, aprende todo cuanto te sea posible acerca del autor y de los destinatarios; trata de descubrir la razón por la que el autor escribe lo que escribe, a esta iglesia en particular. Esto te dará la clave para entender la carta a los Colosenses. Además te será de mucha ayuda el seguir las siguientes instrucciones:
    a. Durante tu lectura, marca toda referencia al autor con un color determinado, y toda referencia a los destinatarios con otro. Asegúrate de marcar los sinónimos, pronombres e inferencias verbales que se refieran al autor o destinatarios.
    b. Una vez marcado lo referente al autor y destinatarios, analiza lo que puedes aprender al marcar el texto. Lee Colosenses, capítulo por capítulo, poniendo atención a cada referencia que hayas marcado, para ver si contesta a cualquiera de las seis preguntas básicas: ¿Quién?, ¿Qué?, ¿Cómo?, ¿Cuándo?, ¿Dónde? y ¿Por qué? Pregúntate, por ejemplo: ¿Quién escribió esta carta? ¿Quiénes eran los destinatarios? ¿Dónde estaban? ¿Cómo eran? ¿En qué situación se encontraban? ¿Qué problemas tenían? ¿Cuándo se escribió esta carta? ¿Qué sucedía? ¿Por qué el autor se expresa como lo hace?

Busca pronombres tales como ustedes y los, y toma nota de la relación entre el autor y los destinatarios. Pregúntate, por ejemplo: ¿Cómo llegó el evangelio a los Colosenses? ¿Quién se los predicó? ¿Cuál era la principal preocupación del autor con respecto a los Colosenses? Las respuestas a estas preguntas te ayudarán a comprender porqué se escribió esta carta.

Hacer preguntas como éstas, te permite obtener respuestas que sólo el texto puede darte; además, te ayudan a comprender un determinado libro de la Biblia y a entender su marco histórico y propósito; te permiten mantener sus enseñanzas y verdades en su contexto debido.

   c. Anota todo lo que aprendas acerca del autor, los destinatarios, y las instrucciones dadas por él, en las columnas apropiadas del CUADRO DE OBSERVACIONES DE COLOSENSES (pág. 295).

2. Lee de nuevo toda la carta a los Colosenses, capítulo por capítulo. Al leer, haz lo siguiente:
   a. Marca en el texto las palabras y frases clave que aparecen en la lista del PANORAMA DE COLOSENSES (pág. 296). Marca también los sinónimos, pronombres, conjugaciones y tiempos verbales de cada palabra clave, y todos los casos en que se haga mención a Jesucristo: **con Él, por medio de Él, en Él, para Él,** etc.
   b. Anota en el margen todo lo que aprendas por haber marcado en Él y las otras palabras y frases clave.

3. Al llegar al capítulo 2, observa las advertencias ahí señaladas con las frases, "miren que nadie los".
   a. Anota esas advertencias y toda instrucción que las acompañe, en el CUADRO DE OBSERVACIONES.
   b. Con estas advertencias en mente, lee la sección titulada "Introducción al Gnosticismo" ubicada en la página 380.

4. Ahora prosigue con tu estudio de los capítulos 3 y 4 de la misma forma en que lo hiciste con los capítulos 1 al 2, añadiendo al CUADRO DE OBSERVACIONES toda la información pertinente.

5. Asegúrate de anotar en el PANORAMA DE COLOSENSES el tema general de la carta y los temas de los capítulos; anótalos también en el texto, en la línea ubicada al inicio de cada capítulo. Anota la fecha en que se escribió la carta, el nombre del autor y el propósito que perseguía al escribirla.

Para Reflexionar

1. Al examinar tu vida, ¿cuáles son tus aspiraciones? Lo que buscas en la vida, ¿tiene valor eterno? ¿Te acerca más a Dios, o te impide pasar tiempo a solas con Él en oración y en el estudio de Su Palabra? ¿Estás poniendo la mira en las cosas de arriba o en las de la tierra?

2. Al examinar tus creencias ¿estás siendo engañado con filosofías y tradiciones contemporáneas, que no se hallan en la Palabra o que la contradicen? ¿Te estás dejando guiar por reglas legalistas que no son enseñadas claramente en el Nuevo Testamento? ¿Te estás dejando guiar por enseñanzas o profecías místicas que no son apoyadas por la Palabra de Dios, que tienden a añadirle cosas, o que parecen dirigidas sólo a un grupo selecto?

3. El estudio inductivo de la Biblia requiere de tiempo; así que el enemigo hará todo lo posible por impedir que conozcas íntimamente a Dios y Su Palabra, ya que la verdad es la principal arma ofensiva y defensiva que tienes en la guerra espiritual. ¿Estás dispuesto a que la Palabra de Cristo more en abundancia en ti y a caminar en sus preceptos?

4. ¿Estás proclamando al Señor Jesucristo, sosteniendo firmemente todo lo que Él es y todo lo que en Él tienes, tal y como lo presenta Colosenses?

5. En tu estudio de esta carta, ¿has descubierto algunos aspectos de tu vida que no corresponden a lo que Dios espera de ti? ¿Estás desobedeciendo en algo a la Palabra de Dios? ¿Qué piensas hacer al respecto?

Cuadro de Observaciones de Colosenses

Autor

Destinatarios

Instrucciones y Advertencias

Panorama de Colosenses

Tema de Colosenses:

División por Secciones

	Temas De Los Capítulos
Autor:	
Fecha:	1
Propósito:	
Palabras Clave: *(incluir sinónimos)*	2
oración(es)	
evangelio	
sabiduría, sabiamente	3
conocimiento	
todo(s, a) cuando se refiere a algo completo o en su totalidad	4
fe	
misterio	
en Él (o delante de Él, por medio de Él, etc.	

Ver el Apéndice 7 para ver las palabras clave en la Versión Reina Valera y Nueva Versión Internacional

1 TESALONICENSES

Timoteo se unió a Pablo y Silas (Silvano) mientras ellos se encontraban en Listra, durante el segundo viaje misionero del apóstol Pablo. Timoteo no había sido circuncidado debido a que su padre era griego. Pablo consideró que no tenía sentido el crear conflictos innecesarios con los judíos de aquella región, así que, lo circuncidó. Poco tiempo después, continuaron con el viaje hasta que Pablo tuvo la visión del Macedonio que le pedía al apóstol que fuera a Macedonia para ayudarles.

Convencidos de que el llamado era de Dios, los tres se dirigieron a Filipos; lugar en el que comenzaron a sufrir persecuciones. Pablo y Silas fueron azotados y arrojados en prisión. No obstante, sin dejarse intimidar y plenamente convencidos de su misión divina, los tres prosiguieron el viaje, pasando por Anfípolis y Apolonia, llegando finalmente a Tesalónica. Allí encontraron una sinagoga donde Pablo expuso las Escrituras, durante tres sábados seguidos, a los Tesalonicenses. Había Judíos, Griegos y mujeres prominentes quienes oyeron y creyeron, pero el resto de los Judíos se enfureció en gran manera. Así que los tres volvieron a enfrentar una fuerte oposición; pero no sólo ellos, sino también todos quienes habían creído.

Debido a esto los creyentes Tesalonicenses enviaron hacia Berea a Pablo, Silas y Timoteo, encubiertos por la oscuridad de la noche. Una vez llegados a Berea, el evangelio encontró tierra fértil. Pero los Judíos de Tesalónica se enteraron de eso y, no pudiendo permitirlo, fueron a Berea para perseguir a estos trastornadores del mundo.

Desde Berea, Pablo se dirigió a Atenas y de allí a Corinto. Pero en su corazón tenía presente a la iglesia de Tesalónica. ¿Cuál sería el estado de ánimo de aquella tierna iglesia en medio de tan feroz oposición? Pablo tenía que averiguar la respuesta a esa angustiante pregunta. Por esa razón, cerca del año 51 d.C., mientras se hallaba en Corinto, Pablo escribió su primera carta a la iglesia de Tesalónica.

Trabajo por Hacer

(Si no lo has hecho, lee la sección titulada Observación, ubicada en la introducción de este libro).

Instrucciones Generales

1. Si deseas entender cómo y bajo qué circunstancias fue establecida la iglesia de Tesalónica, lee Hechos 16:1-17:15.

2. Lee 1 Tesalonicenses, capítulo por capítulo, marcando toda referencia al autor(es) con un color y toda referencia a los destinatarios con otro. Marca también los sinónimos, pronombres e inferencias verbales relacionadas.
    a. En el CUADRO DE OBSERVACIONES DE 1 TESALONICENSES, ubicado en la página 300, bajo el encabezado de "Autor(es)" haz una lista de todo lo que aprendas acerca del autor(es). También, anota la relación que había entre el autor(es) y sus destinatarios. ¿Qué ejemplo puedes ver que sea digno de imitar?

b. Anota todo lo que aprendas acerca de los destinatarios. ¿A quién habían estado sirviendo ellos? ¿Qué sucedió cuando oyeron y creyeron el evangelio? ¿Qué problemas enfrentaban? y ¿Cómo los enfrentaban?

c. Toma nota de los varios problemas y preocupaciones que son tratados en la carta.

3. Lee toda la carta y marca en el texto las palabras clave que encontrarás en la lista del PANORAMA DE 1 TESALONICENSES (pág. 301); marca también sus sinónimos y pronombres. Luego de estudiar esas palabras, anota en el margen todo lo que aprendas acerca de ellas en el texto.

4. Los capítulos 4 y 5 tratan sobre varias verdades referentes "a los que durmieron" y a "los que estemos vivos y que permanezcamos". Anota en el CUADRO DE OBSERVACIONES de la página 300 todo lo que aprendas del texto en cuanto a estos dos grupos. Cuando lo hagas, nota la secuencia de acontecimientos en 4:13-18. Haz las seis preguntas básicas: ¿De quiénes se trata? ¿Qué va a suceder? ¿Dónde se reunirán con el Señor? ¿Cuándo sucederá? ¿Por qué no deben estar tristes? ¿Cómo sucederá todo eso?

5. Anota en el cuadro que te sugerimos en la sección "Manos a la Obra", todo lo que aprendas del capítulo 5 en cuanto al "DÍA DEL SEÑOR".

6. Escribe el tema general de la carta, en el PANORAMA DE 1 TESALONICENSES. Anota allí también los temas de los capítulos, al igual que en el texto Bíblico en la línea ubicada al inicio de cada uno de ellos. Completa cualquier información adicional respecto al autor, fecha, propósito, etc.

7. Durante tu lectura encontrarás frecuentes transiciones en la carta, debido a que el autor cambia de tema. Esas transiciones delimitan las secciones que dividen la carta. ¿Dónde ocurren los cambios de tema en 1 Tesalonicenses? Presta atención a los distintos temas en los primeros capítulos y a cuándo es que ocurre un cambio. Asigna a cada segmento un título, hazlo luego de meditar en el tema o temas tratados en los tres primeros capítulos, y luego en los dos últimos. Anota tus divisiones de secciones en el PANORAMA DE 1 TESALONICENSES.

Para Reflexionar

1. En esta carta, Pablo se entrega a la tarea de adiestrar a otros quienes seguirán proclamando el evangelio. ¿Estás dedicando tiempo con otra persona para compartir lo que Dios ha hecho en tu vida para que esa persona a su vez ministre a otros? ¿Qué pueden imitar de ti los demás? ¿Estás siendo un buen ejemplo?

2. A veces se nos hace difícil dar gracias por todo, pero ésa es la voluntad de Dios. Haz un repaso de tus experiencias de los últimos días para ver si hay cosas en tu vida por las que no has dado gracias. Proponte cumplir fielmente con ese mandato.

3. ¿Son difíciles las circunstancias por las que estás atravesando? ¿Cómo estás

reaccionando ante ellas? ¿Qué piensan los demás acerca de tus reacciones? ¿Tu caminar con Dios es digno de ser imitado por los demás?

4. ¿Te estás absteniendo de toda inmoralidad sexual? ¿O de alguna forma estás engañando sexualmente a otros? ¿Eres consciente de que si tus pasiones sexuales te llevan a desobedecer la Palabra de Dios, te haces acreedor del justo castigo de Él?

5. ¿Oras sin cesar (5:17) por las personas que rodean tu vida y que no conocen al Señor? ¿Te acercas confiadamente al Señor en busca de soluciones a tus problemas? ¿Oras constantemente por los demás?

Cuadro de Observaciones de 1 Tesalonicenses

Autor	Destinatarios

1 Tesalonicenses 4:13–18		1 Tesalonicenses 5:1–11
Los que durmieron	Progresión de eventos	El Día del Señor

Los que estemos vivos y permanezcamos

Panorama de 1 Tesalonicenses

Tema de 1 Tesalonicenses:

División por Secciones

Autor:

Fecha:

Propósito:

Palabras Clave:
(incluir sinónimos)

evangelio (palabra)

tribulación (aflicción, aflicciones, sufrido)

Espíritu

toda referencia a la venida de Jesucristo

fe

esperanza

amor

día del Señor

toda referencia a Satanás (el tentador)

	Temas De Los Capítulos
	1
	2
	3
	4
	5

Ver el Apéndice 7 para ver las palabras clave en la Versión Reina Valera y Nueva Versión Internacional

2 TESALONICENSES

Habían transcurrido de cuatro a seis meses desde que Pablo escribió su primera carta a la iglesia de Tesalónica en el 51 d.C. La persecución no había aminorado pero, para gozo de Pablo, su trabajo no había sido en vano: los Tesalonicenses habían resistido los ataques del tentador.

Había en la iglesia, sin embargo, algunos asuntos que preocupaban a Pablo. De nuevo había tenido que apartar tiempo, durante su segundo viaje misionero, para escribir y colocar en la carta sus marcas distintivas; pues era necesario que la iglesia pudiera identificar esta carta como suya.

Trabajo por Hacer

(Si no lo has hecho, lee la sección titulada Observación, ubicada en la introducción de este libro).

Instrucciones Generales

1. Si no has estudiado 1 Tesalonicenses, debes hacerlo antes de iniciar tu estudio de esta segunda carta. Es más, si ya la has estudiado, léela de nuevo. Observa lo que Pablo enseña en cuanto a la venida del Señor Jesucristo. Presta especial atención a 1 Tesalonicenses 4:13-5:11.

2. Ahora lee 2 Tesalonicenses y marca toda referencia al autor(es) de un color y a los destinatarios con otro. Observa cómo encaja esta carta con 1 Tesalonicenses. Lee con miras a encontrar la siguiente información, y anótala en el CUADRO DE OBSERVACIONES de la página 304.
   a. ¿Qué te enseña esta carta acerca de su autor(es) y destinatarios? ¿En qué condiciones se hallaban ellos?
   b. Pablo aborda aquí varios problemas que exigían corrección. Anótalos en el margen y en el CUADRO DE OBSERVACIONES. Esas anotaciones te ayudarán a ver el propósito que tuvo el autor(es) al escribir esta carta. Luego, elabora una lista de las instrucciones u órdenes relacionadas con cada uno de los problemas abordados y anótalos también en el CUADRO DE OBSERVACIONES.
   c. Pablo elogia a los Tesalonicenses y los anima por lo que están haciendo bien. Anota las exhortaciones que él incluye en esta carta.
   d. Asegúrate de anotar lo que les espera a quienes no obedecen el evangelio.
   e. En base a lo que has observado respecto al autor y a los destinatarios, ¿por qué crees que Pablo escribió esta carta? Anota este propósito en el lugar correspondiente del PANORAMA DE 2 TESALONICENSES (pág. 305).

3. Lee nuevamente toda la carta, capítulo por capítulo, y haz lo siguiente:
   a. Marca en el texto las palabras clave que aparecen en la lista del PANORAMA DE 2 TESALONICENSES, junto con sus sinónimos y pronombres. Marca también cualquier otra palabra que consideres clave.

b. Ahora, repasa las palabras clave y anota en el margen todo lo que has aprendido de ellas. Haz una lista para cada palabra, de modo que al final tengas listas de todo lo que estos capítulos enseñan acerca de la venida del Señor Jesucristo, de las aflicciones y persecuciones, del día del Señor, y así sucesivamente.

4. En el CUADRO DE OBSERVACIONES hay dos encabezados más, que son: "Cuando Venga el Día del Señor" y "Cuando el Hombre de Pecado sea Revelado".
    a. Lee detenidamente 2 Tesalonicenses 2:1-12 y elabora una lista de todo lo que tiene que suceder antes de que venga el día del Señor.
    b. Haz lo mismo respecto a la manifestación del hombre de pecado.
    c. Anota todas esas observaciones en las hojas de trabajo de EL DÍA DEL SEÑOR que te sugerimos en la sección "Manos a la obra".

5. Al leer estos capítulos, dedica tiempo para reflexionar en ellos y anota tus respectivos temas en el PANORAMA DE 2 TESALONICENSES y en el lugar correspondiente del texto Bíblico. Anota también el tema general de la carta, su autor y fecha.

Para Reflexionar

1. ¿Cómo reaccionas ante las pruebas? ¿Estás preparado para sufrir persecución? ¿Qué dice a los demás y a Dios tu forma de reaccionar? ¿Puede la gente ver tu fe? ¿En tu vida es evidente el amor de Dios?

2. ¿Llevas una vida disciplinada? ¿O eres un ejemplo de pereza para los demás? ¿Qué estás haciendo para promulgar el avance del reino? ¿O sólo te has sentado a esperar la venida del Señor? ¿Agradará esa actitud al Señor? ¿Puedes decir a otros: "Sigan mi ejemplo"?

3. ¿Cómo te sientes cuando nadie aprecia el bien que haces, o ni siquiera lo notan? ¿Para quién estás haciendo ese bien? ¿Perseveras en lo que haces?

4. Lo que crees en cuanto a la profecía o cualquier otra doctrina, ¿es resultado de un estudio cuidadoso y personal de la Palabra de Dios, o de las enseñanzas de otros? ¿Te mantienes firme en lo que sabes de la Palabra de Dios, o te dejas llevar por las enseñanzas que están de moda?

Cuadro de Observaciones de 2 Tesalonicenses

Autor	Destinatarios	Los que no obedecen el evangelio

Problemas/Preocupaciones	Instrucciones	Exhortaciones

Cuando venga el día del Señor	Cuando el hombre de pecado sea revelado

Panorama de 2 Tesalonicenses

Tema de 2 Tesalonicenses:

División por Secciones

	Temas De Los Capítulos
1	
2	
3	

Autor:

Fecha:

Propósito:

Palabras Clave:
(incluir sinónimos)

aflicción, aflicciones, sufriendo, persecuciones

toda referencia a la venida del Señor

Dios

Espíritu

amor

fe

gloria [glorificado(a)]

hombre de pecado

indisciplinada (desordenadamente)

el día del Señor (y pronombres)

verdad

ejemplo (modelo)

Ver el Apéndice 7 para ver las palabras clave en la Versión Reina Valera y Nueva Versión Internacional

1 TIMOTEO

Treinta años de proclamar el evangelio habían dejado huella en Pablo. Su cuerpo llevaba las marcas de un siervo de Jesucristo (Gálatas 6:17). Pero, la intensidad de sus sufrimientos era mínima en comparación con la intensidad de su amor y cuidado por las iglesias; iglesias a las que llevaba grabadas en el corazón.

A pesar de los dos años de arresto domiciliario en Roma, Pablo proseguía hacia la meta, al premio del supremo llamamiento de Dios en Cristo Jesús (Fil. 3:14). Tenía en mente visitar Asia, Macedonia y, de ser posible, España. Pablo llevaba a España en el corazón, desde antes de ser prisionero de Roma.

El apóstol también se mostraba preocupado por la iglesia de Éfeso; iglesia extremadamente importante, cuyo pastor era Timoteo el fiel colaborador de Pablo. Previniendo un posible retraso en sus planes, y pensando en que Timoteo podría estar necesitando instrucciones (que sirvieran como un recordatorio) para la organización de la iglesia, Pablo le escribió una carta a su amado hijo en la fe. Y a través de los siglos, esta carta se convertiría en un inapreciable legado para la iglesia; en una columna y apoyo de la verdad. La escritura de dicha carta se realizó alrededor del año 62 d.C.

Trabajo por Hacer

(Si no lo has hecho, lee la sección titulada Observación, ubicada en la introducción de este libro).

Instrucciones Generales

    1. Lee 1 Timoteo y marca toda referencia a Pablo con un color, y toda referencia a Timoteo con otro color. Al marcar, incluye también sus sinónimos, pronombres e inferencias verbales (p. ej. rogué). Toma en cuenta los versículos 1:3 y 3:14-15 para que veas porqué escribió Pablo esta carta. Ten presente este propósito al leer la epístola, y anótalo en el PANORAMA DE 1 TIMOTEO

    2. Lee 1 Timoteo una vez más, capítulo por capítulo. En el CUADRO DE OBSERVACIONES al final de estas instrucciones:
      a. Elabora una lista de lo que aprendes al marcar las referencias a Pablo. Toma nota de cómo se describe a sí mismo, especialmente en lo tocante a la autoridad que tiene para instruir a Timoteo en las cuestiones de las que trata en la carta.
      b. Haz una lista de lo que observas al marcar las referencias a Timoteo; nota la descripción que Pablo hace de Timoteo, dónde se encuentra este joven pastor cuando se escribe la carta, y la relación que tiene con Pablo.
      c. Toma nota de las órdenes e instrucciones que da Pablo en cuanto a ciertos grupos de personas o ciertas prácticas. Anota todo lo que aprendas acerca de los obispos (ancianos) y los diáconos. También anota lo que observes en cuanto a los otros grupos de creyentes que hay en la iglesia. Hay un espacio asignado para cada uno de estos grupos en el CUADRO DE OBSERVACIÓN.

d. Anota las instrucciones específicas dadas por Pablo a Timoteo puesto que el apóstol le había dejado como representante suyo en Éfeso, con la intención que organizara e instruyera a la iglesia de aquel lugar.

3. Al leer, marca en el texto las palabras clave que aparecen en la lista del PANORAMA DE 1 TIMOTEO, junto con sus sinónimos, pronombres y variantes verbales (p. ej. enseñarán). Esas palabras brindan valiosa información acerca de las instrucciones más importantes y mencionadas con mayor frecuencia.

4. A menos que ya hayas anotado esto en tu CUADRO DE OBSERVACIONES, haz una lista en los márgenes de todo lo que aprendas del texto respecto a esas palabras clave; al hacerlo, descubrirás las cosas que son saludables para la iglesia.

5. ¿Cuál crees que es el tema de 1 Timoteo? ¿Hay problemas o preocupaciones que el autor debe tratar? ¿Cómo se relaciona el tema de la carta con esas preocupaciones? Anota en el PANORAMA DE 1 TIMOTEO el tema general de la carta, los temas de los capítulos y los demás datos pertinentes. Luego, anota los temas en el texto Bíblico, en la línea ubicada al inicio de cada capítulo.

Para Reflexionar

1. ¿Funciona tu iglesia de acuerdo a los principios descritos en 1 Timoteo?

2. ¿Cómo consideras el liderazgo de tu iglesia local?

3. ¿Oras por todo el mundo, incluyendo a las personas que están en autoridad?

Cuadro de Observaciones de 1 Timoteo

Pablo	Timoteo

Obispos (supervisor) ancianos(s)	Diaconos	Hombres

Esclavos	Los ricos (o los que quieran serlo)

Mujeres	Viudas	Oración

Instrucciones y encargos a Timoteo

Panorama de 1 Timoteo

Tema de 1 Timoteo:

División por Secciones

	Temas De Los Capítulos
1	
2	
3	
4	
5	
6	

Autor:

Fecha:

Propósito:

Palabras Clave:
(incluir sinónimos)

enseñar y sus variaciones

fe

doctrina(s)

piedad

riqueza (dinero, avaricia, ricos, etc)

toda referencia al diablo

toda referencia a la oración

Ver el Apéndice 7 para ver las palabras clave en la Versión Reina Valera y Nueva Versión Internacional

2 TIMOTEO

Corría el año 64 d.C. (según algunos el 67 d.C.), y el apóstol Pablo afrontaba una nueva situación además de estar muy preocupado por Timoteo. Él sintió que debía escribir una última carta a su discípulo, para hacerle recordar las cosas de mayor importancia en el ministerio e instarlo a que acuda pronto a su encuentro; de ser posible antes del invierno, porque después...

Trabajo por Hacer

(Si no lo has hecho, lee la sección titulada Observación, ubicada en la introducción de este libro).

Instrucciones Generales

1. Lee 2 Timoteo y marca toda referencia a Pablo con un color, y a Timoteo con otro color. En los capítulos 1 y 2, y luego en el 4, Pablo menciona sus circunstancias; de esta forma nos brinda información en cuanto a dónde se encuentra y qué le sucedería pronto. A fin de establecer el contexto de la carta, anota en el CUADRO DE OBSERVACIONES todo lo que aprendas acerca de Pablo al contestar las seis preguntas básicas: ¿Quién?, ¿Qué?, ¿Cómo?, ¿Cuándo?, ¿Dónde? y ¿Por qué?

2. Lee 2 Timoteo una vez más. Agrupa todo lo que aprendas acerca de Timoteo, y anótalo en el CUADRO DE OBSERVACIONES.

3. Al leer 2 Timoteo, habrás notado las múltiples órdenes e instrucciones que Pablo le da a su discípulo. Por ejemplo, en 1:13 Pablo le dice: "Retén la norma de las sanas palabras".
    a. Anota en el CUADRO DE OBSERVACIONES las instrucciones y órdenes que Pablo le da a Timoteo en toda la carta; y no olvides anotar el capítulo y el versículo donde se encuentra la cita bíblica de la que obtuviste la información.
    b. Mientras localizas esas órdenes e instrucciones, marca en el texto las palabras clave que aparecen en el PANORAMA DE 2 TIMOTEO, junto con sus sinónimos, pronombres e inferencias verbales (p. ej. *soporto, perseveramos, sufrí, soportarán, sufre*). Asegúrate de marcar toda alusión al *evangelio* (*sanas palabras, palabra, Escritura, Sagradas Escrituras,* etc.).

4. Reflexiona sobre la lista de órdenes e instrucciones que Pablo le da a Timoteo, teniendo presente el énfasis que pone Pablo en el evangelio. ¿Cuál piensas que sea el mensaje principal de Pablo a Timoteo en esta segunda carta? Anota tu respuesta en el PANORAMA DE 2 TIMOTEO, bajo el título "Tema de 2 Timoteo".

5. Lee la carta capítulo por capítulo, resume el tema o enseñanza principal de cada uno de ellos y anótalo en su lugar correspondiente del PANORAMA; al igual que en tu Biblia al inicio de cada uno de ellos (NOTA: el tema de cada capítulo debe estar relacionado con el tema general de la carta).

6. Notarás que en el PANORAMA DE 2 TIMOTEO hay dos columnas diseñadas para que sigas el desarrollo de dos temas: "El Ejemplo de Pablo" y "La Provisión de Dios". Estos temas los encontrarás a lo largo de toda la carta. Registrar dicho desarrollo te dará un mayor entendimiento de lo aplicable que es esta carta a tu propia vida.

Examina cada capítulo a la luz de esos dos temas y anota en el lugar correspondiente, en los espacios asignados del PANORAMA, todo lo que observes.

Para Reflexionar

1. ¿Qué responsabilidad tienes para con el evangelio? ¿Hasta qué punto llegarías, con tal de cumplir esa responsabilidad?

2. ¿Qué estás haciendo para asegurarte de usar la Palabra de Dios debidamente? ¿Te limitas a repetir lo que te han enseñado, o estás estudiando la Palabra de manera cuidadosa y sistemática?

3. ¿Estás dispuesto a sufrir con tal de beneficiar a quienes podrían venir a conocer al Señor Jesucristo y recibir la salvación?

4. ¿De qué clase de hombres y mujeres debes cuidarte en estos últimos días?

5. ¿Qué clase de vida llevas? ¿Te has portado como un cobarde, o has peleado la buena batalla de la fe?

6. ¿Está preparado para morir? ¿Cómo crees que te sentirás cuando veas a Jesucristo cara a cara?

Cuadro de Observaciones de 2 Timoteo

Pablo	Timoteo

Instrucciones de Pablo a Timoteo

Panorama de 2 Timoteo

Tema de 2 Timoteo:

División por Secciones

Autor:

Fecha:

Propósito:

Palabras Clave:
(incluir sinónimos)

evangelio

sufrimiento, sufrir (persecuciones, penalidades, aflicciones)

soportar, perseverar

fe

avergonzar y sus variaciones

	La Provisión de Dios	Ejemplo de Pablo	Temas De Los Capítulos
1			
2			
3	Libró a Pablo de las Persecuciones	Sufrió Persecuciones	
4			

Ver el Apéndice 7 para ver las palabras clave en la Versión Reina Valera y Nueva Versión Internacional

TITO

Cuando Pablo pasó cerca de Creta, en dirección a Roma, el barco en que iba no estaba bajo sus órdenes, pues él viajaba como prisionero. Sin embargo, le recomendó al centurión que desembarcaran en Creta, y dicho centurión habría mostrado mucha prudencia de haberlo escuchado. Pero no lo hizo así, y el barco siguió de largo a pesar de los vientos contrarios y corriendo inminentes peligros. Y todo ocurrió tal como Pablo lo había predicho, el barco naufragó en la isla de Malta, ubicada a noventa kilómetros al sur de Sicilia.

Al igual que el barco se había hundido hasta el fondo del mar, Creta también se había hundido en los abismos del pecado. Moralmente destrozada por los incesantes golpes resultantes de una vida alejada de Dios, Creta necesitaba escuchar urgentemente las buenas nuevas del evangelio. No obstante, y a diferencia del barco, Creta aún tenía esperanza de salvación.

No es posible conocer si Pablo llevaba a Creta en su corazón, desde antes de su arresto domiciliario en Roma. Pero hay indicios de que tan pronto quedó en libertad de su encarcelamiento, en Roma, fue a Creta con Tito, dejando a éste allí.

Pablo le habrá escrito a Tito cerca del año 62 d.C.; sin saber que volvería a Roma para su encarcelamiento definitivo.

Trabajo por Hacer

(Si no lo has hecho, lee la sección titulada Observación, ubicada en la introducción de este libro).

Instrucciones Generales

1. Lee de corrido toda la Epístola a Tito, y trata de captar el propósito y el contenido general de esta carta. Marca toda referencia a Pablo con un color y las de Tito con otro; incluye sus sinónimos, pronombres e inferencias verbales tales como: "te dejé". Anota todo lo que aprendas de cada uno de ellos, bajo el encabezado correspondiente en el PANORAMA DE TITO.

2. Lee la carta una vez más, pero esta vez hazlo capítulo por capítulo. En el curso de la lectura realiza lo siguiente:
   a. Anota los grupos de personas que se mencionan en cada capítulo. Elabora una lista de lo que aprendas de cada uno de ellos en el CUADRO DE OBSERVACIONES.
   b. Marca en el texto las palabras clave que aparecen en la lista del PANORAMA DE TITO. Marca también sus sinónimos, formas pronominales e inferencias verbales.

3. Las órdenes, advertencias e instrucciones que Pablo le da en su carta a Tito, nos ayudan a determinar el propósito que le motivó a escribirla. Lee la carta una vez más, capítulo por capítulo, y anota en el CUADRO DE OBSERVACIONES, bajo

"Instrucciones a Tito", todas las órdenes, advertencias e instrucciones dadas por Pablo.

4. Elaborar la lista de las órdenes, advertencias e instrucciones dadas a Tito debió haberte ayudado a ver el tema predominante de la carta. Busca los versículos del capítulo 2 y 3 respecto a lo que Tito debe enseñar. Dichos capítulos resumen el motivo que llevó a Pablo a escribir esta carta. Estos versículos también te ayudarán a determinar el tema principal de la carta. Anota esto en el PANORAMA DE TITO.
    a. Ahora resume el tema o mensaje principal de cada párrafo, y luego el de cada capítulo; después, anota ambos en el PANORAMA DE TITO. Anota también, en tu Biblia al inicio de cada capítulo, los temas de cada uno de ellos.
    b. Completa el resto del PANORAMA, anotando el nombre del autor, la fecha y el propósito de la carta.

Para Reflexionar

1. El estilo de vida del mundo niega la existencia de Dios. ¿Y qué acerca de tu vida? ¿Renuncias a la impiedad y a los deseos mundanos? ¿O satisfaces los deseos de tu carne? ¿Qué demuestran tus acciones, respecto a tus creencias?

2. Definitivamente no es fácil tratar a todos con la misma consideración. ¿Recuerdas la última vez que fallaste en esta área? ¿Estás dispuesto a ser amable y a saber controlar tus impulsos aún en las situaciones más difíciles y con las personas más exasperantes? No olvides que tus acciones hablan más que tus palabras.

3. Tu salvación no se fundó en obras sino en la gracia y en la misericordia de Dios. ¿De qué te ha salvado tu Padre celestial? Reflexiona sobre la bondad de Aquel que te llamó de la muerte a la vida, y del reino de las tinieblas al reino de Su luz admirable. ¿Le has agradecido últimamente por Su gracia y misericordia? Si no lo has hecho recientemente, ¿por qué no lo haces ahora mismo? ¿Por qué no oras por aquellas personas a tu alrededor quienes aún no han experimentado la gracia salvadora de Dios?

Cuadro de Observaciones de Tito

Pablo	Tito
Obispo (Supervisor), Anciano(s)	
Los Rebeldes	

Las Ancianas	Las Jóvenes	Los Ancianos

Creyentes en General	Los Siervos	Los Jóvenes

Instrucciones a Tito

Panorama de Tito

Tema de Tito:

División por Secciones

Autor:		Temas De Los Párrafos	Temas de los Capítulos
		1:1–4	
Fecha:		1:5–9	
		1:10–14	1
Propósito:		1:15–16	
Palabras Clave: *(incluir sinónimos)*		2:1–5	
Dios		2:6–8	
Cristo Jesús (Jesucristo)		2:9–10	2
doctrina		2:11–14	
palabra (la verdad)		2:15	
gracia		3:1–2	
obras, hechos		3:3–7	
sana (sanos)		3:8–11	3
enseñar, hablar		3:12–14	
prudente(s)		3:15	

Ver el Apéndice 7 para ver las palabras clave en la Versión Reina Valera y Nueva Versión Internacional

FILEMÓN

En la época de Pablo la esclavitud era algo común y corriente; era una realidad cotidiana que Pablo no podía cambiar. Pero lo que sí podía hacer el apóstol era mostrarles, a los esclavos y a sus amos, la forma en que debían de comportarse y tratarse entre sí; debido a que eran personas que habían sido redimidas por Cristo, Aquel que tomó forma de siervo como sustituto de ellos. Así que el apóstol expone esos valiosos principios en sus cartas.

Cierto día, mientras el apóstol estaba en prisión, sucedió algo inesperado; de modo que Pablo tuvo que dirigirse a Filemón—un creyente que vivía en Colosas—en relación a un asunto de carácter personal: cuyo protagonista era un esclavo prófugo de Filemón a quien, conforme a la ley Romana, su amo podía condenar a muerte. Así que en el año 61 ó 62 d.C., casi al mismo tiempo que escribía su carta a los Colosenses, Pablo le escribió a Filemón desde su prisión domiciliaria en Roma; lugar en el que, como prisionero de los Romanos, también podía ser condenado a muerte.

Trabajo por Hacer

(Si no lo has hecho, lee la sección titulada Observación, ubicada en la introducción de este libro).

Instrucciones Generales

1. Lee toda la carta a Filemón y marca las referencias (incluyendo pronombres, sinónimos e inferencias verbales) al autor con un color y a los destinatarios con otro.
   a. Cuando termines de leer y de marcar, anota en el CUADRO DE OBSERVACIONES todo lo que aprendas acerca de Pablo. Presta atención a sus motivos para escribir esta carta, y al modo en que trata de conseguir su propósito; cuando lo encuentres, anótalo en el PANORAMA.
   b. Toma nota de todo lo que aprendas acerca de los destinatarios, y escríbelo en su lugar correspondiente del CUADRO DE OBSERVACIONES.
   c. También anota allí todo lo que aprendas acerca de Onésimo.

2. Lee la carta, una vez más, pero detenidamente; marcando en el texto todas las palabras clave que aparecen en el PANORAMA DE FILEMÓN (junto con sus sinónimos y formas pronominales). Luego elabora una lista, en tu libreta de apuntes, todas las verdades que aprendas al estudiar el uso de cada una de esas palabras, así como cualquier otra palabra clave que encuentres.

3. Anota el tema de esta carta en el PANORAMA DE FILEMÓN, al igual que en tu Biblia. Como esta carta consta de un solo capítulo, en el PANORAMA se la ha dividido en párrafos. Lee la carta, párrafo por párrafo, anotando el tema de cada uno de ellos en su lugar correspondiente. Luego completa el resto del PANORAMA.

Para Reflexionar

1. ¿Te preocupas por otras personas? ¿Te preocupas lo suficiente como para acudir en su ayuda, es decir, para hacer las veces de abogado defensor?

2. ¿Qué has aprendido del modo en que Pablo se dirigió a Filemón para abogar por Onésimo?

3. ¿Hay alguna persona a quien debas perdonar o con quien debas reconciliarte?

4. ¿Se podría apelar a ti para que hagas lo debido con respecto a algo, o tendrías que ser obligado mediante leyes, normas, o algún tipo de "soborno"?

Cuadro de Observaciones de Filemon

El Autor:

El Destinatario

Onésimo:

Panorama de Filemón

Tema de Filemón:

División por Secciones

Autor:

Fecha:

Propósito:

Palabras Clave:
(incluir sinónimos)

  amor

  ruego

  esclavo

	Temas De Los Párrafos
	Versículos 1–3
	Versículos 4–7
	Versículos 8–12
	Versículos 13–16
	Versículos 17–18
	Versículos 19–20
	Versículos 21–22
	Versículos 23–24
	Versículos 25

Ver el Apéndice 7 para ver las palabras clave en la Versión Reina Valera y Nueva Versión Internacional

HEBREOS

Cuanto más se extendía el evangelio, tanto más aumentaba la persecución; sobre todo contra los creyentes Judíos, ya que su conversión significaba volverle la espalda al mundo y sus caminos. Estos creyentes habían abandonado las ordenanzas de la Ley; ordenanzas que los judíos, desde la época de Moisés, habían guardado celosamente. Por esta razón quedaban marginados y sin ningún tipo de apoyo. Y ya que su actuar resultaba incomprensible para aquellos quienes no habían creído en Jesucristo, fueran judíos o Gentiles, hubo muchos quienes no toleraron las prácticas de esa nueva fe y les pusieron en tela de juicio y bajo grandes ataques.

Ahora, imagínate si tu vivieras en una situación así, ¿qué pasaría si estuvieras equivocado con respecto a Jesucristo? ¿Qué pasaría si Él no fuera realmente el Mesías? ¿Qué pasaría con el nuevo pacto? ¿Qué pasaría si éste no reemplazaba al antiguo pacto? ¿Qué pasaría si en realidad se necesitara de un continuo sacrificio de sangre por los pecados? ¿Qué pasaría si...?

A fin de que estuviéramos firmes en la fe, Dios hizo que un autor desconocido tomara pluma y pergamino, y escribiera lo que hoy en día se conoce como la carta a los Hebreos. Y es evidente que en ningún otro escrito del Nuevo Testamento hallamos la certidumbre que nos ofrece esta carta: tenemos un Sumo Sacerdote que se compadece de nuestras debilidades, y que vive siempre para interceder por nosotros, Él es el mediador de un nuevo y mejor pacto.

Esta carta se escribió probablemente antes del año 70 d.C., ya que por su contenido se infiere que el templo aún permanecía en pie y que los sacerdotes todavía ofrecían sacrificios.

Trabajo por Hacer

(Si no lo has hecho, lee la sección titulada Observación, ubicada en la introducción de este libro).

Instrucciones Generales

1. Antes de iniciar tu estudio de esta carta, lee Hebreos 13:22 para que descubras el propósito del autor al escribirla, y anota dicho propósito en el PANORAMA DE HEBREOS.

2. A fin de captar las asombrosas verdades de esta carta, e interpretar apropiadamente sus difíciles pasajes, es necesario entender a quién o a quiénes iba dirigida. Lee la carta, capítulo por capítulo, y mientras lo haces, busca el CUADRO DE OBSERVACIONES al final de estas instrucciones para que realices lo siguiente:
   a. Marca toda referencia a los destinatarios con un color específico, señalando las palabras ***ustedes, amados, hermanos*** y las inferencias verbales, tales

como: **tengan**, que se refieren a los destinatarios. No pases por alto el hecho de que, en ocasiones, el autor se dirige a los destinatarios incluyéndose también a él mismo; para esto, él usa el pronombre **nosotros** o ciertas inferencias verbales tales como: **debemos, escaparemos, descuidemos,** etc.; cuando esto suceda, marca estas palabras como si se tratara de los destinatarios.
  b. Usa otro color para marcar las referencias al autor(es).
  c. Al terminar, en las columnas apropiadas del CUADRO DE OBSERVACIONES, haz una lista de todo lo aprendido acerca del autor y los destinatarios.
  d. Tal como pudiste apreciar en Hebreos 13:22, ésta es una carta de exhortación. Busca aquellas exhortaciones, las cuales pueden distinguirse por la forma inclusiva plural de la primera persona, por ejemplo: **temamos, esforcémonos, acerquémonos,** etc. Márcalas todas de forma distintiva y anótalas en la columna apropiada del CUADRO DE OBSERVACIONES.
  e. Por todo el libro encontrarás advertencias, por ejemplo, en Hebreos 2:1—donde encontramos la primera de ellas—el autor se incluye y escribe: "Por tanto, debemos prestar mucha mayor atención a lo que hemos oído, no sea que nos desviemos".
     1) Marca las advertencias de forma distintiva y anótalas en la columna apropiada del CUADRO DE OBSERVACIONES.
     2) Junto con la advertencia, en el CUADRO DE OBSERVACIONES, escribe también las consecuencias de no tomar en cuenta dichas advertencias. Ten presente a quiénes va dirigida la carta. Permite que el texto sea tu propio intérprete. No atribuyas un significado que no tenga el texto; más bien, deja que el texto diga lo que tenga que decir, y nada más.

3. Cuando estudies cada capítulo, haz lo siguiente:
  a. Anota en una tarjeta las palabras clave que aparecen en la lista del PANORAMA DE HEBREOS, junto con sus sinónimos, formas pronominales e inferencias verbales tales como: **ha hablado**. Luego marca estas mismas palabras, de manera distintiva, en el texto Bíblico (a partir del capítulo 7, marca todos los casos en que aparezca la palabra **pacto**). Conforme realices tu observación, te irás dando cuenta de otras palabras clave que no están incluidas en tu lista. Notarás que esto ocurre con frecuencia en varios capítulos o segmentos del libro de Hebreos, pero, también debes marcarlas de forma distintiva.
  b. Al terminar de leer cada capítulo, repasa lo que has aprendido al marcar las palabras clave. Luego, determina el tema de ese capítulo y anótalo en el PANORAMA DE HEBREOS y en tu Biblia, al inicio de cada capítulo.

4. Si quieres realmente apreciar y entender la carta a los Hebreos, haz lo siguiente:
  a. Repasa todo lo que has hecho hasta ahora, y toma nota respecto a las veces que marcaste las referencias a **Jesús** y sus correspondientes formas pronominales e inferencias verbales. También busca la palabra **mejor(es)**. Luego, haz una lista de todo lo que aprendas en esta carta acerca de nuestro Señor; hazlo en el CUADRO DE OBSERVACIONES, bajo el encabezado "La Supremacía de Jesús".

b. Es mucho lo que esta carta nos dice acerca del sacerdocio y de Jesús como nuestro Sumo Sacerdote. Elabora un diagrama sobre EL SACERDOCIO DE JESÚS, y distribuye la información que tengas, en las tres columnas que puedes titular como: "Observaciones Sobre el Sacerdocio y los Sacerdotes", "Observaciones Sobre Jesús, Nuestro Gran Sumo Sacerdote" y "Cómo se Aplica Esta Verdad a Mi". Anota tus observaciones en este cuadro.

c. Repasa lo que has aprendido al marcar la palabra ***pacto*** y elabora un diagrama titulado "UNA COMPARACIÓN DE LOS DOS PACTOS: LA LEY Y LA GRACIA SEGÚN HEBREOS"; en aquel diagrama, anota todo lo que dice el texto Bíblico al respecto.

5. Completa el PANORAMA DE HEBREOS de la siguiente manera:
   a. Observa los temas asignados a cada capítulo y determina el tema general de la carta. Luego anótalo en su lugar correspondiente.
   b. Llena las columnas de la "División por Secciones".
      1) Cada nueva sección señala un cambio en el tema o propósito del libro. En Hebreos 10:19 hay un ejemplo de un cambio de énfasis, donde el autor deja de lado los aspectos doctrinales de la verdad que está compartiendo, para enfocarse en los aspectos prácticos. Anota el tema de esa sección en su lugar correspondiente.
      2) Observa nuevamente los temas de los capítulos para ver si hay algunas otras secciones que quisieras señalar. De ser así, anótalas en su lugar correspondiente. Este ejercicio te ayudará a encontrar las verdades específicas que son tratadas en esta carta.

Para Reflexionar

1. Medita acerca de las verdades aprendidas acerca de Jesucristo. ¿Consideras a Jesús como "superior"? ¿Cuán supremo es Él en tu vida?

2. Conforme avanzas hacia una madurez cristiana, ¿consideras que tienes una mayor confianza en Dios? ¿Se está fortaleciendo tu fe? ¿Te estás acercando más a Dios? ¿Crees que Cristo entiende los problemas que estás enfrentando? ¿Crees que Él verdaderamente puede ayudarte?

3. ¿Te estás despojando de todo peso y del pecado, y estás corriendo con paciencia la carrera que tienes por delante? De no ser así, ¿qué te está impidiendo que lo hagas?

4. ¿Cómo enfrentas la persecución? ¿Cómo podrían aplicarse a tu vida las exhortaciones y advertencias del libro de Hebreos?

5. ¿Estás ofreciendo continuamente sacrificios de alabanza? ¿Por qué motivos puedes dar gracias a Dios, aún cuando dichos motivos parecieran no ser tan buenos? Recuerda que se trata de un ***sacrificio*** de alabanza.

Cuadro de Observaciones de Hebreos

Autor	Destinatario

Exhortaciones	Advertencias

Consecuencias de No Escuchar/Obedecer

La Supremacía de Jesús

Panorama de Hebreos

Tema de Hebreos:

División por Secciones

Autor:

Fecha:

Propósito:

Palabras Clave:
(incluir sinónimos)

  Jesús (hijo)

  Dios

  ángeles

  pecar, pecado(s), pecadores

  sacerdote(s), sacerdocio

  por lo cual, así que, por tanto, pues, entonces

  fe (fiel)

  mayor(es)

  mejor(es), mejor que, mucho mejor

  toda forma inclusiva plural de la primera persona: temamos, esforcémonos, acerquémonos, etc.

  perfecto(s)

  marca toda referencia al diablo

  pacto

		Temas De Los Capítulos
		1
		2
		3
		4
		5
		6
		7
		8
		9
		10
		11
		12
		13

Ver el Apéndice 7 para ver las palabras clave en la Versión Reina Valera y Nueva Versión Internacional

SANTIAGO

Todo había cambiado radicalmente desde aquel día en que Santiago le dijo a su medio hermano lo que debía hacer si quería ser conocido por todos. Falto de fe, y seguro de que Jesús sólo era su hermano mayor, Santiago le había sugerido que se llevara a sus discípulos y subiera a la fiesta de los tabernáculos para que realizara sus obras frente a aquella gran multitud. A lo mejor, Jesús podría encontrar allí más discípulos; pero Santiago no sería uno de esos discípulos, sino hasta que Jesús resucitara de entre los muertos (1 Cor. 15:7).

Luego de la resurrección, y convencido a partir de entonces de que Jesús realmente era el Cristo, Santiago jamás sacaría provecho de su parentesco familiar con Jesús sino que le serviría, por parentesco espiritual, como Su fiel siervo. Santiago llegó a convertirse en columna de la iglesia, líder del concilio de Jerusalén, y amigo de Pedro y de Pablo. Pero, por sobre todo, él era amigo de Jesús; con quien había hecho un pacto y por quien habría de ser martirizado cerca del año 62 d.C.

Antes del 50 d.C., o a principios de esa década, Santiago escribiría su única carta que se convertiría en parte de las Sagradas Escrituras; una carta que muestra el evangelio desde un punto de vista práctico.

Trabajo por Hacer

(Si no lo has hecho, lee la sección titulada Observación, ubicada en la introducción de este libro).

Instrucciones Generales

1. Lee de corrido toda la carta de Santiago; haz esto con la intención de familiarizarte con ella.

2. Marca toda referencia a los destinatarios. Santiago estructura su escrito de una manera particular. Una vez que reconozcas el patrón literario usado por él, entenderás mejor el fluir de la carta.
   a. Santiago introduce primeramente un tema, y lo hace con una declaración o dando una instrucción.
   Por ejemplo, en 1:2 nos dice: "Tengan por sumo gozo, hermanos míos, cuando se hallen en diversas pruebas (tentaciones)".
   b. Después, por lo general, él da más instrucciones con relación a ese tema específico, o presenta una ilustración—un ejemplo—que tiene que ver con el tema, o da una explicación al respecto.

3. Otra vez lee toda la carta, y marca en el texto las palabras clave que encontrarás en la lista del PANORAMA DE SANTIAGO, marca también sus sinónimos y formas pronominales. Las palabras clave te ayudan a descubrir los temas del libro. Recuerda también que algunas palabras claves sólo se mencionan en lugares específicos del libro.

a. Busca y marca todas las palabras clave, e incluye en la lista todas las inferencias verbales a ***decir*** y ***obras*** en el capítulo 2, y a ***lengua*** en el capítulo 3. Márcalas de forma distintiva. Y también señala toda referencia al ***diablo*** y sus ***demonios***.
b. Cuando termines, encontrarás muy provechoso hacer una lista de todo lo aprendido al marcar las palabras clave.

4. Lee toda la carta capítulo por capítulo, y sigue las siguientes instrucciones:
a. En las hojas de trabajo tituladas DIFERENTES TEMAS TRATADOS EN SANTIAGO, haz una lista de los temas presentados por el autor, junto con el capítulo y el versículo de donde tomaste tal información.
b. A continuación, anota en las columnas correspondientes las instrucciones, ilustraciones o explicaciones que dé el autor con relación a algún tema específico.

5. Luego de anotar los temas mencionados en los capítulos, resume el tema de cada capítulo y anótalo en el PANORAMA DE SANTIAGO y en tu Biblia.

6. Por último, busca el tema general de Santiago. Partiendo de toda la información que has obtenido, nota si hay un tema que sobresale, o si los asuntos tratados tienen un tema en común. El tema más predominante será el tema general de la carta; este tema apuntará directamente al propósito del autor para escribirla. Anota ese tema y completa el resto del PANORAMA DE SANTIAGO.

Para Reflexionar

1. ¿Cómo estás afrontando las pruebas?

2. ¿Eres un hacedor de la Palabra, o un oidor?

3. ¿Tratas a todo el mundo de manera imparcial? ¿Haces acepción de personas?

4. ¿Son tus obras un reflejo de tu fe?

5. ¿Eres amigo del mundo? ¿Qué cosas necesitas cambiar o hacer en tu relación con Dios?

Cuadro de Observaciones de Santiago

Tema	Instrucción	Ilustración/Explicación

Panorama de Santiago

Tema de Santiago:

División por Secciones

Autor:

	Temas De Los Capítulos
1	
2	
3	
4	
5	

Fecha:

Propósito:

Palabras Clave:
(incluir sinónimos)

hermanos

fe

perfecto(a), perfeccionada

pecado

rico(s), riquezas

juez, jueces, juzgar, juicio, juzgados

ley

Ver el Apéndice 7 para ver las palabras clave en la Versión Reina Valera y Nueva Versión Internacional

1 PEDRO

Había llegado la terrible hora en que el Pastor sería herido y las ovejas dispersadas. Jesús decidió pasar sus últimas horas con sus once discípulos y prepararlos para el fuego de la prueba que habría de sobrevenirles. Sin embargo, después de la resurrección y ascensión de Jesús no parecía que las pruebas fueran tan difíciles como se temía. Es verdad que los Fariseos, preocupados por lo que había sucedido, procuraban acallar a quienes con sus enseñanzas y milagros estaban trastornando a Jerusalén, pero no se veía ninguna amenaza a la vida de los discípulos.

No obstante, todo cambió cuando alguien tiró la primera piedra a Esteban, el primer mártir cristiano. De este hecho fue testigo presencial Saulo, quien no sólo aprobó la muerte de Esteban sino que acudió al sumo sacerdote y consiguió que le dieran permiso para prender a aquellos quienes estaban propagando el evangelio. Sin embargo, aquella tremenda euforia de Saulo no duró mucho tiempo porque Jesús lo salvó en el camino a Damasco y le dio un nuevo nombre; desde entonces, aquel Saulo ahora se llamaría Pablo. A pesar de esto, la persecución a los creyentes en Cristo continuó. El rey Herodes se convirtió en enemigo de los creyentes, y los judíos que habían aceptado a Jesús como el Mesías fueron dispersados hacia otras provincias Romanas.

Sin embargo, no fue sino hasta el reinado de Nerón que la persecución de los cristianos llegó más allá de las fronteras de Judá. En las calles corría el rumor que Nerón había incendiado Roma para poder reconstruirla a su gusto. Y él, usando a los cristianos como chivo expiatorio para desviar de sí la atención del pueblo, los culpó del incendio e inició una sistemática persecución de los hijos de Dios.

Jesús ya había preparado a Pedro para las pruebas que tendría que soportar; ahora, Pedro tendría que preparar a otros. Dicho apóstol escribió esta primera carta entre los años 63 y 64 d.C., en la víspera de la persecución emprendida por Nerón; quien moriría en el 68 d.C., pero no antes que Roma ejecutara a Pedro.

Trabajo por Hacer

(Si no lo has hecho, lee la sección titulada Observación, ubicada en la introducción de este libro).

Instrucciones Generales

1. Lee toda 1 Pedro y haz lo siguiente:
   a. En los primeros versículos Pedro se refiere a sí mismo y nos dice quiénes son sus destinatarios; en los últimos versículos de la carta, él declara su propósito al escribirla. Marca toda referencia al autor con un color, y con otro color las referencias a los destinatarios. Luego, anota en el PANORAMA DE 1 PEDRO todo lo que aprendas acerca del autor, y el propósito de la carta.
   b. Presta mucha atención a lo que Pedro nos dice acerca de sus destinatarios. ¿En qué situación se encuentran? ¿Qué está pasando a su alrededor? Anota en el CUADRO DE OBSERVACIONES todo lo que descubras acerca de ellos.

2. Lee la carta capítulo por capítulo. Busca y marca en el texto, de manera distintiva, las palabras clave que aparecen en la lista del PANORAMA DE 1 PEDRO; marca además, sus sinónimos, formas pronominales e inferencias verbales. Recuerda señalar también todas aquellas palabras clave que has ido marcando durante tu estudio de toda la Biblia. Además, debes señalar todas las referencias al diablo. Anota en tu libreta de apuntes las verdades aprendidas a través de las palabras clave. Esto es muy importante si quieres entender el mensaje de 1 Pedro (NOTA: Ya que con frecuencia se mencionan Jesucristo y Dios, puede que debas de marcar únicamente las cosas nuevas e importantes que quieres recordar al respecto).

3. Pedro da muchas instrucciones, en forma de mandatos, a sus lectores; dichas instrucciones tratan diferentes asuntos. Por ejemplo: "Preparen su entendimiento para la acción" (1:13).
    a. Subraya todas estas instrucciones y órdenes que Pedro da a lo largo de la carta, y anótalas bajo el encabezado "Instrucciones Generales" en el CUADRO DE OBSERVACIONES.
    b. Al evaluar esas órdenes e instrucciones notarás que 1 Pedro no sólo se escribió para sus primeros destinatarios sino también para ti. Reflexiona en cómo aplicar esas instrucciones a tu propia vida.

4. Pedro también instruye a determinados grupos de personas; grupos como los siervos, los maridos, las mujeres, etc. En el CUADRO DE OBSERVACIONES, bajo el título correspondiente, elabora una lista de sus instrucciones para cada grupo.

5. Basándote en lo que has leído, ¿por qué crees que los creyentes deben cumplir con todas estas cosas? ¿Qué evento futuro nos motiva para vivir de acuerdo con las exhortaciones de Pedro?

6. Por último, resume los temas de los capítulos y anótalos en el PANORAMA DE 1 PEDRO, al igual que en tu Biblia al inicio de cada capítulo. Anota también el tema de la carta.

Para Reflexionar

1. ¿Qué has aprendido en cuanto a la manera como debes de vivir? ¿Cómo debes responder a los demás, aun cuando ellos no estén viviendo de forma correcta ni te traten apropiadamente? ¿Qué ejemplo nos ha dejado Cristo según 1 Pedro 2:21-25? ¿Estás dispuesto a imitar ese ejemplo?

2. Teniendo en mente los sufrimientos que aquellos creyentes estaban padeciendo, ¿crees que debería de sorprenderte si a ti te sucede lo mismo? ¿Qué producirá el sufrimiento en tu vida?

3. Aunque no haya un Nerón persiguiéndote, ¿Eres consciente de que tu adversario—el diablo—anda como león rugiente, buscando a quien devorar? Según 1 Pedro, ¿qué deberías hacer?

4. Cuando vuelva nuestro Señor Jesucristo, ¿te hallará firme en la gracia provista para ti? ¿Qué debes hacer o qué debes cambiar a fin de estar listo para verle cara a cara?

Cuadro de Observaciones de 1 Pedro

Autor	Destinatario

Instrucciones Generales

Instrucciones a:

Esposas	Maridos

Ancianos	Jóvenes	Siervos

Panorama de 1 Pedro

Tema de 1 Pedro:

División por Secciones

	Temas De Los Capítulos
1	
2	
3	
4	
5	

Autor:

Fecha:

Propósito:

Palabras Clave:
(incluir sinónimos)

sufrir, padecer, pruebas y sinónimos

gracia

gloria

salvación

toda referencia a la futura revelación de Jesucristo

amor, amar y sus variaciones

Espíritu Santo

llamó, llamados

elegidos, escogido

santo(s)

preciosa(o)

perecer, corruptible (incorruptible)

Ver el Apéndice 7 para ver las palabras clave en la Versión Reina Valera y Nueva Versión Internacional

2 PEDRO

Pedro, el pescador de oficio, había sido cautivado y transformado por el Príncipe de los Pastores. ¿Sería extraño que hasta en sus horas más oscuras, la preocupación de Pedro por el bienestar del rebaño de Dios estuviera presente en su mente?

Desde aquella añorada mañana en que estuvo sentado junto al Jesús resucitado, frente a una fogata cuyas brasas inundaban el ambiente con el delicioso aroma del pescado, Pedro sabía cómo iba a morir. Y aquella misma mañana, él se había determinado a ser fiel hasta el final. Ninguna idea en cuanto a su muerte, o en cuanto a la forma en que ésta ocurriría, tenía mayor peso que su preocupación por el rebaño del Señor; por las ovejas que Jesús le había encomendado apacentar. Por eso pudo escribir, en el año 63 o 64 d.C., "a los que habéis recibido una fe como la nuestra".

Según la tradición, en el 64 d.C., Pedro fue crucificado cabeza abajo por causa del Señor, quien una vez había negado conocer. ¡Cuánto había crecido Pedro en la gracia y en el conocimiento de su Dios!

Trabajo por Hacer

(Si no lo has hecho, lee la sección titulada Observación, ubicada en la introducción de este libro).

Instrucciones Generales

1. Lee la carta marcando toda referencia al autor con un color distintivo, y toda referencia a los destinatarios con otro. Luego, anota en el CUADRO DE OBSERVACIONES, todo lo que aprendas al marcar esas referencias. Presta mucha atención a: ¿Qué dice el autor acerca de sí mismo? ¿En qué momento de su vida escribe? ¿Quiénes son los destinatarios? ¿Cómo se les describe? ¿Por qué está escribiendo?

2. Marca de manera distintiva en el texto, las palabras clave que aparecen en la lista del PANORAMA DE 2 PEDRO; marca también sus sinónimos y formas pronominales. Anota en el margen las verdades que aprendas al marcar esas palabras. Procura ser lo más detallado posible, ya que esas listas te ayudarán a seguir el desarrollo del libro.

3. Lee la carta una vez más. Pero ahora, buscando las instrucciones específicas de Pedro a sus lectores en cuanto a la conducta y fe de ellos. Anota estas instrucciones en el CUADRO DE OBSERVACIONES, bajo el título "Instrucciones". También, toma nota de cualquier gente o grupo de personas acerca de los cuales Pedro les advierta que tengan cuidado; y anota esto en el CUADRO, bajo el encabezado "Advertencias".

4. En esta carta, Pedro expresa claramente el porqué está escribiéndola. Busca y subraya el versículo donde Pedro dice "**les escribo**". Subraya también cualquier otro versículo que indique su propósito al escribir. Anota ese propósito en el PANORAMA DE 2 PEDRO.

5. Resume el mensaje de cada párrafo y anota sus temas en el PANORAMA. Determina luego el tema general de la carta y los temas de los capítulos, y anótalos en su lugar correspondiente en el cuadro; también anota estos temas en tu Biblia, al inicio de cada capítulo.

6. Marca toda referencia a Dios (y Señor, si se refiere al Padre). Luego, haz una lista de todo lo que aprendas acerca de Dios en esta corta, pero tan importante carta.

7. En esta carta tenemos referencias al día del Señor; si ya has estado registrando en tu libreta de apuntes lo que la Biblia enseña respecto a este tema, incluye allí también estas observaciones.

Para Reflexionar

1. ¿Cómo puedes vivir tu vida de tal manera que cuando Cristo venga seas hallado sin mancha e irreprensible? ¿Estás dispuesto a vivir así?

2. ¿Hoy en día corremos también el peligro de que surjan falsos maestros entre los hermanos, al igual que en los días de Pedro? ¿Qué debes saber para poder descubrirlos? ¿Estás protegido contra ellos?

3. ¿Qué puedes hacer para no caer de tu firmeza (3:17)? ¿Qué debes hacer, en términos prácticos, para crecer en la gracia y el conocimiento de Jesucristo?

Cuadro de Observaciones de 2 Pedro

Pedro	Destinatarios

Instrucciones

Advertencias

Panorama de 2 Pedro

Tema de 2 Pedro:

División por Secciones

Autor:

Fecha:

Propósito:

Palabras Clave:
(incluir sinónimos)

profecía, profeta(s), profética

conocimiento, saber (conocer) y sus variaciones

recordar y sus variaciones

verdadero, verdad

diligentes, diligencia

falsos maestros

burladores

destruido(s)

promesa

día del Señor

	Temas De Los Párrafos	
	Versículos 1–2	
	Versículos 3–7	
	Versículos 8–11	1
	Versículos 12–15	
	Versículos 16–18	
	Versículos 19–21	
	Versículos 1–3	
	Versículos 4–8	
	Versículos 9–11	2
	Versículos 12–14	
	Versículos 15–19	
	Versículos 20–22	
	Versículos 1–4	
	Versículos 5–7	
	Versículos 8–10	3
	Versículos 11–13	
	Versículos 14–16	
	Versículos 17–18	

Ver el Apéndice 7 para ver las palabras clave en la Versión Reina Valera y Nueva Versión Internacional

1 JUAN

Desde joven, Juan había considerado a Jesús simplemente como su primo; como uno más de los hijos de su tía María, quien era hermana de su madre Salomé. ¿Cómo iba a imaginarse que un día, por elección divina, se convertiría en uno de los doce apóstoles de Jesucristo?

En el pasado, a Juan se le conocía como el "hijo del trueno" (Mar. 3:17), pero luego que tuvo lugar un cambio radical, ahora se le conocía como "el discípulo a quien Jesús amaba".

En esta primera carta no se menciona el nombre de Juan, pero hay muchas evidencias de que él fue su autor. Juan había estado con Jesús, lo había visto, oído y palpado, y había recibido la plenitud de su amor. Esto resulta evidente al oír las palabras que brotan de su corazón paternal hacia quienes son de Cristo. El amor de Juan resulta notorio cuando se dirige a los padres, a los jóvenes y a los amados niños. Sin embargo, aún se percibe un lejano estruendo de trueno cuando él escribe acerca de los anticristos y de los engañadores.

No sabemos cuándo escribió esta primera carta. Probablemente lo hizo entre los años 85 y 95 d.C., mientras se hallaba en Éfeso, antes de ser exiliado a la isla de Patmos. El apóstol escribió esta carta impulsado por el amor—y por el trueno—, ya que debía evitar que sus "hijitos" fueran víctimas de un engaño que oscureciera su entendimiento de la verdad. Juan tenía que prevenirles de la amenazante tormenta del gnosticismo, enseñanza que podía impedirles tener comunión con él y con el Padre y con el Hijo (1 Juan. 1:3).

Trabajo por Hacer

(Si no lo has hecho, lee la sección titulada Observación, ubicada en la introducción de este libro).

Instrucciones Generales

1. Inicia tu estudio leyendo 1 Juan por completo y marca las referencias al autor con un color y a los destinatarios con otro.

2. Si quieres interpretar con precisión los pasajes de las Escrituras, debes hacerlo siempre a la luz de su contexto, es decir, de lo que va "con" el "texto". En cuestiones de interpretación, el contexto siempre debe regir; y para discernir el contexto de un pasaje es necesario identificar el propósito que tuvo el autor al escribirlo. En otras palabras, lo que el autor dice, lo dice a la luz de su propósito.

En esta carta en particular, el autor nos da a conocer su propósito en siete versículos distintos: 1:4; 2:1,12-14, 21, y 26. Para luego, en 5:13, terminar resumiendo su propósito al escribir esta carta. Lee esos versículos y, bajo el título "LES ESCRIBO/HE ESCRITO/ESCRIBIMOS" del CUADRO DE OBSERVACIONES, anota las razones que lo motivaron a escribir esta carta. Haz también un resumen de ese propósito y anótalo en el PANORAMA DE 1 JUAN.

3. Una de las principales herejías que la iglesia debió enfrentar fue el gnosticismo. Y aunque en los tiempos de Juan esa doctrina aún no había florecido mucho, su semilla ya había sido sembrada. Entender el gnosticismo, te ayudará a captar porqué Juan se concentró en las verdades que expuso en su carta. Por eso, antes de seguir adelante, lee la sección titulada "Introducción al Gnosticismo" (pág. 380).

4. Ahora lee la carta, capítulo por capítulo, y haz lo siguiente:
   a. Marca en el texto, de manera distintiva, todas las palabras clave que aparecen en la lista del PANORAMA DE 1 JUAN; además marca sus sinónimos, formas pronominales e inferencias verbales. Una vez que hayas marcado esas palabras, anota el número de veces que se empleen en cada capítulo, bajo el encabezado PALABRAS CLAVE DE 1 JUAN en el cuadro de observaciones. Luego, haz la suma correspondiente para que veas cuántas veces se emplea cada una de esas palabras en la carta. Este ejercicio te ayudará a resumir los temas principales de 1 Juan.
   b. Juan recurre a varios contrastes para recalcar lo que él quiere decir: luz/tinieblas, hijos de Dios/hijos del diablo, etc. Presta atención a esos contrastes, y ve que aprendas de ellos.

5. Recuerda que 1 Juan se escribió "para que sepan", así que resalta todas las repeticiones del verbo saber a lo largo de la carta, y anota bajo los títulos de las columnas QUÉ PUEDO SABER y CÓMO PUEDO SABERLO del cuadro de observaciones todo lo que aprendas del texto Bíblico. Al hacer estas listas, presta atención a los asuntos tratados por Juan con relación a una conducta errónea o a una fe equívoca.

6. Mantén una lista de todos lo que aprendas acerca de Dios, de Jesucristo y del Espíritu en tu libreta de apuntes.

7. Anota los temas de los capítulos en el PANORAMA DE 1 JUAN, al igual que en tu Biblia al inicio de cada capítulo. Completa el resto de la información que se pide en el CUADRO DE OBSERVACIONES.

Para Reflexionar

1. Según los criterios establecidos en esta carta, ¿cómo puedes saber si tienes o no, vida eterna?

2. ¿Qué has aprendido de esta carta en cuanto al pecado? ¿Practicas la justicia o el pecado?

3. ¿Amas lo que hay en el mundo? ¿Te encuentras atrapado en la arrogancia de la vida y en las pasiones de la carne y de los ojos?

4. Según 1 Juan 3, ¿qué debes hacer cuando tu corazón te reprende o te hace sentir culpable?

5. ¿Corresponde lo que tú crees acerca de Jesucristo, con lo que 1 Juan enseña acerca de Él?

Cuadro de Observaciones de 1 Juan

Les Escribo/He Escrito/Escribimos
1:4
2:1
2:7
2:8
2:12
2:13
2:14
2:21
2:26
5:13

Palabras Clave De 1 Juan

Capítulo	Comunión	Permanecer	Pecado	Saber	Amor	Nacido de Dios	Escribir	Luz	Verdad
1									
2									
3									
4									
5									
Total									

Qué Puedo Saber	Cómo Puedo Saberlo

Panorama de 1 Juan

Tema de 1 Juan:

División por Secciones

	Temas De Los Capítulos
1	
2	
3	
4	
5	

Autor:

Fecha:

Propósito:

Palabras Clave:
(incluir sinónimos)

comunión

permanecer (morar) y sus variaciones

pecado

saber (conocer) y sus variaciones

amor y sus variaciones

nacido de Dios

luz

verdad, verdadero

escribir

mundo

toda referencia al diablo (o maligno)

Ver el Apéndice 7 para ver las palabras clave en la Versión Reina Valera y Nueva Versión Internacional

2 JUAN

El amor de un padre no le permite desatenderse de los peligros que amenazan a sus hijos. Por eso el apóstol Juan, con un corazón paternal, decidió escribir otra carta cerca del año 90 d.C. Esta segunda carta es breve, pero muy precisa y necesaria aún para nuestros días.

Trabajo por Hacer

(Si no lo has hecho, lee la sección titulada Observación, ubicada en la introducción de este libro).

Instrucciones Generales

1. Lee 2 Juan tal y como si leyeras una carta que acabas de recibir. Marca toda referencia al autor con un color y a los destinatarios con otro. Luego, léela de nuevo y haz lo siguiente:
    a. Marca en el texto las palabras clave, junto con sus sinónimos, pronombres e inferencias verbales, que aparecen en la lista del PANORAMA DE 2 JUAN.
    b. Anota todo lo que aprendas acerca de los destinatarios en tu libreta de apuntes. Toma nota de lo que siente Juan hacia ellos, así como de sus instrucciones (o mandamientos) y advertencias. Toma nota también de la razón que motivó sus advertencias.

2. Anota el tema de la carta en el lugar correspondiente del PANORAMA DE 2 JUAN. Escribe luego el tema de cada párrafo, junto con cualquier otra información pertinente.

Para Reflexionar

1. ¿Qué dice esta carta acerca de aquel que no persevera en la doctrina de Cristo? ¿Conoces a alguien que no haya permanecido en la enseñanza de Cristo? ¿Puedes hacer algo al respecto?

2. Habrás notado que el versículo 4 dice que "algunos" de los hijos andan en la verdad (busca también Juan 17:17); así que, ¿tienes cuidado de andar en toda la verdad que conoces? ¿Eres consciente de tu responsabilidad ante Dios, de vivir conforme a la verdad que se te ha confiado?

3. ¿Según esta breve carta, qué significa andar en amor? ¿Andas tú en amor?

Panorama de 2 Juan

Tema de 2 Juan:

División por Secciones

Autor:

Fecha:

Propósito:

Palabras Clave:
(incluir sinónimos)

verdad

amor, amar

mandamiento(s)

enseñanza

andar

permanece

engañador(es)

	Temas De Los Párrafos
Versículos 1–3	
Versículos 4–7	
Versículos 8–11	
Versículos 12–13	

Ver el Apéndice 7 para ver las palabras clave en la Versión Reina Valera y Nueva Versión Internacional

3 JUAN

Un verdadero amor se interesa por el bienestar del otro; y ese amor reprende, y es un amor que anda en la verdad. Por eso Juan escribió, en amor, una tercera carta antes de ser exiliado en Patmos; lugar donde escribiría el Apocalipsis. Esto ocurría cerca del año 90 d.C.

Trabajo por Hacer

(Si no lo has hecho, lee la sección titulada Observación, ubicada en la introducción de este libro).

Instrucciones Generales

1. Lee de corrido esta breve carta marcando cada referencia al autor con un color y a los destinatarios con otro. Al terminar, escribe en tu libreta de apuntes todo lo que aprendas en esas referencias.

2. Lee el libro otra vez y marca en él cada una de las palabras clave que aparecen en la lista del PANORAMA DE 3 JUAN.

3. También se mencionan otros nombres. ¿Cuáles son y qué se dice de esas personas? Anota esta información en el margen del texto Bíblico. ¿Qué aprendes al observar el contraste entre esas personas?

4. Elabora en el margen una lista de las instrucciones y advertencias que da Juan en esta epístola.

5. Completa el PANORAMA DE 3 JUAN.

Para Reflexionar

1. ¿Qué testimonio das ante los demás? ¿Se te conoce por tu amor a tus semejantes, o por tu amor a ti mismo? ¿Compartes lo que tienes con los demás? ¿Sabes escuchar a los demás? o ¿Te gusta ser siempre el primero?

2. Según lo que Juan dice en esta carta, ¿qué tiene que ver la manera en que vives, con tu relación con Dios?

3. ¿Estás presto a amar, a exhortar y a defender la verdad? ¿Qué debes hacer al respecto?

Panorama de 3 Juan

Tema de 3 Juan:

División por Secciones

Autor:

Fecha:

Propósito:

Palabras Clave:
(incluir sinónimos)

  verdad

  bueno, buen

  malo

	TEMAS DE LOS PÁRRAFOS
VERSÍCULOS 1	
VERSÍCULOS 2–4	
VERSÍCULOS 5–8	
VERSÍCULOS 9–10	
VERSÍCULOS 11–12	
VERSÍCULOS 13–14	
VERSÍCULOS 15	

Ver el Apéndice 7 para ver las palabras clave en la Versión Reina Valera y Nueva Versión Internacional

JUDAS

Judas tenía que hacerse oír. A diferencia de su hermano Santiago, él no era ni apóstol ni columna de la iglesia. Y a pesar de que Jesucristo era su medio hermano, Judas no demandaba para sí ninguna relación especial con Él, salvo la de ser Su siervo.

Al principio Judas no creía en Jesús (Juan 7:5), pero finalmente reconoció que su hermano era el Hijo de Dios. Judas había crecido en presencia de Aquel que vino a salvar a Su pueblo de sus pecados (Mat. 1:21). ¡Con razón Judas sintió la necesidad de escribir de la forma que lo hizo!

Trabajo por Hacer

(Si no lo has hecho, lee la sección titulada Observación, ubicada en la introducción de este libro).

Instrucciones Generales

1. Aunque Judas consta de un sólo capítulo, su relevancia resulta evidente. Lee la carta por primera vez, y procura familiarizarte con su contenido.

2. Ahora léela de nuevo, pero esta vez marca con un solo color toda referencia al autor, y a los destinatarios con otro (incluyendo sus sinónimos y pronombres). Cuando termines, anota todo lo que aprendiste al marcar esas referencias en la columna apropiada del CUADRO DE OBSERVACIONES DE JUDAS.

3. Repasa tus anotaciones acerca del autor y los destinatarios, para que puedas discernir el propósito que motivó la escritura de esta carta. Anota ese propósito en el PANORAMA DE JUDAS.

4. Al leer el libro de Judas, notarás una tercera categoría de personas que es mencionada en el versículo 4: "Pues algunos hombres se han infiltrado encubiertamente".
   a. Lee la carta una vez más y marca de forma distintiva, con un mismo color o símbolo, toda referencia a esas personas. Busca y marca sus pronombres, sinónimos e inferencias verbales que se usan para describirles, por ejemplo: estos, estaban, etc.
   b. Anota en el CUADRO DE OBSERVACIONES todo lo que aprendas acerca de estas personas impías. Cuando lo hagas, te será evidente la razón que motivó a Judas para escribir lo que escribió.

5. Esta carta tiene una estructura bien definida. Judas primero se refiere a los impíos, y luego recurre al Antiguo Testamento para dar un ejemplo o ilustración que recalque lo que quiere decir. Lee nuevamente toda la carta y presta atención a ese patrón existente. Subraya cada incidente o referencia al Antiguo Testamento. En tu estudio, observa lo que sucede y lo que hacen las personas que se mencionan del

Antiguo Testamento; además, toma nota de la manera en que Dios trata con ellas. Asegúrate de no pasar por alto ninguna comparación o contraste que Judas establezca entre las personas del Antiguo Testamento y estos hombres (impíos).

6. Lee todo el libro de Judas, una vez más, y marca de la misma manera toda referencia a **condenación** y *juicio*; sea que se refieran a las personas impías o a quienes se mencionan en los ejemplos del Antiguo Testamento. Presta atención al hecho de que se usan varios sinónimos para referirse a su condenación, así que búscalos cuidadosamente y márcalos de la misma manera.

7. Anota en el CUADRO DE OBSERVACIONES, bajo el título "Instrucciones de Judas para sus Amados", así como en el margen, las instrucciones específicas que Judas brinda a sus amados destinatarios. Anota en la columna respectiva no sólo lo que ellos deben hacer, sino también lo que Dios promete hacer por ellos.

8. Anota en el PANORAMA DE JUDAS lo que identifiques como el tema general de Judas.

9. Por último, lee la carta párrafo por párrafo con miras a registrar el tema de cada uno de ellos, en su lugar correspondiente del PANORAMA DE JUDAS. Luego, completa el resto del PANORAMA.

10. Si quieres estudiar más acerca del libro de Judas, busca las referencias cruzadas de tu Biblia de los personajes e ilustraciones del Antiguo Testamento, a fin de descubrir qué más puedes aprender de ellas. Esto te dará un mayor entendimiento de aquellos hombres impíos.

Para Reflexionar

1. Piensa en las promesas a los "amados en Dios". Dedica tiempo a la oración, alabando a Dios por lo que ha de hacer por ti. Luego, medita en tus responsabilidades como creyente y pídele a Dios que te indique cómo has de cumplirlas.
2. Repasa las características de los impíos. ¿Conoces a alguien que corresponda con esa descripción? ¿Cómo te ayuda el conocer todo esto? ¿Qué has de hacer respecto a esas personas? ¿Estás dispuesto a obedecer a Dios en todo esto?

Cuadro de Observaciones de Judas

El Autor	Los Destinatarios
Los Impíos	
Instrucciones de Judas para sus amados	
Promesas de Dios para los amados	

Panorama de Judas

Tema de Judas:

División por Secciones

Autor:

Fecha:

Propósito:

Palabras Clave:
(incluir sinónimos)

   verdad

   bueno, buen

   malo

	Temas De Los Párrafos
Versículos 1–2	
Versículos 3–4	
Versículos 5–8	
Versículos 9–13	
Versículos 14–16	
Versículos 17–19	
Versículos 20–23	
Versículos 24–25	

Ver el Apéndice 7 para ver las palabras clave en la Versión Reina Valera y Nueva Versión Internacional

APOCALIPSIS

En todo su Evangelio, Juan—el hijo de Zebedeo—se identifica como el discípulo "al que Jesús amaba" y no emplea su propio nombre. Juan fue un hombre de fe, quien puso su confianza en las Palabras de Cristo, y vivió en la seguridad de Su amor.

En medio de las persecuciones impulsadas por Nerón, entre los años 54 y 68 d.C., y por Domiciano, entre el 81 y el 96 d.C., Juan se mantuvo fiel a su vocación. Tiempo después, cuando fue desterrado a la isla de Patmos, también se mantuvo firme en el amor de Jesucristo. Y, según la tradición, el apóstol murió al ser sumergido en un caldero de aceite hirviendo.

Mientras Juan se hallaba en Patmos, Dios le reveló la venida del Señor Jesucristo y los acontecimientos que pronto habrían de ocurrir. De esta manera y con aquella revelación sin par (la última que Dios daría a conocer) escrita alrededor del año 95 d.C., se completaba el canon del Nuevo Testamento y la iglesia podía sentirse segura. Finalmente, todas las profecías habrían de cumplirse tal como Dios lo había anunciado.

Trabajo por Hacer

(Si no lo has hecho, lee la sección titulada Observación, ubicada en la introducción de este libro).

Instrucciones Generales

Capítulos 1-3

1. A fin de familiarizarte con las primeras dos secciones del Apocalipsis, lee detenidamente y de corrido desde el 1:1 al 4:1. *Apocalipsis* es la transliteración del término griego *apokálupsis*, que significa "revelación", proveniente de *apokalúpto*: "revelar, quitar la cubierta, descubrir".

2. Marca, en el capítulo 1, las siguientes palabras clave junto con sus sinónimos, formas pronominales, e inferencias verbales: ***Jesucristo, Dios (el Padre), Espíritu (los siete Espíritus)***, y ***escribe***. Luego, anota en tu libro de apuntes todo lo que aprendas del texto Bíblico en cuanto a esas palabras.

3. Apocalipsis 1:19 nos da un bosquejo de todo el libro.
   a. Anota las tres cosas que Juan debía escribir:
      1) _____
      2) _____
      3) _____
   b. Ahora, lee Apocalipsis 4:1 y toma nota de su relación con 1:19. Con el capítulo 4 se inicia la tercera sección de Apocalipsis. El capítulo 1 narra lo que Juan ha visto, los capítulos 2 y 3 "las [cosas] que son". ¿Sobre qué trata la tercera sección que comienza en el 4:1?
   c. Usando los mismos términos que se presentan en Apocalipsis 1:19, anota

esas tres secciones en el PANORAMA DE APOCALIPSIS (Las líneas que dividen el libro en dichas secciones, ya aparecen impresas.)

4. Lee Apocalipsis 1 al 3 y haz lo siguiente:
   a. Presta atención a las frases y palabras clave que se repiten, y que aparecen en la lista del PANORAMA DE APOCALIPSIS. Márcalas de manera distintiva para que puedas localizarlas con facilidad, junto con sus sinónimos, formas pronominales, e inferencias verbales. Toma nota del patrón que se repite en cada uno de los mensajes que Jesucristo dirige a las iglesias.
   b. Concéntrate ahora en esos mensajes. Léelos uno por uno, y en las hojas de trabajo tituladas MENSAJES DE JESUCRISTO A LAS IGLESIAS, anota lo que aprendas acerca de cada una de esas iglesias. Cuando leas lo que se dice acerca de "Al vencedor", observa la descripción que Juan hace de ellos en 1 Juan 5:4-5. Anota todo lo que aprendas, en las hojas de trabajo.

5. Registra el tema principal de cada capítulo, en el PANORAMA DE APOCALIPSIS, lo mismo que en tu Biblia, al inicio de cada uno de ellos.

Capítulos 4-22

1. En los últimos 19 capítulos de Apocalipsis, Jesucristo le revela a Juan "las cosas que han de suceder después de éstas". Lee Apocalipsis 4 al 22, capítulo por capítulo, y en cada uno de ellos haz lo siguiente:
   a. Al leer, haz las seis preguntas básicas en cuanto al texto: ¿Quién?, ¿Qué?, ¿Cómo?, ¿Cuándo?, ¿Dónde? y ¿Por qué? Por ejemplo, si se trata de algún suceso, pregúntate: ¿Qué está sucediendo? ¿De quiénes se trata? ¿Cuándo y dónde va a ocurrir esto? ¿Por qué va a suceder? ¿Cómo va a suceder? Si se trata de alguna persona, pregúntate: ¿Quién es esta persona? ¿Cómo es? ¿Qué hace? ¿Cuándo, dónde y por qué? ¿Cuáles son las consecuencias? ¿Cómo logrará hacer lo que tiene que hacer? Todas estas preguntas son muy importantes. Si las contestas cuidadosamente después de haber observado el texto con detenimiento y dejando de lado cualquier idea preconcebida, aprenderás mucho. Posteriormente realiza una lista de todo lo que aprendas, y anota en tu libreta de apuntes toda observación que desees que quede allí registrada.
   b. Marca de manera distintiva las palabras clave repetidas, junto con sus sinónimos y formas pronominales e inferencias verbales. Algunas de ellas podrás encontrarlas en la lista del PANORAMA DE APOCALIPSIS. Anótalas en una tarjeta, asignando a cada palabra el color con el que deseas marcarla en el texto, luego puedes usar la tarjeta como un separador de páginas. Una vez que termines de marcar toda palabra clave, anota en tu libreta de apuntes todo lo que aprendas del texto Bíblico de cada una de ellas.
   c. Al leer Apocalipsis, capítulo por capítulo, permite que el texto sea su propio intérprete. Ten presente que la verdad se revela de manera progresiva, así que no te impacientes. Limítate a observar lo que dice el texto, sin atribuirle

un significado que no tenga. Mantén una actitud de oración y pide a Dios que abra los ojos de tu entendimiento. Pon de lado cualquier idea preconcebida que tengas.

2. Marca toda referencia de tiempo, de manera distintiva, anotando lo ocurrido en esas referencias. Según los cálculos Bíblicos, 42 meses, 1260 días, o "un tiempo, tiempos y medio tiempo", equivalen a un período de tres años y medio. No olvides anotar todo lo que sucede dentro de ese marco de tiempo.

Observa también **cuándo** comienza y termina cada suceso, por ejemplo, cuándo será el gran día de la ira de Dios, cuándo terminará el misterio de Dios, cuándo comenzará Dios a reinar (11:17). Observa cuidadosamente los tres ayes (9:12) y los eventos que los acompañan. El que te des cuenta de cuando ocurren estos sucesos te ayudará a comprender mejor el libro de Apocalipsis.

3. Al observar lo que pasa durante cada uno de los sellos, trompetas, y copas, anota todo lo que aprendas en el cuadro SIETE SELLOS, TROMPETAS Y COPAS. Luego, determina si los sellos, trompetas y copas tienen lugar al mismo tiempo o son consecutivos.

4. Babilonia juega un papel muy importante desde Génesis hasta Apocalipsis. Al leer, marca toda referencia a Babilonia y presta mucha atención si se hace alusión a ella como a una mujer o como a una ciudad. Luego, determina si se trata de una sola y misma entidad o si se trata de dos entidades diferentes pero relacionadas de alguna manera. En el capítulo 17 y 18, donde Babilonia es mencionada principalmente, elabora una lista de todo lo que aprendas al marcar toda referencia a ella.

5. Al estudiar el libro de Apocalipsis, debes consultar las notas que tienes en el cuadro del DÍA DEL SEÑOR, para que descubras si hay algún tipo de paralelismo entre lo que has observado en Daniel, en los otros libros de la Biblia y en Apocalipsis (por supuesto, esto sólo podrás hacerlo si es que has ido tomando notas durante tu estudio de la Biblia).

6. En este libro hay mucho que aprender acerca de la Trinidad que con seguridad no querrás olvidar; así que anota en tu libreta de apuntes, todo lo que aprendas.

7. Al terminar de estudiar el libro de Apocalipsis, anota los temas de los capítulos en el PANORAMA DE APOCALIPSIS, al igual que en tu Biblia al inicio de cada uno de ellos. También termina de completar el cuadro del PANORAMA.

8. Finalmente, analiza cuáles capítulos del libro pueden formar grupos de acuerdo a los eventos, lugares o personas. Usa los temas de los capítulos como una guía para que puedas ver cuándo se presentan dichos grupos. Anota esos grupos bajo la "División por Secciones", en el PANORAMA DE APOCALIPSIS, colocándolos de acuerdo a los capítulos donde aparecen.

Para Reflexionar

Capítulos 1-3

1. Luego de examinar el mensaje del Señor para cada iglesia, ¿consideras que esos mensajes tienen vigencia para la iglesia de hoy? Vuelve a leer los mensajes que Jesucristo dirige a las iglesias en los capítulos 2 y 3, y toma nota de lo que el Espíritu Santo le está diciendo al que "tiene oído". ¿A quién se está dirigiendo el Espíritu Santo? ¿Qué quiere el Espíritu que oigas o que hagas?

2. Reflexiona en lo que has aprendido respecto a Jesucristo en estos tres capítulos, y luego dedica tiempo para adorarle por quien y lo que Él es.

3. De acuerdo a 1 Juan 5:4-5 y Apocalipsis 2-3, ¿eres tú un vencedor? ¿Cuál es la evidencia de eso? ¿Hay algo que no estás haciendo pero que debes hacer para no quedar avergonzado cuando se manifieste Jesucristo?

Capítulos 4-22

1. Apocalipsis revela el juicio de Dios contra los impíos por causa de lo que han decidido adorar. También nos deja ver cómo adoran los justos. ¿Se asemeja en algo la adoración que se observa en Apocalipsis, con la que tú rindes al Señor? Busca en Apocalipsis las escenas donde Dios es adorado y utilízalas como un patrón de adoración.

2. Ahora que comprendes mejor la ira que ha de venir sobre los incrédulos, ¿cuánta importancia debes darle al compartir el evangelio con los demás? ¿Es la evangelización una prioridad en tu vida?

3. ¿Tu vida ha sido cambiada por Jesucristo? ¿Ya no vives en una vida de continuo pecado? Si aún vives en una vida así, entonces necesitas ser salvo. ¿Estarías dispuesto a reconocer al Señor Jesucristo como Dios, a recibir Su perdón por tus pecados y a permitir que tome control absoluto de tu vida? Si es así, anota esta fecha en el margen. Y recuerda siempre, lo que seguramente ya habrás visto en este libro, que el Señor es digno de toda nuestra confianza.

4. Apocalipsis 22:12 nos dice que Jesús viene, y que Su recompensa está con Él para dar a cada uno de acuerdo a lo que ha hecho. ¿Estás viviendo a la luz de ese día?

Mensajes de Jesucristo a las Iglesias

	Descripción de Jesús	Elogio a la Iglesia	Reprensión hecha a la Iglesia	Advertencias e Instrucciones a la Iglesia	Promesas a los Vencedores
Éfeso					
Esmirna					
Pérgamo					

Mensajes de Jesucristo a las Iglesias

	Descripción de Jesús	Elogio a la Iglesia	Reprensión hecha a la Iglesia	Advertencias e Instrucciones a la Iglesia	Promesas a los Vencedores
Tiatira					
Sardis					
Filadelfia					
Laodicea					

Siete Sellos, Trompetas y Copas

	Sellos	Trompetas	Copas
Primero			
Segundo			
Tercero			
Cuarto			
Quinto			
Sexto			
Séptimo			

Panorama de Apocalipsis

Tema de Apocalipsis:

División por Secciones

Autor:					Temas De Los Capítulos
					1
Fecha:					2
					3
Propósito:					4
					5
Palabras Clave: *(incluir sinónimos)*					6
Dios					7
Jesucristo, Jesús (Cristo)					8
en el Espíritu					
iglesia(s)					9
trono					10
misterio					
arrepentirse y sus variaciones					11
vencedor, vencer y sus variaciones					12
marcar toda referencia a Satanás, (demonios, diablo, dragón)					13
después de éstas (esto)					14
y vi (miré)					15
ángel(es)					
sello(s)					16
naciones					17
trompeta(s)					
copa(s), plaga(s)					18
ay, ayes					19
ira					
bestia					20
Babilonia					21
terremoto, voces, trueno(s), relámpagos					22

Ver el Apéndice 7 para ver las palabras clave en la Versión Reina Valera y Nueva Versión Internacional

APÉNDICE 1: ENTENDIENDO EL VALOR DE LA PALABRA DE DIOS

¿QUÉ ES LA BIBLIA?

La Biblia consta de 66 libros distintos que fueron escritos por más de 40 autores, de diversas ocupaciones y condiciones sociales, durante un período de 1400 a 1800 años. Aunque se ha identificado a muchos de los autores, algunos de ellos aún permanecen desconocidos.

La Biblia está dividida en dos partes: el Antiguo Testamento, compuesto de 39 libros; y el Nuevo Testamento, compuesto de 27 libros. El Antiguo Testamento, las Escrituras de la nación de Israel, estaba dividido en tres secciones: la Ley o Tora, los Profetas o Neviim, y los Escritos o Ketuvim. La mayor parte del Antiguo Testamento fue escrito en Hebreo y algunas porciones en Arameo, dos idiomas Semíticos.

Debido a la expansión del Imperio Griego, el Antiguo Testamento fue traducido al Griego Koiné (común) por los años 250 y 100 a.C. Esa traducción es conocida como la Septuaginta o Versión de los Setenta (LXX). Incluye los mismos libros que el Antiguo Testamento Hebreo, con la diferencia que el orden y la división de los libros cambió a la forma en que aparecen actualmente en el Antiguo Testamento.

Debido a que el Griego Koiné era el idioma popular en casi todo el mundo mediterráneo en la época del Señor Jesucristo, el Nuevo Testamento se escribió en Griego Koiné. Sin embargo, no es raro encontrar en el Nuevo Testamento una que otra frase en Arameo, el idioma corriente del pueblo de Israel. Jesús y sus discípulos hablaban Arameo y Griego Koiné. Una gran parte del Antiguo Testamento fue traducida al Arameo; a estas obras se les conoce como los Tárgumes.

¿CÓMO FUE ESCRITA Y TRADUCIDA LA BIBLIA?

La Biblia misma nos dice cómo fue escrita: "Toda Escritura es inspirada por Dios" (2 Tim 3:16). "Hombres inspirados por el Espíritu Santo hablaron de parte de Dios" (2 Ped 1:21). La palabra inspirada fue traducida de la palabra Griega, *dseópneustos*, que significa "soplada por Dios". El Espíritu Santo impulsó a los autores, inspirándolos y guiándolos mientras escribían en sus propias palabras lo que Dios quería que ellos dijeran. Así tenemos la inspiración verbal, porque las palabras del texto original fueron inspiradas por Dios. Y como toda la Escritura fue dada por inspiración, tenemos la inspiración plenaria (total, completa). Por lo tanto, concluimos que toda la Biblia es inspirada y no sólo contiene las palabras de Dios, sino que es la Palabra de Dios. Así que los escritos originales, llamados autógrafos, son inerrantes — sin errores. Este concepto es conocido como la inspiración verbal y plenaria de los autógrafos.

Los Autógrafos

En tiempos primitivos se escribía en piedra, en tablillas de arcilla, en cuero (pieles de animales) y en rollos de papiro. Es probable que los autógrafos del Nuevo Testamento hayan sido escritos en papiro; el cual se extraía de la corteza interior de una especie de junco para elaborar un material semejante al papel, cuyas hojas se unían en serie y se enrollaban. Normalmente se escribía en un solo lado del rollo, de manera que lector iba desenrollándolo mientras lo leía. Estos rollos se guardaban en una caja cilíndrica llamada capsa.

Según el Talmud Judío, las Escrituras sólo se debían copiar en pieles de animales que Dios consideraba limpios, como ovejas, becerros y machos cabríos. El pergamino (piel curtida de ciertos animales) era costoso pero más duradero y permanente que el papiro.

La Fidelidad de las Copias

Con el tiempo, se reemplazó el rollo con el códice. El códice estaba hecho de hojas dobladas, llamadas cuadernillo, las cuales se cosían en forma de libro. Las copias del Antiguo Testamento eran transcritas siguiendo pautas muy estrictas y los hombres que copiaban los manuscritos eran llamados Escribas. Si se encontraba un solo error en la copia, debía ser destruida. A esto se debe que sea extraordinaria la fidelidad textual del Antiguo Testamento. Esto ha sido confirmado por el abundante número de copias, por la Septuaginta y los rollos del mar Muerto.

Se han encontrado más de cinco mil copias en Griego antiguo de todo el Nuevo Testamento o de porciones del mismo. Y a pesar de haber pequeñas variantes en los manuscritos copiados, ninguna afecta asuntos doctrinales.

El Canon

El mismo Soberano omnipotente que inspiró a ciertos hombres a escribir la Palabra de Dios guió a otros a reconocer los libros que constituirían el canon de las Escrituras. El canon es el grupo de libros reconocidos como inspirados por Dios. Este grupo comprende tanto el Antiguo como el Nuevo Testamento. El canon del Antiguo Testamento, con treinta y nueve libros, era aceptado de manera general en la época de Jesucristo. Jesús mismo, que es uno con el Padre, siempre ratificó el Antiguo Testamento y nunca lo contradijo. Apocalipsis, el último libro del Nuevo Testamento en escribirse, se completó a finales del primer siglo después de Cristo. Para el 367 d.C. el obispo Atanasio compiló la primera lista de los conocidos veintisiete libros del Nuevo Testamento.

Traducciones

Las copias Hebreas, Arameas y Griegas de los sesenta y seis libros de la Biblia son la base de las traducciones hechas en los distintos idiomas del mundo. El traductor estudia esas copias y determina el significado de las palabras originales. Luego, tomando en cuenta el contexto de las palabras, decide cuál es la mejor manera de transmitir fielmente su significado al idioma en que se hace la traducción. Esto se conoce como traducción primaria.

La traducción secundaria se produce cuando se toma una traducción primaria (p.ej. la Vulgata, que es una traducción al latín de los textos Bíblicos originales) y se traduce a un tercer idioma (p.ej. el español). De modo que una traducción secundaria no parte del idioma original sino de un segundo idioma al que había sido traducido el original.

¿CÓMO SABEMOS QUE LA BIBLIA ES LO QUE AFIRMA SER: LA PALABRA DE DIOS?

Creer en la Biblia es en definitiva una cuestión de fe. O uno cree lo que la Palabra de Dios dice acerca de sí misma, o no lo cree. O uno cree el testimonio de Jesucristo en cuanto a la Palabra de Dios, o no lo cree.

Pero, además de la plena certeza producto de la fe, hay varias evidencias que respaldan la veracidad de la inspiración verbal y plenaria de los autógrafos.

En primer lugar, se cuenta con una gran evidencia bibliográfica para respaldar la autenticidad de la Biblia. Por cierto, ningún otro escrito antiguo tiene el respaldo de un número tan grande de manuscritos como el que tiene la Biblia. Aparte de las 643 copias de las obras de Homero, escritas cerca del 850 a.C., de las otras obras clásicas escritas entre el 450 y el 10 a.C. sólo hay de 3 a 20 copias de cada una, mientras que del Nuevo Testamento hay más de 5000. No sólo hay una mayor cantidad de copias de la Biblia, sino también una mayor calidad en los manuscritos Bíblicos, que supera a la de otros manuscritos de cualquier otra obra.

Consideremos otro factor importante: el tiempo transcurrido. El hallazgo de los rollos del mar Muerto, que datan de la época entre el 200 a.C. y el 68 a.C. redujo notablemente el espacio de tiempo transcurrido entre la fecha en que fueron escritos los libros del Antiguo Testamento y la fecha de escritura de las copias más antiguas que de él se conocían. El lapso de tiempo entre los autógrafos del Nuevo Testamento y las copias más antiguas que de él hay es de cien a cuatrocientos años, un período bastante reducido.

En segundo lugar, hay evidencia interna de la autenticidad de la Biblia. Ésta no sólo afirma ser la Palabra de Dios, sino también que ni la letra más pequeña ni una tilde pasará de la Ley (el Antiguo Testamento) hasta que toda se cumpla (Mt 5:17-18). Muchos de sus escritores afirmaban ser testigos presenciales que escribieron lo que vieron, oyeron o experimentaron. Y aunque fueron más de cuarenta autores diferentes quienes escribieron sesenta y seis libros distintos durante un período de casi dos milenios, no hay contradicciones en lo que escribieron. Además, lo que se escribió en el Antiguo Testamento, sellado y canonizado, frecuentemente se ve cumplido en el Nuevo Testamento. Así que tenemos el testimonio interno de las profecías cumplidas, algunas de las cuales se están cumpliendo aún en nuestra época.

Panorama de la Biblia

PRE-EXILIO *(Antes del Exilio Babilónico de Judá)*	EXILIO *(Durante el Exilio Babilónico de Judá)*	POST-EXILIO *(Después del Exilio Babilónico de Judá)*	NUEVO TESTAMENTO
TORA (la Ley de Moisés, el Pentateuco) Génesis Éxodo Levítico Números Deuteronomio	**PROFECÍA** Daniel Ezequiel Jeremías Lamentaciones	**HISTORIA** 1 y 2 Crónicas (escrito) Esdras Nehemías Ester	**EVANGELIOS** Mateo Marcos Lucas Juan
HISTORIA Josué Jueces Rut 1 y 2 Samuel 1 y 2 Reyes 1 y 2 Crónicas		**PROFECÍA** Hageo Zacarías Malaquías	**HISTORIA** Hechos
PROFECÍA *(en paréntesis está el reino al que se profetizó)* Abdías (Sur) Joel (Sur) Jonás (Norte) Amós (Norte) Oseas (Norte) Isaías (Sur) Miqueas (Sur) Nahúm (Sur) Sofonías (Sur) Habacuc (Sur)			**CARTAS PAULINAS** Romanos 1 Corintios 2 Corintios Gálatas Efesios Filipenses Colosenses 1 y 2 Tesalonicenses 1 y 2 Timoteo Tito Filemón
POESIA Y SABIDURÍA Job Salmos Proverbios Eclesiastés Cantares			**CARTAS GENERALES** Hebreos Santiago 1 y 2 Pedro 1, 2, y 3 Juan Judas
			PROFECÍA Apocalipsis

Por último, hay gran abundancia de evidencia externa que respalda la inerrancia de la Biblia. Cuando la Biblia trata cuestiones de historia o ciencia, lo hace con gran precisión. Hubo una época en que se suponía que la ciencia o la historia contradecían la Biblia; sin embargo, posteriormente se halló que todavía no se había descubierto toda la evidencia pertinente.

Descubrimientos arqueológicos más recientes han confirmado de diversas maneras la historicidad de la Biblia en cuanto a lo que dice respecto a gobernantes, naciones, idiomas, batallas, costumbres, ubicaciones geográficas, tragedias y otros acontecimientos. Escritos extrabíblicos también confirman lo que enseña el Nuevo Testamento acerca de la veracidad histórica de Jesucristo y de otros personajes neotestamentarios.

¿Has aceptado la Biblia como la infalible Palabra de Dios, útil para enseñar, para reprender, para corregir, para instruir en justicia, a fin de que el hombre de Dios sea perfecto (apto), equipado para toda buena obra? (2 Tim 3:16). Al estudiar la Biblia, descubrirás que es un libro sobrenatural... que son las inconfundibles palabras de vida.

Apéndice 2: Eventos Principales en La Historia de Israel

La Palabra de Dios cobra nueva vida cuando uno comprende los principales acontecimientos en la historia de Israel, desde los días de Abraham hasta el nacimiento de Cristo. Por ejemplo, desde esta perspectiva, las profecías Bíblicas en cuanto a Israel y su relación con las distintas potencias mundiales tienen una nueva dimensión.

En cuanto uno se familiariza con el contexto religioso, cultural y político de los tiempos Bíblicos, puede entenderse mejor el plan de Dios para el género humano y apreciar mejor los tiempos en que vivió nuestro Señor y en que surgió Su iglesia.

DESDE ADÁN HASTA ABRAHAM
(El principio – c. 2000 a.C.)

En el principio Adán y Eva vivían sin pecado, en una relación perfecta con su Creador, hasta que optaron por creer en la mentira, decidiendo desobedecer el mandato explícito de Dios. A partir de entonces, todo el género humano nacería en pecado y pagaría su terrible precio, la muerte.

Sin embargo, un Dios lleno de misericordia y de amor no dejaría que el género humano se hundiera en la desesperación, sino que prometió enviar un Redentor que nacería de la simiente de la mujer. Pero, después de aproximadamente mil años, la iniquidad del hombre había crecido a tal punto que todos sus pensamientos se encaminaban al mal. Esto entristeció mucho a Dios y "le pesó haber hecho al hombre en la tierra", por lo que decidió borrarlo. . . de la superficie de la tierra . . . "Pero Noé halló gracia ante los ojos del Señor" (Gén 6:6-8), pues era un hombre justo e irreprensible.

Vino el diluvio y sólo se salvaron las ocho personas que estaban en el arca; es decir, Noé y su familia. Con todo, no hubo cambio en la naturaleza pecaminosa de los que sobrevivieron ni de sus descendientes, así que muy pronto se rebelaron en abierta oposición a Dios. El Señor sabía que ya que formaban una sola sociedad, con un solo idioma, nada que se propusieran hacer les resultaría imposible.

Así que Dios intervino una vez más, pero no para borrar al hombre de la superficie de la tierra, ya que había puesto en los cielos su arco iris como símbolo de un pacto que jamás quebrantaría. La intervención de Dios se manifestó en la confusión de lenguas y en la dispersión de la raza humana por toda la tierra.

Hacia el año 2000 a.C. Dios llamó a un hombre de Ur de los Caldeos y le ordenó ir a la tierra que Él le mostraría. De aquel hombre, llamado Abram, Dios no sólo haría una gran nación sino que, por medio de él, bendeciría a todas las familias de la tierra. Fue así como Dios hizo un pacto eterno con Abram, y para sellar dicho pacto le cambió el nombre: Abram se convirtió en Abraham, "padre de multitudes". En ese pacto Dios prometió dar a los descendientes de Abraham la tierra de Canaán como posesión eterna.

La simiente prometida a Adán y Eva, Aquel quien redimiría al género humano, vendría a través de la simiente de la mujer, por medio de Abraham y de sus descendientes, Isaac y Jacob. Isaac tendría un hijo, Jacob, y éste a su vez tendría doce hijos. Cuando Dios confirmó su pacto con Jacob, le cambió el nombre y le puso Israel, quien fue el padre de las doce tribus. Así dio origen Dios a la nación de Su pacto. Cuando viniera el cumplimiento del tiempo, el Redentor, el mensajero del pacto, surgiría de la tribu de Judá.

Pero no todo iba bien con los hijos de Jacob, pues sentían envidia de José, el hijo preferido de Jacob y primogénito de su esposa Raquel. Cuando sus hermanos planearon matarlo, Rubén y Judá intervinieron en su favor, de modo que José fue vendido como esclavo y llevado a Egipto. Si bien la intención de los hermanos de José había sido perjudicarlo, Dios cambió para bien el curso de los acontecimientos; de tal manera que, de esclavo que era en casa de Potifar, y luego de haber estado en la cárcel, José llegó a ser gobernador de Egipto. Y tiempo después, Dios—en Su soberanía—usó el alto puesto que ocupaba José en Egipto para salvar a su familia del hambre que había en Canaán. Y vivieron los Israelitas cuatrocientos treinta años en Egipto, la mayor parte de este tiempo como esclavos. Cerca del año 1525 a.C. dos de estos esclavos—Amram y Jocabed—tuvieron un hijo llamado Moisés.

DESDE EL ÉXODO, BAJO MOISÉS, HASTA LA MONARQUÍA, BAJO SAÚL (1445 - 1051 a.C.)

Habían pasado unos ochenta años desde el nacimiento de Moisés cuando los Israelitas clamaron al Dios de Abraham, Isaac y Jacob. Dios escuchó el clamor del pueblo y se le apareció a Moisés en una llama de fuego que ardía en una zarza. El gran YO SOY los libraría de la tierra de Egipto, de la casa de esclavitud, y los llevaría a la tierra que había prometido a Abraham. Moisés serviría como el vocero de Dios, como el libertador humano de su pueblo, y recibiría del Señor el diseño del tabernáculo. Dios usaría ese tabernáculo no sólo para enseñarles a los Israelitas cómo adorarlo a Él, sino también para prefigurar al Redentor que habría de venir.

Después de que los Israelitas anduvieron, a causa de su incredulidad cuarenta años por el desierto, Josué los condujo al otro lado del Jordán, a la tierra prometida. Mientras vivieron, Josué y los ancianos, los Israelitas sirvieron al Señor; hasta que surgió una generación que no había conocido al Señor, y así los Israelitas comenzaron a adorar a los dioses Cananeos y a hacer lo malo ante los ojos del Señor. Por eso el Señor los entregó en manos de sus enemigos. Pero en su angustia, el pueblo clamó al Señor, y de entre ellos levantó jueces, a quienes sostuvo todos los días de su vida. Lamentablemente, con la muerte de cada juez, el ciclo de pecado y esclavitud volvía a repetirse. En ese entonces no había rey en Israel, y cada quien hacía lo que mejor le parecía. Israel debió haber sido una teocracia, teniendo a Dios como su Rey, pero el pueblo no quiso obedecer a su Dios.

Finalmente, en los días del profeta y juez Samuel, los Israelitas insistieron en tener un rey, tal como las otras naciones. Dicha petición ofendió a Samuel, pero Dios les dio lo que pedían..., a pesar de que lo estaban rechazando a Él.

DESDE EL REINO UNIDO HASTA EL REINO DIVIDIDO
(1051 – 931 a.C.)

Saúl, el primer rey de Israel, ofreció a Dios sacrificios en lugar de obediencia, por lo que Dios escogió a David, hijo de Isaí, de la tribu de Judá, para que fuera rey de Israel. David era un hombre conforme al corazón de Dios, y reinó del 1011 al 971 a.C.

Durante su reinado, David tuvo el vehemente deseo de construir un templo para Dios en Jerusalén. Dios conocía las intenciones de David pero, como él había sido hombre de guerra, reservó la construcción del templo para su hijo y sucesor, Salomón, cuya madre fue Betsabé.

El día en que se llevó el arca del pacto al interior del templo y se dedicó dicho templo al Señor, Salomón se postró ante Dios y le recordó las promesas de Su pacto. Del cielo cayó fuego que consumió los holocaustos, y la gloria del Señor llenó el templo.

Pero Salomón desobedeció a Dios, pues se casó con mujeres extranjeras y erigió ídolos en los lugares altos de Jerusalén. Ya entrado en años, sus mujeres lo indujeron a rendir culto a otros dioses. A diferencia de su padre David, quien se mantuvo buscando al Señor, el corazón de Salomón se alejó del Señor.

Al morir Salomón, Dios dividió en dos el reino de Israel.

DESDE EL 931 A.C. HASTA EL NACIMIENTO DE CRISTO

En el año 931 a.C. las tribus de Judá y Benjamín formaron el reino del sur, o de Judá, cuya capital era Jerusalén. Las otras diez tribus formaron el reino del norte, o de Israel, cuya capital llegó a ser Samaria. Muy pronto, el reino de Israel se entregó a la adoración de los ídolos, por lo que en el año 722 a.C. Dios permitió que los asirios se los llevaran cautivos.

Aunque los profetas del Señor advirtieron al reino del sur que ellos también serían llevados cautivos si no se arrepentían de su desobediencia e idolatría, Judá hizo caso omiso. En el año 605 a.C. Nabucodonosor, poco antes de llegar a ser rey, atacó a Jerusalén y llevó cautivos a Babilonia al rey de Judá y a otros de sus príncipes. Entre los cautivos iba Daniel (Dn 1:1-2). En el año 597 a.C. Nabucodonosor volvió a atacar al reino de Judá, y esta vez se llevó diez mil cautivos a Babilonia, siendo Ezequiel uno de ellos. Para el 586 a.C. Babilonia, que ya era la potencia mundial predominante de aquellos tiempos, conquistó a Judá, destruyendo no sólo la ciudad de Jerusalén sino también el bello templo que Salomón había construído durante su reinado.

Lejos de Jerusalén y de su templo, los Israelitas exiliados establecieron **sinagogas** para poder preservar su fe. Estas sinagogas se convirtieron en centros de enseñanza y de adoración, donde los Judíos recitaban el **Shema** (Dt 6:4), leían la Ley y los Profetas, oraban, y daban mensajes.

A los Amanuenses que tomaban nota de todo acontecimiento y de toda decisión se les conocía como **Escribas**. Su responsabilidad consistía en copiar y preservar, e incluso enseñar, la Palabra de Dios en las sinagogas. En la época del Nuevo Testamento se les reconocía con autoridad para interpretar la ley y enseñarla, por lo que también se les llamaba "intérpretes de la ley".

Luego de sufrir en carne propia las maldiciones a causa de la desobediencia, tal como las expresa el libro de Deuteronomio, los judíos exiliados comenzaron a mostrar un renovado aprecio y reverencia por la Palabra de Dios. Ellos habían aprendido que Dios cumple Su palabra y que no modifica Sus propósitos ni siquiera por el pueblo de Su pacto.

Algún tiempo después de la división del reino y del cautiverio de Judá, los exiliados llegaron a ser conocidos como los hombres de Judá, es decir, Judíos.

El Período Medo-Persa
(539-331 a.C.)

En el año 539 a.C. los Medos y los Persas conquistaron Babilonia y ocuparon su lugar como potencia mundial predominante. El capítulo 5 de Daniel narra la historia de esa invasión.

Unos 175 años antes del nacimiento de Ciro, rey de Persia, Isaías profetizó que Dios levantaría a Ciro para cumplir el propósito divino (Is. 44:28). Efectivamente, tal y como lo narra 2 Crónicas 36:22-23, Ciro emitió un decreto mediante el cual se les permitía a los exiliados de Judá volver a Jerusalén y reconstruir el templo. Así, tal como lo había profetizado Jeremías (véase Jer. 29:10 y Dn. 9:2), exactamente setenta años después del primer ataque de Babilonia contra Jerusalén, se les permitió a los Israelitas volver a su país.

A ese grupo que volvió del destierro las Escrituras lo llaman el remanente, y a los Judíos que permanecieron exiliados entre las naciones se les conoce como de la Diáspora, término Griego que significa "dispersión".

El libro del Escriba Esdras recoge en sus páginas la historia del retorno de ese remanente y la reconstrucción del segundo templo en tiempos de Hageo y Zacarías. El libro de Nehemías, quien era contemporáneo de Esdras, narra la reconstrucción de las murallas de Jerusalén.

El libro de Malaquías contiene la última profecía dada a conocer por Dios en el Antiguo Testamento. Después de ella, y durante cuatrocientos años, Dios no volvería a inspirar ninguna otra escritura canónica. Esos cuatrocientos años de silencio que siguieron al libro de Malaquías son conocidos como el período intertestamentario. Aunque durante todo ese tiempo Dios permaneció en silencio—en el sentido de que no habló por medio de sus profetas—, los acontecimientos históricos registrados en esos cuatro siglos dan testimonio de que mucho de lo escrito por el profeta Daniel en efecto se cumplió.

Esos años pueden dividirse en los siguientes tres períodos: el Griego, el Macabeo y el principio del imperio Romano.

El Período Griego
(331-165 a.C.)

Durante este período Jerusalén estuvo sometida a cuatro diferentes reinados, uno de los cuales fue el de los Macabeos.

Bajo Alejandro Magno
(331-323 a.C.)

Al fortalecerse el imperio Persa y verse amenazadas las ciudades-estado Griegas, Filipo II de Macedonia se dedicó a consolidar Grecia para poder hacer frente al ataque de los Persas.

En el año 336 a.C. Filipo fue asesinado, con lo que su hijo Alejandro, de apenas veinte años de edad, llegó a ser rey del imperio Griego. Al término de dos años Alejandro se dispuso a conquistar Persia, la cual se había extendido hacia el occidente dominando toda el Asia Menor (hoy en día Turquía).

En los dos años siguientes, Alejandro ya había conquistado todo el territorio que se extendía desde el Asia menor hasta Pakistán y Egipto; lo que incluía el territorio de los Judíos. Josefo, el historiador Judío que vivió entre los años 37-100 d.C. aproximadamente, cuenta que al marchar Alejandro hacia Jerusalén salieron a su encuentro Jadúa y otros sacerdotes Judíos, ataviados con sus vestimentas sacerdotales, y también los habitantes de Jerusalén, vestidos con túnicas blancas.

Jadúa había tenido un sueño en el que se le ordenaba poner guirnaldas sobre las murallas de la ciudad para darle la bienvenida a Alejandro, quien por su parte, también había tenido un sueño parecido. Al entrar Alejandro en Jerusalén, se le mostró la profecía de Daniel 8, donde se habla de la destrucción del imperio Medo-Persa por parte de un macho cabrío con un cuerno enorme (interpretándose éste como símbolo de Grecia). Sintiéndose aludido por esta profecía, Alejandro ofreció darles a los judíos cuanto ellos quisieran. Los trató bien, y no hizo estragos en Jerusalén ni en el templo reconstruido. Este relato de Josefo no cuenta con la aceptación general de otros historiadores, pero vale la pena considerarlo como un particular enfoque histórico entre los judíos.

Al fundar la ciudad de Alejandría en el delta del Nilo, Alejandro invitó a los judíos a colonizar la ciudad. Conforme él iba conquistando nuevos pueblos, iba también estableciendo nuevas ciudades y colonias Griegas, con lo que fueron extendiéndose la cultura, el pensamiento y el idioma de los Griegos. Alejandro se propuso consolidar su imperio mediante un modo de pensar y de vivir que fuera común a todos, lo que llegó a conocerse como Helenización. La lengua común, usada por los pueblos gobernados por Grecia, era el Griego koiné. Y aún en tiempos de Jesús ésta seguía siendo la lengua principal. El Nuevo Testamento fue, en efecto, escrito en Griego koiné.

Hacia el 331 a.C. Alejandro había conquistado Persia, pero en el 323 a.C. cansados de tanta campaña militar, él y su ejército volvieron a Babilonia. Cuenta la historia que Alejandro, uno de los más grandes genios militares de todos los tiempos, al volver a esa ciudad se echó a llorar porque ya no había más territorios por conquistar. Murió en Babilonia ese mismo año, a la edad de treinta y tres años.

Muerto Alejandro, su reino cayó en un estado caótico, ya que no había nombrado heredero alguno. Siguieron veintidós años de luchas e intrigas entre sus generales, lo cual terminó en la división del reino entre cuatro de ellos: Leguísamo, Casandro, Ptolomeo I Sotero y Seleuco I Nicátor (véase la sinopsis incluida).

Bajo los Ptolomeos de Egipto (323-204 a.C.)

Ptolomeo I Sotero, quien se quedó con Egipto, también recibió Jerusalén y Judea. A los Judíos les fue bien, pues se les permitió gobernarse y practicar su religión sin ninguna interferencia. Bajo el gobierno de los Ptolomeos, que hicieron de Alejandría la capital de Egipto y el centro de su comercio y del conocimiento, se les permitía a los judíos viajar a Egipto. Algunos de ellos fueron invitados a establecerse en Alejandría, convirtiéndose en grandes eruditos, ya que podían usar la biblioteca de esa ciudad, famosa por ser la más importante de su tiempo. Muchos judíos se enamoraron de la filosofía y de la lógica Griegas, y bebieron hasta la saciedad de la copa del Helenismo.

Se cree que la traducción del Pentateuco al Griego koiné fue ordenada por Ptolomeo II Filadelfo. La traducción al Griego de todo el Antiguo Testamento, conocida como la Septuaginta (o la Versión de los Setenta), se terminó hacia el año 100 a.C. Varios escritores del Nuevo Testamento citaron pasajes de esta versión.

Otros escritos de este período intertestamentario fueron los libros Apócrifos, los Pseudoepígrafos y los Rollos de Qumrán (también conocidos como Rollos del Mar Muerto). Los libros Apócrifos son un conjunto de escritos que incluyen literatura apocalíptica, sapiencial e histórica. De uno de estos libros, 1 Macabeos, los historiadores han obtenido valiosa información acerca del período que va desde la revuelta Macabea hasta los días de Juan Hircano. Los libros apócrifos forman parte del canon de la versión Septuaginta, aunque no del canon de las Escrituras Hebreas.

División del Imperio de Alejandro Magno

Lisímaco	Casandro	Ptolemeo I Soter	Seleuco I Nicátor
Rey de Tracia y Bitinia	Rey de Macedonia	Rey de Egipto	Rey de Siria

Ptolomeo I Soter y Seleuco I Nicátor comenzaron una serie de dinastías rivales, afectando así la paz y estabilidad de Israel.

Los libros **Pseudoepígrafos** son una colección aún más extensa que la de los Apócrifos, aunque entre los estudiosos no hay acuerdo general en cuanto a cuáles obras forman parte de esta colección de escritos, atribuídos a personajes tan célebres como Adán, Enoc, Abraham, Esdras, Baruc. En lo que sí concuerdan los estudiosos es que la paternidad literaria de tales personajes no se puede acreditar.

Los rollos de Qumrán, o del Mar Muerto, son manuscritos que al parecer fueron escritos o copiados entre los años 200 a.C. y 70 d.C. por una secta judía conocida como los Esenios. Todo parece indicar que la comunidad Esenia que vivía cerca del Mar Muerto practicaba el celibato y una rigurosa disciplina comunitaria, la cual los obligaba a vivir aislados. Estos rollos describen la vida y las creencias del grupo, el cual vivió durante los últimos dos siglos antes de Cristo. Entre ellos se encuentran los manuscritos más antiguos que se conocen del Antiguo Testamento. Y reciben el nombre de rollos del Mar Muerto porque fueron preservados, y más tarde hallados, en unas cuevas cercanas a la excavación arqueológica conocida como Khirbet Qumrán, en la ribera occidental del Mar Muerto.

Bajo los Seléucidas, Reyes de Siria (204-165 a.C.)

Los gobernantes de Siria, a quienes el libro de Daniel llama "reyes del norte" (Dn. 11), ambicionaban poseer la hermosa tierra de Israel. Cuando Antíoco III el Grande venció a Ptolomeo V Epífanes de Egipto,

Jerusalén y Judá quedaron bajo el dominio Sirio. Fue durante este período que la tierra de Israel quedó dividida en las provincias de Judea, Samaria, Galilea, Perea y Traconite.

Después de haber establecido su dominio sobre los Judíos, Antíoco fue derrotado por los Romanos, a quienes tuvo que pagar tributo durante muchos años. Para asegurarse de que Antíoco pagara este tributo, los Romanos retuvieron en Roma a su hijo Antíoco IV, en calidad de rehén.

Antíoco III el Grande fue sucedido en el trono por su hijo Seleuco IV Filopátor, quien gobernó del 187 al 175 a.C. Antíoco IV Epífanes (el hijo de Antíoco III que había sido retenido en Roma como rehén) mató a su hermano y usurpó el trono, reteniéndolo hasta el año 163 a.C. Su sobrenombre Epífanes significa "manifestado" o "espléndido".

Hasta ese momento en la historia de Israel, el sacerdocio se había ejercido por derecho de nacimiento, y tal oficio era vitalicio. Sin embargo, durante su reinado, Antíoco IV Epífanes vendió el sacerdocio a Jasón, hermano del sumo sacerdote. Además de esto, Jasón pagó a Antíoco una fuerte suma de dinero para construir un gimnasio Griego cerca del templo. No fueron pocos los Judíos que en este período se rindieron al influjo del estilo de vida Helénico, lo cual provocó grandes conflictos entre los Judíos ortodoxos y los Judíos "Helenistas". Durante este período, las regiones de Judea, Samaria, Galilea, Perea y Traconite hacían alusión a la tierra de Israel.

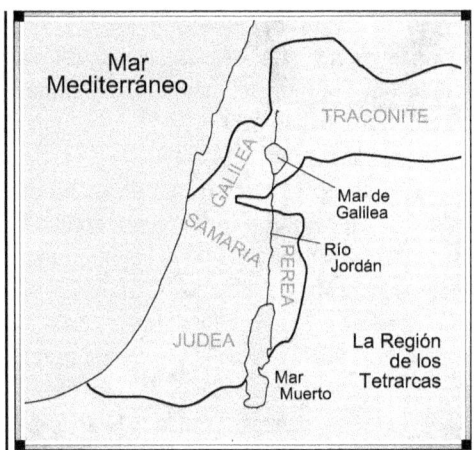

Este conflicto se agudizó cuando Antíoco IV Epífanes intentó apoderarse del trono de Egipto, pero se encontró con la fuerte oposición de Roma. Por esto, y por lo que consideró como una revuelta entre los sacerdotes, Antíoco dio rienda suelta a su enojo en contra de los Judíos que no buscaban su favor ni adoptaban del todo el Helenismo. Dispuesto a acabar con el Judaísmo, Antíoco prohibió la circuncisión, y quienes desobedecían eran condenados a muerte. Las copias de la ley eran profanadas con símbolos paganos, o arrojadas al fuego, y a quien se hallaba con alguna copia de la ley se le condenaba a muerte. También se prohibió la observancia del Sabat. Y por si esto fuera poco, Antíoco sacrificó un cerdo sobre el altar del templo y erigió una estatua de Zeus, una abominación de desolación en el lugar santo (Daniel 11:31). Por último, Antíoco envió a sus oficiales por todo el país para obligar a los Judíos a ofrecer sacrificios a Zeus.

El Período Macabeo (165-63 a.C.)

Cuando el oficial de Antíoco IV llegó a Modín (pequeño poblado entre Jerusalén y Jope) y ordenó al anciano sacerdote

Matatías que ofreciera sacrificios a Zeus, jamás imaginó que ésta sería su última orden. Pues, al negarse Matatías a cumplir tal orden, un joven Judío se dispuso a tomar su lugar; por lo que Matatías, lleno de furia, no sólo hundió su cuchillo en el pecho de este impetuoso Judío sino también en el del oficial Sirio, para luego huir a las montañas acompañado de sus cinco hijos. Fue así como se inició la revuelta Macabea bajo el mando del tercer hijo de Matatías, a quien apodaban Macabeo, es decir, "el Martillo".

Tres años después de la profanación del templo por Antíoco IV Epífanes, los judíos retomaron Jerusalén. Derribaron la estatua de Zeus, restauraron el templo y restablecieron los sacrificios instituidos por la tradición Judía. El 25 de diciembre celebraron una fiesta de dedicación (Jn. 10:22), que desde entonces se celebra con el nombre de la fiesta de las luces o Hanukkah.

Así se originó la **Dinastía Asmonea**, durante la cual los descendientes de Matatías gobernaron Israel hasta el 63 a.C., año en que los Romanos conquistaron Jerusalén.

Al morir asesinado Simón, último hijo sobreviviente de Matatías, su hijo Juan Hircano se proclamó rey y sacerdote, y reinó del 134 al 104 a.C. Él destruyó el templo Samaritano del monte Gerizim, y desde entonces los Judíos no volvieron a tener tratos con los Samaritanos. Después, Juan Hircano se dirigió al sureste y conquistó la tierra de los de Edom. A los habitantes de este reino se les dio a elegir entre emigrar o convertirse al Judaísmo. De aquí provenía Herodes el Grande, a quien los Romanos habrían de nombrar rey de los Judíos.

Durante el reinado de Juan Hircano nació la secta religiosa Judía conocida como los Fariseos, la cual viene del Hasidismo. El Hasidismo, que se distinguía por su militancia religiosa en la obediencia a la ley y en el culto a Dios, se inició por el año 168 a.C. y formó parte activa de la revuelta Macabea. El término Fariseo significa "separado", y probablemente se usó para referirse a los que se apartaban del arrollador influjo Helenista. En los tiempos neotestamentarios la mayoría de los escribas pertenecía a los Fariseos.

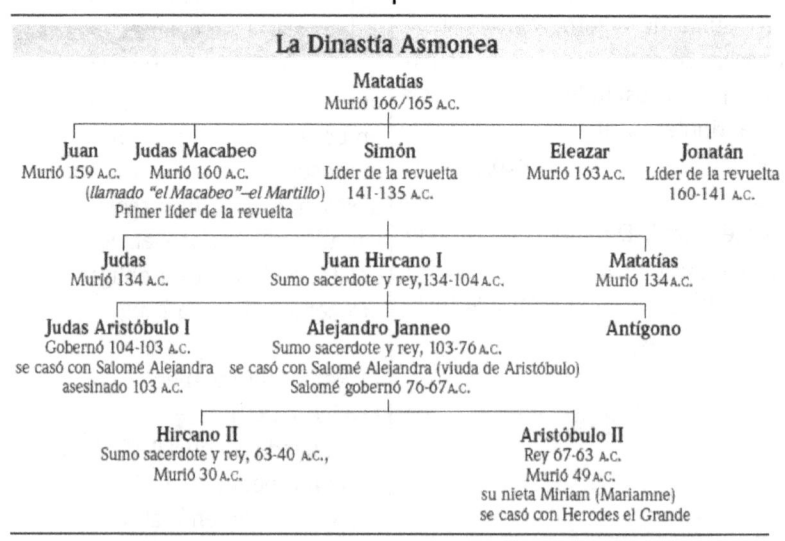

En cuanto a la doctrina, los Fariseos reconocían la autoridad del Antiguo Testamento, aunque también concedían la misma autoridad a la tradición oral. Para los Fariseos, el estudio de la ley equivalía a un verdadero culto de adoración; creían en la vida después de la muerte, en la resurrección, y en la existencia de ángeles y demonios. Aunque enseñaban que el camino a Dios se hallaba en la observancia de la ley, la interpretación que de ella hacían era más liberal que la de los Saduceos. Los Fariseos constituían la secta religiosa más numerosa, aunque menguaron en número cuando perdieron el favor de Juan Hircano.

Las Saduceos eran una secta religiosa más pequeña, compuesta en su mayor parte por hombres de clase alta, a menudo pertenecientes al linaje sacerdotal. Tenían, por lo general, mayor poder económico que los Fariseos. Por su parte, los Fariseos pertenecían mayormente a la clase media de comerciantes y mercaderes. Los Saduceos sólo reconocían la autoridad de la Tora (es decir, los primeros cinco libros del Antiguo Testamento). Aunque rígidos en la observancia de la ley y apegados a su interpretación literal, negaban la divina providencia, la resurrección, la vida después de la muerte, la existencia de ángeles y demonios, y la recompensa o el castigo después de la muerte. Negaban la obligatoriedad de la ley oral, y eran materialistas.

Los Saduceos tenían en sus manos el control del templo y de sus servicios, aunque su inclinación por el Helenismo les había ganado impopularidad entre el pueblo Judío.

Al morir Juan Hircano, lo sucedió en el trono su hijo Aristóbulo I, quien se casó con Salomé Alejandra. Sin embargo, cuando murió Aristóbulo, su hermano Alejandro Janneo, que en el año 103 a.C. llegó a ser rey y sacerdote, se casó con Salomé. Este matrimonio le creó muchos enemigos, ya que el sumo sacerdote sólo debía casarse con una mujer virgen.

Alejandro Janneo murió en el 76 a.C. y Salomé Alejandra ocupó el trono en su lugar. Pero no pudo ejercer como sumo sacerdote por ser mujer, así que su hijo mayor, Hircano II, asumió ese cargo.

Al morir Salomé se desató una gran lucha interna, ya que Aristóbulo II, su hijo menor, que contaba con el apoyo de los Saduceos, trató de derrocar a Hircano II. Hircano II estaba dispuesto a renunciar al trono, pero el Idumeo Antipáter (padre de Herodes el Grande) trabó amistad con Hircano y lo indujo a buscar ayuda externa para mantener su posición como heredero legítimo. Las fuerzas de Hircano se enfrentaron a las de Aristóbulo y las derrotaron, por lo que Aristóbulo se vio forzado a huir, haciendo del templo en Jerusalén su fortaleza, pero fue sitiado por las fuerzas de Hircano.

A principios de este período los Asmoneos habían firmado un tratado con Roma para mantener en jaque a Siria, su país vecino del norte. Ahora bien, el ejército Romano se hallaba en Siria, bajo las órdenes de Escauro, en vista de que el reino Seléucida había caído. Escauro se enteró de la lucha interna en Judea y acudió allí. Ambos hermanos en pugna se disputaron el apoyo de Escauro, quien tomó el bando de Aristóbulo y ordenó que se levantara el asedio a Jerusalén. La lucha, sin embargo, continuó. Se apeló entonces al general Romano Pompeyo, quien se comprometió a poner fin a la disputa y ordenó que se depusieran las armas hasta su llegada. A pesar de esto, Aristóbulo volvió a Jerusalén y se preparó a resistir, lo que hizo que Roma optara por apoyar a Hircano. Cuando llegó Pompeyo, tomó prisionero a Aristóbulo y a su familia, y asedió la ciudad durante tres meses.

**El Período Romano
(63 a.C.-70 d.C.)**

En el año 63 a.C. Pompeyo conquistó Jerusalén y, escoltado por algunos de sus soldados, penetró en el Lugar Santísimo. Aunque no tocaron ninguno de los utensilios, aislaron a los judíos, quienes nunca perdonaron a Pompeyo tal acción. Durante el sitio Romano contra Jerusalén, cuyo supuesto objetivo era poner fin a una guerra civil, murieron aproximadamente doce mil judíos.

Roma terminó con la dinastía Asmonea y redujo su territorio. Las fronteras de Judea también se vieron reducidas y su independencia se perdió; ahora era territorio Romano. Hircano II podía ser el sacerdote legítimo, pero no el rey, pues se hallaba supeditado al gobernador de Siria, la cual era provincia Romana. Escauro fue nombrado gobernador, y Aristóbulo y muchos otros Judíos fueron llevados a Roma. Poco tiempo después tomó el control Gabinio, gobernador Romano de Siria, quien puso el templo en manos de Hircano y cambió el gobierno de Judea.

El estado Judío quedó dividido en cinco distritos, gobernados por un Consejo bajo la jurisdicción del gobernador de Siria. Hircano, el sumo sacerdote, gobernaba Jerusalén, y Antipáter era su magistrado en jefe.

El sumo sacerdote presidía el Sanedrín, un concilio integrado por setenta y un miembros pertenecientes a los Fariseos y los Saduceos, los cuales gobernaban a los judíos bajo la autoridad de Roma. Aunque el sanedrín parecía tener autonomía en cuestiones civiles y penales en el gobierno de los judíos, al parecer no podía ordenar la pena capital sin la autorización del procurador Romano. En los Evangelios y en el Libro de Hechos algunas veces se llama al sanedrín "el concilio".

En el año 55 a.C. el gobierno de Roma estaba en manos de tres hombres: Pompeyo, Craso (que era gobernador de Siria) y Julio César. Craso, que se creía otro Alejandro Magno, se dispuso a conquistar el mundo. Y antes de lanzarse a tal conquista, saqueó los tesoros del templo de Jerusalén. Más tarde, Craso y su ejército fueron derrotados por los Partos. Partia era un reino al sureste del mar Caspio, que había pertenecido al imperio Persa hasta ser conquistado por Alejandro Magno. Roma no lo conquistaría sino hasta el año 114 d.C.

Después de la muerte de Craso, Julio César se apoderó de Italia y se dispuso a terminar con Pompeyo; pero éste huyó a Egipto, lugar donde fue asesinado. Mientras tanto Antipáter, que había estado apoyando a Julio César, fue nombrado "procurador de Judea", título conferido en gratitud por sus servicios.

Antipáter nombró gobernador de Judea a su hijo Fasael, y gobernador de Galilea a su hijo Herodes. Hircano II siguió siendo sumo sacerdote, aunque Antipáter y sus dos hijos lo despojaron de su autoridad.

En el año 44 a.C. Julio César fue asesinado por Bruto y Casio, con lo que se inició una lucha interna en Roma. Casio tomó el control de la región oriental del imperio. Los rivales de Hircano se aprovecharon de la inestabilidad de Roma para tratar de tomar el poder.

En el año 43 a.C. Antipáter fue asesinado y Antígono, hijo de Aristóbulo, invadió el país con el apoyo de los Partos. Herodes acudió en auxilio de Hircano, el cual, como señal de gratitud, le entregó una bella mujer llamada Miriam. Herodes no se casó con ella sino hasta cinco años después.

Luego de esto, Bruto y Casio fueron derrotados por Marco Antonio y Octavio (este último sobrino de Julio César y más tarde conocido como César Augusto). La región oriental quedó bajo el gobierno de Marco Antonio. En el año 40 a.C. los Partos invadieron la región, y Herodes huyó a Roma. Ese mismo año, a instancias de Marco Antonio y Octavio, Herodes fue nombrado rey de los judíos; tomándole tres años arrojar de la región a los Partos y establecer su reinado en Judea. Poco antes de sitiar Jerusalén, Herodes se casó con Miriam (también conocida como Mariamne), pensando que este vínculo con la familia Asmonea lo haría más aceptable para los Judíos.

Herodes inició la reconstrucción del templo en el año 20 a.C. El templo que había construido Zorobabel después del exilio Babilónico, era tan pequeño en comparación con el primer templo, que Herodes se propuso hacerlo más grande y más imponente que el de Salomón. Aunque el templo fue terminado en año y medio, la construcción y ornamentación de sus atrios externos tomó muchos años más; de allí que en el año 26 a.C. los Judíos dijeran: "En cuarenta y seis años fue edificado este templo" (Jn. 2:20).

Juan Hircano obligó que Idumea, pueblo de Herodes, se convirtiera al Judaísmo; Herodes, sin embargo, lo practicaba sólo cuando estaba en Judea. Aunque Roma le confirió el título de "rey de los Judíos", Herodes nunca fue aceptado como tal por parte de sus súbditos. Posteriormente, "en tiempos del rey Herodes (el Grande), unos sabios (magos) del oriente llegaron a Jerusalén (ciudad de Paz), preguntando: ¿Dónde está el Rey de los Judíos que ha nacido?" (Mt. 2:1-2).

Ya había llegado el verdadero Rey, el Gobernante que pastorearía a Israel, pueblo de Dios (Mt. 2:6).

Herodes murió en el año 4 a.C.; pero los que vivían en Judea y Galilea vieron una gran luz, y con sus propios oídos escucharon la voz de Dios, el Rey de reyes, rompiendo el silencio de 400 años.

Porqué se Fecha el Nacimiento de Cristo el 4 a.C.

La indicación a.C. y d.C., se comenzó a usar desde el siglo seis, y no fue ampliamente adoptada sino hasta el siglo ocho. Esta indicación fue creada por un reconocido erudito entendido en matemáticas, astronomía y teología, Dionisio el Exiguo (Dionysius Exigius). Dionisio nació en Escitia y fue a Roma en el 496. En el año 523, el consejero papal Bonifacio (bajo el Papa Juan I) le pidió a Dionisio que hiciera una tabla de las Pascuas. Una tabla que cubriría un período de diecinueve años entre 228-247, contando los años a partir del reinado del emperador Romano Diocleciano, como era la costumbre. En lugar de honrar a Diocleciano, perseguidor de los cristianos, Dionisio ajustó el nacimiento de Cristo en relación al reinado de Diocleciano de tal forma que coincidiera con el 25 de diciembre (o 25 de marzo) del año 753 desde la fundación de Roma. Y de esta forma, esos 19 años fueron nombrados, Anno Domini Nostri Jesu Christi 532-550. Por eso el Anno Domini 532 de Dionisio es equivalente al Anno Diocleciano 248. Bajo el esquema de Dionisio, el año que comenzaba una semana después del nacimiento de Cristo era el año 1 de la era "del Señor", o Anno Domini 1. De acuerdo a los cálculos de Dionisio, el año 1 d.C. sería el año del nacimiento de nuestro Señor. Y al no haber año "cero", el año anterior es el 1 a.C.

Sin embargo, las investigaciones desde el tiempo de Dionisio indican que Cristo debió haber nacido antes del año 1 d.C. Partiendo del libro de Mateo sabemos que Jesús nació bajo el reinado de Herodes el Grande, y la historia confirma que Herodes el Grande murió en el año que conocemos como 4 a.C., lo que significa que Jesús no pudo haber nacido mucho antes de esa fecha. No hay un año universalmente aceptado para el nacimiento de Cristo, pero el 4 a.C. es usado con mucha frecuencia, siendo la fecha que empleamos en todos lo cuadros de tiempo de la Biblia de Estudio Inductivo.

DESDE CRISTO HASTA LOS TIEMPOS MODERNOS

Aunque muchos de los líderes Judíos eran muy religiosos, en realidad no conocían a Dios. Pues cuando Jesús vino a revelarles al Padre, no lo recibieron. Y desecharon así a la preciosa piedra del ángulo enviada por Dios (Sal. 118:22), por lo cual volverían a sufrir el destierro.

Jesús les había advertido: "Pero cuando ustedes vean a Jerusalén rodeada de ejércitos, sepan entonces que su desolación está cerca... porque habrá una gran calamidad sobre la tierra, e ira para este pueblo. Caerán a filo de espada, y serán llevados cautivos a todas las naciones. Jerusalén será pisoteada por los Gentiles, hasta que los tiempos de los Gentiles se cumplan" (Lc. 21:20, 23-24). Dios había hablado. Y si la gente hubiera escuchado, no habría sido tomada por sorpresa. Pero ellos no quisieron escuchar.

La Destrucción de Jerusalén (Año 70 d.C.)

El conflicto entre los judíos y sus gobernantes Romanos se intensificó. Cuenta el historiador Romano Tácito que los judíos soportaron la situación hasta que Gesio Floro fue procurador. Al levantarse los Judíos contra el ejército de Floro, la guerra fue inevitable. Nerón ordenó entonces a Tito Flavio Vespasiano que sometiera a los judíos. Vespasiano logró someter Galilea y aseguró Judea, excepto Jerusalén, Masada y otras dos fortalezas.

Por aquellos días se suicidó Nerón, y se desató una guerra civil en Roma. Galba, Otón y Vitelio se sucedieron como emperadores. Más tarde, las legiones orientales de Roma proclamaron emperador a Vespasiano, y Vitelio fue asesinado. Luego de poner la guerra contra los Judíos en manos de su hijo Tito, Vespasiano se embarcó a Roma. En el año 70 d.C. Tito sitió a Jerusalén. Y en tan sólo cinco meses murieron más de un millón de Judíos. El 6 de agosto las fuerzas Romanas irrumpieron en el templo y, tal como lo había profetizado Jesús, no quedó piedra sobre piedra. Luego de incendiar Jerusalén, Tito se dirigió a Roma para celebrar con su padre la victoria.

Aunque algunos de los judíos huyeron a Masada, el estado Judío dejó de existir. Entre los años 72-74 d.C., Masada cayó ante los ataques del gobernador Romano Flavio Silva.

Adriano y Aelia Capitolina

En el año 132 d.C. el emperador Adriano prohibió la circuncisión y la observancia del Sabat, e hizo planes para construir un templo a Zeus. Tales acciones llevaron a Simón Barcoquebas a iniciar otra revuelta, que pronto fue sofocada por Adriano. En el año 136 d.C. después de sofocar la revuelta, Adriano reconstruyó Jerusalén y la llamó Aelia Capitolina, prohibiendo a los judíos entrar en la ciudad, bajo pena de muerte. Tal edicto estuvo vigente durante unos quinientos años.

El Período Bizantino
(324-638 d.C.)

En el año 324 d.C. Constantino logró unir al imperio Romano bajo su mando. En el 330 d.C. la capital del imperio pasó de Roma a Bizancio, cuyo nombre se cambió a Constantinopla (hoy en día, Estambul) en honor del emperador. Cuenta la tradición que Constantino se convirtió al Cristianismo luego de haber tenido una visión en la que vio una cruz y oyó una voz que le decía "Por este signo vencerás". Constantino proclamó el Cristianismo como religión oficial del imperio Romano.

La emperatriz Elena, madre de Constantino, comenzó a restaurar la ciudad de David (Jerusalén), localizando sitios Cristianos, y construyendo templos sobre ellos. Elena y Macario, obispo de la ciudad, construyeron la Iglesia del Santo Sepulcro en el lugar donde se creía que Jesús había sido sepultado. A lo largo de todo el país podían verse iglesias Bizantinas.

En el siglo quinto se dividió el imperio Romano y la mitad oriental se convirtió en el Imperio Bizantino, cuya capital siguió siendo Constantinopla. Roma quedó como capital de la zona occidental del imperio.

Y en ese mismo siglo se les permitió a los Judíos orar en el monte del templo durante Tisha B'Av, el aniversario de la destrucción del templo. A mediados de ese mismo siglo Jerusalén fue reconocida como territorio patriarcal, con el mismo rango que Constantinopla, Alejandría, Roma y Antioquía.

En el año 614 d.C. los Persas conquistaron la tierra, masacraron al pueblo y destruyeron las iglesias. En el año 629 d.C. el emperador Bizantino Heraclio reconquistó Jerusalén.

El Primer Período Musulmán
(638-1099 d.C.)

Nueve años después, los Musulmanes tomaron el poder. Durante este período, tanto los Judíos como los Cristianos disfrutaban de libertad de culto. Y muchos Judíos volvieron a Jerusalén. La dinastía Omeya reinó del año 660 al 750. El viaje del profeta Mahoma, de La Meca a Jerusalén, sobre su corcel alado Al-buraq, resultó en que el monte del templo se convertiría en un santuario Musulmán. En el siglo siete el califa Abd el-Malik ordenó que en el monte del templo se construyera la mezquita conocida como el Domo de la Roca. De este modo, Jerusalén se convirtió en la tercera ciudad sagrada del Islam. Los árabes fundaron una sola ciudad, Rample, que en el siglo ocho Solimán elevó al rango de ciudad capital.

Las Cruzadas
(1099-1244 d.C.)

En el año 1099 luego de acudir al llamado del Papa Urbano II, los cruzados atravesaron toda Europa para liberar los lugares sagrados del poder de los Musulmanes. Después de sitiar la ciudad de

Jerusalén durante cinco semanas, entraron a ella, convirtiéndola en la capital del reino cruzado de Jerusalén. Cristianos nobles y burgueses de Europa fueron a establecerse en Jerusalén, convirtiendo las mezquitas en iglesias y construyendo nuevos monasterios e iglesias. Durante los siguientes ochenta y ocho años, no se permitió ni a judíos ni a musulmanes vivir en Jerusalén; sólo podían visitarla.

El Interludio Ayyubí (1187-1192 d.C.)

En el año 1187 d.C. Saladino, fundador de la dinastía Ayyubí, tomó Jerusalén destruyendo la cruz que estaba sobre el Domo de la Roca y convirtiendo las iglesias en mezquitas. Permitió el retorno de los judíos a Jerusalén, quienes acudieron desde el norte de África, Francia e Inglaterra para establecerse junto con los Judíos que ya estaban en ella.

En 1192 Ricardo Corazón de León y Felipe Augusto de Francia restauraron el reino cruzado que Saladino había conquistado. Jerusalén fue dividida, quedando el monte del templo y las mezquitas en manos de los musulmanes, mientras que el resto de la ciudad quedaba en poder de los Cristianos. En 1244 los cruzados perdieron la ciudad.

El Período Mameluco (1260-1517 d.C.)

En el año 1260 d.C. Jerusalén fue conquistada por los Mamelucos, regimientos militares del Asia Central que eran los nuevos gobernantes de Egipto. Los Mamelucos establecieron madrazas (institutos de instrucción religiosa) y hosterías para estudiosos y peregrinos Musulmanes.

El Período Otomano (1517-1917 d.C.)

El imperio Otomano (que incluía Constantinopla, el Asia Menor, algunos territorios de Europa y los Balcanes, Egipto y Siria), conquistó Jerusalén en el año 1517 d.C. Jerusalén, que había estado en manos de los Mamelucos, cayó en poder los Turcos Otomanos. En este tiempo el sultán Solimán el Magnífico ordenó la construcción de los muros que todavía rodean a Jerusalén. Después de la muerte de Solimán, la comunidad Judía se consolidó aún más, al construir el barrio Judío a lo largo de la Puerta de Sion. En este tiempo se establecieron centros de erudición Judíos en Jerusalén y Safed. Los cristianos se dividieron en varias comunidades orientales.

En 1832 Mehemet Alí, pachá de Egipto, dejó sin árboles la Tierra Santa a causa de los muchos barcos que ordenó construir. Y su aprobación a escuelas y misiones Cristianas, consulados extranjeros, y expediciones arqueológicas, abrió a Jerusalén a la influencia Occidental. A fines del siglo diecinueve surgió en Europa un movimiento político conocido como Sionismo, cuyo objetivo era crear una patria para los Judíos. Los Judíos que huían de Europa oriental y de Rusia, tan pronto como llegaban a la tierra de Abraham, adoptaban la visión de Teodoro Herzl de crear un estado libre para los Judíos. El primer congreso Sionista tuvo lugar en 1897.

El Mandato Británico (1917-1948) d.C.)

El 9 de diciembre de 1917 llegaron a su fin cuatrocientos años de gobierno Otomano. Dos días después, el mariscal de campo británico Allenby entró en la Ciudadela, y Jerusalén fue declarada capital del país. La Declaración Balfour prometía el establecimiento de una patria para los judíos. En 1920 y 1929 hubo violentos choques entre árabes y judíos. Entre 1936 y 1939 los árabes se rebelaron, iniciando así una guerra abierta entre árabes y judíos para obtener el control de Jerusalén.

Entre 1939 y 1945 seis millones de judíos fueron sistemáticamente asesinados por órdenes de Adolfo Hitler. Después de la Segunda Guerra Mundial la opinión mundial favoreció ampliamente la creación de un estado Judío. Para noviembre de 1947 la tensión entre árabes y judíos era tal que las Naciones Unidas decidieron intervenir, poniendo fin al mandato Británico y declarando a Jerusalén patrimonio de la humanidad. Se sometió al voto en las Naciones Unidas, y se decidió (con 33 votos a favor y 13 en contra) dividir el país al oeste del Río Jordán en dos partes: un sector para los árabes y otro para los judíos. Los judíos aceptaron esta resolución, pero los árabes la rechazaron.

El Estado de Israel
(14 de mayo de 1948)

El 14 de mayo de 1948, al retirarse los británicos, los Judíos proclamaron la independencia del estado de Israel. Al día siguiente Israel se vio atacado por Iraq, Líbano, Siria, Jordania y Egipto. Para el mes de diciembre Israel había confirmado su independencia, aunque las tropas Jordanas permanecieron en la ribera occidental (los territorios Bíblicos de Judea y Samaria). Egipto retuvo la Franja de Gaza. Y con el cese al fuego, declarado en enero de 1949, la ciudad de Jerusalén fue dividida. Jordania retuvo todos los santuarios existentes dentro de los muros construidos por Solimán; a los judíos no se les permitió más la entrada a la antigua Jerusalén.

Durante los siete años siguientes Israel se dispuso a recibir a más de 800,000 inmigrantes provenientes de 102 países. Las condiciones de vida eran precarias, pero finalmente los judíos tenían una patria. Cerca de 1957 las zonas pantanosas del Valle de Hula, que habían sido focos de malaria, fueron secadas y las aguas del mar de Galilea comenzaron a fluir hacia el sur mediante una red de tuberías. Con esto, el árido Neguev cobró vida.

La Campaña del Sinaí
(1956)

En 1956, durante la campaña del Sinaí, Israel obtuvo una rápida victoria sobre Egipto. Habiéndose garantizado la libre navegación por el estrecho de Tirán y el golfo de Aqaba, Israel retiró del Sinaí sus tropas. Más tarde, los egipcios volvieron a movilizar sus tropas hasta las fronteras de Israel.

La Guerra de los Seis Días
(1967)

La llamada Guerra de los Seis Días se inició el 5 de junio de 1967. En tan sólo seis días, Israel ocupó Judea, Samaria, Gaza y las Alturas del Golán y, por primera vez desde la revuelta de Barcoquebas, que tuvo lugar dieciocho siglos antes, Jerusalén fue establecida como una sola ciudad bajo control Israelí. Por fin los judíos podían elevar sus plegarias a Dios frente al sagrado muro de Jerusalén (perteneciente al santo monte del templo).

La Guerra de Yom Kipur
(1973)

En 1973, durante la celebración de Yom Kipur, el más importante de los días sagrados de los Judíos, Israel fue atacado en sus fronteras con Siria y con Egipto. Después de tres semanas, las fuerzas Israelíes lograron repeler a sus agresores y se firmaron tratados de cese de hostilidades entre Israel y Egipto, y entre Israel y Siria.

El Tratado de Paz Egipcio-Israelí (1979)

En marzo de 1979 Israel y Egipto firmaron un histórico tratado de paz, mediante el cual los Israelíes devolvían el Sinaí a Egipto.

El 6 de junio de 1982 Israel inició la Operación Paz para Galilea, con la intención de expulsar del territorio Libanés a la OLP (Organización para la Liberación de Palestina), que era una constante amenaza para las colonias Judías al norte de Israel.

La Guerra del Golfo (1991)

En enero de 1991 se inició la guerra entre Iraq y una coalición de naciones dirigida por los Estados Unidos. En esta guerra, a pesar de que Israel no era parte del conflicto, Iraq lanzó cohetes teledirigidos hacia su territorio, sin embargo, y a instancias de los Estados Unidos, Israel no respondió a los ataques. Esa crisis del Golfo Pérsico llegó a su fin aproximadamente seis semanas después.

El Tratado de Paz Entre Israel y la OLP (1993)

En septiembre de 1993, Israel y la Organización de Liberación Palestina (OLP) firmaron un acuerdo de intercambio de paz. En dicho acuerdo, Israel se comprometía a ceder a la OLP, antes del 4 de mayo de 1999, el control administrativo de la Franja de Gaza y de ciertas porciones del Banco Oeste.

Una fuerza policial armada Palestina debía reemplazar a las Fuerzas de Defensa Israelí, a fin de garantizar una continua seguridad en estas regiones. Israel debía liberar algunos prisioneros, y la OLP debía arrestar a los terroristas que actuaran en contra de Israel. Desde la firma de este acuerdo (conocido como el Acuerdo de Oslo porque fue negociado en Oslo, Noruega), el retiro programado de las fuerzas Israelíes ha procedido más lentamente de lo planeado, y el terrorismo perpetrado contra ciudadanos Israelíes no ha terminado.

Las palabras de Levítico 25:23 resultan muy conmovedoras en nuestros días: "Además, la tierra no se venderá en forma permanente, pues la tierra es Mía; porque ustedes son sólo extranjeros y peregrinos para conmigo."

Las palabras del profeta Zacarías aún no se han cumplido; pero, por todo lo que está sucediendo, cobran hoy día mayor significado que nunca:

Viene el día del Señor en el cual serán repartidos tus despojos en medio de ti. Porque Yo reuniré a todas las naciones en batalla contra Jerusalén; y será tomada la ciudad y serán saqueadas las casas y violadas las mujeres. La mitad de la ciudad será desterrada, pero el resto del pueblo no será cortado de la ciudad. Entonces saldrá el Señor y peleará contra aquellas naciones, como cuando El peleó el día de la batalla.

Sus pies se posarán aquel día en el Monte de los Olivos, que está frente a Jerusalén, al oriente; y el Monte de los Olivos se hendirá por el medio, de oriente a occidente, formando un enorme valle, y una mitad del monte se apartará hacia el norte y la otra mitad hacia el sur...

Entonces vendrá el Señor mi Dios, y todos los santos con El...

El Señor será Rey sobre toda la tierra. En aquel día el Señor será uno, y uno Su nombre. (Zac. 14:1-4, 5, 9).

Amén. Ven, Señor Jesús (Ap. 22:20).

APÉNDICE 3: AYUDAS HISTÓRICAS Y GRAMATICALES

La información presentada en esta sección te proporcionará ayudas adicionales para tu estudio inductivo de la Palabra de Dios.

Para familiarizarte con el contenido esencial de estas páginas debes dedicar algo de tiempo. Conviene hacerlo, ya que de ese modo sabrás con qué ayudas cuentas cuando las necesites.

EL ARCA DEL PACTO

El objeto más santo para los judíos es el arca del pacto, y la información ofrecida a continuación te ayudará a comprender la importancia que ésta tiene para los judíos y por qué los judíos ortodoxos aún continúan buscándola.

El arca medía 1.2 m. de largo por 75 cm. de ancho y 75 cm. de alto. Estaba hecha de madera de acacia, y recubierta de oro por dentro y por fuera. A nadie se le permitía tocarla, pues simbolizaba la presencia de Dios. En la parte inferior del arca había cuatro anillos de oro, a través de los cuales pasaban dos barras de madera de acacia recubiertas de oro, con las que se podía llevar el arca de un lugar a otro (Ex. 25:10-22). La tarea de transportar el arca estaba reservada únicamente a los coatitas (una de las familias de los levitas).

Cuando el arca se hallaba en el tabernáculo, la nube que indicaba la presencia de Dios se movía sobre el propiciatorio (Lv. 16:2; 1 Sam. 4:4). El propiciatorio, que estaba hecho de oro puro y tenía un querubín en cada uno de sus extremos, cubría el arca del pacto. En el día de la expiación el sumo sacerdote rociaba la sangre del sacrificio sobre el propiciatorio para expiar los pecados del pueblo (el término Hebreo para propiciación es kappóret, "cubierta").

Dentro del arca estaba el testimonio, es decir, las tablas de piedra con los Diez Mandamientos (Ex. 40:20; Dt. 10:2). Durante algún tiempo también estuvieron en el arca la vara de Aarón, que retoñó (Nm. 17:10), y una urna de oro con maná (Heb. 9:4).

El tabernáculo, que era donde residía el arca en el Lugar Santísimo, y el mobiliario habían sido hechos conforme al modelo del trono de Dios en el cielo. Dios reveló a Moisés este modelo cuando le dio instrucciones para la construcción del tabernáculo (Heb. 8:1-5).

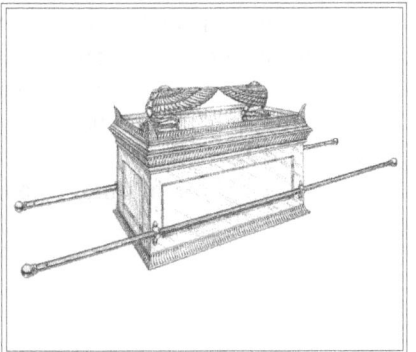

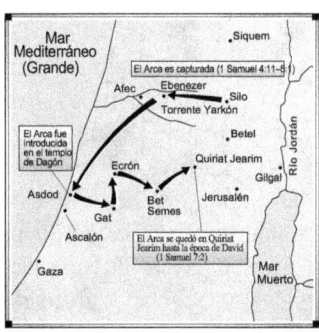

Los Recorridos del Arca

El arca iba delante de los Israelitas en su peregrinaje del Sinaí a Canaán. Los precedió cuando cruzaron el río Jordán y conquistaron Jericó. Reposó en Gilgal, Siquem, Betel y Silo. Luego, en Ebenezer, los filisteos la capturaron y la mantuvieron en su poder durante siete meses. La llevaron a Afec, Asdod, Gat y Ecrón. De Ecrón la enviaron a Bet Semes, donde 50.070 personas murieron por asomarse en su interior. De allí la llevaron a Quiriat Jearim, a la casa de Abinadab, donde permaneció durante veinte años.

Cuando David llegó al trono, tuvo el deseo de llevar el arca a Jerusalén, pero los Israelitas quebrantaron las órdenes de Dios al transportar el arca en una carreta en vez de llevarla sostenida con barras. Cuando el arca estuvo por caerse de la carreta, un hombre llamado Uza tocó el arca y Dios le quitó la vida. Esto ocurrió en la era de Nacón (o Quidón; véase 2 Sm. 6:6-7; 1 Cr. 13:9). El arca permaneció tres meses en la casa de un hombre de Gat, llamado Obed Edom, hasta que David ordenó a los coatitas llevarla a Jerusalén. Una vez allí, el arca permaneció dentro de una tienda (2 Cr. 1:4).

Cuando Salomón llegó a ser rey y construyó el templo, el arca fue llevada de la tienda al templo, el cual fue construido sobre la era de Ornán (1 Cr. 21:18; 2 Cr. 3:1). Allí el arca fue colocada en el Lugar Santísimo (1 R. 8:6; 2 Cr. 5:12-14).

No se sabe del paradero del arca desde el año 586 a.C., cuando los babilonios destruyeron el templo. La última mención que se hace del arca es en Apocalipsis 11:19: "El templo de Dios que está en el cielo fue abierto; y el arca de Su pacto se veía en Su templo, y hubo relámpagos, voces (ruidos) y truenos, y un terremoto y una fuerte granizada."

INTRODUCCIÓN AL GNOSTICISMO

Al igual que muchos en la iglesia de nuestros días, en la iglesia primitiva también hubo creyentes en Cristo que cayeron bajo el influjo de la filosofía dominante de su tiempo. Mientras se estaba escribiendo el Nuevo Testamento, la iglesia en Asia se vio amenazada por el Gnosticismo, una corriente filosófica que en la iglesia apostólica primitiva se convirtió en gran opositora del evangelio.

El familiarizarse con las enseñanzas del Gnosticismo te ayudará a entender y apreciar mejor algunas de las advertencias y enseñanzas que se encuentran en las epístolas.

Muchos miembros de la iglesia primitiva tenían sed de conocimientos y eran engañados fácilmente por los maestros Gnósticos, quienes los desviaban de la sencilla y pura devoción a Cristo. Había quienes abandonaban la iglesia para formar su propia comunidad y enseñar un evangelio distinto al proclamado por los apóstoles. Tal alejamiento de la iglesia suscitaba dudas en cuanto a la verdad, entre quienes se quedaban en ella. Produciéndose así gran confusión en la iglesia.

El término Gnosticismo proviene de la palabra Griega gnosis, que significa "conocimiento". El Gnosticismo era una corriente filosófica centrada en la búsqueda de un conocimiento superior. Los Gnósticos enseñaban que tal conocimiento no era simplemente intelectual sino que era difícilmente accesible al cristiano común y corriente. Según el pensamiento Gnóstico, cuando el creyente alcanzaba tan extraordinario conocimiento, entonces alcanzaba "la salvación".

❧ *La primera doctrina fundamental del Gnosticismo era la supremacía del conocimiento.*

Ciertos **pneumatikós**, o "espirituales", decían poseer un conocimiento especial de la verdad.
Los cristianos comunes y corrientes no poseían, ni podían llegar a poseer, este secreto del conocimiento superior.

❧ *La segunda doctrina fundamental del Gnosticismo era la separación de espíritu y materia.*

Toda materia se consideraba mala y fuente del mal.
El espíritu se consideraba bueno e invulnerable. Nada que hiciera el cuerpo (la materia) podría afectar la pureza del espíritu.

El Gnosticismo afirmaba tener un supuesto conocimiento superior al revelado por Dios en Jesucristo y a través de los profetas. Tenía sus orígenes en las filosofías de los griegos y de los Romanos, en las creencias de Platón y Filón, y en las religiones orientales, especialmente las de Persia y la India. Mientras el Cristianismo mantuvo sus raíces Judaicas, estuvo a salvo de tales herejías. Sin embargo, al extenderse al mundo de los gentiles, la religión filosófica oriental intentó formar alianza con el Cristianismo.

Muchos Gnósticos interpretaban el Antiguo Testamento de manera alegórica y no se ceñían a sus enseñanzas literales. Ellos se apartaron de la veracidad de la Palabra, que habría sacado a la luz el error de sus enseñanzas en cuanto a la creación, el pecado y la restauración de todas las cosas. No pudieron comprender cómo un Dios supremo, puro en espíritu y esencialmente bueno, podría haber creado un universo material al que consideraban malo.

Cuando los Gnósticos abrazaron el Cristianismo, se dividieron en múltiples facciones en torno al tema de la deidad de Jesucristo. Las dos facciones principales enseñaban lo siguiente:

Los Gnósticos Docetistas negaban la humanidad de Jesús. El término **Docetista** proviene del verbo Griego **dokeo**, que significa "parecer". Según los Docetistas, era imposible que Dios, que como espíritu era bueno, en la persona de Jesucristo se hubiera hecho hombre, que como materia era malo. Creían que Jesucristo era un fantasma, que no tenía cuerpo ni era de carne y hueso, sino que sólo parecía tener cuerpo.

Los Gnósticos Cerintianos (seguidores de Cerinto) distinguían entre el hombre Jesús y al **aeon**, es decir, el poder de Cristo. Creían que en el bautismo de Jesús, cuando la paloma descendió sobre Él, lo que había venido a reposar sobre el hombre Jesús era el poder de Cristo, y que Jesús había perdido tal poder antes de su muerte en la cruz. De modo que quien había muerto era "el hombre Jesús" y no Jesucristo, el Dios encarnado.

Estas herejías Gnósticas negaban que Dios se hubiera encarnado y que, en la persona de Jesucristo, hubiera andado por este mundo para traer redención y salvación al género humano. Al eliminar a Jesucristo como único camino a Dios, los Gnósticos creían que podrían encontrar su propio camino a Dios mediante la investigación y el conocimiento. La fe y las obras no se consideraban importantes para la salvación ni para la vida del creyente.

El comprender los fundamentos del Gnosticismo y las distintas formas de razonamiento que éste adoptó en los primeros tiempos de la iglesia Cristiana te ayudará a comprender mejor la herejía doctrinal que algunos de los escritores del Nuevo Testamento procuraban corregir.

PAUTAS PARA LA INTERPRETACIÓN DE LA PROFECÍA PREDICTIVA

Desde el Génesis hasta el Apocalipsis, la Biblia está llena de profecías, y si quieres estudiarlas con precisión, las siguientes pautas te servirán como importantes parámetros.

La palabra Griega **profeteí**, "profecía", está compuesta de la preposición **pro**, "adelante", y **femi**, "hablar". Su sentido es "proclamar" o expresar, la mente y el consejo de Dios. Según esta definición, toda la Escritura es, de alguna manera, profecía.

La profecía predictiva apunta hacia un cumplimiento futuro, y es de origen divino. En su libro *Understanding and Applying the Bible Revised and Expanded (Entendiendo y Aplicando la Biblia Revisado y Ampliado)*, el doctor Robertson McQuilkin dice: "La profecía predictiva tiene dos propósitos. Uno de ellos, el principal, es el de afectar la conducta de quienes la escuchan. El otro se realiza sólo cuando se cumple la profecía. Tal propósito es el de crear y afirmar la confianza en el Dios que milagrosamente anuncia los acontecimientos por venir (Jn. 13:19; 14:29; 16:4)", (pág. 215).

Algunos eruditos dividen la profecía en dos categorías: la que proclama y la que predice. Las profecías que proclaman contienen mensajes inmediatos, para el momento actual (con frecuencia se trata de exhortaciones a llevar una vida santa a la luz de alguna profecía que aún está por cumplirse). Las profecías predictivas contienen un mensaje acerca de lo que Dios hará en el futuro.

Cuando un profeta hablaba de parte de Dios, la profecía podría estar relacionada con lo siguiente:
- un cumplimiento presente o próximo
- un cumplimiento futuro
- un cumplimiento en dos etapas, es decir, un cumplimiento próximo y, más adelante, un cumplimiento futuro

Al leer las profecías de la Biblia, ten presente las siguientes pautas, y así podrás discernir si la profecía tiene que ver con:
- la época del profeta mismo y/o algún tiempo futuro
- el cautiverio y/o restauración de Israel o Judá
- la primera venida de Cristo y cualesquiera otros acontecimientos relacionados con ella
- la segunda venida de Cristo
- los últimos días o los tiempos del fin

Al estudiar la profecía, es importante recordar que los profetas no siempre delimitaron intervalos de tiempo entre los acontecimientos, ni escribieron siempre sus profecías en orden cronológico. Por ejemplo, una profecía del Antiguo Testamento podría abarcar la primera y la segunda venida de Cristo sin indicación alguna del tiempo que transcurriría entre ambas. Una profecía de esta índole se encuentra en Isaías 65:17-25, en la que el profeta habla primero de "nuevos cielos y nueva tierra" (en la que sabemos que no hay muerte), y luego en los versículos 18-25 dice que "el niño morirá de cien años" y que "el lobo y el cordero serán apacentados juntos". Cronológicamente, el versículo 17 habrá de cumplirse **después** que los versículos 18-25 sean ya una realidad.

◈ *La profecía debe tomarse siempre en su sentido literal (es decir, en su sentido común y corriente), a menos que se dé uno de los dos siguientes casos:*

- cuando el contexto gramatical demuestra que se trata de lenguaje figurado, pues se recurre a símiles, metáforas, parábolas, alegorías, símbolos o tipos.
- cuando la interpretación literal va en contra del sentido común, contradiga al autor, o lo que enseñan las Escrituras.

Cuando un pasaje profético no puede interpretarse literalmente, se debe investigar lo que el autor pretende comunicar mediante el uso del lenguaje simbólico o figurado. Para poder discernir lo que el autor quiere decir, las respuestas se deben buscar en los siguientes lugares:

- dentro del contexto del libro en el que se encuentra el pasaje
- en algún otro escrito del mismo autor
- en cualquier otro escrito profético al que el autor haya tenido acceso (por ejemplo, otros libros o pasajes proféticos en la Palabra de Dios).

◈ Recuerda que en algunos casos el profeta no emplea el tiempo futuro, aún cuando se esté refiriendo a sucesos por venir.

◈ Al interpretar las Escrituras debes tomar en cuenta el contexto histórico del pasaje estudiado, teniendo presente que Dios estaba comunicando su profecía a un determinado pueblo en un momento específico de la historia. Si bien es cierto que la profecía podría tener un cumplimiento futuro, el profeta debía comunicarla de manera que fuera comprensible a los que la recibirían en primera instancia, aún cuando no lograran comprender todos los detalles, los símbolos, o las implicaciones del mensaje profético.

◈ Haz un análisis detenido de la historia y de la cultura reflejadas en el texto. Antes de empezar la interpretación del texto, identifica todos los acontecimientos históricos, los nombres propios y los lugares geográficos.

◈ Ten presente que el profeta que daba determinada profecía y el pueblo que recibía el mensaje no siempre captaban plenamente su significado. Por ejemplo, Daniel no pudo entender ciertas cosas de lo que escribió, ya que el mensaje debía permanecer sellado hasta el tiempo final (Dn. 12:8-9).

Sin embargo, muchas profecías se van aclarando mediante:

su cumplimiento documentado en la historia

su cumplimiento documentado en el Nuevo Testamento

su explicación en algún texto del Antiguo o del Nuevo Testamento (p.ej. Hch. 4:24-28)

❧ *Ten presente que muchas profecías del Nuevo Testamento incluyen citas del Antiguo Testamento y alusiones a éste.* Los estudiosos estiman que tan sólo en Apocalipsis hay unas 350 de estas citas o alusiones. Apocalipsis está repleto del lenguaje de Isaías, Jeremías, Ezequiel, Daniel y los Profetas Menores. Resulta evidente que el autor de Apocalipsis estaba empapado del Antiguo Testamento, puesto que su fraseología emana de éste. De modo que para interpretar correctamente la profecía del Nuevo Testamento, debe compararse con las referencias correspondientes en el Antiguo Testamento.

❧ *En el estudio de la profecía, hay que atender a las frases que denotan algún período de tiempo. Busca, por ejemplo, las siguientes frases adverbiales: en los postreros días, el día del Señor, el día de la ira y el fin de los días.* Cuando te encuentres con frases como éstas, observa detenidamente lo que ocurre durante ese período específico de tiempo y luego pregúntate lo siguiente:

- ¿Alguna vez en la historia ha ocurrido algo parecido?
- ¿Coinciden estos acontecimientos con algún otro período de tiempo específico?
- ¿Corresponden estos acontecimientos a otros mencionados en algún punto de la Palabra de Dios?

FIGURAS RETÓRICAS

Aunque la Biblia ha de interpretarse literalmente, conviene recordar que, como cualquier otro escrito, contiene figuras retóricas que deben interpretarse como tales y a la luz de su propósito original. Al tratar de interpretar fielmente la Palabra de Dios, encontrarás que te servirán de mucha ayuda las siguientes definiciones de las distintas figuras retóricas.

Las *figuras retóricas* son palabras, frases o expresiones que se usan de manera figurada, más bien que en su sentido literal.

En la interpretación Bíblica resulta muy importante reconocer el uso del lenguaje figurado. Por ejemplo, ha habido gran controversia en la iglesia en torno a las palabras de Jesús con relación al pan durante la última cena: "Y tomando el pan, después de haber dado gracias, lo partió, y les dio, diciendo: Esto es Mi cuerpo, que por ustedes es dado" (Lc. 22:19). Hay quienes creen que el pan realmente se convierte en el cuerpo de Cristo (doctrina de la transubstanciación), mientras que otros creen que Jesús sólo estaba empleando una metáfora, y que el pan es símbolo de Su cuerpo.

Los tres principios que deben observarse al estudiar el lenguaje figurado son:

- Comprobar que el autor está, en efecto, empleando lenguaje figurado.
- Identificar el tipo de lenguaje figurado que ha usado el autor: símil, metáfora, hipérbole, etc.
- Seguir las pautas pertinentes para la interpretación de lo que el autor quiso decir mediante su uso de esa figura retórica en particular.

En tu estudio de las Escrituras, te servirá de mucho identificar las figuras retóricas usadas por el autor. A continuación se ofrecen definiciones breves de los diferentes tipos de lenguaje figurado empleados en la Biblia.

La **metáfora** implica una comparación entre dos cosas diferentes. La metáfora no recurre a términos comparativos (***como, tan...como, así como... ,así también, semejante a, se parece a***), sino que afirma la relación de identidad. Por ejemplo, Juan 6:48, donde Jesús dice "Yo soy el pan de vida".

El **símil** es una comparación expresa de dos cosas o ideas diferentes, y recurre a términos comparativos (***como, tal...como, así como..., así también, semejante a, se parece a***). Por ejemplo, Apocalipsis 1:14: "Su ojos eran como una llama de fuego."

La **hipérbole** es una exageración deliberada que procura recalcar algo. La hipérbole puede hallarse en todos los idiomas y es muy común en las lenguas semíticas. Por ejemplo: "Cansado estoy de mis gemidos; todas las noches inundo de llanto mi lecho, con mis lágrimas riego mi cama" (Salmo 6:6).

La ***metonimia*** es una figura de asociación que recurre a la mención de algunos objetos o ideas de alguna manera relacionados entre sí. Un ejemplo de metonimia lo constituye el siguiente enunciado: "Y toda la ciudad salió al encuentro de Jesús". La metonimia consiste en el uso de "ciudad", ya que no era la ciudad la que salía a él, sino la gente que habitaba en la ciudad. Nota además la hipérbole presente en la frase "toda la ciudad".

La **sinécdoque** es otra figura de asociación en la que se designa un todo con el nombre de una de sus partes, o viceversa. Esto se puede ver en el uso del término la ley, el cual puede hacer referencia al Pentateuco (los primeros cinco libros del Antiguo Testamento), a los Diez Mandamientos o a todo el Antiguo Testamento.

La sinécdoque ocurre también cuando se usa un singular en lugar de un plural, o viceversa. Ejemplo de ello es Jeremías 25:29, donde Dios dice que va a traer "espada. . . sobre todos los moradores de la tierra". El singular "espada" representa muchas espadas.

◦ En la *prosopopeya*, o *personificación*, se atribuye a los objetos inanimados características propias de los seres animados; por ejemplo, cuando los árboles aplauden y los montes cantan de alegría (Is 55:12).

◦ La *ironía* es una declaración cuyo sentido es contrario de su significado, y se usa para enfatizar algo o causar impacto. Cuando no te resulte fácil discernir si una declaración es irónica, considérala primero en su sentido literal, ¿tiene sentido en su contexto? Después, analízala como una ironía figurada y si tiene sentido y encaja en el contexto, acéptala como una ironía. De lo contrario, considérela como una declaración verdadera.

Estos son dos ejemplos de lo que es la ironía:

1. En 1 Reyes 22:1-23, un profeta verdadero le dice al rey lo que éste espera escuchar, aunque en realidad le está mintiendo. Resulta evidente que estaba hablando en tono irónico, ya que el rey le ordena dejar de profetizar con falsedad y decir la verdad.

2. En 1 Corintios 4:8, Pablo les dice a los Corintios: "...ya están saciados, ya se han hecho ricos, ya han llegado a reinar sin necesidad de nosotros. ¡Ojalá hubieran llegado a reinar, para que nosotros reináramos también con ustedes!" Cuando se lee esto, resulta evidente que los Corintios no son reyes, y que tampoco Pablo desea reinar con ellos.

La Parábola

Una *parábola* es un relato ficticio que, no obstante, es un reflejo de la vida cotidiana y procura enseñar alguna verdad o lección moral. Cada detalle de la parábola refuerza el tema principal, pero no se debe tratar de ver en cada punto de ella alguna aplicación o significado espiritual específico.

En sus enseñanzas Jesús recurría con frecuencia a las parábolas, hacía esto por dos razones: para revelar la verdad a los creyentes, y para ocultar esa misma verdad a quienes la rechazaban o se obstinaban en no recibirla.

Para interpretar una parábola correctamente, haz lo siguiente:

• ***Determina el momento en que se emite la parábola.*** Puesto que las parábolas aclaran o recalcan una verdad, observa porqué se contó esa parábola. ¿Qué dio pie a que se contara?

• ***Averigua la intención de la parábola.*** Algunas veces el sentido se expresa explícitamente, en otros casos puede deducirse analizando la aplicación que tiene para los oyentes.

• ***No impongas ningún sentido a la parábola que vaya más allá de lo que claramente dice, o de lo que quiso decir a sus oyentes quien la contó.***

• ***Identifica la idea central de la parábola.*** Cada parábola tiene una idea o énfasis central. Los detalles secundarios no deben interpretarse independientemente de la intención principal de la parábola en su conjunto.

Puesto que la parábola siempre tiene un punto de énfasis central, identifica los detalles más sobresalientes. Cuando uno trata de encontrar en la parábola sentidos ajenos a su contexto o poco pertinentes a su énfasis central, ésta pierde todo su sentido. Los detalles tienen importancia sólo si refuerzan el punto central de la parábola.

¿Cuántos sermones has escuchado en torno a la parábola del hijo pródigo? Muchos maestros tergiversan el contexto y el sentido de esta parábola atribuyendo los más variados significados a cada detalle del relato. Jesús contó esta parábola porque quería que los Fariseos reflexionaran sobre sí mismos y examinaran su propio corazón cuando murmuraban, "Este recibe a los pecadores, y come con ellos" (Lc. 15:2). A fin de recalcar lo que quería decir, Jesús cuenta tres parábolas consecutivas acerca de tres cosas que se habían perdido: una oveja, una moneda y un hijo. En cada una de ellas Jesús repite las siguientes palabras: **perdido, encontrar (hallar), pecador (pecar), y gozo (regocijo)**. En la parábola del hijo pródigo, Jesús les muestra a los Fariseos la bondad del padre frente a la dureza del hermano mayor. De esta manera les muestra a los Fariseos que su corazón es como el del hermano mayor y no como el del Padre.

• *Interprete la parábola en el contexto de la cultura de los tiempos Bíblicos, y no en el contexto de la cultura de nuestros días.* Por ejemplo, en la parábola de las vírgenes prudentes y las vírgenes necias, el punto central es: "Velen (Estén alerta), pues no saben el día ni la hora" (Mt. 25:13). El conocer las tradiciones relacionadas con las bodas en el Medio Oriente te proporcionaría nuevas perspectivas para entender la parábola, a la vez que te ayudará a entender porqué algunas jóvenes estaban listas y otras no.

• *No establezcas ninguna doctrina basándote en una parábola como su principal o única fuente de enseñanza.* Las parábolas pueden servir para ampliar o afirmar una doctrina, pero no para establecerla.

La Alegoría

En la *alegoría* se describe una cosa usando la imagen de otra. Se trata de un relato con un sentido latente que difiere de los hechos que a primera vista nos revela el relato. Hay quienes entienden la alegoría como una metáfora amplificada, lo que significa que la alegoría implicaría también una comparación entre dos cosas diferentes. La alegoría es un relato, verosímil o no, cuyo propósito es enseñar una o más verdades que pueden o no estar relacionadas entre sí.

El diagrama comparativo de parábolas y alegorías que aquí aparece te ayudará a distinguir las unas de las otras.

Al interpretar una alegoría, sigue estas instrucciones:

• Haz una lista de las características de la alegoría.

• Toma nota de cualquier interpretación que el texto mismo haga de la alegoría.

• Estudia sus características con los sanos principios de la exégesis Bíblica. No contradigas la enseñanza diáfana de la Palabra de Dios interpretando un detalle no explicado, de una alegoría, de una manera que sea contraria a otras verdades.

• No trates de identificar todas las particularidades de una alegoría.

El Tipo

Un tipo es un símbolo profético designado por Dios. La palabra *tipo* proviene del Griego *tupos*, que se refiere a la marca que queda cuando se golpea o se hace una impresión en un objeto, dejando en él una figura o imagen. Un tipo prefigura algo, o alguien, que está por venir. Lo prefigurado recibe el nombre de *antitipo*.

Parábola	Alegoría
1. Tiene un punto central	1. Puede tener más de un punto central
2. Enseña una sola verdad	2. Puede enseñar varias verdades
3. Cada detalle de importancia refuerza el tema central o el énfasis	3. Puede tener múltiples y variados detalles relacionados con más de un tema
4. Puede tener detalles de poca importancia; no es necesario identificar todas sus facetas	4. Puede tener detalles de poca importancia; no es necesario identificar todas sus facetas
5. Por lo general el relato es independiente de su interpretación y aplicación	5. El relato y su significado se entrelazan
6. Normalmente la interpretación sigue a la parábola	6. La interpretación se halla en la alegoría misma

Un tipo puede prefigurar un solo antitipo, aunque puede tener paralelos con el antitipo en varios puntos. El tabernáculo es un buen ejemplo de esto, ya que es un tipo de la redención del hombre. Según Hebreos 10:20, el velo que separaba el Lugar Santo del Lugar Santísimo prefiguraba la carne de Jesucristo.

Aún cuando los tipos no estén identificados explícitamente como tales, debe haber alguna confirmación divina que los vincule con sus correspondientes antitipos. Por ejemplo. Romanos 5:14 dice: "Sin embargo, la muerte reinó desde Adán hasta Moisés, aun sobre los que no habían pecado con una transgresión semejante a la de Adán, el cual es figura (símbolo) de Aquél que había de venir".

Aquí tenemos la palabra *tupos* traducida como *figura*. Adán era tipo, o figura, de Cristo, quien había de venir. En 1 Corintios 15:45 se habla de Cristo como "el último Adán". Si la Biblia no designa algo como un tipo, el expositor del texto Bíblico debiera limitarse a mostrar los paralelos sin llamarlos tipo.

Los Símbolos

Un símbolo es algo que representa otra cosa. Por ejemplo, los siete candelabros que se mencionan en Apocalipsis 1:20 representan las siete iglesias a las que se refieren los capítulos 2 y 3 del mismo libro.

Al observar algún símbolo, hay que tener presente lo siguiente:

• *El objeto usado como símbolo puede simbolizar distintas cosas.* Por ejemplo, el agua es símbolo de la Palabra de Dios (Ef. 5:26) y del Espíritu Santo (Jn. 7:37-39).

• *Aunque un símbolo puede representar distintas cosas, cuando se usa en un pasaje específico, su intención es establecer un solo paralelo.* Por ejemplo, en Juan 7:37-39 el agua es símbolo del Espíritu Santo, no de la Palabra.

• *Los símbolos deben interpretarse a la luz del contexto de la cultura de la Biblia, y no del contexto y la cultura del intérprete contemporáneo.*

• *Los símbolos no tienen limitación de tiempo, y pueden representar algo pasado, presente o futuro.*

NORMAS DE COMPOSICIÓN

Una composición escrita consiste en una serie de pensamientos ordenados de tal manera que comunican un determinado sentido al lector. Conocer las normas de composición te ayudará a captar lo que el autor quiere comunicar.

Las siguientes normas de composición pueden resultarte útiles en tu estudio de la Palabra de Dios.

1. La *comparación* establece similitudes. Es la asociación de cosas semejantes.

2. El *contraste* establece diferencias. La asociación de dos cosas opuestas entre sí.

3. La *repetición* es el uso reiterado de la misma palabra o frase.

4. La *progresión* es la prolongación de un tema específico en toda una porción de las Escrituras. Muchas veces, al avanzar en su escrito, el autor se explaya en lo que está diciendo, o agrega algo a lo ya dicho.

5. El *clímax* es el punto máximo de una progresión que va de lo menor a lo mayor. El clímax es simplemente la extensión de las normas de progresión, llevadas a su máxima intensidad.

6. La *transición* es el cambio o giro que hace que los elementos de uno y otro lado difieran de alguna manera. Hay una transición en Juan 11:54 cuando Jesús deja de ministrar al pueblo en general y decide ministrar a sus discípulos. En Génesis 12 hay también una transición cuando el autor cambia el enfoque del relato, de los grandes acontecimientos a los grandes personajes.

7. La *convergencia* se da cuando hay un punto del que se derivan, o hacia donde se dirigen, otras verdades. Un ejemplo de convergencia puede verse en 1 Corintios 15, donde todas las verdades en este capítulo apuntan a la resurrección.

8. El *intercambio* se da cuando por lo menos dos pensamientos, temas o características principales alternan consecutivamente. Esto puede verse claramente en el Evangelio según San Lucas, quien comienza anunciando el nacimiento de Juan el Bautista y, de pronto, cambia el tema y anuncia el nacimiento de Jesús, para volver nuevamente al nacimiento de Juan el Bautista, y luego otra vez al nacimiento de Jesús. Eso se llama alternancia, o intercambio.

9. *De lo general a lo particular (o viceversa),* se da cuando el autor pasa del tema general a los detalles o aspectos específicos. Un bello ejemplo de esto lo encontramos en Génesis 1 y 2. En el capítulo 1 tenemos un panorama bastante amplio de la creación, incluyendo la creación del hombre y la mujer en el día sexto; en el capítulo 2, Génesis pasa de lo general a lo específico, al concentrar su atención en los detalles de la creación de la mujer.

10. *Causa y efecto (o viceversa)*, es cuando se va del origen de algo a sus consecuencias. Ejemplo de esto es el capítulo 11 de Juan: el versículo 4 afirma que la causa de la muerte de Lázaro, el querido amigo de Jesús, había sido la de glorificar al Hijo; el efecto puede verse en el versículo 45, cuando la gente cree en Jesús luego de ver su poder al resucitar a Lázaro. Este mismo efecto se encuentra también en Juan 12:17-18, donde una vez más, el Hijo es glorificado.

11. La *explicación, o el análisis*, es la presentación de una idea o acontecimiento seguido por su explicación. Nuestro Señor nos brinda un excelente ejemplo en Juan 65, donde multiplica los peces y los panes, y luego pronuncia un discurso en el que afirma que Él es el pan de vida.

12. Mediante la *interrogación* se plantea una pregunta seguida de su respuesta. En la carta a los Romanos, el apóstol Pablo hace un uso magistral de esta técnica: percibe los cuestionamientos u objeciones de sus lectores, los plantea en forma de preguntas, y pasa luego a dar respuesta a esas preguntas. No debe confundirse esta técnica con la interrogación retórica, figura mediante la cual se plantea una pregunta no con el fin de pedir respuesta o manifestar duda, sino de afirmar indirectamente o dar más vigor y eficacia a lo que se dice. También en Romanos hay bellos ejemplos de esta figura (p.ej. 11:34-35 y 14:20)

13. La *preparación*, o *introducción*, es la presentación de antecedentes que preparan al lector para lo que sigue. El propósito del Evangelio según San Juan es preparar al lector para que crea que Jesús es el Cristo, el Hijo de Dios. En Juan 1:1-18 el autor presenta de lleno su tema y prepara al lector para el resto del evangelio.

14. En la *recapitulación* se vuelven a señalar o resumir los puntos principales, para reafirmar brevemente algunas verdades específicas. Moisés hace esto en los capítulos 1 al 4 de Deuteronomio cuando repite ante los Israelitas todo cuanto sucedió a partir del éxodo de Egipto. El capítulo 7 de Hechos presenta, en labios de Esteban, una magistral recapitulación de la historia de Israel.

TIEMPO, VOZ Y MODO DE LOS VERBOS GRIEGOS

Hoy en día contamos con muchos textos excelentes que pueden ayudar al estudioso de la Biblia a profundizar en el texto Bíblico. Abundan los análisis de términos Griegos y para quienes deseen avanzar más en este campo de los estudios neotestamentarios, hay disponibles gramáticas sencillas pero bien documentadas, como el ***Comentario al Texto Griego del Nuevo Testamento***, por A. T. Robertson.

La siguiente explicación del tiempo, de la voz y del modo del verbo Griego ayudará a quienes, aunque no sepan Griego, deseen comprender mejor las consecuencias del tipo de acción señalada por los verbos.

Los verbos son acción. Por lo tanto, son el elemento más importante en la expresión del pensamiento. Comprender el verbo Griego significa poseer una de las claves para interpretar y aplicar las Escrituras correctamente (la clave más importante de la interpretación y aplicación es el contexto, ya que las palabras cobran su significado a partir de él). Las principales características de los verbos Griegos son el tiempo, la voz y el modo.

Parte de la belleza del idioma Griego es que la construcción del verbo muestra claramente quién ejecuta la acción, si se trata de una orden o de una sugerencia, y si el pasaje tiene que ver con realidades o posibilidades.

Bastará con dedicar un poco de tiempo a una explicación breve y sencilla del tiempo, de la voz y del modo, para que a los ojos del lector se abran nuevas perspectivas. Lo que sigue es un resumen simplificado—no exhaustivo—en torno a un tema bastante complejo. Esta información tiene como objeto presentar una visión general de ciertos términos que aparecen con frecuencia en los comentarios de índole más técnica.

Tiempo
(Señala el tiempo y el tipo de acción realizada).

Los tiempos verbales del Griego, tales como los del Español, pueden distinguir no sólo el tiempo sino también el tipo de acción.

❧ **Acción de forma continua.**
Tiempo presente: acción continua. Se trata de una acción fundamentalmente progresiva y lineal, que denota que la acción sigue realizándose.
Por ejemplo:
Jaime está estudiando la Biblia.
Juan 15:4b "Como el sarmiento no puede dar (seguir dando) fruto por sí mismo si no *permanece* (sigue *permaneciendo*) en la vid, así tampoco ustedes si no *permanecen* (siguen *permaneciendo*) en Mí."
Juan 15:6 "Si alguien no *permanece* (sigue *permaneciendo*)…"

Tiempo imperfecto: acción continua, en el pasado.
Por ejemplo:
Jaime *leía* la Biblia.
Juan 15:19a "Si ustedes fueran del mundo, el mundo *amaría* lo suyo".

❧ **Acción completada con efectos continuos.**
Tiempo perfecto: acción concluida en el pasado y con resultados que continúan en el presente. Esta acción en particular tiene lugar en un punto específico de tiempo.
Por ejemplo:
Jaime está cambiando por *haber estudiado* la Biblia.
Juan 15:3 "Ustedes ya están limpios por la palabra que les *he hablado*."

Juan 15:10 "Así como Yo *he guardado* los mandamientos de Mi Padre…"
Tiempo pluscuamperfecto: acción concluida en el pasado con resultados que aún continúan en el pasado.
Ejemplos:
Jaime cambió porque *había estudiado* la Biblia.
Juan 9:22 "Porque los Judíos ya se *habían puesto* de acuerdo. . "

❧ **Acción mientras tiene lugar.**
Tiempo aoristo: una acción puntual.
El tiempo aoristo indica una acción ya realizada, sin tomar en cuenta su duración. Comparado con el tiempo presente, el tiempo aoristo sería semejante a una fotografía, en tanto que la acción del tiempo presente sería como una película.
Por ejemplo:
Jaime *estudió* la Biblia.
Juan 15:4a "*Permanezcan* en Mi, y Yo en ustedes…"
Tiempo futuro: acción indefinida que va a tener lugar en el futuro. Indica acción que continúa en el futuro.
Por ejemplo:
Jaime *estará estudiando* la Biblia.
Juan 15:7 "Y les *será hecho*."
Juan 15:8 "…y *así prueben* que son Mis discípulos."

Voz
(Muestra la relación del sujeto con la acción).

❧ **Voz activa: indica que es el sujeto quien realiza la acción.**
Por ejemplo:
Jaime *bañó* al perro.
Juan 15:2b "Y todo aquel que da fruto, lo *poda*…"

Voz pasiva: indica que la acción recae sobre el sujeto.
Por ejemplo:
El perro es *bañado* por Jaime
Juan 15:8 "En esto es *glorificado* Mi Padre".

❧ **Voz media: indica una acción reflexiva, en la que el sujeto realiza la acción y participa de sus efectos.** (Esta voz es propia de la construcción Griega).
Ejemplos:
Jaime se *bañó*.
Juan 15:26 "El Espíritu de verdad que *procede* del Padre, El dará testimonio de Mí."

Es importante notar que cuando se busca algún verbo en un léxico Griego, las voces media y pasiva tienen formas idénticas. Sin embargo, el contexto determina si la acción recae sobre el sujeto (voz pasiva), o si el sujeto realiza la acción y participa de sus efectos (voz media).

Hay también algunos verbos conocidos como *deponentes*, lo que significa que en los léxicos aparecerán entre los verbos de voz pasiva o media, aunque su función o acción es activa. Por lo general, los léxicos indicarán que se trata de verbos deponentes.

Modo
(Muestra cómo se relaciona la acción con la realidad, desde el punto de vista de quien habla)

❧ **Modo indicativo: modo declarativo o aseverativo.** Es la afirmación de un hecho que, desde el punto de vista de quien habla, se da como una realidad. Este modo simplemente afirma la realidad del hecho.

Por ejemplo:
El estudio de la Biblia *ha cambiado* la vida de Jaime.
Juan 15:6 "...*es echado* fuera como un sarmiento y se seca; y los recogen, los echan al fuego y se queman."

❧ **Modo imperativo: por lo general se trata de una orden o invitación.** El modo imperativo impone a la voluntad de otro, u otros, la obediencia a la orden. Se usa para denotar prohibición y autoridad.

Por ejemplo:
Jaime, *has* tu tarea.
Juan 15:4 "*Permanezcan* en Mí".
Juan 15:9 "*Permanezcan* en Mi amor".
Juan 15:20 "*Acuérdense* de la palabra que Yo les dije."

En tu estudio de la Palabra de Dios te resultará muy provechoso entender la combinación del tiempo presente con el modo imperativo, cuando este último expresa una prohibición u orden negativa. La *prohibición imperativa* presente exige la suspensión de cualquier acción que se esté realizando.

Por ejemplo:
Juan 20:17 "Jesús le dijo: '*Suéltame*'". (Con esto, Jesús estaba diciéndole a María, quien se había asido de Él, "Deja ya de seguir asida a mí.")

❧ **Modo subjuntivo o de probabilidad.** Implica cierta duda en cuanto a la realidad de la acción, desde el punto de vista del que habla. Expresa incertidumbre respecto a una acción que pudiera o debiera realizarse. Este modo se emplea en oraciones condicionales, sugerencias categóricas y órdenes "amables".

Por ejemplo:
Tal vez *haya terminado* Jaime su tarea.
Juan 15:2 "…para que dé más fruto."
Juan 15:4 "Como el sarmiento no puede dar fruto por sí mismo si no permanece en la vid, así tampoco ustedes *si no permanecen* en Mí."
Juan 15:6 "El que en mí no *permanece*, será echado fuera…"
Juan 15:7 "*Si permanecen* en Mí, y Mis palabras permanecen en ustedes…"

En tu estudio de la Palabra de Dios te será provechoso entender la combinación del tiempo aoristo con el modo subjuntivo que indica una prohibición u orden negativa. La *prohibición del subjuntivo aoristo* advierte o exhorta contra algo que aún no se ha realizado.

Por ejemplo:
Juan 13:8a "'¡*Jamás me lavarás* los pies!' Le dijo Pedro." Es decir, Pedro está diciéndole a Jesús que Él no debe lavarle los pies, cuando Jesús aun no había empezado a hacerlo.

❧ **Modo optativo o desiderativo.** Este modo muestra un deseo, por parte de quien habla, de que se realice la acción (no se usa tanto como los otros modos).

Por ejemplo:
Me gustaría que Jaime estudiara la Biblia.
2 Tesalonicenses 3:5 "Que el Señor *dirija* sus corazones…"

Tiempo, Modo y Voz de los Verbos Griegos

Tiempo

El énfasis está en el *tipo* de acción más que en el tiempo de la acción.

Tiempo	Tipo de Acción	Ejemplo
Presente	Acción continua.	Jaime está estudiando la Biblia.
Imperfecto	Acción continua en el pasado.	Jaime estudiaba la Biblia.
Perfecto	Acción concluida en el pasado con resultados contínuos en el presente.	Jaime está cambiando por haber estudiado la Biblia.
Pluscuamperfecto	Acción concluida en el pasado con resultados continuos en el pasado.	Jaime fue transformado porque había estudiado la Biblia.
Aoristo	Acción concluida (en el pasado, presente, futuro; por lo general en el pasado).	Jaime estudió la Biblia.
Futuro	Por lo general, acción contínua en el futuro aunque en algunos casos puede ser concluida.	Jaime estará estudiando su Biblia.

Tiempo, Modo y Voz de los Verbos Griegos

Voz

La voz expresa la relación del sujeto con la acción.

Voz	Relación del Sujeto con la Acción	Ejemplo
Activa	Indica que el sujeto realiza la acción.	Jaime baña al perro.
Pasiva	Indica que la acción recae sobre el sujeto.	El perro es bañado por Jaime.
Media	Indica que el sujeto realiza la acción y participa de sus efectos.	Jaime se baña.

Tiempo, Modo y Voz de los Verbos Griegos

Modo

El modo expresa la relación entre la acción y la realidad, desde el punto de vista de quien habla

Modo	Relación con la realidad	Uso o Significado	Ejemplo
Indicativo	Modo de certidumbre (realidad)	Se usa para hacer aseveraciones. Expresa lo verdadero desde el punto de vista del que habla.	El estudio de la Biblia ha cambiado la vida de Jaime.
Imperativo	Modo volitivo (realidad potencial)	Normalmente se usa para expresar una orden o invitación. Denota intención, autoridad, permiso o prohibición.	**Jaime, haz tu tarea.**
Subjuntivo	Modo de probabilidad (realidad probable)	Usado para expresar una acción que puede haber sucedido, o debiera haber sucedido, pero que no necesariamente ha sucedido desde la perspectiva del que habla. Denota acciones condicionales o inciertas.	Tal vez Jaime haya hecho su tarea.
Optativo	Modo de posibilidad (realidad posible)	Presenta una acción deseada por el que habla, pero sin una expectación clara de que se lleve a cabo.	Me gustaría que Jaime estudiara la Biblia.

APÉNDICE 4:

LEE LA BIBLIA DE PRINCIPIO A FIN EN UN AÑO

Plan Semanal de Lectura

Semana	Lectura	Semana	Lectura
1	Génesis 1–24	27	Salmos 110–150; Proverbios 1–4
2	Génesis 25–43	28	Proverbios 5–31
3	Génesis 44–Éxodo 14	29	Eclesiastés; Cantares; Isaías 1–9
4	Éxodo 15–34	30	Isaías 10–35
5	Éxodo 35–Levítico 14	31	Isaías 36–57
6	Levítico 15–Números 4	32	Isaías 58–66; Jeremías 1–10
7	Números 5–22	33	Jeremías 11–30
8	Números 23–Deuteronomio 4	34	Jeremías 31–49
9	Deuteronomio 5–27	35	Jeremías 50–52; Lamentaciones; Ezequiel 1–12
10	Deuteronomio 28–Josué 12		
11	Josué 13–Jueces 8	36	Ezequiel 13–31
12	Jueces 9–21; Rut; 1 Samuel 1–4	37	Ezequiel 32–48; Daniel 1–2
13	1 Samuel 5–24	38	Daniel 3–12; Oseas
14	1 Samuel 25–2 Samuel 15	39	Joel; Amós; Abdías; Jonás; Miqueas; Nahúm
15	2 Samuel 16–1 Reyes 7	40	Habacuc; Sofonías; Hageo; Zacarías; Malaquías
16	1 Reyes 8–22		
17	2 Reyes 1–18	41	Mateo
18	2 Reyes 19–1 Crónicas 12	42	Marcos
19	1 Crónicas 13–2 Crónicas 8	43	Lucas
20	2 Crónicas 9–32	44	Juan 1–14
21	2 Crónicas 33–36; Esdras; Nehemías 1–8	45	Juan 15–21
22	Nehemías 9–13; Ester; Job 1–10	46	Hechos 1–12
23	Job 11–42	47	Hechos 13–28
24	Salmos 1–38	48	Romanos; 1 Corintios
25	Salmos 39–76	49	2 Corintios; Gálatas; Efesios
26	Salmos 77–109	50	Filipenses; Colosenses; 1 y 2 Tesalonicenses; 1 y 2 Timoteo; Tito; Filemón
		51	Hebreos; Santiago; 1 y 2 Pedro; 1 y 2 Juan
		52	3 Juan; Judas; Apocalipsis

Cada lectura semanal tiene aproximadamente el mismo número de versículos. Te sugerimos que al usar este plan trates de cumplir la meta semanal, y que no necesariamente sigas un programa preciso día a día. Usa un separador para recordar dónde vas, y si un día no pudiste realizar tu lectura diaria, el día siguiente puedes continuar donde te quedaste y seguir avanzando hacia tu meta. En un año habrás leído la Biblia desde Génesis hasta Apocalipsis.

APÉNDICE 5: PLAN DE ESTUDIO BÍBLICO DE TRES AÑOS
Un plan para Ayudarte a Estudiar la Biblia

Ahora que ya tienes una ayuda para estudiar con el Método Inductivo, ¿por dónde empezarás? ¿Qué plan podrías seguir para estudiar toda la Biblia? En la actualidad hay disponibles muchos planes de lectura, pero pocos están diseñados para desarrollar un estudio sistemático.

Una forma de estudiar la Biblia, podría ser empezando con Génesis y continuar estudiándola hasta llegar a Apocalipsis. O, podrías empezar con Mateo y estudiar primero todo el Nuevo Testamento, y luego el Antiguo Testamento. Sin embargo, hay muchas referencias del Antiguo Testamento, en el Nuevo, que tendrán más sentido si estudias primero el Antiguo Testamento; pero, la decisión es tuya. Sin importar por donde inicies tu estudio, el siguiente plan puede ayudarte a tener una idea de cómo encajan los libros entre ellos, y a determinar el ritmo con el que avanzarás a lo largo de toda la Biblia.

Estudio del Antiguo Testamento

Por lo general, el trabajar cronológicamente nos ayuda a encontrar mayor sentido en el estudio de la Historia. En la Biblia, los libros históricos no sólo enseñan historia, sino que también son una revelación continua de Dios al hombre. Ellos revelan progresivamente el plan de Dios para la redención de la humanidad; desde la creación y la caída hasta la aparición del Mesías, el Señor Jesucristo.

Los libros proféticos encajan dentro de una cronología específica, en relación con los libros históricos. Como el Antiguo Testamento revela la historia de Israel, el pueblo de Dios, en él encontraremos a varios profetas que llevan mensajes de Dios a los reyes de Israel y Judá, a los exiliados, y a aquellos que regresaron del exilio. Así que, el integrar los mensajes de los profetas con el mensaje de los libros históricos puede serte de mucha ayuda para que puedas comprender todo el mensaje de Dios. O, puedes estudiar a los profetas después de estudiar los libros históricos, de esta forma no interrumpirás el fluir de tu estudio. La literatura de sabiduría puede ser estudiada por separado, debido a que no presenta un tiempo específico; dicha literatura es, en cierto modo, independiente del período de tiempo en el que fue escrita. Sin embargo, en ella se aprecia un cierto enlace con toda la revelación progresiva de Dios en el tiempo y la historia.

En general, recomendamos estudiar cada libro de la Biblia como una sola unidad. Este libro te presenta una serie de instrucciones para el estudio de cada uno de los 66 libros. Los libros desde Génesis hasta 2 Reyes siguen un orden cronológico; sin embargo, 1 y 2 de Crónicas y los profetas se superponen a estos libros. En 1 de Crónicas 1-9 se detalla la genealogía desde Adán hasta los exiliados que regresan de Babilonia. Luego, empezando con 1 de Crónicas 10, se cuenta la historia del linaje de David en el reino unido y despues del reino del sur, Judá; y esta historia es paralela con 1 de Samuel 31 hasta 2 Reyes 25. Así que, a medida que estudias Crónicas, podrás regresar y comparar tu lectura con lo que aprendiste en los libros previos.

Estudio del Nuevo Testamento

De forma general, el estudio del Nuevo Testamento también puede hacerse cronológicamente; pero, sólo hasta cierto punto. Primero son los evangelios, luego Hechos nos presenta el desarrollo de la iglesia, y las cartas de Pablo se superponen con el libro de Hechos. Al leer las cartas, el seguir un estricto orden cronológico sólo resulta crucial cuando es obvio que una carta fue escrita después de otra; tal es el caso de 1 y 2 de Corintios, 1 y 2 de Tesalonicenses, 1 y 2 de Timoteo, y 1 y 2 de Pedro. La cuestión de fondo, de todas las cartas, es la teología que se enseña, y no su secuencia cronológica. Y, desde luego, Apocalipsis siempre irá al final. Así que, el Nuevo Testamento puede estudiarse de corrido.

Si has decidido estudiar el Nuevo Testamento antes que el Antiguo, te recomendaríamos que cuando llegues al libro de Apocalipsis, primero estudies Daniel, y luego 1 y 2 de Tesalonicenses. En el Nuevo Testamento encontrarás muchas referencias al "Día del Señor", profetizado en el Antiguo Testamento; así que, el estar familiarizado con el Antiguo Testamento te será de mucha ayuda en tu estudio.

Plan de Estudio Bíblico de Tres Años

Un Plan para Ayudarte a Estudiar la Biblia

El estudio meticuloso de la Biblia puede llevar algo de tiempo. A continuación se muestra una adaptación del plan de lectura en un año pero *triplicado*; con la intención de emplear tres semanas para estudiar lo que hubieras leído en una:

Semanas	Lectura	Semanas	Lectura
1-3	Génesis 1–24	1-3	Ezequiel 1–23
4-6	Génesis 25–43	4-6	Ezequiel 24–42
7-9	Génesis 44—Éxodo 14	7-9	Ezequiel 43–48; Lamentaciones; Esdras
10-12	Éxodo 15–34	10-12	Hageo; Zacarías; Ester
13-15	Éxodo 35—Levítico 14	13-15	Nehemías; Malaquías
16-18	Levítico 15—Números 4	16-18	Mateo
19-21	Números 5–22	19-21	Marcos
22-24	Números 23—Deuteronomio 4	22-24	Lucas
25-27	Deuteronomio 5–27	25-27	Juan 1–10
28-30	Deuteronomio 28—Josué 12	28-30	Juan 11–21
31-33	Josué 13—Jueces 8	31-33	Hechos 1–13
34-36	Jueces 9–21; Rut;1 Samuel 1–4	34-36	Hechos 14–28
37-39	1 Samuel 5–24	37-39	Romanos
40-42	1 Samuel 25—2 Samuel 15	40-42	1 y 2 Corintios; Gálatas
43-45	2 Samuel 16—1 Reyes 7	43-45	Efesios, Filipenses; Colosenses; 1 y 2 Tesalonicenses; 1 y 2 Timoteo; Tito
46-48	1 Reyes 8–22		
49-52	2 Reyes 1–18		
1-3	2 Reyes 19—1 Crónicas 12	46-48	Filemón; Hebreos; Santiago; 1 y 2 Pedro
4-6	1 Crónicas 13—2 Crónicas 8		
7-9	2 Crónicas 9–32	49-52	1, 2, y 3 Juan; Judas; Apocalipsis
10-12	2 Crónicas 33–36; Job		
13-15	Salmos 1–38		
16-18	Salmos 39–76		
19-21	Salmos 77–109		
22-24	Salmos 110–150		
25-27	Proverbios		
28-30	Eclesiastés; Cantares; Abdías; Joel; Jonás		
31-33	Amós; Oseas; Isaías 1–7		
34-36	Isaías 8–31		
37-39	Isaías 32–53		
40-42	Isaías 54–66; Miqueas; Nahúm; Sofonías		
43-45	Jeremías 1–18		
46-48	Jeremías 19–37		
49-50	Jeremías 38–52		
51-52	Habacuc; Daniel		

APÉNDICE 6: ARMONÍA DE LOS EVANGELIOS

	MATEO	MARCOS	LUCAS	JUAN
Desde su Nacimiento hasta los Doce Años de Edad				
Introducción			1:1-4	1:1-14
Linaje Legal de Jesús por medio de José	1:1-17			
Linaje Natural de Jesús por medio de María			3:23-38	
Anuncio del nacimiento de Juan el Bautista			1:5-25	
Anuncio del nacimiento de Jesús a María			1:26-38	
Visita de María a Elizabeth			1:39-45	
Canción de gozo y alabanza de María			1:46-56	
Nacimiento de Juan el Bautista			1:57-66	
Canción profética de Zacarías			1:67-79	
Infancia de Juan el Bautista			1:80	
Anuncio del nacimiento de Jesús a José	1:18-25			
Jesús nace en Belén			2:1-7	
Visita de los ángeles a los pastores			2:8-20	
Circuncisión de Jesús			2:21	
Jesús es presentado en el Templo			2:22-38	
Visita de los Magos	2:1-12			
Huida a Egipto	2:13-18			
Regreso a Nazaret	2:19-23		2:39	
Infancia de Jesús			2:40	
Jesús a los 12 en Jerusalén para la Pascua			2:41-51	
Adolescencia y crecimiento de Jesús			2:52	
Ministerio de Juan el Bautista				
Inicio del ministerio		1:1	3:1,2	
Descripción y mensaje	3:1-6	1:2-6	3:3-6	
Advertencias y enseñanzas	3:7-10		3:7-14	
Su proclamación de Cristo	3:11,12	1:7,8	3:15-18	
Inicio del Ministerio de Jesús				
Jesús es bautizado por Juan	3:13-17	1:9-11	3:21-23	

	MATEO	MARCOS	LUCAS	JUAN
Jesús es tentado por Satanás en el desierto	4:1-11	1:12,13	4:1-13	
Juan testifica que Jesús es el Hijo de Dios				1:15-34
Primeros seguidores de Jesús				1:35-51
Primer milagro de Jesús—agua en vino				2:1-11
Jesús visita Capernaúm				2:12
Primera purificación del Templo (en la Pascua)				2:13-25
Nicodemo visita a Jesús				3:1-21
Jesús debe crecer, Juan debe disminuir				3:22-36
Juan es encarcelado; Jesús va a Galilea	4:12	1:14	3:19-20; 4:14	4:1-4
La mujer samaritana en el pozo				4:5-42
Ministerio de Jesús en Galilea				
Llega a Galilea; proclama el evangelio	4:17	1:14,15	4:14,15	4:43-45
Niño sanado en Capernaúm				4:46-54
Ministerio en Nazaret; Jesús es rechazado			4:16-30	
Jesús va a Capernaúm	4:13-16		4:31	
Llamamiento de Simón, Andrés, Santiago, Juan	4:18-22	1:16-20	5:1-11	
Enseña en la sinagoga, sana a un endemoniado		1:21-28	4:31-37	
La suegra de Pedro y otros son sanados	8:14-17	1:29-34	4:38-41	
Recorrido por los pueblos de Galilea	4:23-25	1:35-39	4:42-44	
Sanidad de un leproso	8:1-4	1:40-45	5:12-16	
Sanidad del paralítico (abertura en la azotea)	9:1-8	2:1-12	5:17-26	
Llamamiento de Mateo, banquete	9:9-13	2:13-17	5:27-32	
Respuestas a las objeciones con ilustraciones	9:14-17	2:18-22	5:33-39	
Hombre lisiado sanado en Jerusalén en día de reposo				5:1-9
Intentos para matar a Jesús				5:10-18
Jesús enseña que Él es igual que el Padre				5:19-47
Los discípulos recogen grano en día de reposo	12:1-8	2:23-28	6:1-5	
Sanidad de la mano de un hombre en día de reposo	12:9-14	3:1-6	6:6-11	
Se retira al Mar de Galilea, sana a muchos	12:15-21	3:7-12		
Elección de los 12 Discípulos y el Sermón del Monte				
Listas de los 12 discípulos		3:13-19	6:12-16	
Trasfondo del sermón	5:1,2		6:17-19	

	MATEO	MARCOS	LUCAS	JUAN
Las bienaventuranzas	5:3-12		6:20-26	
La sal y la luz del mundo	5:13-16			
La ley y la justicia	5:17-20			
Interpretación de la ley—seis contrastes	5:21-48		6:27-36	
Hipocresía, dar, orar, ayunar	6:1-18			
Avaricia, juicio, manejando lo santo	6:19–7:6		6:37-42	
Aplicación del sermón	7:7-27		6:43-49	
Respuesta al sermón	7:28,29			
Aumenta la Fama y el Rechazo				
Sanidad del siervo del centurión	8:5-13		7:1-10	
El hijo de la viuda se levanta de la muerte			7:11-17	
Preguntas de Juan el Bautista	11:2-19		7:18-35	
Ayes contra Corazín, Betsaida, Capernaúm	11:20-27			
Invitación a los cansados y cargados	11:28-30			
Mujer unge los pies de Jesús			7:36-50	
Recorrido con los 12 y otros seguidores			8:1-3	
Acusaciones de blasfemia contra Jesús	12:22-37	3:20-30		
Petición de una señal, respuesta de Jesús	12:38-45			
Parentela natural, parentela espiritual	12:46-50	3:31-35	8:19-21	
Las Parábolas del Reino				
El trasfondo de las parábolas	13:1-2	4:1,2	8:4	
La parábola del sembrador y las tierras	13:3-23	4:3-25	8:5-18	
La parábola de la semilla que brota		4:26-29		
La parábola de la cizaña	13:24-30			
La parábola de la semilla de mostaza	13:31,32	4:30-32		
La parábola de la harina fermentada	13:33-35	4:33,34		
Explicación de la parábola de la cizaña	13:36-43			
La parábola del tesoro en el campo	13:44			
La parábola de la perla de gran valor	13:45,46			
La parábola de la red barredera	13:47-50			
La parábola del dueño de casa	13:51,52			

	MATEO	MARCOS	LUCAS	JUAN
Crece la Oposición al Ministerio de Jesús				
Jesús cruza el lago, calma la tormenta	8:18-27	4:35-41	8:22-25	
Endemoniados Gadarenos, manada de cerdos	8:28-34	5:1-20	8:26-39	
La hija de Jairo, mujer toca el manto de Jesús	9:18-26	5:21-43	8:40-56	
Más sanidades, otra acusación	9:27-34			
Visita a Nazaret, gente responde con incredulidad	13:54-58	6:1-6		
Fin del Ministerio Galileo				
Se necesitan obreros para la cosecha	9:35-38	6:6		
Doce discípulos comisionados	10:1-42	6:7-11	9:1-5	
Discípulos enviados	11:1	6:12,13	9:6	
Herodes confunde a Jesús con Juan el Bautista	14:1-12	6:14-29	9:7-9	
Los discípulos regresan		6:30	9:10	
El Ministerio de Cristo se Extiende más allá de Galilea				
Se aparta al otro lado del Mar de Galilea	14:13,14	6:31-34	9:10,11	6:1-3
Alimentación de los 5,000	14:15-21	6:35-44	9:12-17	6:4-13
El pueblo intenta hacer rey a Jesús	14:22,23	6:45,46		6:14,15
Jesús camina sobre el agua	14:24-33	6:47-52		6:16-21
Sanidades en Genesaret	14:34-36	6:53-56		
El verdadero pan de vida				6:22-59
Algunos seguidores desertan				6:60-71
Desacuerdo sobre la impureza ceremonial	15:1-20	7:1-23		
Ministerio en Tiro y Sidón	15:21-28	7:24-30		
Sanidades en Decápolis	15:29-31	7:31-37		
Jesús alimenta a 4,000 en Decápolis	15:32-38	8:1-9		
Jesús cruza el lago hacia Dalmanuta	15:39	8:10		
Prueba de los Fariseos y Saduceos	16:1-4	8:11,12		
Advertencia acerca de los Fariseos, Saduceos, Herodianos	16:5-12	8:13-21		
Sana a un hombre ciego en Betsaida		8:22-26		
Se Afirma la Identidad de Jesús como el Mesías				
Pedro confiesa a Jesús como el Cristo	16:13-20	8:27-30	9:18-21	
Predicción de la crucifixión y resurrección	16:21-26	8:31-37	9:22-25	
La venida del Hijo del Hombre, juicio	16:27,28	8:38—9:1	9:26,27	
Transfiguración de Jesús	17:1-13	9:2-13	9:28-36	

	MATEO	MARCOS	LUCAS	JUAN
Sana a los endemoniados que los discípulos no pudieron	17:14-20 [21]	9:14-29	9:37-43	
Otra predicción de la muerte y resurrección	17:22,23	9:30-32	9:43-45	
Pago del impuesto del templo con la moneda hallada en un pez	17:24-27			
Discusión de los discípulos por ver quién es el mayor	18:1-5	9:33-37	9:46-48	
Advertencias de Jesús	18:6-14	9:38-50	9:49,50	
Perdón para un creyente que peca	18:15-35			
Los medios hermanos de Jesús lo ridiculizan				7:1-9
Partida a Jerusalén por Samaria			9:51-56	7:10
Requerimientos para seguir a Jesús	8:19-22		9:57-62	

Ministerio Final de Cristo en Judea

	MATEO	MARCOS	LUCAS	JUAN
Reacción del pueblo a sus enseñanzas y milagros				7:11-31
Fariseos intentan arrestar a Jesús				7:32-53
Jesús perdona a la mujer sorprendida en adulterio				8:1-11
Conflicto entre Jesús y los Fariseos				8:12-59
Los 70 obreros son enviados			10:1-16	
Los 70 obreros regresan			10:17-24	
Parábola del Buen Samaritano			10:25-37	
Jesús visita a María y Marta			10:38-42	
Enseña a sus discípulos cómo orar			11:1-13	
Acusación blasfema contra Jesús			11:14-36	
Advertencia contra la hipocresía			12:1-12	
Advertencia contra la avaricia			12:13-15	
Parábola del hombre rico necio			12:16-20	
Riquezas espirituales por encima de las terrenales			12:21-34	
Advertencia a estar preparados			12:35-48	
Advertencia sobre una división futura			12:49-53	
Advertencia sobre las señales del presente			12:54-59	
Arrepentirse, o perecer			13:1-9	
Sanidad de una mujer en día de reposo			13:10-21	
Sanidad de un hombre ciego de nacimiento				9:1-41
Cristo como el Buen Pastor y la Puerta				10:1-18
Judíos divididos respecto a Jesús				10:19-21

	MATEO	MARCOS	LUCAS	JUAN
Intento de apedrear y arrestar a Jesús				10:22-39
Ministerio en y Alrededor de Perea				
Deja Jerusalén, va a Perea				10:40-42
Pregunta acerca de entrar el reino			13:22-30	
La muerte próxima de Jesús			13:31-35	
Sanidad del hombre hidrópico			14:1-24	
El costo de seguir a Jesús			14:25-35	
Parábolas: la oveja perdida, la moneda perdida, el pródigo			15:1-32	
Parábola acerca de la administración y las riquezas			16:1-18	
El hombre rico y Lázaro			16:19-31	
Lecciones para los discípulos			17:1-10	
Lázaro está enfermo y muere				11:1-16
Jesús resucita a Lázaro				11:17-45
El Sanedrín decide que Jesús debe morir				11:46-53
Jesús sale a Efraín				11:54
Sanidad de diez leprosos			17:11-19	
Revelación de la venida del Hijo de Hombre			17:20-37	
La parábola de la viuda			18:1-8	
La parábola del Fariseo y el Publicano			18:9-14	
Los Fariseos cuestionan a Jesús sobre el divorcio	19:1-12	10:1-12		
Los niños, Jesús, el reino	19:13-15	10:13-16	18:15-17	
El prominente joven rico	19:16-30	10:17-31	18:18-30	
La parábola del hacendado y sus obreros	20:1-16			
Predicción de la muerte y resurrección	20:17-19	10:32-34	18:31-34	
Advertencia contra el orgullo: Santiago, Juan	20:20-28	10:35-45		
Sanidad de dos hombres ciegos	20:29-34	10:46-52	18:35-43	
Zaqueo se encuentra con Jesús y es salvado			19:1-10	
La parábola acerca de la demora del reino			19:11-27	
Última Semana de Jesús				
Llegada a Betania				11:55–12:1
María unge a Jesús	26:6-13	14:3-9		12:2-11
Entrada triunfal a Jerusalén	21:1-11	11:1-11	19:28-44	12:12-19
Maldición a la higuera	21:18,19	11:12-14		

	Mateo	Marcos	Lucas	Juan
Segunda purificación del Templo	21:12,13	11:15-18	19:45-48	
Los Griegos solicitan ver a Jesús				12:20-36
Los incrédulos se apartan de Jesús				12:36-50
La higuera, lección de fe	21:19-22	11:19-25[26]		
La autoridad de Cristo es desafiada	21:23-27	11:27-33	20:1-8	
La parábolas de los dos hijos y la viña	21:28-46	12:1-12	20:9-19	
La parábola del banquete de bodas	22:1-14			
Pregunta acerca de pagar impuestos al César	22:15-22	12:13-17	20:20-26	
Los Saduceos preguntan sobre la resurrección	22:23-33	12:18-27	20:27-40	
Escriba pregunta sobre el más grande mandamiento	22:34-40	12:28-34		
Cristo como Hijo de David y Señor	22:41-46	12:35-37	20:41-44	
Siete ayes contra los Escribas y Fariseos	23:1-36	12:38-40	20:45-47	
Lamento de Jesús sobre Jerusalén	23:37-39			
Las dos monedas de la viuda		12:41-44	21:1-4	
El Discurso de los Olivos: Jesús enseña sobre Su regreso y el templo	24–25	13	21:5-36	
La Traición, el Arresto, y Crucifixión de Jesús				
Conspiración del Sanedrín para arrestar y matar a Jesús	26:1-5	14:1,2	21:37–22:2	
Judas acepta traicionar a Jesús	26:14-16	14:10,11	22:3-6	
Preparación de la Pascua	26:17-19	14:12-16	22:7-13	
Comienzan a comer la Pascua	26:20	14:17	22:14-16	
Jesús lava los pies de sus discípulos				13:1-20
Jesús identifica a Su traidor	26:21-25	14:18-21	22:21-23	13:21-30
Los discípulos discuten acerca de su grandeza			22:24-30	
Jesús predice la negación de Pedro			22:31-38	13:31-38
Se instituye la Cena del Señor	26:26-29	14:22-25	22:17-20	
Jesús contesta las preguntas de sus discípulos				14:1-31
La Vid y los sarmientos				15:1-17
Aguardando la oposición del mundo				15:18–16:4
El ministerio del Espíritu Santo explicado				16:5-15
Jesús profetiza acerca de Su resurrección				16:16-22
Jesús promete paz y contestar la oración				16:23-33
Oración de Jesús				17

	MATEO	MARCOS	LUCAS	JUAN
Jesús predice de nuevo la negación de Pedro	26:30-35	14:26-31	22:39,40	18:1
Oraciones de Jesús en Getsemaní	26:36-46	14:32-42	22:40-46	
Jesús es traicionado y arrestado, los discípulos huyen	26:47-56	14:43-52	22:47-53	18:2-12
Primer juicio Judío, ante Anás				18:13-24
Segundo juicio Judío, ante el Sanedrín	26:57-68	14:53-65	22:54	
Pedro niega a Jesús	26:69-75	14:66-72	22:55-65	18:25-27
Tercer juicio Judío, ante el Sanedrín	27:1	15:1	22:66-71	
Judas se suicida	27:3-10			
Primer juicio Romano, ante Pilato	27:2,11-14	15:1-5	23:1-5	18:28-38
Segundo juicio Romano, ante Herodes Antipas			23:6-12	
Tercer juicio Romano, ante Pilato	27:15-26	15:6-15	23:13-25	18:39–19:16
Los soldados Romanos se burlan de Jesús	27:27-30	15:16-19		
Jesús va al Gólgota	27:31-34	15:20-23	23:26-33	19:17
La crucifixión	27:35-50	15:24-37	23:33-46	19:18-37
Testigos oculares de la muerte de Jesús	27:51-56	15:38-41	23:45,47-49	
Se pide el cuerpo de Jesús	27:57,58	15:42-45	23:50-52	19:38
El cuerpo de Jesús es sepultado en la tumba	27:59-61	15:46	23:53,54	19:39-42
Una guardia asegura la tumba	27:62-66	15:47	23:55,56	
La Resurrección y Ascensión de Cristo				
La resurrección el primer día de la semana	28:2-4			
Las mujeres encuentran la tumba vacía	28:1,5-8	16:1-8	24:1-10	20:1
Pedro y Juan van a la tumba vacía			24:9-11[12]	20:2-10
Jesús se aparece a María Magdalena		[16:9-11]		20:11-18
Jesús se aparece a las otras mujeres	28:9,10			
Los soldados dan su reporte a los sacerdotes Judíos	28:11-15			
Jesús y dos discípulos camino a Emaús		[16:12,13]	24:13-32	
Los dos discípulos lo cuentan a los otros			24:33-35	
Se aparece a diez discípulos, Tomás ausente		[16:14]	24:36-49	20:19-23
Se aparece a 11 discípulos, Tomás está presente				20:24-31
Se aparece a los discípulos que estaban pescando				21:1-24
Se aparece a 11 discípulos en Galilea	28:16-20	[16:15-18]		

	MATEO	MARCOS	LUCAS	JUAN
Se aparece a 500 personas—1 Corintios 15:6				
Se aparece a Santiago—1 Corintios 15:7				
Se aparece a todos los apóstoles—1 Corintios 15:7				
Cristo bendice a sus discípulos y asciende (Hechos 1:9-12)		[16:19,20]	24:50-53	
Conclusión				21:25

APÉNDICE 7: PALABRAS CLAVE EN LA NUEVA VERSION INTERNACIONAL

ANTIGUO TESTAMENTO

NBLH	NVI
Palabras clave	**Palabras correspondientes**

Levítico

Lepra	Infección en la piel del cuerpo
	Enfermedad infecciosa
	Infección crónica
	Moho
	Infección cutánea

Números

Vengador de sangre	Vengador
Número, enumerar, contar	Uno por uno, censo
Servicio, ministerio	Servicio, trabajo, ministrar

Deuteronomio

Temor, terror, reverencia	Intimidar, miedo, terror, honrar
Escuchar, oír, dar oído	Obedecer, prestar atención, hacer caso
Poner por obra, guardar, cumplir, hacer	Poner en práctica, observar, obedecer
	Apartar, seguir

Josué

Apoderarse, tomar, capturar, conquistar	Tomar, conquistar, apoderarse
Mantenerse unido, unirse	Permanecer fiel
Dar órdenes, mandato	Decir, ordenar
Temor, terror, reverencia	Intimidar, miedo, terror
Pelear, luchar	Hacer frente, enfrentar en batalla, pelear
Estar firmes, esforzarse	Permanecer en pie, esforzarse
Tierra, país	Tierra, territorio, país, pueblos de la región, de por acá, cercanías
Poseer	Tomar posesión
Fuerte, poderosa	Fuerte, valor, fortaleza

1 Samuel

Cosas malas, gran mal, maldad	Mala conducta, calamidad, maldad, lo que ofende, maligno, destrucción, delito malas obras, desgracia
Consultar, preguntar	Consultar, preguntar, averiguar
Juzgar	Juzgar, gobernar

2 Samuel
Maldad, malo, mal | Malas obras, lo que desagrada, desastre, calamidades
Consultar, preguntar, rogar | Consultar, averiguar, rogar, oír

1 Reyes
Conforme, según | Siguiendo, orden, palabra del Señor mandamiento, ordenar, mandato
Rogar, oración | oración

2 Reyes
Conforme a la palabra del Señor | Tal como el Señor lo había ordenado según la palabra que el Señor había anunciado, dio a conocer
Lugares altos | Santuarios paganos, altares paganos

1 Crónicas
Casa | Familia, templo
Los hijos de Judá | Hijos de Judá, judíos, descendientes de Judá

2 Crónicas
Casa | Familia, templo
Buscar | Buscar, pedir

Esdras
Decreto, orden | Orden, autorizar
Casa | Templo

Nehemías
Banquete | Cena
Mando, mandato | Segundo jefe, lo establecido

Job
Hijos de Dios | Ángeles

Salmos
Temor | Terror, temor
Esperanza, esperar | Esperanza, esperar, hacerse ilusiones
Oración | Oración, plegaria
Impíos | Malvados

Proverbios
Instrucción | Disciplina, corrección, instrucción

Eclesiastés
Dirigir | Volver
Descubrir | Saber, dar con ello, encontrar
Declarar | Me dediqué de lleno
Trabajo | Afanes, esfuerzos
Vanidad | Absurdo

Cantar de los Cantares
Hermosa   Bella, delicioso
Amores   Amor

Isaías
Señor de los ejércitos   Señor Todopoderoso
Rabsacés   Comandante en jefe
Retribución, recompensa, pago   Recompensa, merecido

Ezequiel
Iniquidad   Mala conducta, hacer lo malo, culpas
Prostituirse, ramera   Prostituirse, fornicar
Furor, enojo   Enojo, ira, furor, furia
Pacto   Alianza, tratado, pacto
Santuario, santo, sagrado, santidad   Santuario, santo, santidad
Ofrenda, holocausto   Ofrenda, holocausto, sacrificio

Daniel
Gobernantes, príncipes   Reyes, gobernadores

Oseas
Ramera, prostitución   Prostituta
Pacto   Pacto, trato
Volver   Volver

Amós
Transgresiones   Delitos
Señor Dios   Señor Omnipotente

Jonás
Volverse, apartarse   Arrepentirse, cambiar de parecer, convertirse
Calamidad, mal   Desastre, destrucción

Nahúm
Destruir   Arruinar
Pecado   Transgresión

Habacuc
Orgulloso, arrogante   Insolente, soberbio

Sofonías
Destrucción, desolación   Devastación, ruina, desolación
                                          Asolamiento, espanto

Hageo
Considerar   Reflexionar
Señor de los ejércitos   Señor Todopoderoso
El Señor habló   Mensaje del Señor
Toda la tierra   Todo el mundo

Zacarías
Profecía
Visión
Alcé mis ojos
Volver
De nuevo
Habitaré en medio de ti
Señor de los ejércitos

Profecía
Visión
Alcé la vista
Volver
Además
Habitar en medio de ti
Señor Todopoderoso

Malaquías
Señor de los ejércitos
Ustedes dicen
Portarse deslealmente

Señor Todopoderoso
Ustedes replican
Traicionarse unos a otros

NUEVO TESTAMENTO

Mateo
Terminó estas palabras

Terminó de decir estas cosas

Marcos
Al instante, inmediatamente

Al instante, tan pronto

Juan
Juzgar
Verdadero, veraz

Obras
Permanecer, morar
Preguntar, pedir, rogar

Condenar
Verdadero, válido, íntegro, digno de
Confianza, veraz, verídico

Cosas, obras
Vivir, permanecer
Preguntar, interrogar, pedir, insistir,
interpelar

Hechos
Testigo, dar testimonio
Palabra

Dar testimonio, testigo
Mensaje, palabra

Romanos
Ley
Justificar
Ira
Juzgar
Gentiles
Por lo cual, pues, por tanto
Carne, ser humano
Elección
Ministro, servir
Debilitarse, débil

Ley, principio
Considerar justos
Ira, castigo
Condenar
Naciones
Por eso, por tanto, en fin
Naturaleza, cuerpo
Elección, escogido
Servicio, ministro
Flaquear, naturaleza pecaminosa

1 Corintios
Arrogante, vano

En cuanto a, ahora bien
Bandos

Engreído, presuntuoso, presumido,
orgulloso
Paso ahora a, en cuanto a
Grupos sectarios

2 Corintios
Atribulados, afligidos	Sufrimos, atribulados, acosados
Me alegro, me glorié	Con orgullo, jactarse
Gozo	Alegría
Obra	Obra, dar, llevar la ofrenda

Efesios
Lugares celestiales	Regiones celestiales
Conforme a	Según
En otro tiempo	En ese tiempo
Poder, potestad	Poder
Andar	Vivir, poner en práctica
Estar firmes	Hacer frente, firmeza, mantenerse firmes

Filipenses
Prisiones	Preso, encadenado, cadenas, prisión
Gozo	Alegría, júbilo
Unánimes, sentir, actitud	Unánimes, parecer, tener motivos

Colosenses
Nadie	Ninguno de esos

2 Tesalonicenses
Gloria	Majestad, gloria
Indisciplinados, desordenadamente	Ociosos, vagos

1 Timoteo
Soportar	Tolerar

Tito
Doctrina	Doctrina, integridad, enseñanza
Hechos, obras	Acciones, obras, hacer el bien
Prudente	Sensato

Hebreos
Amados	Queridos hermanos
Mucho mejor	Superior, mejor
Por tanto, por lo cual	Por tanto, así que, por eso
Perfecto	Perfeccionar, perfección

1 Pedro
Elegidos	Elegidos, escogidos

2 Pedro
Conocimiento	Conocimiento, entendimiento
Diligentes	Esforzarse, empeño
Falsos	Falsos, engaños

1 Juan
Verdad, verdadero	Verdad

Apocalipsis
Después de estas	Después
Vi	Vi

PALABRAS CLAVE EN LA VERSIÓN REINA VALERA 1960

ANTIGUO TESTAMENTO

NBLH Palabras clave	RV60 Palabras correspondientes
Génesis	
Ordenar	Mandar
Éxodo	
Poner a prueba, tentar	Probar, tentar
Siervo	Esclavo
Librar, entregar	Librar
Levítico	
Santísimo, sagrado	Santísimo
Restitución	Pagar
Deuteronomio	
Cuídate	Guardar
Pues	Por tanto
Josué	
Luchar, combatir	Pelear
Apoderarse, capturar	Tomar
Mantenerse unidos, unirse	Seguir, unirse
Jueces	
Israelitas	Hijos de Israel
Rut	
Pariente más cercano	Pariente
1 Samuel	
Cosas malas, malo	Malos procederes, malo
Consultar	Preguntar
2 Samuel	
Malo	Desagradable, mal
1 Reyes	
Palabra	Palabra, respuesta
Palabra del Señor	Palabra de Jehová
2 Reyes	
Costumbres	Estatutos
Adivinos	Encantadores

1 Crónicas
Abraham fue el padre de Isaac   Abraham engendró a Isaac

2 Crónicas
Clamor, grito   Clamor, gritar
Oración, súplica   Oración, rogare
Rebeldía   Apartarse
Animarse, orgullo   Animarse, enaltecido
Nube   Nube, oscuridad

Esdras
Culpa   Pecado
Decreto   Orden, decreto

Nehemías
Ordenanzas   Preceptos

Ester
Enojo, furor   Enojo, ira
Edicto   Decreto

Salmos
Impíos   Malos
Refugiarse   Confiar

Eclesiastés
Impiedad, iniquidad, perversidad   Impiedad, iniquidad, maldad

Cantar de los Cantares
Bodas   Desposorio

Jeremías
Ramera, prostituirse   Ramera, fornicar
Corazón   Corazón
Calamidad   Mal

Lamentaciones
Ira   Furor

Ezequiel
Iniquidad   Maldad
Furor   Furor, enojo
Prostituirse   Fornicar

Daniel
Hombre muy estimado   Varón muy amado

Oseas
Prostitución   Fornicaciones
El Señor dijo   Dijo Jehová
En los últimos días   En el fin de los días

Joel
Oruga, langosta, pulgón, saltón

Oruga, saltón, revoltón, langosta

Amós
Así dice el Señor
Esto me mostró el Señor Dios

Así ha dicho Jehová
Así me ha mostrado Jehová el Señor

Jonás
Apiadarse
Disponer
Calamidad

Tener lástima, tener piedad
Tener preparado
Mal

Habacuc
Hombre arrogante

Hombre soberbio

Sofonías
Superficie de la tierra

Faz de la tierra

Zacarías
Se taparon los oídos para no oír

Taparon sus oídos para no oír

Malaquías
Divorcio

Repudio

NUEVO TESTAMENTO

Romanos
Dominio

Enseñoreará

1 Corintios
Bandos
Manera de pensar
Ahora les hago saber

Disensiones
Modo de pensar
Además os declaro

Efesios
La fuerza de Su poder

El poder de Su fuerza

Filipenses
Unánimes, tener motivo

Unánimes, pensar

2 Tesalonicenses
De manera indisciplinada, andar desordenadamente

Desordenadamente

1 Timoteo
Obispo, supervisor

Obispado

2 Timoteo
Sufrir (persecuciones)

Padecer

Tito
Enseña, habla							Habla, insistas
Prudente							Sobrio

Hebreos
Así que, por tanto, por lo cual				Así que, pues, por lo cual, de donde

1 Pedro
Sufriendo							Padeciendo
Elegidos							Expatriados, elegidos

2 Pedro
Destruido							Pereció, deshechos

2 Juan
Enseñanza, doctrina					Doctrina

Apocalipsis
Vencedor, vencieron					Venciere, han vencido
Después de estas, después de esto		Después de estas cosas
Y vi								Y yo vi

Acerca De Ministerios Precepto Internacional

Ministerios Precepto Internacional fue levantado por Dios para el solo propósito de establecer a las personas en la Palabra de Dios para producir reverencia a Él. Sirve como un brazo de la iglesia sin ser parte de una denominación. Dios ha permitido a Precepto alcanzar más allá de las líneas denominacionales sin comprometer las verdades de Su Palabra inerrante. Nosotros creemos que cada palabra de la Biblia fue inspirada y dada al hombre como todo lo que necesita para alcanzar la madurez y estar completamente equipado para toda buena obra de la vida. Este ministerio no busca imponer sus doctrinas en los demás, sino dirigir a las personas al Maestro mismo, Quien guía y lidera mediante Su Espíritu a la verdad a través de un estudio sistemático de Su Palabra. El ministerio produce una variedad de estudios bíblicos e imparte conferencias y Talleres Intensivos de entrenamiento diseñados para establecer a los asistentes en la Palabra a través del Estudio Bíblico Inductivo.

Jack Arthur y su esposa, Kay, fundaron Ministerios Precepto en 1970. Kay y el equipo de escritores del ministerio producen estudios **Precepto sobre Precepto,** Estudios **In & Out**, estudios de la **serie Señor**, estudios de la **Nueva serie de Estudio Inductivo**, estudios **40 Minutos** y **Estudio Inductivo de la Biblia Descubre por ti mismo para niños.** A partir de años de estudio diligente y experiencia enseñando, Kay y el equipo han desarrollado estos cursos inductivos únicos que son utilizados en cerca de 185 países en 70 idiomas.

Movilizando
Estamos movilizando un grupo de creyentes que "manejan bien la Palabra de Dios" y quieren utilizar sus dones espirituales y talentos para alcanzar 10 millones más de personas con el estudio bíblico inductivo.
Si compartes nuestra pasión por establecer a las personas en la Palabra de Dios, te invitamos a leer más. Visita **www.precept.org/Mobilize** para más información detallada.

Respondiendo Al Llamado
Ahora que has estudiado y considerado en oración las escrituras, ¿hay algo nuevo que debas creer o hacer, o te movió a hacer algún cambio en tu vida? Es una de las muchas cosas maravillosas y sobrenaturales que resultan de estar en Su Palabra – Dios nos habla.

En Ministerios Precepto Internacional, creemos que hemos escuchado a Dios hablar acerca de nuestro rol en la Gran Comisión. Él nos ha dicho en Su Palabra que hagamos discípulos enseñando a las personas cómo estudiar Su Palabra. Planeamos alcanzar 10 millones más de personas con el Estudio Bíblico Inductivo.

Si compartes nuestra pasión por establecer a las personas en la Palabra de Dios, ¡te invitamos a que te unas a nosotros! ¿Considerarías en oración aportar mensualmente al ministerio? Si ofrendas en línea en **www.precept.org/ATC**, ahorramos gastos administrativos para que tus dólares alcancen a más gente. Si aportas mensualmente como una ofrenda mensual, menos dólares van a gastos administrativos y más van al ministerio.
Por favor ora acerca de cómo el Señor te podría guiar a responder el llamado.

COMPRA CON PROPÓSITO
Cuando compras libros, estudios, audio y video, por favor cómpralos de Ministerios Precepto a través de nuestra tienda en línea (**http://store.precept.org/**) o en la oficina de Precepto en tu país. Sabemos que podrías encontrar algunos de estos materiales a menor precio en tiendas con fines de lucro, pero cuando compras a través de nosotros, las ganancias apoyan el trabajo que hacemos:

• Desarrollar más estudios bíblicos inductivos
• Traducir más estudios en otros idiomas
• Apoyar los esfuerzos en 185 países
• Alcanzar millones diariamente a través de la radio y televisión
• Entrenar pastores y líderes de estudios bíblicos alrededor del mundo
• Desarrollar estudios inductivos para niños para comenzar su viaje con Dios
• Equipar a las personas de todas las edades con las habilidades es estudio bíblico que transforma vidas

Cuando compras en Precepto, ¡ayudas a establecer a las personas en la Palabra de Dios!

www.ingramcontent.com/pod-product-compliance
Lightning Source LLC
Chambersburg PA
CBHW050512170426
43201CB00013B/1925